高等院校经济与管理核心课经典系列教材 · 金融学专业

（第四版）

国际金融市场学

GUOJI JINRONG SHICHANGXUE

李学峰　主编

首都经济贸易大学出版社
Capital University of Economics and Business Press
· 北 京 ·

图书在版编目（CIP）数据

国际金融市场学 / 李学峰主编. -- 4 版. -- 北京 ：首都经济贸易大学出版社，2021. 3

ISBN 978-7-5638-3182-1

Ⅰ. ①国… Ⅱ. ①李… Ⅲ. ①国际金融-金融市场 Ⅳ. ①F831. 5

中国版本图书馆 CIP 数据核字（2021）第 014243 号

国际金融市场学（第四版）
李学峰　主编

责任编辑　晓　红
封面设计　风得信 · 阿东 FondesyDesign
出版发行　首都经济贸易大学出版社
地　　址　北京市朝阳区红庙（邮编 100026）
电　　话　（010）65976483　65065761　65071505（传真）
网　　址　http://www. sjmcb. com
E - mail　publish@ cueb. edu. cn
经　　销　全国新华书店
照　　排　北京砚祥志远激光照排技术有限公司
印　　刷　北京九州迅驰传媒文化有限公司
成品尺寸　185 毫米×260 毫米　1/16
字　　数　467 千字
印　　张　18. 25
版　　次　2009 年 10 月第 1 版　2014 年 4 月第 2 版
2017 年 8 月第 3 版　**2021 年 3 月第 4 版**
2023 年 8 月总第 14 次印刷
书　　号　ISBN 978-7-5638-3182-1
定　　价　39. 00 元

图书印装若有质量问题，本社负责调换

第四版前言

进入21世纪,国际金融学理论不断发展,国际金融市场实务也日新月异。更为重要的是,伴随着我国改革开放步伐的加速,我国与国际金融市场的联系更加紧密,大到国家宏观经济政策的制定,小到企业及居民的投资与消费行为,都需要用国际化的视角去审视。一方面,这激励着国内学者不断去发展经典的国际金融理论,进而结合我国实际国情进行理论探讨,并希望从中提炼出新的理论和模型,进一步推动国际金融学的发展。另一方面,随着中国参与国际金融市场的程度不断加深,如何将国际金融学的理论、模型和研究方法应用于相关实际问题的解决,也成为理论界和实际部门所共同关注的课题。

国际金融市场学是国际金融理论与金融市场理论相结合的产物,是对国际金融学、金融市场学、投资学等金融学核心理论的紧密结合与应用。本书在深入研究国际金融市场学理论的基础上,将理论应用于实践之中,帮助读者提升对国际金融市场现象的分析水平,提高理论水准,并在此基础上进一步熟悉、掌握相关国际金融业务的操作和实践经验。本书将围绕上述主旨,按照读者的逻辑认知顺序安排各章节的内容。

本书内容划分为四篇。第一篇《导论》,包括第一、第二章。第一章首先介绍了国际金融市场的分类与构成,包括国际货币市场和国际资本市场,国际资金市场、国际外汇市场和国际黄金市场,现货市场、期货市场和期权市场,在岸金融市场和离岸金融市场等,随后介绍国际金融市场上的主要参与者,包括其组织类型和投资行为特点。第二章较为详细地描述了国际金融市场伴随着国际金融体制变化的发展历程,帮助读者了解国际金融市场的发展及其变化趋势,通过介绍国际金融体制的演变与现状帮助读者了解国际金融体制的发展沿革,并在此基础上探讨了未来国际金融市场的远景。

第二篇《国际货币市场与相关理论》,包括第三、第四、第五章,旨在介绍国际货币市场总体现状以及蕴含其中的汇率、有效市场等基础理论。第三章对国际货币市场的发展现状进行全面梳理,首先主要介绍国际货币市场中的外汇市场与外汇交易,接下来对国际货币市场的重要组成部分——欧洲货币市场进行重点介绍,随后简要介绍亚洲货币市场,主要从各地区货币市场的发展沿革、市场特征、市场作用等方面进行探讨。第四章对当代国际金融市场上重要的交易品种和投资工具——金融衍生品进行专门的介绍和讨论。当代金融资本的规模远远超过了实物资本的规模,而其中最上层的同时也是规模最大的就是纯粹虚拟的金融衍生资本。金融衍生品既为经济发展带来了动力与活力,同时也引致了巨大风险,这一章中,将通过引用大量的例题和案例,来帮助读者从风险及收益等不同角度去理解金融衍生品的功用和应用。第五章关注国际金融学最为基础的两个理论,即对汇率决定理论和国际货币市场有效性理论进行研讨和介绍,让读者在掌握前四章实务知识的基础上,加深理论认识,并掌握对相关问题进行深入分析的模型和工具。

第三篇《国际资本市场与国际投资管理》,包括第六、第七、第八、第九章,分别以国际金融市场不同侧面的相关专题为关注对象。在第六章中,分别介绍国际债券市场和国际股票市场。对于国际债券市场,重点介绍几个主要的国际债券市场,并深入介绍其核心组成部分,对于国际股票市场,我们将会看到来自美国等发达国家成熟股票市场体系的范例,以及来自韩国、我国香港及台湾地区等新兴股票市场的多层次证券市场体系。

第七章对当今国际市场中的热点现象——国际资本流动进行专门的介绍和讨论,内容包括国际资本流动的概念、国际资本流动的类型、国际资本流动的特点等,同时还将探讨我们该如何看待国际资本流动的功能和作用。这里将结合国际资本流动的相关理论进行探讨。第八章是国际资产定价问题,这是国际金融市场投资理论与实务的环节,首先从宏观和微观角度介绍国际资产价格的影响因素,进而介绍国际债券定价理论的理论框架和在现实中的应用,最后介绍股票定价的三种理论模型,包括市盈率法、股利贴现模型、调整股利贴现模型及它们在国际金融市场上的应用。在接下来的第九章中,主要探讨如何在国际金融市场背景下构建和管理全球资产组合,这里将会详细回顾经典的投资学理论,包括资产组合理论、资产定价理论以及资产估值理论,这些理论和模型既是证券投资的理论基础,又是微观金融学的理论支柱,在对上述理论给以简要回顾的基础上,我们将重点研究它们在国际证券投资中的应用。

第四篇《我国与国际金融市场》,包括第十章和第十一章,主要关注我国与国际金融市场的关系,以及如何在全球金融市场的背景下认识、评价、处理我国的经济、金融事务。近年来中国政府大力推进了金融领域的改革开放,迎来金融业全面对外开放的新局面,随着国际市场一体化程度不断加深以及我国综合国力的日益提高,不仅国际金融市场会影响中国,而且中国的金融市场也会逐渐影响世界。第四篇的内容颇具现实意义,也是本书的特色之一。

第十章主要介绍了中国金融市场的开放。目前,国外的很多银行、券商、保险公司和投资银行等金融企业都已经在中国设立了分支机构。这些都意味着我国金融市场的开放程度在不断提高,完全融入国际金融的大市场将是未来我国金融市场发展的必由之路。那么,有必要认清我国金融市场开放经历的几个阶段,对我国国内经济和经济政策等的影响,为了应对不断提高的开放程度,我们应做好的准备。本章即对这些近年来的热门论题进行介绍和探讨。第十一章将进一步介绍我国金融市场与国际金融市场的联动关系。一方面,从汇率及货币政策角度着眼,探讨我国参与国际金融市场的收益与风险及全球化背景下我国货币政策的选择,以及新形势下我国汇率政策的走向。另一方面,从资本市场的角度着眼,探讨国内外股票市场的联动性,包括国内外股票市场相互影响的机制以及关于联动性的检验等。

本版教材有如下特点:

首先,重点突出,体系完整,具有前沿性。本教材重点研究和介绍了汇率决定理论、货币市场有效性理论、国际资产定价理论和全球资产配置理论等国际金融市场的核心理论,同时又涵盖了国际金融领域的主要理论成果和政策实务问题。本教材此次修订还对上述理论近年来的最新进展进行了介绍和评价,使读者通过本教材的学习,在对经典理论和模型有扎实掌握的同时,也能够把握理论前沿和最新动态。

其次,易于理解、便于教学、适用范围广泛。作者结合多年的成功教学经验和我国学生的实际情况，设计、搜集和整理了大量的例题、案例、阅读资料。此次修订，秉承结合理论，紧跟时事、动态分析的原则，将书中阅读拓展部分做了较大的文献更新，全部选取的是围绕该章节核心主题进行讨论的金融市场当前热点问题和实况研究；并且更新了书中大部分数据。近年来国际金融市场各方面政策和形式都在不断发生变化，为了保证本教材的实时性，作者审核了各章节的数据内容并将其更新为最新公布的数据。这些工作既有助于学生理解和掌握国际金融市场学的理论及其应用，也有利于教师在使用本教材时灵活掌握、有所侧重，同时也有助于实务工作者进一步思考和探讨国际金融市场学理论在日常工作中的应用。

本版教材的编写凝聚了编写组全体成员的心血，是集体合作攻关的成果。主要的编写成员及各自负责章节如下：李学峰（第一章、第二章、第五章）、周值光（第三章、第八章）、于欣琦（第四章、第十章）、刘晓龙（第六章、第七章）、赵鹏宇（第九章）、彭若琳（第十一章）。同时，还要感谢南开大学金融学院的赵奕轩、中再保险资产管理有限公司的朱虹博士、建信基金管理有限公司的王春景经理等在资料搜集和案例提供方面的辛勤工作。

虽然经过反复修改，但本书的缺点和错误还是在所难免。这里我们恳请同行专家和广大读者提出宝贵意见，以便我们进一步修改和完善。

李学峰

2020 年 11 月

目 录

第一篇 导论

第二篇 国际货币市场与相关理论

第三篇　国际资本市场与国际投资管理

第四篇　我国与国际金融市场

第 一 篇

导　　论

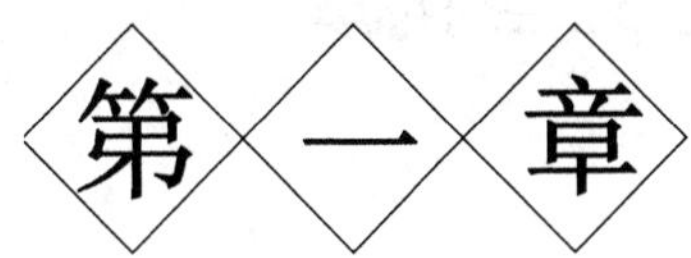

国际金融市场概述

本章要点

本章第一节从国际金融市场的定义入手，介绍了国际金融市场的分类与构成：国际金融市场按照资金融通期限，分为国际货币市场和国际资本市场；按其功能，分为国际资金市场、国际外汇市场和国际黄金市场；按照交易产品品种，分为国际金融现货市场和衍生品市场等；按交易者及币种国别，分为在岸国际金融市场和离岸国际金融市场。第二节介绍了国际金融市场上的主要参与者，即各国金融当局、金融中介、跨国金融企业和国际金融组织的投资行为及特点。

第一节 国际金融市场的定义与构成

一、国际金融市场的定义

国际金融市场(International Financial Market)的概念有广义和狭义之分。从广义上讲,国际金融市场是指在国际范围内进行资金融通、证券买卖及相关金融业务活动的场所,由经营国际货币信用业务的一切金融机构所组成。在市场结构上,广义的国际金融市场是国际货币金融领域内各种金融商品交易市场的总和,包括货币市场、外汇市场、证券市场、黄金市场和金融衍生产品市场等。从狭义上讲,国际金融市场则仅指从事国际资金借贷和融通的市场。可见,狭义国际金融市场仅指间接融资市场,而广义国际金融市场则包括间接融资市场和直接融资市场两个市场。随着国际金融市场发展的深化与一体化趋势的加强,国际金融市场这一范畴的内涵在逐步扩充,因而本书中在提到国际金融市场时多指其广义范畴。

二、国际金融市场的分类与构成

我们可以从资金融通期限、功能、交易产品品种等方面对国际金融市场进行分类。不同类型的市场往往密切相关,不能截然地分开看待。

(一)国际货币市场和国际资本市场

根据资金融通的期限划分,国际金融市场可分为国际货币市场(International Currency Market)和国际资本市场(International Capital Market)。以一年为界,期限在一年及一年以内的国际短期资金的借贷和短期金融工具买卖的交易市场为国际货币市场;而期限在一年以上,或者是无具体期限约定的国际中长期融资交易市场则属于国际资本市场。通常认为,国际货币市场又包括短期信贷市场、短期票据市场和贴现市场;国际资本市场又包括中长期信贷市场、债券市场和股票市场。

资金融通期限的长短,对于债权人的头寸管理以及债务人的财务管理等都具有重要意义。但是,随着国际货币市场不断出现诸多续短为长的金融创新与衍生产品,以及使金融资产变现的途径与安排不断增多,资金融通的期限长短概念越来越模糊,或者说,国际货币市场与国际资本市场正在逐步"联通"。在很多时候,我们已没有必要严格地去定义某一笔交易是属于货币市场还是资本市场。

(二)国际资金市场、国际外汇市场和国际黄金市场

根据功能不同,国际金融市场可以分为国际资金市场、国际外汇市场和国际黄金市场。

1.国际资金市场

国际资金市场是指国际金融市场上融资方与筹资方进行资金融通的场所。由于其内涵较为宽泛,我们同样可以依资金使用期限将其细分为两类。

一类是以短期金融工具为媒介进行期限在一年以内(包括一年)的资金融通活动

的交易市场，称为短期资金市场或短期金融市场。短期资金市场最重要的功能是为个人、工商企业、金融机构及政府调剂短期资金的余缺，通常由四个部分组成，即银行同业拆借市场、短期信贷市场、短期证券市场和贴现市场。

另一类是指期限在一年以上的金融工具交易的场所，又叫长期资金市场。长期资金市场的主要功能有两个：一是提供一种使资金从资金剩余部门转向资金不足部门的机制，使资金在国际进行优化配置；二是为已发行的证券提供具有充分流动性的二级市场，以保证发行市场活动的顺利进行。长期资金市场主要包括中长期信贷市场和证券市场等。

2. 国际外汇市场

国际外汇市场是指进行外汇买卖的交易场所，或者说是各种不同货币彼此进行交换的场所。国际外汇市场是在西方国家放松外汇管制的情况下，随着商品经济、货币信用和国际贸易的发展而逐步形成的，它在实际购买力的国际转移、防范外汇风险以及提供国际性的资金融通和国际结算等方面都发挥着重要的作用。

3. 国际黄金市场

国际黄金市场(International Gold Market)是指专门进行黄金买卖的交易场所。黄金市场的参与者主要有：出售黄金的企业或个人，需要以黄金作原料的工商企业，各国的外汇银行、中央银行(为保值或投资而进行黄金购买)，投机的机构或个人，以及一些国际金融机构。黄金买卖既是调节国际储备的重要手段，也是居民调整个人财富贮藏形式的一种方式。黄金交易又分为现货交易和期货交易。目前，国际上的黄金交易主要集中在伦敦、苏黎世、纽约、新加坡及我国香港地区等。

(三) 国际金融现货市场、国际金融期货市场和国际金融期权市场①

按照交易产品品种划分，现代国际金融市场又可以分为国际金融现货市场和衍生品市场，其中衍生品市场又可进一步分为国际金融期货市场、国际金融期权市场及其他金融衍生品市场。

1. 国际金融现货市场

现货市场(Spot Market)是与期货市场相对的，是与期货、期权和互换等衍生工具市场相对的市场的一个总称。现货市场交易的货币、债券或股票是衍生工具的标的资产(Linderlying Instruments)。简单地说，现货市场是对当前的物品进行交易的场所，而期货市场是对未来物品进行交易的场所，现货市场的交易具有即时性的特征，交易标的的交付与资金的清算是同时发生的，或者两者发生的时间十分接近。在国际金融市场中，外汇等金融产品和工具的交易也有现货和期货之分。现货市场和期货市场相互区别而又相互影响，现货市场是期货市场的基石，其发展变化影响着标的资产和交易者对资产的预期，进而影响着期货市场的运行。

2. 国际金融期货市场

金融期货(Financial Futures)和期权(Options)交易是20世纪70年代和80年代初期国际金融市场最重要的创新与发展之一。金融期货和期权交易与外汇市场交易以及

① 这里我们仅仅对国际金融期货市场和国际金融期权市场进行概括性的介绍，更为详细的研究和介绍分别参见本书第四章和第十章的相关内容。

债券和股票市场交易紧密相关,但是又不同于这些市场的交易。它们是布雷顿森林体系崩溃以来,国际金融市场上的利率、汇率和股票价格指数动荡不定,国际货币交易风险急剧增加的产物,所以金融期货和期权市场往往也被看作是风险市场。

我们先来看国际金融期货市场。金融期货交易是从普通商品的期货交易发展而来的,它也是一种合同承诺,签订期货合同的双方或合同的买方和卖方,在特定的交易场所,约定在将来某时刻,按现时约定的价格,买进或卖出若干标准单位数量的标的资产(可以是某种金融资产,也可以是某种金融资产的利息率,或股票价格指数的波动幅度)。实际上,期货合同到期后真正需要实际交割的现象很少见,通常不到合同金额的3%,绝大多数交易都是在合同到期之前采用对冲交易的方式,或采用到期买卖双方相互划拨资金头寸的方式来结算。这是因为期货合同的买卖双方一般都不是为了要买卖实物资产,而是要利用期货市场来分散投资风险,或投机牟利。在国际金融期货市场上,期货交易的类型主要有外国货币期货、利率期货、股票指数期货和贵金属期货交易。

下面我们来初步认识几种国际市场上应用最为广泛的金融期货。

(1)外国货币期货(Foreign Currency Futures)。外国货币期货交易很像外汇市场上的远期交易,签订外国货币期货交易合同的买卖双方约定在将来某时刻,按既定的汇率,相互交割若干标准单位数额的货币,但是期货交易在到期时一般不进行货币交易,只需划拨头寸即可。

(2)利率期货(Interest Rate Futures)。市场利息率的波动会引起债券价格的起伏,这会给债券的持有人带来投资风险,利率期货合同通常以固定利率的长短期债券作为计算利率波动的基础,通常在合同期满时并不需要实际交割金融资产,而只是通过计算市场利率的涨落结算利率期货合同的实际价值。利率期货合同有以国库券、CDS或欧洲美元定期存款利率为基础的短期利率期货合同,还有以政府长期债券为基础的长期利率期货合同。

(3)股票指数期货(Stock Index Futures)。股票指数期货以市场中存在的指数为基础,合同的买卖双方约定在未来的某一时刻按照约定的指数进行交易,一般以交易单位乘以实际指数与约定指数之差进行现金交割。股票价格的剧烈波动会使许多不愿冒风险的投资者望而却步,而股票指数期货合同的出现使拥有大量股票的人得以套期保值,分散或抵消投资风险。同时,股票投机者也可以利用股票指数期货交易,在股票价格波动中获利。

(4)黄金期货(Gold Futures)。其交易方式来源于传统的商品期货交易方式,因此,黄金等贵金属的期货交易方式与商品期货相同,是指以国际黄金市场未来某时点的黄金价格为交易标的的期货合约。黄金期货合同在世界许多期货市场都有交易,其中规模最大的市场包括纽约商品交易所(COMEX)、芝加哥的国际货币市场(IMM)、芝加哥贸易委员会(CBT)、地中海商品交易所(MCE)、伦敦国际金融期货交易所(LIFFE)、香港股票交易所、新加坡国际货币交易所(SIMEX)。

3.国际金融期权市场

一般期权是指在未来某时期行使合同按协定价格(Strike Price)买卖金融工具的权力而非义务的契约。国际金融市场上的期权则是指因某种国际化的金融工具而衍生出的期权合同。期权有买权(Call Option,也称看涨期权)和卖权(Put Option,也称看跌期权)之分。买权(卖权)是指在约定的未来时间内按协定价格购买(出售)若干标准单位金融工具的权力。无论是买权还是卖权,都有合同的买方(也称合同持有人)和卖方(合同让与人),期权合同的买方是从卖方购进一种承诺,表明卖方将在约定的时期内随时准备依买方的要求按协定价格卖出(或买进)标准数量的金融工具。期权合同的买方为取得这一承诺要付出一定的代价,即期权的价格(Premium)。但是合同的买方除了付出期权价格以外,只享受购买或出售金融工具的权力,而没有其他义务,即在合同到期时可选择买(卖)或者不买(卖)。

期权交易是在期货交易的基础上发展起来的。期权和期货在概念上很相似,所交易的金融工具也很相近,两者最明显的或最根本的区别在于,期货合同赋予合同买方的是一种义务,即无论合同到期时市场形势对他有利还是不利,都必须如约履行合同而买卖金融工具,如果预期错误,只得遭受损失,外汇的远期交易也是如此;而期权交易恰恰避免了这一点,如果合同到期时形势对合同买方不利,则买方可以不行使合同,让合同自然过期失效,损失的仅是签订合同时付出的期权价格。因此,购买期权合同很像为自己持有的金融资产保险,若没有发生意外,损失的仅是付出的保险费(期权价格)而已。

国际期权交易市场也可进一步分为场内交易(交易所交易)市场和场外交易市场。对于某些期权,如货币期权,其场外交易占很大比重,而且场外交易的历史也比规范化的场内交易长得多。在场外交易中,期权合同的卖方通常是大商业银行或大证券商机构,买方则通常是要求防范风险或做投机买卖的一般客户。对于普通商业客户来说,场外交易的最大好处是合同的规模、期限和到期日等条件都可与卖方商定,而且市场的流动性也很高。

下面我们简要介绍几种国际金融期权市场上常见的期权。

(1)外国货币期权(Foreign Currency Options)。此即赋予期权买方在未来以某一特定价格买卖外汇的权利的契约或合同。目前主要西方国家都有规范化的交易所进行货币期权交易,另外主要的大商业银行也提供场外交易,场外交易的币种主要集中在美元同英镑、马克、日元、瑞士法郎和加元等货币之间。

(2)股票期权(Stock Options)。股票的买卖同样可以用期权方式进行,特别是交易十分活跃的股票,以及目前企业规模较小,但增长迅速,股票增值预期良好的股票。伴随股票期货而来的是股票指数期权,即买卖股票指数变动率的期权合同,将股票指数变动的百分点计价,合同到期日如买方行使合同,则买卖双方按照实际股票指数与合同中约定的股票指数之差互拨现金头寸,以结盈亏,期权合同的买方有权不行使合同。

(3)利率期权(Interest Rate Options)。利率期权以国库券、政府债券以及CDS等金融工具所体现的利率为参考,到期时期权买方可以依据利率的变动决定是否行权——是否按预先约定的利率,借入或贷出一定的期限、一定金额的货币。

双方可以以现金来结算盈亏。比如利率期权合同的买卖双方可能商定在未来的特定时期内,如果指定的市场利率(如LIBOR或欧洲美元CDS等)超过合同中约定的水平(协定价格),那么期权合同的卖方将向买方支付利息增加的金额。

还有一种是贵金属期权(Metal Options),其以黄金和白银等贵金属为标的,在各类期权交易中也相当活跃,方式与传统的商品期权交易相同。

4.其他金融衍生品市场

除了前文介绍的几类市场,随着国际金融市场的发展和金融创新的不断涌现,产生了更多种类的新型金融衍生品,从而拓展了国际金融市场的空间和内涵,扩大了市场的产品容量。下面简要地介绍几种新型的金融衍生品。

(1)票据发行便利(Note Issuance Facilities, NIFS)。它又称票据发行融资安排,是一种融资方法,借款人通过循环发行短期票据,达到中期融资的效果。它是银行与借款人之间签订的,在未来的一段时间内由银行以承购连续性短期票据的形式向借款人提供信贷资金的协议,该协议具有法律约束力。如果承购的短期票据不能以协议中约定的最高利率成本在二级市场全部出售,则承购银行必须自己购买这些未能售出的票据,或者向借款人提供等额银行贷款,银行为此每年收取一定费用。

(2)股票指数期权(Stock Index Options)。这是指数期权的一种,它的出现同样为持有股票的投资者提供了一个规避风险的工具。股指期权是一种特殊的期权,它以股票指数作为交割的标的,到期采取现金结算而不是去买卖指数所包括的那些证券。

(3)期货期权(Options on Future 或 Futures Options)。它是基于期货合约的期权,其交割的标的是期货合约。当交割基于标的资产的期货合约比交割标的资产本身更便宜、更方便的时候,对投资者来说,交易期货期权比交易标的资产更有吸引力。期货期权的一个重要特点就是执行该期权通常并不产生标的资产的交割,因为在大多数情况下,在交割前标的期货合约就已经冲销了。因此,期货期权通常以现金计算。

(四)在岸国际金融市场和离岸国际金融市场

按照交易者划分,现代国际金融市场又可分为在岸国际金融市场和离岸国际金融市场。

1.在岸国际金融市场

在岸国际金融市场是指居民与非居民之间进行资金融通及相关金融业务的场所,比较典型的在岸国际金融市场是外国债券市场和国际股票市场。

外国债券(Foreign Bond)是指外国借款人在某国发行的,以该国货币标示面值的债券。外国债券的面值货币是债券发行市场所在国家的货币。如日本筹资者在美国发行的美元债券,我国筹资者在日本发行的日元债券等。外国人在美国发行的美元债券又被称为“扬基债券”(Yankee Bond),在日本发行的日元债券也被称为“武士债券”(Samurai Bond),在英国发行的英镑债券被称为“猛犬债券”(Bull-dog Bond),等等。1997 年亚洲金融危机中,原先严重依赖短期外币资本借贷的亚洲国家遭受重创,为了避免这种外币+短期的“双重错配”,周边各国在重点发展国内债券市场的同时,也加强了国际合作,大力发展外国债券市场,初步形成了地区性的亚洲债券市场。其中韩国“阿里郎债券(Arirang Bond)”、澳大利亚“袋鼠债券(Kangaroo Bond)”、我国的“熊猫债券”是发展较快的外国债券市场。外国债券市场的发展依赖于高度发达开放的金融市场,其中美国、瑞士、日本凭借其发展成熟的金融市场成为外国债券最为集中的三个市场。2010 年 6 月,日本发行“武士债券”9 万亿日元。截至 2013 年,美国“扬基债券”发行量达到 2 047 亿美元;美国的债券市场规模为全球最大,且二级市场交易量大,流动性强,对外国发行人有较强的吸引力。瑞士是世界上最大的外国债券市场。

外国债券的发行分公开发行和私募发行两种。在公开发行情况下,要求发行者有很高的资信级别,如国家政府、著名国际金融机构和大型跨国公司等,并有严格的信息披露规定。其在二级市场交易活跃。私募发行对发行人的资信及信息披露要求较低,但债券收益率要求较高,而且市场流动性较低。1990 年,美国证券交易委员会(SEC)通过 144A 条例后,在美国的外国债券市场出现了一个新的组成,这是一个性质介于上述两个市场之间的一种“准公开市场”。这一市场比公开市场更容易进入,信息透明度较低,但比私募市场活跃,因为它允许合格性机构买主介入。

国际股票,是指由国际辛迪加承销,对发行公司所在国家以外的投资者销售的股票,它是各国股票市场自身不断发展并走向国际化的一种必然结果。国际股票市场就是筹措国际股票的国际金融市场。

国际性的股票交易在 20 世纪 20 年代就有一定的发展,但大规模的交易则是在 20 世纪 60 年代伴随着跨国公司的迅速发展而发展起来的。20 世纪 70 年代后期,西方主要国家开始放松对证券市场的种种法律和规定的限制,使各国股票市场上的国际筹资和投资活动日趋活跃。例如,美国在 1975 年通过了《美国证券法 1974 年修正案》,鼓励金融业的竞争,为外国投资者进入美国股票市场打开了大门。1986 年 10 月,英国发生了放松股票市场规则的“大震”(Big Bang)。进入 20 世纪 80 年代之后,出现了所谓的新兴市场(Emerging Markets),一些发展中国家为吸引外资也纷纷开放本国的股票市场,使股票交易发展更为迅速。

开放本国股票市场是股票市场国际化的一个重要前提,市场的开放形式分为直接开放和间接开放。在直接开放形式下,外国投资者可以直接投资于国内股市,本金及收益能够自由汇出和汇入。不过目前很少有国家采取完全的直接开放,相反,多数国家的股市采取的是有限制的直接开放,它们在股票行业、外国投资人持股比例及税收等方面做了种种限制,我国的 B 股市场即属限制性开放市场。

间接开放的一个主要形式是通过基金投资来开放本国市场。外国投资人投资于境内或境外的共同基金,再由这些基金投资于国内证券市场,从而达到间接投资于他国证券市场的目的。目前,以发展中国家为投资对象的共同基金正迅速发展,欧、美等发达国家的资本可通过这一渠道流入发展中国家。

2.离岸国际金融市场①

传统上的国际金融中心或国际金融市场,要受当地金融法规或市场运行惯例的制约,并且首先必须是国内的金融中心。但是近 20 年以来,原有的国际金融中心出现了脱离当地法规控制和管理的倾向,同时许多以前没有金融服务设施基础的地区,也迅速发展成为国际金融中心,出现了与传统金融市场截然不同的所谓“境外市场”(External Market)。它使能自由兑换的货币可以在其发行国以外的地区进行交易,而且不受任何国家的有关金融法规的管制。例如,在伦敦经营美元的存款和放款业务,可以不受英国也不受美国的金融法规约束。由于最早的此类业务是在伦敦国际金融中心大规模展开的,而英国是个岛国,国境常与海岸线联系在一起,所以境外市场也常常被称作“离岸市场”(Off-shore Markets)。

根据营运特点,可以将离岸金融中心分为功能中心(Functional Center)和名义中心

① 对离岸国际金融市场的详细介绍可参阅第三章第四节:离岸金融市场的发展。

(Paper Center)两类。功能中心主要是指集中诸多外资银行和金融机构,从事存储、贷放、投资和融资等具体业务的区域或城市。其又细分为两种:一体化中心(Integrated Center)和隔离性中心(Segregated Center)。前者是内外投融资业务混在一起的一种形式,金融市场对居民和非居民开放,如伦敦和香港金融中心。后者则限制外资银行和金融机构与居民往来,是一种内外分离的形式,即只准非居民参与离岸金融业务,典型代表是新加坡和美国的"国际银行设施"(International Banking Facilities,IBFs)。日本于1986年12月1日也建立了内外隔离型的离岸金融中心。名义中心纯粹是记载金融交易的场所,这些中心不经营具体的金融业务,只从事借贷投资业务的转账或注册等事务手续,因此亦称为"记账中心"。许多跨国金融机构在免税或无监管的城市设立"空壳"分支机构,以将其全球性税务负担和成本减至最低。目前最主要的名义中心有开曼、巴哈马、泽西岛、安的列斯群岛、巴林等。它们也常被称为"铜牌中心"(Brass-Plate Centers),比喻该处的金融机构仅仅挂上招牌而已,但无真正的金融业务或活动。

离岸市场是经营境外货币存储与贷放业务的市场,是新型的国际金融市场。所有离岸市场结合成整体,就是通常所说的欧洲货币市场。欧洲货币是指在货币发行国境外存放、借贷和流通的货币的总称。欧洲货币市场则是指在货币发行国境外进行的该国货币存储与贷放的市场。欧洲货币市场的出现是国际金融市场发展的新阶段,从此国际金融市场的概念包含了国内市场交易、在岸国际市场交易和离岸市场交易三种功能,而其中离岸市场交易的总体,或者说欧洲货币市场是当今国际金融市场的核心。

阅读拓展

香港:远东离岸中心的崛起之道①

香港连续18年被评为全球资金流动最自由的国际金融中心,是世界金融交易网络中的一个重要交汇点,扮演着把亚太地区与全球其他地区联系起来的重要角色。剖析香港成长为国际金融中心的历程,不难发现香港不仅具备发展世界级金融中心的最佳区位条件和制度条件,而且在此基础上,还具备发展金融业的基本条件,具备良好的金融生态环境。

一是区位优势。首先是全球区位优势。香港与伦敦、纽约三分全球,在时区上相互衔接,三座金融中心可以使全球金融保持24小时运作。其次是亚洲的区位优势。香港位于东亚中心,从香港到东亚大多数城市的飞行时间都不超过4小时。最后是全国的区位优势。香港背靠经济迅猛发展的大陆,拥有巨大的市场潜力。香港和内地是两个不同的金融体系,有利于建立互补、互助和互动的关系。

二是制度优势。香港具有完善的法律体系,系统、严明、高效并符合国际惯例的金融及经济监督机制,拥有灵活、高效的货币调控体系,能够充分、合理、公平竞争的商业银行体系和证券公司体系。长期以来,香港的土地、股份、股票、债券和衍生品产权界定、登记、注册、交易都有完全的法律保障。

① 资料来源:卫容之:"香港:远东离岸中心的崛起之道",《国际金融报》,2013-3-4。

三是政治经济环境稳定。香港资金市场的资金来源和用途都不限于本港,这是以政局稳定为前提的。东南亚有不少游资,特别是华侨资金,而香港政局比邻近的印度尼西亚、菲律宾、泰国、马来西亚要稳定得多,因而有条件通过香港来融通国际资金。

此外,香港宏观基本面发展状况良好。金融业发展和经济发展是互相促进,互为条件。第二次世界大战之后香港经济平均每年增长 9%,最高达 12%,高于主要的资本主义国家,人均产值在亚洲仅次于日本和新加坡而居第三位。经济实力的增长给金融业带来广阔的发展前景。金融业务的扩大进一步推动了工业、商业和对外贸易的发展,如此循环往复,形成了近十余年来香港经济蓬勃发展的局面。20 世纪 70 年代香港经济起飞,工商业发展很快,建筑业、饮食业、旅游业发达,因而吸引了大量外资来港。外来投资,发达的工商业以及大量的旅客都要相应的金融机构来服务,这就促进了香港金融业的发展。

香港发展成为国际金融中心,得益于其成熟的银行业、股票市场以及资产管理行业。

首先,银行业是离岸金融市场的主要参与者,通过其清算与结算功能、信用发放、投资理财、资产管理和投行业务为市场提供多种离岸金融服务,加速离岸金融的资金流动,加快离岸金融活动的经济效率。香港机构数量众多,网点非常密集,截至 2016 年底,本地授权的机构总数已超过 1 600 家,意味着每 1.27 平方公里就有一家金融机构。香港银行业地处国际离岸金融中心,行业完全开放,资金进出不受任何限制,银行外币资产和负债增长就是最好的脚注。截至 2016 年年底,香港银行业的对外本外币债务达到 8.3 万亿港元,对外债权达到了 10.48 万亿港元,而外币存款达到4.49万亿,超过了港元存款4.39万亿。

其次,香港股票市场监管有序,运作规范,且完全对外开放,强有力地支持了香港离岸金融中心的国际竞争地位。其交易所市值仅次于东京证券交易所和上海证券交易所,在亚洲位居第三,全球第七。香港股票市场的监管、基础设施建设(中央结算和交收系统)和决策透明度均已经达到或超过国际标准,成为国际资本流动的重要渠道之一。流入香港的境外资金约 2/3 进入了股票市场。香港联交所交易品种较多,包括股票、衍生工具市场、基金市场及债券市场。截至 2017 年 2 月底,香港主板市场和创业板总共上市 1 997 家企业,但挂牌证券的数目多达 9 278 种,包括认股权证 8 只、衍生认股权证 4 027 只、单位信托 152 家和债券 914 种。

再者,离岸金融核心竞争力之一就是资产管理业务。经过十多年的精心打造,香港目前已发展成为亚洲的主要资产管理中心之一。首先,香港充分发挥了自身的窗口作用,为内地和海外资金搭桥引路,既是海外资金进入内地和亚洲其他国家的跳板,又是内地资金进入海外市场的重要平台。其次,香港注重不断推出新产品以满足境外投资者的金融需要。香港证监(香港证券及期货事务监察委员会)会先后批准了对冲基金、房地产信托单位(REIT)、欧盟可转让证券集合投资计划(Undertakings for Collective Investment in Transferable Securities)等产品入市发售,适时批准新的交易所交易基金(ETF)产品,涉及范围包括内地的 A 股、越南股票、马来西亚(伊斯兰基金)、印度股票、商品期货指数、黄金等产品。

第二节 国际金融市场的主要参与者

一、各国金融当局

各国金融当局是指各国专门对金融市场的运行制定政策和行使管理职能的机构，主要包括中央银行、自律性管理机构和国家专设的管理机构。

（一）监管原则

各国对金融市场的管理一般有三条原则：①公开、公正、公平原则。公开原则包括价格形成公开和市场信息公开两层含义，其意义在于防止欺诈、接受监督、便于投资者分析选择。公正、公平原则主要是指诚实守信，禁止相关人员入市，防止内幕交易，在市场交易中实行价格优先、时间优先、客户委托优先等操作程序。②制止背信原则。这主要是为了制止违约、不守信用。③禁止欺诈、操纵市场的原则。

（二）监管的内容

金融当局对金融市场监管的基本内容主要有以下三方面。

1.对金融工具发行的管理

对金融工具发行的管理，其内容包括制定对发行金融工具审核的标准程序与审核内容，并对发行人的信誉、资产规模、资产结构、财务状况和发行人所公开的信息资料的充分性和真实性进行审核。

2.对金融工具转让交易的管理

在场内交易中，对金融工具转让交易的管理主要包括对证券交易所的设立、章程、组织结构、征收费用和税收、财务状况等进行管理，确定证券上市的标准并进行审核，颁布各项交易法规以维护正常的交易程序和秩序，对不具备继续上市资格的证券终止其上市资格，对违法违规的交易者进行处罚。在场外交易的管理中，对金融工具转让交易的管理主要依靠证券商的同业自律，结合立法管理对交易活动进行规范和约束。

3.对证券商的管理

对证券商的管理主要包括对证券商从业资格的认定与核准，确定证券商的种类与业务范围、最低资本金要求，制定证券商的行为规范，对证券商的行为进行监督，对违法违规证券商进行惩处等。

（三）监管的手段

金融市场监管手段有经济手段、法律手段和行政手段。

1.经济手段

经济手段主要体现为中央银行通过自己的政策措施影响金融市场的活动。公开市场业务、法定准备金率和再贴现政策是中央银行调节宏观经济的主要手段，同时也是调节金融市场资金供求关系的重要措施。这三大经济手段各自对金融市场的影响程度是不同的。总体上看，由于中央银行在金融体系中居于核心地位，当它运用各种经济手段干预金融市场时，效果往往是很明显的。

2.法律手段

法律手段主要体现在各种法规的制定和执行上。金融市场管理的基本法律有“银行法”“公司法”“票据法”“证券法”等,这些法律与行政法规是金融市场管理当局实施管理监督的依据,用来调整金融市场各参与者的经济关系,保护投资者的合法权益,发挥金融市场对经济发展的积极作用,限制其消极影响并保证金融市场的正常运行。法律手段在金融市场管理中起着强制、规范、稳定的作用。各国经验表明,法律手段不但是金融市场管理的必要手段,而且是金融市场管理的基础设施。

3.行政手段

行政手段主要体现为金融方针、政策、原则、制度、指示、命令、计划等,它是由管理机关依靠行政组织,按照一定程序,直接对金融市场加以监督和管理的。行政手段具有权威性、强制性和高效性的特点。在市场经济条件下,行政手段应是辅助性的,主要是法律手段和经济手段。

二、金融中介

金融中介是从事金融合同和证券买卖活动的专业经济部门。一般认为,金融中介的本质就是在储蓄—投资转化过程中,在最终借款人和最终贷款人之间插入一个第三方。也就是说,金融中介既从最终贷款人手中借钱,又贷款给最终借款人,既拥有对借款人的债权,也向贷款人发行债权,从而成为金融活动的一方当事人。

金融中介在各类金融工具、产品的发行、流通等环节发挥着无法替代的作用。在充当资产转换的媒介过程中,金融中介购买由企业发行的金融形式的权利——股票、债券和其他债权等所谓的一级证券,并以存款单和保险单等形式向居民投资者和其他部门出售金融形式的所有权,为购买这些企业证券筹集资金。金融中介的金融形式的权利可能被视为二级证券,因为这些资产以工商企业发行的一级证券为担保,企业反过来利用筹集来的资金投资于不动产。因此,在理想状态下,金融市场上不存在摩擦,投资人和借款人都能够很好地得到多样化选择和最佳的风险分担状态。然而,由于交易的不可分性和交易成本的存在,理想的市场多样化状态无法实现,这时就需要金融中介的参与了。

因此,金融中介可作为单个借贷者在交易技术中寻求规模经济的联合,个体得到几乎完美的多样化选择的工具。从现实形态来看,金融中介主要包括银行类中介①、保险公司,以及包括证券公司、投资银行、财务公司、共同基金等在内的其他金融中介机构。

三、跨国金融企业

(一)投资银行

投资银行是指专门对工商企业办理投资业务和长期信贷业务的银行。其资金来源主要靠发行自己的股票和债券。其业务分布全球,主要有:对企业的股票和债券进行直接投资、发放中长期贷款、为工商企业代办发行或包销股票与债券、参与企业的创建或改组活动、为企业提供投资和财务咨询服务等。

---

① 此类中介又称为吸存类中介机构,主要包括商业银行、储蓄机构等存款机构。

投资银行的名称在各国有所不同,在欧美国家,它被称为投资银行、投资公司等,在英国它被称为商人银行,在日本它被称为证券公司。其业务在各国也有差异,有些国家的投资银行侧重于进行中长期投资和贷款,有些国家的投资银行则仅从事证券方面的投资活动,如美国、日本。

(二)信托投资公司

信托投资公司是指经营信托和投资业务的专业金融机构。除了办理一般的信托业务以外,其突出的特点是经营投资业务,如经营信托业务、委托业务、代理业务、咨询业务、兼营业务、外汇业务等。现代信托投资业务起源于英国,目前在美、英、日、加等国比较发达。信托投资业不同于一般投资、代理和借贷业务,它具有收益高、风险大、程序烦琐、管理复杂等特点。因此,对于一般重点经营投资业务的信托投资公司,在机构设置、管理经营水平、人员素质、信息来源和信息处理能力等各个方面都有很高的要求。

(三)资产管理公司

资产管理公司是指以解决不良资产为目的的金融性公司,也是在资本市场上运作的投资银行类公司。资产管理公司的主要任务是收购、管理、处置商业银行剥离的不良资产,以最大限度地保全资产、减少损失为主要经营目标。

资产管理公司的主要运作方式为:资产管理公司在承接不良资产后,要统筹所属结构,综合运用出售、置换、资产重组、债券转股权、证券化等方法,对贷款及其抵押品进行处置;对债务人提供管理咨询、收购兼并、分立重组、包装上市等方面的服务;对确属资不抵债、需要关闭破产的企业申请破产清算;按照所在国有关规定,通过向境内外投资者出售股权、债权,最大限度地回收资产、减少损失。

跨国金融企业还有很多,如跨国财务公司、投资基金等,在此不再赘述。

四、各类国际金融组织

(一)国际货币基金组织

国际货币基金组织(International Monetary Fund,IMF)是战后国际货币体系(包括“布雷顿森林体系”和现行的“牙买加体系”)赖以发挥功能的关键机构。截至2012年4月,IMF有188个成员,其中,39个于1945年12月31日前正式签署《国际货币基金协议》的国家被称作创始会员国(Original Members)。

国际货币基金组织的建立宗旨是:①作为一个永久性的国际货币机构促进国际货币合作,并就国际货币问题进行磋商和协作;②促进汇率稳定,维持各国有秩序的汇率安排,避免竞争性的货币贬值;③消除阻碍国际贸易发展的外汇管制,帮助建立多边性质的支付制度,以加快经济增长,提高就业水平,减少贫困;④在取得足够安全保障的前提下,为国际收支逆差国家提供资金融通,以减轻或避免通过紧缩经济来调节国际收支所造成的负面影响;⑤在各成员保持其宏观经济政策的独立性的前提下,协调成员之间对国际收支失衡的调节,防止发生货币金融危机与经济危机。

实际上,IMF的宗旨是在特定历史环境下制定的。从国际货币体系的演变进程来看,金本位制下的国际收支调节机制存在着严重的缺陷。由于“物价与金币流动机制”的作用,国际收支逆差的国家出现黄金外流,国内的物价和工资水平趋于下降;另一方面,为了吸引外国短期资本,市场利率开始攀升。这一切最终导致国内经济出现紧缩,失业人数增加,实际收入减少。换言之,在国际金本位制下,为恢复国际收支平衡,各国不得不牺牲内部经济目标。由于在调节机制上存在着根本性的缺陷,这个国际货币制度在20世纪30年代彻底崩溃。同期资本主义又爆发了一场空前的经济危机,世界经济的运行出现了混乱局面。为了转移经济危机,各资本主义国家在不遗余力地建立贸易壁垒的同时,竞相宣布本国货币贬值,结果导致汇率波动剧烈,国际贸易严重萎缩,世界经济陷入动荡不稳的困难境地。大危机过后,人们意识到,仅凭市场供求这一只"无形的手"来调节是不能保持经济运行的持久均衡的。于是,凯恩斯主义开始盛行,各国政府无一例外地通过另一只"有形的手"来加强对经济的干预,并将充分就业和物价稳定等内部经济目标置于优先考虑的地位,仅仅为了达到外部平衡,各国政府一般都非常不愿意使用紧缩性的货币政策和财政政策。

IMF正是在这样的背景下试图来减少各国的内部经济目标和外部经济目标的冲突,其方法之一就是由它提供3至5年的短期贷款(相对于世界银行等提供的长期性质的项目贷款而言)来对国际收支出现逆差的国家进行资金融通。因此,逆差国家就不需要改变现行的宏观经济政策,避免牺牲国内经济的运行目标。另一方面,由于IMF提供了足够的融通资金,逆差国家也不再需要采取以邻为壑的管制政策与措施,如提高关税,建立配额和进口许可证等非关税壁垒等;与此同时,对资本流动实施外汇管制的压力也大大减小。这些都能在相当程度上避免国际争端的产生。由此可见,IMF贷款的可得性不仅有利于维持各国宏观经济政策的独立性或自主性,而且还服务于IMF另一个政策目标,即维护贸易与支付的相对自由。当然,所有这一切的前提条件是:会员国的国际收支的逆差是暂时性质的或呈周期变化的特征。因为只有这样,随着经济周期各个阶段的变化,国际收支的不平衡才有望得到自动逆转与纠正。

除了在帮助会员国解决国际收支困难、防范货币金融危机方面做了大量工作之外,在减少贫困,促进经济稳定增长方面,它也取得了一些瞩目的成就。如IMF为发展中国家减少贫困主要提供了两个渠道进行金融援助:其一是减贫与增长便利(the Poverty Reduction and Growth Facility,PRGF);其二是重债贫困国家行动计划(Heavily Indebted Poor Countries Initiative,HIPC),在大多数低收入国家,这项行动计划是在IMF和IBRD联合制订的减贫战略文件(Poverty Reduction Strategy Papers,PRSP)的框架下得到实施的,该文件是由低收入国家的政府当局与国内的和国外的发展伙伴(如世界银行等)进行充分协商后制定的,它描述了促进经济增长、减少社会贫困而应采取的全面的政策体系,是减债和优惠贷款的依据。这方面的工作有些是IMF独立完成的,有些则是通过与世界银行及其他国际经济组织的合作共同完成的。

(二)世界银行与世界银行集团

世界银行(WBG)最初是指在1944年7月布雷顿森林会议上决定设立的国际复兴开发银行(IBRD)和国际开发协会(IDA),它经多数会议参加国的批准后于1945年12月正式宣告成立,并于1946年6月开始营业。国际复兴开发银行最初的宗旨是帮助会员国重建其遭受战争严重破坏的经济。自20世纪50年代后期起,由于欧洲国家的经济普遍得到复兴并走上了高速发展的道路,因此,世界银行的援助重点转向发展中国家。如今,世界银行的全部项目贷款都用来帮助第三世界国家的经济发展和社会进步。

世界银行的业务旨在通过提供贷款、担保和非贷款服务(如分析与咨询服务)来促进可持续发展,以此减少中等收入国家和有信誉的较贫穷国家的贫困程度。

实际上,如今的世界银行概念已扩大到为无法进入国际市场或进入国际市场条件很差的发展中国家提供低息贷款、无息贷款或赠款的,以国际复兴开发银行为主的包括国际开发协会、国际金融公司、多边投资担保机构和解决投资争端国际中心五个成员机构在内的"世界银行集团"。

(三)国际清算银行

国际清算银行(Bank for International Settlements,BIS)是由西方国家的中央银行和商业银行为解决第一次世界大战后德国的战争赔偿问题以及实施 1930 年海牙会议上通过的扬格计划(Young Plan)而建立起来的一个国际金融组织,于 1930 年 5 月 17 日开始运作。国际清算银行除了接管原先由柏林赔偿代理总局(the Agent General for Reparations in Berlin)执行的职能,负责赔款年金的收取、管理和分配之外,还充当道威贷款(Dawes Loans)和扬格贷款(Young Loans)的受托人,并办理协约国之间的债务清偿。

根据《国际清算银行章程》第 3 条的规定,国际清算银行的宗旨是促进各国中央银行间的全面合作,实现货币与金融稳定,为国际金融运作提供额外的便利,并作为国际清算的受托人或代理人。

国际清算银行的总部设在瑞士的巴塞尔,在中国香港地区和墨西哥城设有两个办事处。国际清算银行下设银行部、货币经济部、法律处、秘书处等办事机构。

(四)地区性开发银行

大量的地区性开发银行也活跃在国际金融领域,其中最重要的有三个,即亚洲开发银行、泛美开发银行和非洲开发银行。它们的活动范围基本上涵盖了整个亚洲、非洲和拉丁美洲,许多国家都参加了这些银行的业务活动。

1.亚洲开发银行

亚洲开发银行(Asian Development Bank,ADB)是亚太地区的区域性政府间的金融开发机构。它是由 1963 年 12 月在马尼拉举行的第一次亚洲经济合作部长级会议决定,于 1966 年 8 月 22 日正式建立,并于 1966 年 12 月 19 日开始正式营业,总部设在菲律宾首都马尼拉。

参加亚洲开发银行的,除了亚洲和太平洋地区的国家或地区,还有一些亚太地区以外的国家或地区。目前,亚洲开发银行有 55 个成员,包括来自本地区的 39 个成员(即地区成员)以及 16 个来自其他地区的成员(即非地区成员)。1986 年 2 月 17 日,亚洲开发银行理事会通过决议,接纳中华人民共和国加入亚洲开发银行,在随后的 3 月 10 日,我国成为亚洲开发银行正式成员国。

亚洲开发银行的宗旨是,向其成员提供贷款和技术援助,帮助协调成员在经济、贸易和发展方面的政策,同联合国及其专门机构进行合作,以促进亚太地区的经济发展。其具体任务是:

第一,为亚太地区发展中会员国或地区成员的经济发展筹集与提供资金。

第二,促进公、私资本对亚太地区各会员国或地区成员的投资。

第三,帮助亚太地区各会员国或地区成员协调经济发展政策,以更好地利用自己的资源在经济上取长补短,并促进其对外贸易的发展。

第四,对会员国或地区成员拟定和执行的发展项目与规划提供技术援助。

第五,以亚洲开发银行认为合适的方式,同联合国及其附属机构,向亚太地区发展基金投资的国际公益组织,以及其他国际机构、各国公营和私营实体进行合作,并向他们展示投资与援助的机会。

第六,发展符合亚洲开发银行宗旨的其他活动与服务。

2.泛美开发银行

泛美开发银行(Inter American Development Bank,IDB)以南美洲、北美洲及加勒比海国家为主,联合一些西方国家合办的区域性政府间国际金融组织。它建立于1960年1月1日,于同年10月1日正式营业,总部设在美国首都华盛顿。其宗旨是为动员外国资金向拉美成员国提供经济和社会发展项目贷款,以促进该地区经济的发展和"泛美体制"的实现。其贷款对象为拉美成员国的政府和公私团体。贷款分普通贷款和特种贷款两种。前者利率较高,期限为10至20年,并需以所借货币偿还;后者利率较低,贷款期限为25至40年,可全部或部分以借款国货币偿还。泛美开发银行的资金来源主要靠成员国缴纳的股本以及向外借款和发行债券。

3.非洲开发银行

非洲开发银行(African Development Bank,AFDB)建立于1964年9月10日,1966年7月正式营业,总部设在科特迪瓦(以前称象牙海岸)首都阿比让,现有成员国77个。非洲开发银行的宗旨是为促进成员国经济和社会发展提供资金,协调非洲大陆各国经济发展规划,以逐步实现非洲经济一体化。该行设立非洲开发基金、非洲投资和开发国际金融公司、尼日利亚信托基金和非洲再保险公司4个合办机构。经营业务分普通贷款和特种基金贷款两种,贷款对象仅限于成员国,后一种贷款不计利息,期限可达50年以上。1972年6月开设的非洲开发基金允许非洲以外的国家认股。非洲开发银行的资金来源主要为成员国认缴的股本,以及向外借款和发行债券。

阅读拓展

国际货币基金组织与特别提款权(SDR)

特别提款权(Special Drawing Right,SDR),是国际货币基金组织创设的一种储备资产和记账单位,亦称"纸黄金(Paper Gold)",只是一种账面资产,不是一种有形的货币。它是基金组织分配给会员国的一种使用资金的权利。会员国在发生国际收支逆差时,可用它向基金组织指定的其他会员国换取外汇,以偿付国际收支逆差或偿还基金组织的贷款,还可与黄金、自由兑换货币一样充当国际储备。因为它是国际货币基金组织原有的普通提款权以外的一种补充,所以称为特别提款权。IMF规定,每5年为一个分配SDR的基本期。

特别提款权经历了以下几个时期的变化:

(1)在创立初期,它的价值由含金量决定,当时规定35特别提款权单位等于1盎司黄金,即与美元等值。

(2)1971 年 12 月 18 日，美元第一次贬值，而特别提款权的含金量未动，因此 1 个特别提款权就上升为 1.085 71 美元。特别提款权在国际储备总额中占 4.5%。

(3)1973 年 2 月 12 日，美元第二次贬值，特别提款权含金量仍未变化，1 个特别提款权再上升为 1.206 35 美元。

(4)1973 年西方主要国家的货币纷纷与美元脱钩，实行浮动汇率以后，汇价不断发生变化，而特别提款权同美元的比价仍固定在每单位等于 1.206 35 美元的水平上，特别提款权对其他货币的比价，都是按美元对其他货币的汇率来套算的，特别提款权完全失去了独立性，引起许多国家不满，20 国委员会主张用一篮子货币作为特别提款权的定值标准。

(5)1974 年 7 月，基金组织正式宣布特别提款权与黄金脱钩，改用“一篮子”16 种货币作为定值标准。这 16 种货币包括截至 1972 年的前 5 年中在世界商品和劳务出口总额中占 1%以上的成员国的货币。除美元外，还有联邦德国马克、日元、英镑、法国法郎、加拿大元、意大利里拉、荷兰盾、比利时法郎、瑞典克朗、澳大利亚元、挪威克朗、丹麦克朗、西班牙比塞塔、南非兰特以及奥地利先令。每天依照外汇行市变化，公布特别提款权的牌价。

(6)1976 年 7 月基金组织对“一篮子”中的货币作了调整，去掉丹麦克朗和南非兰特，代之以沙特阿拉伯里亚尔和伊朗里亚尔，对“一篮子”中的货币所占比重也做了适当调整，以简化特别提款权的定值方法，增强特别提款权的吸引力。

(7)1980 年 9 月 18 日，基金组织又宣布将组成“一篮子”的货币，简化为 5 种西方国家货币，即美元、联邦德国马克、日元、法国法郎和英镑，它们在特别提款权中所占比重分别为 42%，19%，13%，13%和 13%。

(8)1987 年，货币篮子中 5 种货币权数依次调整为 42%，19%，15%，12%和 12%。

(9)2005 年 11 月 IMF 执行董事会明确，SDRs 货币篮子的组成货币及权重的确定有两个原则：一是篮子货币必须是 IMF 成员国货币或是成员国组成的货币联盟所发行的货币，该经济体在五年考察期内是全球四个最大的商品和服务贸易出口地，并且其货币为可自由使用货币(Freely Usable Currency)；二是货币权重的决定主要考察该成员国或货币联盟的商品与服务的出口值和该经济体货币作为国际储备货币被其他经济体所持有的数量。符合这两个原则的主要经济体为美国、欧元区、日本和英国。

(10)2006 年货币篮子中美元、欧元、日元和英镑的占比分别为 44%、34%、11%和 11%。

(11)2011 年 1 月 1 日实行的最新一次调整至今，美元、欧元、日元和英镑的占比调整为 41.9%、37.4%、9.4%和 11.3%。

(12)2016 年 10 月 1 日，人民币加入 SDR。截至 2017 年 3 月，SDR 中美元、英镑、日元、欧元、人民币占比分别为 43.23%，7.75%，7.65%，30.44%和 10.93%。

至今，随着国际货币基金组织(IMF)不断的改革，特别提款权(SDR)仍旧在变化着。特别是面对近年来爆发于美国、影响至全球的“次贷危机”以及在欧洲爆发连锁反应的“欧债危机”，国际社会要求改革国际货币金融体系的呼声十分强烈，IMF 作为现有国际货币体系的重要载体，必将面临新一轮的改革，而 SDR 也将随之进一步“演化”，甚至有学者建议，直接以 SDR 代替美元，成为全球化的储备货币。

第三节 跨国公司

随着世界经济全球化步伐的加快,跨国公司(Transnational Corporation)在世界经济和政治中的作用越来越重要。尤其是跨国公司海外直接投资的迅速发展,推动了国际贸易和国际金融交易,并对世界分工格局和各国经济产生了深远的影响。

一、跨国公司的海外直接投资

对外直接投资是跨国公司国际投资活动的一个主要内容,也是国际资本流动的重要形式。《2013 年世界投资报告》披露,2012 年跨国公司的外国子公司创造了 26 万亿美元的销售额,其中出口额达到 7.5 万亿,其雇员总人数达到了 7 200 万。跨国公司在某种程度已经主宰了世界经济的命运。跨国公司的投资已渗透到各国各地区的几乎所有领域和部门,从而带动资金的迅速流动。

对跨国公司海外直接投资的理解可以从其投资方向、部门和形式三个方面进行。

投资方向上,根据联合国贸发会议发布的《2016 年世界投资报告》,发达国家的主导地位有所加强。发达经济体的对外投资增长了 33%,达到 1.1 万亿美元。尽管如此,其对外直接投资仍比 2007 年的峰值低 40%。主要发达区域的表现也有所不同:欧洲的对外投资增至 5 760 亿美元,从而成为全球最大的对外投资地区,北美的对外投资量与 2014 年基本持平。

但是,后危机时期由于全球经济增长持续低迷、欧元区债务危机、美国的财政悬崖以及一些国家投资保护主义抬头的不确定因素的存在,跨国公司的投资方向逐渐出现了调整。2015 年发达经济体作为一个整体的 FDI 流入量几乎增加了一倍,达到 9 620 亿美元,占全球 FDI 的比重从 2014 年的 41%猛增到 2015 年的 55%。欧洲的 FDI 流入量增长强劲,美国则在 2014 年的历史低位基础上翻了两番。发展中经济体 FDI 流入总量增长了 9%,达到 7 650 亿美元的新高。在全球 FDI 流入量排名中,前十大东道国中,发展中经济体继续占据半壁江山。

从投资部门来看,制造业和服务业是跨国公司热门的投资对象,而基础产业的直接投资流入量只占总流入量的 10%~15%。

从投资形式看,除了建立传统的子公司或设立分支机构、购买外国企业股权等资本参与形式外,还兴起了非股权资本参与,包括许可证协议、管理合同、劳务合同、销售协议等形式。产生这种变化的原因首先在于,一些国家尤其是发展中国家对跨国公司的活动进行了限制性政策措施,同时也反映了跨国公司在减少投资风险、适应投资环境变化上的灵活性。

二、跨国公司对外直接投资理论

对外直接投资理论最早出现在 20 世纪 60 年代,是由斯蒂芬·海默和金德尔伯格提出的。该理论认为,国内与国际产品和要素市场的不完善性,是决定对外直接投资的主要因素。经过30多年的研究,经济学家提出了众多不同的对外直接投资理论和假说,现将西方相关的主要理论简述如下。

(一)产业结构论(Industrial Organization Approach)

1960年,美国麻省理工学院的斯蒂芬·海默在其博士论文中打破了传统国际资本流动理论在完全竞争假设条件下进行分析的观念,提出跨国公司和直接投资产生于市场的不完善(Imperfection)或不完全竞争的观点。他的理论后来又由金德尔伯格加以补充和发展,形成产业结构论。海默-金德尔伯格模型的影响很大,它是后面要论及的国际生产内在化论和综合论的理论基础。所以,国外有的学者在广义上将生产内在化论和综合论也归为产业结构论的范围。

根据海默-金德尔伯格的理论,国际直接投资产生是由于产品市场和生产要素市场的不完善。这种不完善产生于跨国公司在生产、营销和管理等方面的规模经济效益,以及在掌握专门技术和融资信用等方面的优势和对原材料来源和产品市场的控制能力等。处于寡头垄断竞争中的企业总是试图建立企业独有的竞争优势,而这些优势是投资东道国企业所不具备的。另外,东道国政府对贸易实施的关税和非关税壁垒政策使得国际贸易不能顺利进行,从而促使跨国企业进行对外直接投资,以便越过对方的贸易壁垒。可以说,所有产业结构不完善的因素都推动了企业跨国经营追求最大限度的利润。

产业结构论关于市场不完善的前提,可以说是现代国际投资理论的基础,但是产业结构论本身却是不完整的。企业的独有优势在国内市场竞争中也可以获得,因此,产业结构论并不能够确切地说明企业为什么一定要对外直接投资,而不是通过出口商品、出售生产许可证或专利技术的方式来扩大市场份额,增加利润。

(二)生产内在化论(Internalization Approach)

生产内在化论最先由英国的巴克莱和卡松于1976年提出,此后又经加拿大学者卢格曼的补充。这一理论也是在假设市场不完善的前提下,进一步说明企业为什么要进行直接投资,而不是以其他方式获取更高的利润。

根据生产内在化理论,海外直接投资产生于企业以内部交换取代外部市场交易的过程。现代企业要从事许多一般生产过程以外的活动,如研究与开发产品、产品推销、劳动力培训等。所有这些活动都相互独立,但又是相互关联的中间生产过程,然而市场的不完善使某些中间产品,特别是知识产品和专门人才的价值无法正确估计,也难以合理转让,这便促使企业越过市场,而将技术和知识产品保留在企业内部,即不是出口技术,而是利用技术专利进行直接投资和生产活动,从而创造出企业内部市场(Intra-firm Markets)。另外,根据生产内在化理论,市场交易会有交易成本,特别是对于有纵向生产联系的不同国家市场来说,用企业内部的过程转换来替代市场交易,可以大大降低生产成本,提高企业利润。于是,跨越国界的市场内在化过程就形成了跨国公司和海外直接投资。企业使市场交易内在化的过程持续进行,直到所形成的成本超过了所带来的收益。生产内在化过程带来的收益包括缩短了交易时间,避免了市场不确定性,还可以利用内部划拨价格和差别价格越过政府的贸易壁垒和外汇资金的管制。内在化过程形成的成本主要是跨国经营带来的管理不便,以及通信联络方面的费用支出增加。

生产内在化论是国际投资的一般理论,它从影响国际投资的多种因素中抽象出最根本的原因,来解释跨国公司内部国际分工协调机制与外部市场机制之间的矛盾关系,对理解国际资本流动现象是有益的。特别是,这个理论能够较好地说明国际企业的纵向兼并和投资现象,以及为什么知识密集、通信联系密集的产业中存在着大量的跨国公司和国际直接投资。这种理论的缺陷在于只是从企业的角度,而不是从经济全球化的高度来论证跨国公司和国际分工的关系。

(三)生产综合论(Eclectic Approach)

英国经济学家约翰·唐宁提出了国际生产综合论,他的理论也是以市场不完善为前提,将产业结构论、生产内在化论和传统的区位优势论综合起来。他认为企业要从事海外直接投资,必须具备以下三方面的条件:

第一,企业专门化要素。它使企业所从事的活动具有竞争优势。其中最重要的有:反映规模经济的企业规模;主要产品差异因素,如专利、商标等;公司特有的管理或营销技术;公司已开发拥有的专有技术;有效经营所需的大量资本。

第二,区位专门化要素。如自然资源、贸易壁垒和劳动力成本、素质等。

第三,内部化优势。它可以使通过资本、技术或劳动力的直接投资进行的国际转让,比通过公开市场定价、出口或许可经营进行的转让更加有效。

跨国公司只有在同时具备这三组要素的情况下才可能进行对外直接投资。

国际生产综合论是从动态分析的角度说明,只要企业具备了以上三方面的条件,国际直接投资就可以发生。这个理论虽然并不完全,但是它说明了国际直接投资并不取决于资金、技术或经济发展的绝对水平,而是取决于企业的相对优势,因而发展中国家的企业如果具备条件,也可以从事海外直接投资。这种理论对解释近10年来发展中国家对外直接投资的迅速发展具有现实意义。

(四)产品生命周期论(Product Cycle Theory)

产品生命周期论是美国哈佛大学教授沃能于1966年提出的。该理论认为:企业对外直接投资是产品从研究开发到成熟,再到标准化,最终过时这一过程中的一个自然阶段。新产品是在国内被开发研制出来,则最初产品将全部在国内市场销售。随着国内市场的满足,产品不断得到改进,生产过程也不断成熟,于是定型的产品很快出口到国外。随之而来的是产品在国内和国外市场都遇到相似产品的有力竞争,从而利润下降。此时企业要保住市场份额,就会直接投资在国外,这是一种防御性的直接投资。在激烈的竞争中,产品的生产过程也会完全成熟和标准化。这时企业将通过直接投资把标准化的生产工艺转移到生产成本相对低的地区,如发展中国家,以求降低单位生产成本。最后,当新的生产工艺或新产品问世,而原有产品过时不再有高利可图时,则出现向其他国家企业出售生产许可证形式的投资。

产品的生命周期论也是动态的国际直接投资理论,该理论推论很严谨,能够充分解释某些跨国公司对发展中国家的直接投资现象。但是近年来,随着经济全球化趋势的发展,国际资本流动的格局发生了很大的变化。西方的一些实证研究也表明,很多发达国家的大企业对外直接投资并不是遵循这一过程,产品生命周期论的解释能力也在不断下降。

以上介绍了几种西方较流行的国际直接投资理论,实际上国际直接投资理论的种类是很多的,这里无法一一论述。然而到目前,也还没有形成一个统一的为人们所广泛接受的理论，各种理论都能找到一部分实证检验的支持，但是这些支持也不足以推翻其他理论。也可以说，各种理论都是根据不同的前提条件，从某个侧面分析影响直接投资的因素或企业从事直接投资的动机。这些理论综合在一起，倒是能够对国际直接投资现象作一个较为完整的描述。

本章小结

1.国际金融市场的概念有广义和狭义之分。从广义上讲，国际金融市场是指在国际范围内进行资金融通、证券买卖及相关金融业务活动的场所，由经营国际货币信用业务的一切金融机构所组成。从狭义上讲，国际金融市场则仅指从事国际资金借贷和融通的市场。

2.按照不同的分类标准，国际金融市场可以划分为不同的层次和板块。按照资金融通期限的长短划分，可以分为国际货币市场和国际资本市场；按照功能划分，可以分为国际资金市场、国际外汇市场和国际黄金市场；按照交易产品品种划分，可以分为国际金融现货市场、国际金融期货市场和期权市场；按照交易者及币种国别划分，可以分为在岸国际金融市场和离岸国际金融市场。

3.国际金融市场上的参与主体众多，各自有着不可替代的市场功能，主要包括各国金融当局、金融中介、跨国金融企业、各类国际金融组织等。

4.大量的地区性开发银行也活跃在国际金融领域，其中最重要的有三个，即亚洲开发银行、泛美开发银行和非洲开发银行。它们的活动范围基本上涵盖了整个亚洲、非洲和拉丁美洲，许多国家都参加了这些银行的业务活动。

5.对跨国公司海外直接投资的理解可以从其投资方向、部门和形式三个方面进行。跨国公司对外直接投资理论包括产业结构论、生产内在化理论、生产综合论和产品生命周期论。

复习思考题

1.国际金融市场的主要分类有哪些？

2.简述在岸国际金融市场与离岸国际金融市场的主要区别。

3.国际金融市场上的主要参与者有哪些？

4.列举本章中提到的地区性国际金融组织，除此以外，你还能够列举出其他的类似组织吗？

5.你认为当前跨国公司对外直接投资行为由哪种对外投资理论来解释最为贴切？为什么？

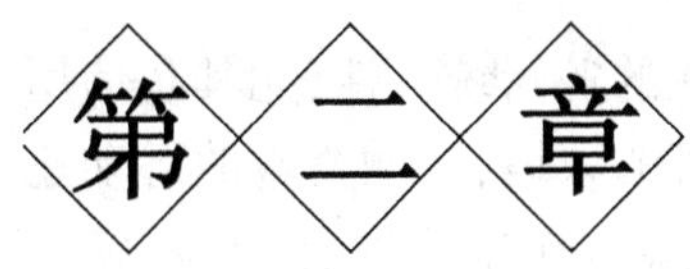

国际金融市场的发展历程与趋势

本章要点

国际金融市场是伴随着国际金融体制的变化而发展的，因此，要了解国际金融市场的发展及其变化趋势，就有必要首先了解国际金融体制的演变。本章第一节将介绍国际金融体制的演变与现状，包括对国际金本位制、布雷顿森林体系、牙买加体系本位制特征的介绍和评价，对当前的国际货币制度进行分析，并对未来国际货币体系前景展开讨论。第二节将介绍国际金融市场全球化、市场证券化、金融市场和金融产品多元化三大发展趋势。

自20世纪70年代以来,随着技术进步、金融工具创新以及金融管制放松,金融市场出现了国际化趋势。尤其是货币制度和信息技术的发展,使金融市场突破了民族国家的限制,从根本上加速了国际金融市场的全球化进程。

国际金融市场的发展与国际货币体系的变迁有着内在的逻辑统一性,尤其是信用货币制度的充分发展使得金融资本的积累突破了实体经济的束缚,金融资本的运动速度大大提高,活动范围大大拓展,成为金融全球化的制度基础。金本位时期的资本输出由于黄金输送点的限制,金融市场主要局限在民族国家的范围之内。过度的资本输出必将产生长期的国际收支逆差,从而导致货币币值的不稳定,20世纪上半叶的英镑危机就是证明。布雷顿森林体系由于“特里芬两难”的存在,同样无法容纳国际金融资本的无限制增长。纯粹的信用货币体系,完全摆脱了黄金等个别生产价值的生产过程,满足了资本积累从真实化向金融化转变的要求,为金融资本脱离实体经济进入自我增强的发展路径创造了条件,形成信用膨胀和金融市场的快速发展。电子货币和网络金融使得金融市场原有的民族国家的疆界变得不再重要,加速了资本的国际流动与全球性资本市场的形成。

随着金融科技的不断发展,数字货币的出现和推广,或将出现超主权的全球货币,将进一步加快全球资本市场的形成以及资本的国际流动。

国际货币体系,作为国际货币制度和国际货币秩序的总和,代表着不同时期的国际金融体制。历史上,曾先后出现过各种不同类型的国际货币体系,具体包括国际金本位制、布雷顿森林体系、牙买加体系。区分货币体系的类型主要依据如下三条标准:第一条,货币体系的基础即本位币是什么;第二条,在该货币体系下的国际汇率制度是什么;第三条,在该货币体系下的国际收支的调节方式是什么。

国际货币体系有三大作用:第一,确定国际清算和支付手段的来源、形式和数量,为世界经济的发展提供必要的充分的国际货币。第二,确定国际汇率制度,规定国际货币与各国货币的相互关系,并对国际货币(储备货币)发行国的国际收支建立约束机制。第三,确定国际收支的调节机制,以确保世界经济的稳定和各国经济的平衡发展。

第一节　国际金融体制的演变与现状

一、国际金本位制

世界上最早出现的国际货币制度是国际金本位制度,它大约形成于19世纪70年代,结束于1914年第一次世界大战爆发。英国作为世界上最早的发达资本主义国家,于1821年前后在国内采用了金本位制度,用黄金作为本位货币。到19世纪70年代,世界上主要的西方国家都陆续实行了金本位制度,国际金本位制度即宣告形成。

(一)国际金本位制度的基本特征

国际金本位制度有三项基本的运行规则:①所有参加国的货币均以一定数量的黄金定值,本国货币当局随时准备用本国货币以固定的价格买卖黄金;②黄金能够自由进口和出口;③本国的货币供应量受本国黄金储备的制约,黄金流入会导致货币供应增加,黄金流出会导致货币供应减少。满足了这三项规则,金本位制度就能够正常运行。

这三项规则中的前两项保证了在国际金本位制度下,各参加国货币之间的汇率是固定的,或只在极小的范围内波动。由于国家之间的货币以黄金表示的价格是固定的,而且黄金能够自由兑换和进出口,那么国际的黄金套汇交易将使汇率的波动保持在由金平价①和黄金运输费用决定的黄金输送点以内。第三项规则是要求各参加国的国内货币供应量与其国际收支状况相联系,即顺差国的货币供应量增加,逆差国的货币供应量减少。这使国际金本位制度有了一种自动平衡国际收支的机能,它可以保证国际收支的失衡能够自动得到纠正。

(二)对国际金本位制度的评价

从理论上说,国际金本位制度是完美的。其基本特征是黄金作为国际储备货币、固定汇率制度和国际收支的自动调节机制。从实际情况看,19 世纪形成的古典金本位制度为当时的主要国家提供了至今最稳定、最有效率的国际货币制度。下面我们来探究一下国际金本位制度获得成功的原因。

首先,其运行的国际经济环境十分有利。在国际金本位制度运行的 19 世纪末和 20 世纪初,没有严重的国家之间的政治冲突和战争,各主要国家国内的政治局势也相对稳定。第二次工业革命的浪潮推动了国际航运和国际贸易的发展;主要国家的银行机构和银行制度在不断完善,金融市场开始相互联结。而且在这一时期,国际贸易和国际资本流动基本上没有障碍,国际商品市场长期以来不断扩展。可以说,国际金本位制度的稳定,是与当时有利的国际经济环境密不可分的。

其次,这一时期的国际金本位制度为国际收支提供了良好的调节机制。金本位制度的固定汇率机制要求各参加国都必须把对外平衡(国际收支平衡和汇率稳定)的目标放在首位,国内的经济福利必须服从于金本位制的运行规则。例如,国际收支逆差和黄金流出的国家,其国内的货币供给必须下降,而不管这将造成通货紧缩、收入和就业水平下降的后果。同样,在国际收支顺差和黄金流入的国家,也必须提高货币供应量,而不能顾及可能造成的通货膨胀。这一时期,对国际金本位制度最为有利的一个因素是政府的力量都相对较小,干预经济的能力也都很弱,个别中央银行在这一时期不断加强的干预活动,也基本上是把对外均衡的目标放在首位,从而国际金本位制度自动调节国际收支的机能得以充分地发挥。

国际金本位制度的完美仅是相对于当时的世界经济发展状况而言的,随着世界经济的发展,国际金本位制度必然会暴露其局限性。首先,在古典金本位制度下,本位货币是黄金,货币供应量取决于货币黄金的供应量,价格水平长期与黄金供应量相联系。但是黄金的供应量取决于采金技术和黄金储量,黄金储量的增长难以与一般商品的增长永远保持适当、稳定的比率。其次,金本位制度平稳的国际收支调节机制是以各国政府对经济的放任自由,或者说干预的目标是以维持对外均衡为前提的。在国际金本位时期,各国政府基本上不具备全面干预宏观经济的能力。但是,当资本主义国家的政府职能发展到一定阶段后,便不可能再让国民经济完全听任市场的摆布,必然要对经济实

---

① 金平价指两种倾向含金量或所代表的金量的对比。

行政策干预,金本位的约束规则终究会被冲破。

（三）国际金本位制度的崩溃

1914年第一次世界大战爆发,参战国均实行黄金禁运和停止纸币兑换黄金的措施,国际金本位制度暂时停止运行。第一次世界大战后,世界经济形势发生了很大的变化,各国国内通货膨胀严重,汇率剧烈波动,对国际贸易和国际收支产生了严重的负面影响。于是在国际政治局势稍稍稳定后,各国便先后着手恢复金本位制度。美国在战争结束后不久,便率先恢复了黄金的自由兑换,英国于1925年恢复了金本位制度,法国于1928年恢复了金本位制度,其他主要资本主义国家也相继恢复了不同形式的金本位制度。但此时的国际金本位制度已与战前大不相同。

此时,黄金的地位受到较大削弱,实际上只有美国实行的是完整的金本位制度,英法两国实行的是金块本位制度,而其他主要国家实行的是金汇兑本位制度。实行金汇兑本位制度的国家要将本国货币与另一实行金本位制度的国家(只有美国、英国和法国)的货币保持固定的比价,并在该国存放外汇或黄金储备。金本位制度的国际收支自动调节机能也受到极大限制。随着经济危机的不断发展,各国政府越来越不愿遵守金本位制度的规则,开始干预经济,于是阻断了黄金进出口和国内货币供应之间的联系。1929年爆发的空前严重的世界性经济危机,使各国战后勉强恢复的金本位制度最终彻底崩溃。

国际金本位制度崩溃后,20世纪30年代的国际金融领域一片混乱,形成英镑、美元和法郎三个相互对立的货币集团。各国货币之间的汇率再次变为浮动,各货币集团之间普遍存在着严格的外汇管制,货币不能自由兑换。结果,国际贸易严重受阻,国际资本流动几近停顿。

二、布雷顿森林体系

第二次世界大战行将结束的时候,同盟国即着手拟订战后的经济重建计划,希望能够避免两次世界大战之间的那种混乱的世界经济秩序。重建计划主要由英、美两国推动,其目标在于寻求国际的经济合作和全球经济问题的解决。1944年7月,44个同盟国家的300多位代表出席在美国新罕布什尔州(New Hampshire)布雷顿森林城(Bretton Woods)召开的国际金融会议,商讨重建国际货币秩序。这次会议上通过了《布雷顿森林协议》,因此产生的国际货币制度被称为布雷顿森林体系。

（一）布雷顿森林体系的主要内容

1944年7月在美国布雷顿森林召开的同盟国家国际货币金融会议上,通过了以美国怀特方案为基础的《国际货币基金协定》和《国际复兴开发银行协定》,总称布雷顿森林协定,从而建立起了布雷顿森林体系。这个体系的主要内容有:

第一,建立一个永久性的国际金融机构,即国际货币基金组织(IMF),旨在促进国际货币合作。IMF是战后国际货币制度的核心,它的各项规定构成了国际金融领域的基本秩序,它对成员国融通资金,在一定程度上维持着国际金融的稳定。

第二,规定以美元作为最主要的国际储备货币,实行美元黄金本位制,即美元直接与黄金挂钩,规定每盎司黄金等于35美元,美国保证各国政府或中央银行随时可用美元向美国按官价兑换黄金;另外,其他国家的货币与美元挂钩,规定与美元的比价,从而间接与黄金挂钩,进而决定各成员国货币彼此之间的平价关系。布雷顿森林体系的上述内容又被称为“双挂钩”,即美元与黄金挂钩,各国货币与美元挂钩。

第三,实行可调整的固定汇率制度。IMF 规定各成员国货币与美元的汇率如果发生波动,范围不得超过平价的±1%,超过时,各成员国中央银行有义务维持本国货币同美元汇率的稳定。但是,在出现国际收支的根本性不平衡时,经 IMF 批准可以进行汇率调整。实际上,在平价±10%以内的汇率变动可以自行决定而无须 IMF 的批准。

第四,IMF 向国际收支逆差国提供短期资金融通,以协助其解决国际收支困难。IMF 协定第三条规定,各国必须向 IMF 支付黄金或可兑换黄金的货币(认缴额)才能成为会员国,认缴额的定额按会员国的大小和资源来决定,定额大的国家支付的更多,但在基金组织做决定时的投票权也更大。其中,会员国份额的 25%以黄金或可兑换货币缴纳,其余部分(份额的 75%)以本国货币缴纳。IMF 通过“认缴额”得到的黄金或货币用以贷出,成员国在需要贷款时,可用本国货币向 IMF 按规定程序购买一定数额的外汇,将来在规定的期限内,以用黄金或外汇购回本币的方式偿还借用的外汇资金。

第五,废除外汇管制。IMF 协定第八条规定,成员国不得限制经常账户的支付,不得采取歧视性的货币措施,要在可兑换性的基础上实行多边支付。但是,在战后过渡时期可以延迟履行货币的可兑换性义务。

第六,制定了稀缺货币条款(Scarce-currency Clause)。当一国国际收支持续大量盈余,并且该国货币在国际货币基金组织的库存下降到份额的75%时,国际货币基金组织可将该国货币宣布为“稀缺货币”。国际货币基金组织可按逆差国的需要实行限额分配,其他国家有权对“稀缺货币”采取临时性兑换限制,或限制进口该国的商品或劳务。但这一条从来没有真正实行过。因为条款中同时规定,基金组织在解决“稀缺货币”而确定应采取的办法时,要有“稀缺货币”国家的代表参加。

可以说,布雷顿森林体系是历史上最大胆的一次国际货币合作,其基本运行规则来自国际金本位制度。但与金本位不同的是,其汇率制度采取了双挂钩的兑换安排。就此而言,布雷顿森林体系实质上是以黄金—美元为基础的国际金汇兑本位制。在这个货币制度下,储备货币和国际清偿力主要来源于美元,美元成了一种关键货币,它既是美国本国的货币,又是世界各国的货币,即国际货币。这就是布雷顿森林体系的根本特点。

布雷顿森林体系双挂钩的安排是一种汇率制度,同时也是国际收支调节的机制,其间包含了各国对运行规则的承诺。像金本位制度一样,如果各国遵守运行规则,那么国际收支逆差将对国内经济产生紧缩性影响,而国际收支顺差将产生膨胀性影响。这意味着各国要遵守运行规则,就必须把对外平衡目标置于对内平衡目标之上,而这正是国际收支不发生大面积失衡的保证。但是规则是不对称的,只适用于美国以外的其余成员国,它们承担各自的货币与美元汇率保持稳定的义务。

(二)布雷顿森林体系的历程

当 IMF 协定于 1947 年正式生效,布雷顿森林体系开始运行时,欧洲主要工业化国家的货币都不能自由兑换。从战后初期到 1958 年末,各国都对外汇交易实行严格控制。为了使欧洲尽快从战争中恢复,以适应当时冷战的需要,美国开始了著名的马歇尔援助计划。1948—1952 年,美国向西欧国家提供了 116 亿美元的赠款和 18 亿美元的贷款，这极大地缓和了西欧的美元短缺问题。作为接受马歇尔计划的条件，1948 年西欧国家建立了“欧洲经济合作组织”来管理援助资金，这个组织后来发展成为“经济合作与发展组织”（OECD）。在美国的援助下，西欧各国的经济迅速发展，外汇储备不断积累。1959 年 1 月，主要西欧国家取消外汇管制，货币开始实现与美元的自由兑换。

1960 年可以说是美元由短缺变为过剩的转折点，当年美国的短期流动负债开始超过其黄金储备额，于是美元的信用基础发生动摇。1960 年 10 月，欧洲金融市场爆发了第一次大规模的抛售美元、抢购黄金的美元危机，伦敦私人黄金市场上黄金价格上涨到 41.5 美元 1 盎司。1961 年 11 月，美国为了维持黄金价格和美元的稳定，与英、法、德等主要工业国家签订了“互惠信贷协议”，并建立“借款总安排”和“黄金总库”，并指定英格兰银行作为总库的代理机构，在伦敦市场稳定私人黄金市场价格。

在整个 20 世纪 60 年代，美国持续的国际收支逆差使美元兑换黄金的基础不断受到削弱。到 1968 年初，美国的黄金储备已降到约 120 亿美元。1959 年，美国对外流动负债大体上等于其黄金储备，而到 1968 年却超出了 2.5 倍。于是在 1968 年 3 月，伦敦、巴黎和苏黎世黄金市场又爆发了规模空前的抛售美元、抢购黄金的美元危机。为了平抑金价，半个月内美国的黄金储备又流失约 14 亿美元，巴黎市场金价一度涨至 44 美元 1 盎司。美国政府被迫要求英国自 3 月 15 日起关闭伦敦黄金市场，宣布停止在伦敦市场以 35 美元的官价出售黄金，并解散“黄金总库”，实行黄金双价制。美国与各国中央银行之间的黄金买卖仍按 35 美元的官价进行，但各国中央银行不再介入私人市场黄金买卖，私人市场黄金价格完全由供求决定，这实际意味着以双挂钩为中心的布雷顿森林体系的局部崩溃。

20 世纪 60 年代末期美国经济形势进一步恶化，1971 年出现了 20 世纪以来的首次贸易项目逆差，数额达 27 亿美元，于是预期美元贬值的因素使大量资金逃离美国。1971 年 5 月，抛售美元，抢购马克、瑞士法郎和日元等货币的风潮愈演愈烈。各国中央银行不得不进行大规模的外汇市场干预，大量收购美元，但无济于事，尼克松政府被迫于 1971 年 8 月 15 日宣布停止美元兑换黄金。美元与黄金的官方平价兑换终止，实际上等于废除了布雷顿森林协定。此后的一段时期中，国际金融市场处于混乱状态。1971 年 12 月，十国集团首脑在美国首都华盛顿史密森学会召开会议，并达成“史密森协定”。其内容主要有：美元对黄金贬值，黄金官价从 35 美元提高到 38 美元，各国货币平均对美元升值 8%，但仍然停止美元兑换黄金；汇率的波动幅度由 ±1% 扩大至 ±2. 25%。

“史密森协定”达成后，虽然勉强维持了布雷顿森林体系下的固定汇率，但金融市场对美元的信心并没有恢复。美元的贬值也没有立即改善美国的国际收支，1972 年美国贸易逆差达到 70 亿美元，美元预期贬值的阴云仍然笼罩着国际金融领域。1973 年，美国的通货膨胀率进一步上升，于是投机风潮又起，仍然是抛售美元，抢购马克、日元和瑞士法郎。1973 年 2 月 12 日，美国政府宣布美元再度贬值 10%，金价由 38 美元提高至 42 美元，美元对其他货币贬值。至此，已先后有加拿大元、意大利里拉、日元、瑞士法郎和英镑自由浮动。但是新的中心汇率仍然无法恢复人们对美元的信心。1973 年 3 月，不利于美元的投机风潮再起，于是剩余的维持固定汇率的国家也放弃了努力，令其货币自由浮动，从而布雷顿森林体系彻底崩溃。从此，美元与黄金正式脱钩，美元汇率水平进入了由市场供求决定的浮动时代。

（三）布雷顿森林体系崩溃的内在原因

1960年，美国耶鲁大学教授特里芬（R.Triffin）发表了《黄金与美元的危机》，提出了著名的“特里芬难题”（Triffin Dilemma），对布雷顿森林体系的内在缺陷进行了深入的探讨。特里芬指出：“由于美元与黄金挂钩，而其他国家的货币与美元挂钩，美元虽然因此而取得了国际核心货币的地位，但是各国为了发展国际贸易，必须用美元作为结算与储备货币，这样就会导致流出美国的货币在海外不断沉淀，对美国来说就会发生长期贸易逆差；而美元作为国际货币核心的前提是必须保持美元币值稳定与坚挺，这又要求美国必须是一个长期贸易顺差国。这两个要求互相矛盾，因此是一个难题。”正是这个“难题”决定了布雷顿森林体系的不稳定性和垮台的必然性。

“特里芬难题”告诫我们：依靠主权国家货币来充当国际清偿能力的货币体系必然会陷入“特里芬难题”而走向崩溃。不论这种货币能否兑换黄金，不论是哪一国货币，不论是一国货币还是几国货币，也不论是以一国货币为主还是平均的几国货币，其实质道理是一样的，因而其结果也会一样，这对于我们分析未来国际货币体系的发展无疑有着重要的启示作用。

“特里芬难题”提出后，将近20年几乎没人提出过异议。但是随后一些国外学者试图用另一种理论来解释布雷顿森林体系崩溃的原因，他们的分析是基于古老的格雷欣姆定律（Gresham's Law）。最早提出这一设想的是尼翰斯（J.Niehans，1978）和格罗夫（Paul D.Grauwe，1989）。用格雷欣姆定律来解释布雷顿森林体系崩溃的方法出现以后，立即得到很多学者的认同，这种观点已经被纳入20世纪90年代国外出版的国际金融学教科书。

根据格雷欣姆定律，在使用两种货币且官方又对这两种货币固定了价格，并随时准备按官方固定价格买卖这两种货币的制度中，如果两种货币中的任何一种出现供给过多，其在私人市场的价格就会开始下降。于是人们将从私人市场以便宜的价格购买，然后以官方的高价卖给官方。同理，人们也可以从官方市场以便宜的价格购买供应相对稀缺的货币，然后以更高的价格卖向私人市场。这个过程不断进行，将意味着稀缺的货币最终被驱逐出流通领域，而作为非货币目的在民间使用。此即所谓的“劣币驱逐良币”定律，劣币即供给相对过多的货币。

同样也可以用这个定律来解释布雷顿森林体系的崩溃。在布雷顿森林体系中，这两种货币即美元和黄金。在20世纪60年代，美国的对外短期负债从1959年的194亿美元增加到1968年的385亿美元，上升了近一倍。由于20世纪60年代美国采取的扩张性货币政策，美国的物价水平同期也上涨较快，消费物价比20世纪50年代末上升了近30%，即美元损失了约30%的购买力。然而与美元相比，世界黄金生产的增长速度很慢，每年大约只增加10亿美元，相当于当时各国中央银行持有额的2.5%左右。显然，黄金成为定价偏低的稀缺货币，美元成为定价过高的过剩货币。

于是，格雷欣姆定律发生了作用。在私人黄金市场上，黄金价格出现强劲的上升压力，而黄金官价却保持35美元不变。在美国的通货膨胀中，商品价格不断上升，黄金作为普通商品，其价格与其他商品相比便宜了，因此对黄金的非货币需求上升。为了避免私人市场金价超过官价过多，美国等发达国家在1961年建立了“黄金总库”，并向私人市场以官价销售黄金。

在私人市场黄金价格高于官方价格的条件下,实际上各国中央银行可以很容易地通过将手中美元向美国兑换黄金,然后在私人市场出售而获得利益。为了维持美元稳定,1967 年美国与各国中央银行达成协议,声称不会将手中美元兑换黄金。随着私人市场金价上涨的压力增大,各国中央银行向私人市场的售金量也不断增加。从 1965 年开始,各主要国家黄金储备量同美国一样不断下降。这正如格雷欣姆定律预言的那样,黄金逐渐被逐出流通领域,而被私人用于其他目的。到 1968 年,销金量之大终于迫使各国中央银行放弃了“黄金总库”。“黄金总库”停止销售黄金后,私人市场金价狂涨,随着美国国际收支的继续恶化,3 年后美国政府宣布停止官方兑换黄金。至此,格雷欣姆定律作用完成,国际货币制度从美元黄金本位制过渡到美元本位制。

(四)对布雷顿森林体系的评价

布雷顿森林体系是国际货币合作的产物,它消除了战前国际货币秩序混乱的状况,为世界经济增长创造了有利的条件。另外,布雷顿森林体系的固定汇率制度为国际贸易和国际投资提供了极大的便利。然而从国际货币制度本身来考察,布雷顿森林体系却不是个稳定的制度。在国际清偿力的提供方面,它本身存在着特里芬难题所描述的固有的不稳定性;在国际收支调节机制方面,由于运行规则得不到遵守,其实际运行的效能与其设计者的最初设想相去甚远,国际始终没有形成正常的国际收支调节和资本流动的秩序。布雷顿森林体系的运行时期是资本主义世界经济又一个飞速发展的时期,其运行的外部环境是相对稳定的,不存在两次世界大战之间那样恶劣的外部环境。布雷顿森林体系的崩溃,完全是体制内部的原因促成的。其崩溃的过程进一步说明,任何国家的主权货币作为国际货币制度的基准货币,都是行不通的。今后再建立以任何国家主权货币为中心的固定汇率制度,也绝不会获得成功。

三、浮动汇率美元本位制

布雷顿森林体系崩溃后,国际金融形势更加动荡,各国都在探寻货币制度改革的新方案。1976 年 1 月,IMF“国际货币制度临时委员会”在牙买加首都金斯敦召开会议,并达成《牙买加协议》。同年 4 月,IMF 理事会通过了 IMF 协定的第二次修正案,于 1978 年 4 月起正式生效,从而形成了国际货币关系的新格局。

(一)《牙买加协议》的主要内容

《牙买加协议》涉及汇率制度、黄金非货币化、扩大 IMF 对发展中国家的资金融通、增加会员国在 IMF 的份额等问题,不仅对第二次修正 IMF 协定有指导意义,而且对形成目前的国际货币制度有重要作用。在讨论过程中,争论最激烈的问题是黄金和汇率制度。经过反复磋商,1976 年 1 月 8 日在临时委员会举行的第 5 次会议上,与会各方就上述问题达成一致。会议是在牙买加召开的,所以也称“牙买加会议”,所达成的协议则称为《牙买加协议》。其主要内容如下:

一是浮动汇率合法化。会员国可以自由选择任何汇率制度,可以采取自由浮动或其他形式的固定汇率制度。但会员国的汇率政策应受 IMF 的监督,并与 IMF 协商。IMF 要求各国在物价稳定的条件下寻求持续的经济增长,稳定国内的经济以促进国际金融的稳定,并尽力缩小汇率的波动幅度,避免操纵汇率来阻止国际收支的调整或获取不公平的竞争利益。协议还规定,实行浮动汇率制度的会员国根据经济条件,应逐步恢复固定汇率制度,在将来世界经济出现稳定局面后,经 IMF 总投票权的 85%多数票通过,可以恢复固定的但可调整的汇率制度。这部分条款将已经实施多年的有管理的浮动汇率制度给予法律上的认可,但同时又强调了 IMF 在稳定汇率方面的监督和协调作用。

二是黄金非货币化。废除黄金条款,取消黄金官价,各会员国中央银行可按市场价格自由进行黄金交易,取消会员国相互之间以及会员国与 IMF 之间需用黄金清算债权债务的义务。IMF 所持有的黄金应逐步加以处理,其中 1/6(2 500 万盎司)按市价出售,以其超过官价(每盎司 42.22 美元)部分作为援助发展中国家的资金;另外 1/6 按官价由原缴纳的会员国买回;其余部分约 1 亿盎司,根据总投票权的 85%做出的决定处理,向市场出售或由各会员国购回。

三是提高 SDR 的国际储备地位。修订 SDR 的有关条款,以使 SDR 逐步取代黄金和美元而成为国际货币制度的主要储备资产。协议规定,各会员国之间可以自由进行 SDR 交易,而不必征得 IMF 的同意。IMF 与会员国之间的交易以 SDR 代替黄金,IMF 一般账户中所持有的资产一律以 SDR 表示。在 IMF 一般业务交易中扩大 SDR 的使用范围,并尽量扩大 SDR 的其他业务使用范围。另外,IMF 应随时对 SDR 制度进行监督,适时修改或增减有关规定。

四是扩大对发展中国家的资金融通。以出售黄金所得收益设立“信托基金”,以优惠条件向最贫穷的发展中国家提供贷款或援助,以解决他们的国际收支困难。扩大 IMF 的信贷中部分贷款的额度,由占会员国份额的 100%增加到 145%,并放宽“出口波动补偿贷款”的额度,由占份额的 50%提高到 75%。

五是增加会员国的基金份额。各会员国对 IMF 所缴纳的基本份额,由原来的 292 亿 SDR 增加到 390 亿 SDR,增加 33.6%。各会员国应缴份额所占的比重也有所变化,主要是石油输出国的比重提高一倍,由 5%提高到 10%,其他发展中国家维持不变,主要西方国家除西德和日本略增以外,都有所降低。

根据《牙买加协议》,IMF 的执行董事会在 1976 年 3 月完成了对 IMF 协定的修改草案,并送交理事会作书面表决。同年 4 月,IMF 理事会通过了 IMF 协定第二次修正案(第一次修正案是在 1968 年,授权 IMF 发行 SDR)。1978 年 4 月 1 日,经修改的 IMF 协定获得法定的 60%以上会员国和 80%以上多数票的通过,从而正式生效。由于 IMF 协定的第二次修正案是根据“牙买加协议”做出的,所以新的国际货币体系也可以称为牙买加体系。

(二)牙买加协议后国际货币体系的特征

牙买加协议后的国际货币体系实际上是以美元为中心的多元化国际储备和浮动汇率的体系。在这个体系中,黄金的国际货币地位趋于消失,美元在诸多储备货币中仍居于主导地位,但它的地位在不断削弱,其他主要货币的地位在不同程度上有所加强。2002 年诞生的欧元,在 10 年内完成了国际化进程,有很强的发展潜力,是目前美元最强有力的竞争对手。在这个体系中,各国所采取的汇率制度可以自由安排。主要发达国家货币实行单独或联合浮动;多数发展中国家采取钉住汇率制度,与主要货币或一篮子货币保持固定比率。相应地,在这一体系中,国际收支的不平衡通过多种渠道进行调节。除了汇率机制以外，国际金融市场和国际金融机构也发挥着重大作用。

1. 多元化的国际储备体系

自 1973 年美元彻底脱离与黄金挂钩以来，国际储备资产的构成就出现分散化的趋势，逐步形成了目前多元化的局面。

(1)美元。美元仍是主导货币。美元的中心货币地位主要表现为其在国际计值、国际支付和价值贮藏这三个方面的主导性作用。

首先，美元仍是国际最主要的计值单位。虽然 1973 年以后，多数国家在制度上不再与美元保持固定汇率，但是有相当一些发展中国家——包括亚洲和拉美的主要新兴市场国家——仍然将其货币名义上或实际上钉住美元。在国际贸易中，某些重要的商品特别是原料和初级产品都以美元计价。在世界黄金市场上，黄金买卖也是以美元计价。另外，各国在比较和计算诸如 GNP、人均收入、进出口贸易额和外汇储备等重要经济指标时，通常也会将其折合成美元。当然，采用美元只是出于便利。在美元汇率有较大波动时，计值会不准确，所以国际金融机构和一些主要的世界性组织，越来越多地使用 SDR 或欧元计算各国的主要经济指标。

其次，美元仍是最主要的国际支付手段。美元脱离黄金以后，在欧洲、亚洲和北美等主要国际金融中心，绝大多数的外汇批发业务仍然是美元交易。截至 2020 年 8 月，根据环球银行金融电信协会(SWIFT)发布的最新数据显示，美元在国际支付中所占比例降至 38.98%，但仍居世界第一。由于美元汇率波动对国际贸易和投资影响重大，各国中央银行也经常入市干预美元汇率。在国际贸易结算中，世界进出口贸易约 2/3 是用美元结算的。其原因一方面在于美国的经济实力及其国际贸易和投资的规模，另一方面也由于用美元支付已在长期中成了惯例。相比之下，其他主要国家的货币目前还不能同美元相比。

最后，美元仍是最主要的国际价值贮藏手段。尽管布雷顿森林体系解体后，美元在各国官方外汇储备中的比重有所下降。但美元目前仍是最主要的国际支付手段，因此在绝大多数国家中央银行的外汇储备中，美元仍是占比重最大的储备资产。根据国际货币基金组织(IMF)公布的数据显示，2020 年一季度，美元在全球外汇储备中占比升至 61.9%，2019 年四季度，美元占比为 60.8%。美元的优势还表现在私人部门交易中：在欧洲货币市场上，跨国银行持有的存款总额中美元存款占一半以上；在国际银行辛迪加贷款、国际债券市场以及国际衍生工具交易中，美元资产的比重也是其他主要货币望尘莫及的。

(2)欧洲单一货币——欧元。欧元是欧洲货币联盟的产物。从长期看，一种货币能否成为国际储备货币，主要取决于该货币赖以支持的经济体的相对规模，即经济实力是最终的决定因素。就此而言，欧元的发展潜力很大。欧元的问世促使欧盟各国的金融市场融为一体，从而有利于降低交易成本和吸引投融资，而这对巩固欧元的地位非常关键。2002 年欧元全面进入流通领域之后，其国际储备货币的地位和在国际金融市场中的作用，大于之前所有欧洲联盟各国货币的简单相加。经 2008 年金融危机、2009 年欧债危机等多番“洗礼”之后，欧元区扩展至 19 个成员国，覆盖 3.4 亿人口。截至 2020 年 8 月，根据环球银行金融电信协会(SWIFT)发布的最新数据显示，欧元在国际支付中所占份额约 36%，约占所有央行外汇储备总额的 20%，为全球第二大流通货币和第二大储备货币。

(3)特别提款权(Special Drawing Right,SDR)。SDR 亦称“纸黄金”(Paper Gold),最早发行于 1969 年,是国际货币基金组织(IMF)根据会员国认缴的份额分配的,可用于偿还国际货币基金组织债务、弥补会员国政府之间国际收支逆差的一种账面资产。因为它是国际货币基金组织原有的普通提款权以外的一种补充,所以称为特别提款权。其价值目前由美元、欧元、人民币、日元和英镑组成的一篮子储备货币的当期汇率决定,所占权重分别为 41.73%、30.93%、10.92%、8.33%和 8.09%。会员国在发生国际收支逆差时,可用它向国际基金组织指定的其他会员国换取外汇,以偿付国际收支逆差或偿还基金组织的贷款,还可与黄金、自由兑换货币一样充当国际储备。

为了让布雷顿森林体系继续运转,国际货币基金组织提出创设一种补充性的国际储备资产,作为对美国以外美元供给的补充。1969 年,IMF 创设 SDR,初始价值被设为 1 单位 SDR 对 1 美元,相当于 0.888 671 克黄金。SDR 相当于一种账面资产,也被称作“纸黄金”。至 1973 年,布雷顿森林体系解体,SDR 开始与一篮子货币挂钩。按国际货币基金组织协定的规定,基金组织的会员国都可以自愿参加特别提款权的分配,成为特别提款账户参加国。会员国也可不参加,参加后如要退出,只需事先以书面通知,就可随时退出。基金组织规定,每 5 年为一个分配特别提款权的基本期。每隔五年,IMF 都会对 SDR 货币篮子进行一次例行复审。

(4)黄金。在金本位条件下,黄金是唯一的国际储备资产。在布雷顿森林体系中,黄金和美元共同执行国际储备的职能。1973 年美元脱离黄金后,黄金的国际储备地位继续下降。1978 年 4 月生效的 IMF 第二次修正案继续推行黄金非货币化进程。然而,就像最初黄金成为国际储备货币是不以人的意志为转移一样,黄金的非货币化进程也是必然的经济发展规律。但是它是一个缓慢发展的过程,不可能由 IMF 或其他国际机构的主观决议而转瞬完成。

目前各国仍然重视黄金储备的持有,IMF、欧洲货币合作基金、国际清算银行等金融机构也持有黄金储备。从 1978 年 6 月到 1980 年 5 月,IMF 根据《牙买加协议》共进行了 45 次售金活动。1999 年英格兰银行的大规模售金活动使黄金市场价格大幅下降,也对黄金的非货币化进程有一定推动作用。总的来说,黄金的国际储备功能一直在弱化,但是目前还不能说黄金已经还原为普通商品。2008 年金融危机、2009 年欧债危机以来,全球通胀压力增大,黄金因其稀缺性成为公认的避险资产,具有重要的价值贮藏作用,各国中央银行仍然持有大量的黄金储备。并且黄金还可以被视为一种二级储备资产,各国持有黄金储备可以在紧急情况下迅速变现,作为最后支付手段偿付国际债务。

2.多种形式的汇率制度安排

根据 1978 年 IMF 协议修正案,IMF 成员国可以自行安排其汇率制度。对所有发达国家来说,它们的汇率制度安排是浮动汇率(联合或单独),但绝不是纯粹的自由浮动。因为在目前的世界经济条件下,政府还不能让汇率完全听任市场力量的主宰而自由波动。对所有国家来说,汇率与利率一样,是非常重要的经济变量,政府要予以运用来管理宏观经济,所以政府一定要在干预外汇市场、影响本币汇率水平方面有相当的自由度。在目前没有平价的制度中,要避免 20 世纪 30 年代的竞相贬值,并提高干预外汇市场对汇率进行管理的效率,这就需要国际合作。20世纪70年代以来已有过多次各主要国家联合干预外汇市场并取得成效的经历。目前主要国家货币之间的汇率格局,被各国中央银行维持在符合其国际收支调节要求的相对水平。在短期,国际收支的波动影响到各国的国际储备水平;而在长期,国际收支的严重失衡将导致汇率变化。

1973年主要发达国家实行浮动汇率制后,发展中国家根据各自的经济条件和需要,选择了多样化的汇率制度安排。发展中国家一般没有发达国家那样成熟完善的金融市场,且在不同程度上都对发达国家的经济有依附性,个别发展中国家对特定发达国家有较强的依附性。对许多发展中国家来说,其进口需求弹性不高,出口供给弹性也不大,因而汇率调节机制的作用一般来说不如发达国家重要。目前大多数发展中国家仍然选择钉住某种单一货币或SDR等合成货币的汇率制度,这可以使某些发展中国家达到与其主要贸易伙伴国家保持固定汇率的目的。由于主要发达国家之间的货币是浮动的,所以钉住单个货币就意味着同其他货币保持浮动关系。实行钉住汇率制度的国家,不是靠国内的需求管理来保持汇率的固定,而主要是依靠不同程度的汇率管制和外汇交易控制。

值得一提的是,香港作为发达地区目前实行的汇率制度并非大部分发达国家实行的浮动汇率制度而是一种联系汇率制度,即钉住美元的货币局制度。货币局制度作为一种固定汇率制度,有两项基本原则:一是本国货币汇率钉住一种作为基准的外国货币;二是本国通货发行以外汇储备(特别是锚货币的外汇储备)为发行保证,保证本国货币与外币随时可按固定汇率兑换。传统的货币局制度起源于19世纪中期,是英、法等国海外殖民体系的货币发行方式,在20世纪初较为流行。在20世纪五六十年代,随着政府积极干预经济的盛行,同时由于货币局带有明显的殖民时代经济色彩,原先实行货币局制度的国家纷纷采取中央银行制度。不过在20世纪后半段,货币局制度又有回潮的势头。

1983年,港元贬值的波动,促使港英当局决定重建货币局制度,将港元和美元挂钩。从1983年10月17日起,发钞银行一律以1美元兑换7.8港元的比价,事先向外汇基金缴纳美元,换取等值的港元"负债证明书"后,才增发港元现钞。同时政府亦承诺港元现钞从流通中回流后,发钞银行同样可以用该比价兑回美元。实行联系汇率制度后,维护稳定的汇率成为香港货币政策的唯一目标。从诞生以来,联汇制良好运作了16年,使香港避免了亚洲货币贬值危机,更为香港经济带来短期和中期的利益。

在钉住汇率制和发达国家的浮动汇率制之间,发展中国家还有多种弹性程度不同的中间汇率制度安排,其中比较典型的是对一种货币有限浮动(宽波幅浮动)以及滑动平价(Sliding Parity)或爬行钉住(Crawling Peg)。对一种货币有限浮动是指国家虽然也采取钉住某种货币,但允许实际市场汇率对平价汇率有较大的波动幅度,一般为±2.25%。这种宽波幅制度比完全的钉住汇率制度有更大的弹性,因而国内政策的自主性有所提高。滑动平价是指国家在短期内将汇率钉住某种货币,然后根据一组选定的经济指标,小幅度地、频繁地调整所钉住的平价。通常,这一组指标可以包括即期和远期汇率的走向、国家清偿能力、国际储备资产变动状况等。这种汇率安排在改变平价方面有相对更大的弹性,因而国内宏观政策也更自由。

宽波幅浮动与滑动平价相比,前者不能对长期积累的国际收支失衡提供及时的调节机制,一旦波幅达到了上下限,就与固定汇率没有实际区别。但与以前不同的是,平价可以很容易地改变,并且在波动范围之内国内政策有一定自主性。滑动平价是随时小幅度地频繁调整平价,所以能够对国际收支的失衡提供及时有效的调节机制。但其缺点是,经济政策必须要受平价调整目标的限制;并且由于经济指标调整本身依靠政府的决策,如果经济指标不恰当或政府决策失误,可能引起汇率的超调或不必要的波动。在宽波幅浮动和滑动平价之间,不同发展中国家根据不同的需要,还有多种不同形式的汇率制度安排。例如将两种制度的特点相结合的汇率安排,既允许市场汇率在短期内对平价有较宽的波动幅度,同时又依据一组经济指标不断地对平价进行小范围的调整。在目前的国际货币制度中,各国的汇率制度安排是多样化的。但总的来说,没有完全依靠市场机制的,都实行的是不同程度上的有管理的汇率制度。

3.多样化的国际收支调节方式

在目前的国际货币制度中,各国的汇率制度安排是多样化、有管理的。相应地,目前的国际收支调节机制也是多样化的,同时也不是完全依靠市场机制,也是有管理的。对所有国家来说,调节国际收支失衡的方式主要有三类:管理总需求或收入水平、调整汇率水平、对国际贸易和国际资本流动实行直接控制。对任何国家来说,国际收支的调节都是这三种方式的结合,不过,不同国家的侧重点有所不同。

(1)总需求调节。改变总需求是最古老的国际收支调节方式,它出现在古典的国际金本位制度中,不过当时的调节过程主要是依靠市场的力量完成的。在目前的条件下,这种调节手段发挥作用的形式与以前基本相同。逆差国家会形成国内货币紧缩的压力,利率会趋于上升,总需求会有所紧缩,通货膨胀会受到压制。这些都有助于纠正国际收支失衡:利率上升能够吸引外部资金流入,总需求的下降和物价涨幅的降低能够压缩进口、促进出口。但与以前不同的是,目前调节的过程是在市场力量的压力下,由国家的宏观经济政策来完成的。

对发达国家而言,他们仍然必须依靠总需求对国际收支的调节,因为政府必须对内部和外部经济目标进行平衡,而不能完全听任汇率机制的自动调节作用。在目前的世界经济条件下,国际收支失衡的一个重要原因是各国之间的经济发展状态不一致,宏观经济政策尤其是货币政策的目标不协调。所以为了总体上平衡国际收支、稳定主要国家货币之间的汇率,以便形成稳定的国际贸易和金融环境,发达国家之间还需进行国际的货币合作和政策协调。这是国际范围的总需求调节平衡国际收支和稳定汇率作用的体现。总的来说,发达国家对用总需求调节国际收支的依靠比以往任何时期都减弱了。发达国家同时可以利用有效的汇率调节手段和充裕的国际金融市场资金,从而提高国际收支调节的缓冲能力。

对发展中国家而言,他们对总需求调节手段的依赖程度要比发达国家高得多。发展中国家一般没有发达的金融市场,难以利用利率引导短期资金的流入、流出来缓冲暂时的国际收支困难,而且汇率变化对经常账户的影响也不像发达国家那样明显。20世纪70年代,国际金融市场曾为许多发展中国家提供了大量长期发展资金,平衡了其经常账户逆差。但是在20世纪80年代初,国际金融市场利率攀升,贷款条件逆转,许多发展中国家陷入债务危机。此后国际金融市场对发展中国家的贷款始终是收紧的,多数发展中国家,特别是出现偿债困难的发展中国家,在更大程度上要依赖于通过调节国内总需求和经济结构,来适应长期国际收支平衡的需要。

（2）汇率机制调节。汇率调节作为平衡国际收支的手段，目前对任何国家都比以往重要。国际收支的失衡可以来自国家之间价格水平或生产成本变化的差异，汇率的调整可以使价格变动的差异消失。当然，汇率的变动不可能改变国家之间价格水平变化差异的根本原因，但它能纠正其对国际收支失衡的影响。另外，国际收支的失衡还可以来自诸如生产技术发展、自然资源的开采（或枯竭）、人口增长以及国家经济发展政策变化等因素所导致的国家对外贸易结构变化或国际竞争力变化。在这种情况下，汇率调整的作用就是引导商品和劳务贸易平衡格局的相应变化，以抵消不平衡因素的作用。目前国际货币制度运用汇率机制调节，基本上解决了固定汇率条件下的“米德冲突”，宏观政策可以更多地服务于国内的经济目标。然而，利用汇率机制调节国际收支也是有代价的，汇率的波动会对国际贸易和投资形成不确定因素，在某些情况下，偏离潜在均衡汇率水平的剧烈波动也会给国内经济带来不利的冲击。

不同类型的国家对汇率调节的依赖程度是不同的。发达国家有相对完善的市场价格机制，进出口商品的需求和供给弹性也都比较大。同时，它们又采用浮动汇率安排，市场汇率相对接近均衡汇率水平，因而对汇率机制的依赖更重些。而对发展中国家来说，其间差别程度很大，少数发展中国家和发达国家一样采取单独浮动的汇率安排，并且货币自由兑换，它们对汇率机制的调节作用依靠程度更高。但多数发展中国家采取了弹性程度不同的固定汇率制度，钉住单个货币的国家只能保证其出口收入比较固定，汇率调节几乎不起作用。对一种货币有限浮动及采取滑动平价制的国家，汇率可以在一定程度上波动并起到调节国际收支的作用。但是对多数发展中国家而言，其货币不能自由兑换，汇率依官方需要确定在一定水平，并根据形势的需要而调整。对这些国家来说，汇率与其说是国际收支调节的手段，还不如说在更大程度上是一种产业政策。这些国家的货币汇率肯定不是市场均衡汇率，那么，要维持国际收支的平衡，就必须依靠对经常账户和资本账户实行不同程度的管制。

（3）对国际贸易和资本流动实施控制。严格地说，这不属于国际收支调节的范围，但它却是许多国家平衡国际收支的重要手段。对国际贸易实行直接控制是资本主义国家在战争期间发明的，但此后在和平时期也经常使用。如果运用得当，能够节约外汇或减少国际支付。例如，在 20 世纪 50 年代，西欧国家在美元短缺时期，就是靠币值高估和外汇管制来实现扩大进口和减少支付，从而迅速恢复其国内经济的。目前，进口关税仍是包括发达国家在内的各国控制贸易支付的重要手段。对于发展中国家而言，直接控制有着更为特殊的作用。发展中国家经济基础相对薄弱，产业结构不尽合理，市场机制也不够完善，要尽快发展经济，就必然有一定程度的外汇管制和贸易直接控制，以保证其国内产业政策的执行。当然，依靠直接控制的方法，其经济福利的损失也是很大的，因为直接控制会干扰和破坏市场机制的调节机能，可能导致资源分配的低效率；过分依赖外汇管制和贸易控制，还可能形成国内外价格体系的长期脱节，对正常的经济发展非常不利。因此，从理论上说，它只应当作为特殊经济发展阶段的权宜之计。

综上所述，目前国际货币体系中的储备资产是多元化的，国际汇率制度安排也是多样化的。国际上有人称此为无制度或混合制度。但大多数观点认为，它是有管理的浮动汇率制度。因为主要国家实行的是不同形式的浮动汇率制度，但又不是完全的浮动汇率制度，而是各国都在不同程度上经常干预和管理外汇市场，将市场汇率控制在本国经济状态需要的水平。这样的汇率制度不是国际货币合作的产物,各国之间没有布雷顿森林协定那样的正式承诺,而是IMF在事后经《牙买加协议》承认了各国自由选择汇率制度安排的既成事实。与此相应,不同国家能够运用的国际收支调节手段也是多样化的。

(三)对当前国际货币体系的评价

当前的国际货币体系是多元国际储备条件下的有管理的浮动汇率制度,其特点是多元化、分散化以及各国有相对灵活的国内宏观经济政策选择。这样的制度不是政治家和经济学家的主观选择,而是布雷顿森林体系垮台后经济规律的发展使然。纵观国际货币制度的演变过程,100多年来的大部分时间实行的是固定汇率制度,然后是第一次世界大战后短暂的浮动汇率时期,以后又实行的是国际金汇兑本位的固定汇率制度,其后继之以20世纪30年代的管理浮动时期,然后又实行的是布雷顿森林体系的可调整固定汇率制度,当前实行的是有管理的浮动汇率制度。

然而,国际货币制度的发展绝对不是简单的固定和浮动汇率的交错轮回。国际金本位时期的固定汇率制度和布雷顿森林体系的固定汇率制度有很大的不同。前者是严格不变的,建立在政府不干预经济的自由竞争基础之上;而后者在理论上是可调整的,是主要国家国际货币合作的产物。在采用浮动汇率的各个时期,20世纪20年代和30年代与当前的浮动汇率制度也有很大的不同。20世纪20年代的浮动汇率时期,是第一次世界大战后各主要国家努力恢复金本位固定汇率制度的过程,汇率虽然是真正的不加干预的自由浮动,但汇率没有成为国际收支调节的工具;20世纪30年代的浮动汇率是金汇兑本位制崩溃的产物,各国之间矛盾激化、外汇管制、货币区域隔绝、竞相贬值转嫁危机,没有国际合作的可能;当前的国际货币制度虽不是国际货币合作的产物,但事实上各主要国家之间一直在寻求合作的方式,试图降低汇率波动的幅度,避免世界金融危机的爆发。

100多年的国际货币制度的演变历程,总的变化趋势是制度的弹性越来越大。在早期的国际货币制度中,参加国的数量较少,主要是一些目前的发达国家,当时参加国的经济发展水平差别也相对不大。随着国际货币制度的发展,越来越多的发展中国家加入,于是体系中参加国的经济发展越来越不平衡,差别也越来越大。并且各国政府干预经济的能力也越来越强,因而客观上需要货币制度的弹性不断增加。在当前的制度中,市场机制的调节作用在国际储备的创造和国际收支的调节过程中起到了重要的稳定性作用,因而这个制度与布雷顿森林体系相比,有较大的灵活性,相对更能适应20世纪70年代以来的世界经济动荡和危机。

在当前的国际货币制度中,市场机制的约束力量主要体现在对储备货币国家的国际收支和汇率稳定的制约上。一方面,从长期看,国际收支地位不稳固的储备货币国家,其货币的国际储备地位会不断下降,因为各国更乐于持有那些经济地位上升、国际收支长期稳固国家的货币。另一方面,当储备货币国家发生短期国际收支或金融波动时,其货币汇率可能相应波动,从而影响其在国际储备资产总值中的比重。国际储备的需求在总量上是稳定的,但在不同的货币需求上,又是有选择的,从而形成市场机制的约束力量。储备货币国家要维持自身的储备货币地位,就不能不顾及其国际收支状况和汇率波动的状况。事实上,自1973年以来,国际储备的供给虽有剧烈的波动,但没有发生像20世纪60年代和70年代初那样的失控状态。这与布雷顿森林体系时期美元居于主导地位而无约束力量的情况相比,是一个明显的进步。

当前国际货币体系的一个很重要的优越性是,使各国在克服经济周期波动和提高收入水平方面有了相对更大的政策自由度,因为各国没有切实的义务来维持汇率的固定。这在当今世界经济动荡、各国经济发展水平和状态不一的背景下,可以说是现行国际货币体系能够维持运行的关键。各国自行选择适应本国经济现状的多种形式的汇率制度安排和多种方式的国际收支调节手段,以面对外部经济的动荡,自然能显示出较强的适应能力。就此而言,当前国际货币体系是稳定的。

但也必须看到,当前的国际货币制度从长期看也有很多缺陷。首先,实际汇率的波动会对各国经济产生重大的影响,用一般的宏观经济政策有时难以有效控制。20世纪80年代以来,已发生多次局部性的金融危机,对世界经济的破坏作用极大。其次,世界经济的全球化并没有带来国际货币体系的全球化。现行的国际货币体系仍延续发达国家和发展中国家的"中心—外围"格局,未能反映世界经济格局的新变化。在当前的制度中,各国尤其是主要储备货币国家倾向于为了国内的政策目标而操纵汇率,将其维持在国内政策目标所需要的水平,而不管其对其他国家经济的影响。最后,美国等储备货币国家的国际收支状态仍然对国际货币的供给和需求产生极为重要的影响,而由美国的国际货币政策变化形成的国际清偿力的收缩和扩张不一定符合其余国家或国际整体范围的利益。

总之,当前的国际货币体系基本上与动荡和发展不平衡的外部经济环境相适应,并且也没有明显的内在机制的不稳定性,因而在短期内不会发生重大的变革。但从长期看来,为了有效维护世界的经济、贸易和金融结构,改革国际货币体系已成为推动全球经济和金融稳定发展的重要基础,也是完善全球经济治理体系的重要内容。加强货币合作是未来国际货币体系的发展趋势,欧洲货币联盟的形成已经对国际货币制度产生了重要影响。不可否认,现行的国际货币体系是由发达国家主导的,对发展中国家的利益诉求关注不足。因此,提升新兴市场国家和发展中国家的代表性和发言权,也是未来国际货币体系改革的重要方向和内容。2016年10月1日人民币纳入SDR,提高了SDR货币篮子的代表性,有助于推动国际货币体系改革。中国作为最大的发展中国家,应积极推动国际货币体系朝着更加公正合理的方向发展,在建设稳定、抗风险的国际货币体系中发挥应有的作用。

(四)欧洲货币一体化

1.欧盟的成立与发展

1985年,欧共体卢森堡首脑会议通过了《欧洲一体化文件》,在欧洲货币与经济一体化进程方面达成了共识。1991年12月10日,欧共体12国在荷兰的马斯特里赫特城(Maastricht)举行的第46届首脑会议上通过了《马斯特里赫特条约》(简称《马约》)。次年2月7日,有关各国的财政部长和外交部部长签署了《马约》,从而为在1999年之前建立欧洲单一货币铺平了道路。此后,欧共体改称欧洲联盟(European Union),简称欧盟,现拥有27个会员国。

2.欧洲货币体系

根据《马约》的规定,经济货币联盟分三个阶段实施:第一阶段从1990年7月1日开始,各成员国协调经济政策,使本国货币加入欧洲货币体系的汇率机制。第二阶段从1994年1月1日开始,建立作为未来欧洲中央银行先驱的欧洲货币局(European Monetary Institute,EMI),以进一步集中成员国的宏观经济政策,减小汇率波动幅度,监督货币统一进程。第三阶段自1997年1月1日开始,最终目标是正式发行统一的欧洲货币(欧元)和成立欧洲中央银行(European Central Bank,ECB)。欧洲单一货币最迟在1999年1月1日正式启动,经过3年的过渡期,于2002年由欧元正式取代参加货币联盟的成员国的货币。

《马约》所规定的任何一个成员国加入货币联盟的条件是:通货膨胀率不能超过3个最低成员国平均通货膨胀率的15%;预算赤字不得超过本国国内生产总值(GDP)的3%,政府的债务总额不得超过其GDP的60%;长期利率不得超过3个最低通货膨胀率成员国平均利率的2%;在加入前的两年内,其汇率波动幅度不得超过欧洲货币体系(EMS)平均数的2.25%。

1992年2月7日,欧洲货币体系爆发危机,英镑、意大利里拉和西班牙比塞塔的汇率都跌破汇率机制所规定的下限。有关国家的中央银行进行了干预,但难以平息市场抛售风潮。结果,英镑和里拉不得不暂时退出汇率机制。1993年1月1日,以商品、资本、人员、劳务自由流动为标志的欧洲统一大市场正式诞生。1995年12月15日,欧盟领导人重新确认,1999年1月1日为欧洲单一货币开始实行的日期。1998年3月5日,欧盟委员会在评估了1997年成员国的经济业绩之后,推荐11国成为欧洲货币联盟的首批成员。1998年5月2日,欧盟历史上最具意义的首脑会议在总部布鲁塞尔举行,这次会议最终确认欧元"头班车"的11名"乘客"为:德国、法国、意大利、荷兰、比利时、卢森堡、爱尔兰、西班牙、葡萄牙、奥地利和芬兰。余下的4个欧盟国家中,英国、瑞典和丹麦的经济虽然也达到了《马约》规定的趋同指标,但由于国内政治原因而不愿意加入欧元体系;希腊则由于经济未能全面达标而未能搭上"欧元头班车"。

按照欧盟制订的时间表,从1999年1月1日起欧元首先是作为非现金交易的货币(即以支票、信用卡、股票和债券等方式)进入流通领域。自2002年1月1日起,欧元现金开始正式登台。同年7月1日,欧元11国各自的货币停止使用,退出流通领域而成为收藏品。目前,欧元区有5.07亿人口,为全球第三大经济体,其国民经济产值在全球经济总产值中占20%左右。

阅读拓展

欧洲货币一体化的启示①

1999年1月1日欧元正式启动,并于2002年1月1日开始作为区域内唯一法定货币流通使用。到目前为止,有17个国家以欧元为法定货币。欧元诞生十年来,在国际化道路上取得了举世瞩目的成就。2011年,国际货币基金组织将欧元在特别提款权

① 资料来源:孙海霞:"欧元国际化:历程与启示",《浙江金融》,2011(11)。于永臻,李明慧:"美元、日元、欧元和英镑国际化历程即对人民币国际化的启示",《经济研究参考》,2013(54)。

(SDR) 中的权重由 2006 年的 34% 调整为 37.4%,同时将美元的权重由 2006 年的 44% 下调为 41.9%。欧元的诞生对整个世界的货币体系产生了巨大影响,对于美元在国际上的霸主地位构成了有力的挑战,使国际货币多元化成为可能,欧元区也因为货币的统一而获益颇多。

从欧洲主要国际货币的外汇储备职能来看,欧元(马克)是仅次于美元的世界第二大国际货币。马克在国内经济迅速发展和国际经济进一步融合的机遇下,在 20 世纪六七十年代完成了货币国际化的初始发展阶段,在八十年代进入迅速发展阶段。马克占各国外汇储备比重在 1965 年仅 0.1%,1973 年达 5.5% ,1982 达11.6%,直到 1989 年达到历史最高值 18%。由于继承了法郎和马克的国际化成果,同时背靠更为强大的欧元区经济体,欧元迅速成为世界第二大国际货币。欧元占外汇比重由 1999 年的 13.5%上升到 2019 年的 20.07%。

从国际货币的交换媒介职能来看,近半个世纪以来,美元、欧元、英镑和日元四大国际货币之间的力量对比有较大改变。1999 年欧元的流通结束了以美元发行的国际债券长期占主导的局面,以欧元发行的国际债券比重由 2000 年的 30.1%上升到 2008 年的 40.5%,首次超过美元比重,欧元的交换媒介职能大为增强。不过,由于欧债危机和欧元区经济持续低迷,发行人偿债能力下降对欧元债市场形成冲击,2010 年后欧元债券发行量逐步下降,近年来持续处于缓慢修复期。2015 年后,美元债券再次居于首位。截至 2019 年二季度,欧元在国际债券存量中的份额为 38.5%。

2016 年 6 月 23 日,英国举行脱欧公投,脱欧阵营以 51.9%的得票率获胜。伦敦时间 2020 年 1 月 31 日 23 时,英国正式“脱欧”,结束其 47 年的欧盟成员国身份。作为欧洲经济实力最强的国家之一,英国脱欧对于欧洲一体化而言,无疑是一个沉重的打击,使欧盟和欧洲一体化在经济、政治、社会三个维度都遭遇了严峻挑战。

英国脱欧使欧洲一体化进程遭遇挫折。这一事件不但会对欧洲经济一体化进程产生负面影响,而且会在政治上改变欧洲一体化的发展方向,从而进一步削弱欧洲认同、侵蚀欧洲一体化的社会基础,同时也在一定程度上推动世界格局与全球治理体系的变革。欧盟应从此次英国脱欧事件中吸取教训,匡正自身治理体系和治理结构上的缺陷,推动欧洲一体化继续向前发展。①

(五)人民币国际化

人民币国际化是指人民币超越中国国界发挥货币职能,作为价值尺度、结算支付、储备工具被广泛接受,在国际贸易、国际金融交易、官方外汇储备中的比例显著增加的过程。

近年,随着中国经济的快速发展和对外开放程度的不断提高,人民币国际化进程逐步加快。随着 2016 年 10 月 1 日人民币纳入 SDR,人民币成为国际储备货币,人民币国际化迈出了重要一步。2019 年中国 GDP 占世界的比重超过 16%,中国经济增长对世界经济增长的贡献率达到 30%左右。人民币国际化成为继 GDP 与外贸指标之后表征我国大国地位的另一标志,有助于提升我国的国际影响力与话语权,同时降低本币融资

① 资料来源:杨毅:“英国脱欧对欧洲一体化的三维挑战”,北京外国语大学项目《“一带一路”战略背景下的亚洲区域投资与治理问题研究》,2016-10。

成本以及对外贸易与投资的汇率风险和交易成本。

作为计价货币，人民币计价货币功能的培育刚刚起步，全球大宗商品计价目前仍然以美元主导，中国在大宗商品贸易上还缺乏定价权，中短期内全球大宗商品交易以美国和欧洲交易所主导定价的局面还难以改变。作为最大的消费国和出口国，中国在大宗商品市场已经具有相当大的影响力。但国内的大宗商品交易所允许境外投资者参与的交易品种和规模都还很有限，其价格难以成为国际市场的定价基准。2018 年人民币计价货币功能取得了重大突破。2018 年 3 月，以人民币计价的原油期货在上海国际能源交易中心（INE）挂牌交易，同时引入境外交易者，成为全球第三大石油期货交易市场，至 2018 年底 INE 原油期货成交量已经占到全球份额的 6%。

作为结算货币，近年来人民币跨境收付规模快速提升，目前已成为全球第六大支付货币，全球使用人民币结算的金融机构日益增加，但全球支付份额不足 2%。目前全球支付货币仍以美元和欧元为主导，英镑和日元是第二梯队，人民币、加元、澳元、港元和新加坡元的份额均在 2%以下，为第三梯队。

作为储备货币，近年来人民币在世界各国央行外汇储备中的占比有很明显的提升趋势，在 2018 年第四季度超过了加元，成为第五大外汇储备货币。截至 2020 年第一季度，人民币在世界外汇储备中的占比超过 2%，达到 2.02%。虽然和第四名的英镑（4.43%）仍然有明显差距，但进步势头明显，人民币在世界各国央行中的认可度明显呈上升趋势。

货币的国际化需要以一国的经济实力、国际贸易和境外投资为基础，但在其国际化发展到一定程度、在境外的货币存量达到一定规模后，将形成脱离一国实体经济的境外货币循环，进入到国际化的较高阶段。

货币格局与经济格局的演变并非完全同步。2009 年以来，虽然中国 GDP、贸易出口、对外投资存量的全球占比持续上升，但是人民币离岸债券、跨境支付、外汇交易的占比仍然处于较低水平，既反映出我们以间接融资为主的金融体系，也说明投融资功能有待加快发展。

在人民币国际化已推进 10 年，人民币跨境结算量达到一定规模后增幅放缓，并且中美贸易摩擦持续、全球贸易增长乏力、债务扩张快于实体经济增速的情况下，推进人民币国际化应从以支付结算功能为先导转向以投融资功能为重点。在当前人民币资本项目尚未完全可兑换的情况下，深化投融资功能要注意风险防控。要侧重于扩大人民币在境外的金融资产规模，同时稳步推进国内金融市场对外开放。

从历史经验看，国际货币体系表现出捍卫当前国际货币的强大惯性，从欧元、日元国际化经验看，挑战现有国际货币秩序并不简单，故应采取渐进方式推动人民币按照周边化、区域化、国际化的路径发展。人民币国际化进程任重道远，但未来可期。

（六）关于国际货币体系发展前景的讨论

改革现行国际货币体系的呼声从牙买加体系确立后就没有停止过，但由于发达国家从牙买加体系中获益良多，其对此一直持漠然态度。直到亚洲金融危机爆发之后，各国才达成了共识。目前，国际货币基金组织、发达国家集团、发展中国家集团、各国际经济政治组织和相关学者都提出了改革当前货币体系的方案。

1.新金本位制构想

出于对金融资产和实物资产已构成倒金字塔的疑虑以及美元代行世界货币时所导

致的金融霸权的忧虑,部分发展中国家经济学家和发达国家左派经济学家提出了新金本位制构想,即全球所有国家同时加入金本位制国家联盟,一致确定或同时变更其货币相对于黄金的比价关系,以增进全球福利,降低世界经济的虚拟化。其理由是:货币作为价值尺度必须具有价值,现行的信用货币体系导致虚拟资本的无节制膨胀;目前黄金储备数额巨大,足以保证以黄金为基础的货币取得相当的稳定性;发达国家获取国际铸币税的特权被剥夺,因而新金本位制更具公正性;新金本位制可以克服经济国家主义,避免各国利用名义汇率的升贬值来行"贸易或金融的国家保护主义"之实。反对意见则认为:金本位制不足以保证世界经济避免通货膨胀或通货紧缩的威胁;金本位制造成人类资源的巨大浪费;人类曾有过回归金本位制尝试,但都失败了,其中包括第一次世界大战后的英国和1933—1934年的美国。

2.重建布雷顿森林体系

1997年2月,德国席勒研究所与高克斯国际劳工委员会在其紧急呼吁书中提出重建布雷顿森林体系的建议。持类似观点的还有诺贝尔经济学奖得主、法国经济学家阿莱以及颇受争议的美国学者林登·拉罗奇等人。他们要求破除以IMF为中心的国际金融体制,建立新的国际金融秩序,进行全球性债务重组和恢复固定汇率制度。更为极端的则要求要么进入废除现有货币的紧急状态,要么销毁货币,重构新的全球固定汇率制和全球中央银行。

3.重构现存多边国际金融组织的构想

有的学者提出重构现存多边国际金融组织的构想,其主要代表是埃及经济学家阿明。他提出重构现存多边国际金融组织的构想,代表了发展中国家的基本立场和观点。他所提出的重构的理由在于:首先,IMF最初的目标是保证开放的全球经济的货币稳定,以布雷顿森林体系替代第二次世界大战前就摇摇欲坠的金本位体系。但IMF和世界银行一样,是为美元提供全面控制而设计的,美国否定了全球中央银行的设想,而代之以更弱的、处于依附状态的IMF,以便对它既实施控制,又和其他国家共同分摊责任。其次,这样的制度设计使得IMF既没有能力强迫发展中国家执行结构调整,并防止其过度举债,也无法要求发达国家实施有效的债务减免方案。最后,IMF没有真正的权威来稳定国际货币体系。

4.关于货币联盟的设想

亚洲金融危机中,各国钉住汇率制度的崩溃很大程度上是由各国单方面的固定汇率承诺不具有可信性造成的。除了货币局制度和美元化等硬钉住制度安排可加强汇率制度的可信性外,国际经济学家提出实行货币联盟这种多边承诺机制,增强汇率关系的可信性。其中最有影响的是蒙代尔的货币一体化构想。

蒙代尔主张各经济区的国家以货币局制度钉住美元、欧元和日元这些国际货币,各大经济区或货币区之间实现以固定汇率联结的多重货币联盟,作为最终建立世界共同货币的过渡措施。此外,麦金农和格鲁贝尔也赞同蒙代尔的构想,一致认为货币一体化已经成为国际金融框架改革的新趋势。

5.发展超主权储备货币体系

2008年国际金融危机后,很多经济学家明确提出了发展超主权储备货币体系、充分发挥特别提款权(SDR)作用的主张。斯蒂格利茨领衔的联合国改革委员会对此给予了积极响应，主张要扩大SDR在国际货币体系中的地位。还有经济学家提出了更有创意的、更为激进的超主权货币形式，如发行纸黄金，成立世界中央银行，发行全球单一新货币，或建立基于美元、欧元、日元三方货币联盟的世界新货币的倡议等。超主权储备货币的概念一面世，也招致了不少反对或者质疑的声音。艾亚尔认为，SDR本身只是货币的衍生品，不具有货币属性，也没有主权国家那样的征税能力。克拉克和波拉克以及威廉姆森则认为，由于存在网络效应和路径依赖等问题，任何新的货币都难以迅速为私人部门所接受。另外，由于既得利益的政治阻力，任何形式的超主权储备货币推出，都可能会面临较大的制度和技术障碍。

阅读拓展

美国次级债危机——金融市场全球化背景下的危机传播①

随着金融自由化和经济全球化的飞速发展，世界各国之间的经济联系越来越紧密，金融危机的作用范围已不再局限于一国之内，它会通过各种渠道向其他国家或者地区蔓延，引发全球性金融动荡。20世纪90年代以来发生的几次金融危机，如欧洲汇率机制危机、墨西哥金融危机、亚洲金融危机等都表现出明显的国际传染性。2007年的美国金融危机不仅严重影响美国、欧洲和日本等发达经济体，对亚洲、拉美等新兴经济体也产生了不同程度的危害。在现行的美元本位制下，美国位于世界经济金融霸权地位，在享受种种利益的同时，也成了世界上最大、最具传染力的金融危机策源地。

2007年席卷全球的美国金融危机源于金融市场最健全、规模最大、流动性最强的发达国家，这样一种发达的金融市场吸引了众多外国政府或私人投资者的参与，必然导致金融市场成为美国金融危机国际传染的重要渠道。很多国家的投资者尤其是欧洲地区的金融机构不同程度地持有美国的债券、股票及金融衍生产品，如以次级抵押贷款为基础经过复杂的过程创造出来的MBS、CDO、CDS等高度结构化的衍生金融产品。在美国经济持续稳定发展时，其金融产品为世界各国投资者带来了丰厚的回报。但美国次级住房抵押贷款违约率提高引发信贷危机不断升级，从信贷市场到资本市场都处于崩溃状态，对冲基金、投资银行、商业银行、保险公司等因次级债券的市场价值缩水而面临巨额的亏损，甚至破产清算，而各国金融机构在美国资本市场的投资也损失惨重。

再者，作为全球GDP最高的国家，美国是很多国家的重要出口市场，导致国际贸易也成为美国金融危机国际传染的重要渠道。美国金融危机爆发以来，金融市场动荡不安，房地产、股票价格双双下跌，美国国民财富大幅缩水，国内不稳定的经济环境使得人们对经济前景持消极悲观的态度，因此，美国国民的消费能力与意愿同时下降，导致美国对外进口的需求量减少，进而影响到与美国有直接贸易伙伴关系的国家的经济增长。更严重的是，金融危机的影响，使美元的地位进一步弱化，加之，美联储采取减息或注资等宽松的货币政策，为金融市场注入流动性，在缓解了当前金融机构资金短缺压力的同

① 资料来源：邹薇，杜阳："基于美元本位制视角的美国金融危机国际传染渠道研究"，《湖南科技大学学报》，2012(3)。

时加剧了全球流动性过剩,客观上也加速了美元的贬值进程。而美元贬值相当于美国向世界征收通货膨胀税,进而实现了金融危机的国际转嫁。

第二节　国际金融市场的发展趋势

20 世纪 70 年代,世界经济形势发生了重大变化,主要资本主义国家的经济在不同程度上陷入了滞胀的困境,国际金融形势也从此变得动摇不定。1973 年布雷顿森林体系解体,主要国家的货币纷纷自由浮动,外汇市场开始起伏波动。1973 年和 1979 年的两次石油危机,使发达国家和部分非产油发展中国家的经济受到严重的影响。进入 20 世纪 80 年代以后,虽然主要发达国家的通货膨胀得到抑制,但是美国、英国、加拿大等西方国家在治理通货膨胀的过程中相继发生了战后最为严重的经济衰退,其影响波及整个资本主义世界。在 20 世纪 80 年代初,爆发了以巴西、墨西哥等拉美国家为首的发展中国家债务危机。20 世纪 90 年代以来金融危机不断,如欧洲货币体系危机、墨西哥金融危机、东南亚金融危机和美国次贷危机等。这一切都意味着,国际银行业以及国际金融市场的风险程度急剧升高。

世界经济形势的巨大变化必然对国际金融形势产生重大影响,风险升高了,竞争加剧了。从 20 世纪 70 年代开始,尤其是 20 世纪 80 年代以来,国际金融市场经历了空前的发展,并发生了惊人的变化。这不仅表现在量的扩大,而且更重要的是出现了许多重大的质的改变。

一、世界金融市场全球化

金融市场的全球化,简单地讲,就是各国金融市场放松管制,允许银行和其他金融机构向其客户提供全球范围的各种服务。各主要西方国家的政府和金融管理当局为了增强各类金融机构的竞争能力和金融制度的活力,自 20 世纪 70 年代以来纷纷采取放松金融管制的措施。各主要西方国家放松金融管制的步骤和方式不尽相同,但总的来说主要包括:第一,放松对金融机构的控制,取消或放宽各类金融机构经营的业务领域的限制,允许各类金融机构之间的业务领域互相交叉;取消各类金融机构的存放款利率限制;允许商业银行等金融机构自由设立分行或附属机构;可以持有或兼并其他种类的金融机构,从而组成混合经营的金融联合体等。这些管制的放松是为了给各类金融机构之间的公平竞争创造条件。第二,取消外汇控制。如英国于 1979 年取消了所有外汇交易控制。此后,绝大多数西方工业国家也纷纷仿效,使国际交易和投资不再因通货流通的种种限制而受阻。第三,开放国内资金市场,允许外国银行在本国自由设立分行,放宽外国银行的业务经营范围,取消外国居民在本国金融市场筹集资金的限制等。这些措施旨在加强本国金融机构之间的竞争,从而促进本国的银行和非银行金融机构向海外扩张。第四,放松对本国证券市场的控制,允许商业银行等金融机构或外国金融机构持有本国证券投资机构的股权,从而自由进入证券交易市场。这是为了促进本国证券交易市场的国际化。第五,实行税收优惠。许多国家取消了原先向外国投资者征收的投资收入所得税(如利息预扣税),这使美国等市场对外国投资者更具吸引力。总之,主要西方国家为放松金融管制而采取的一系列政策措施,促进了国际金融市场的飞速扩展和资本流动,同时也使国际银行业和国际金融市场上的竞争更加激烈。

金融市场全球化的表现形式之一是银行业的全球化,即本国银行机构向国外发展和外国银行机构进入本国从事金融活动。国际金融中心的扩展,与跨国银行空前规模的海外扩张分不开。商业银行跨越国界从事经营活动的历史很长,然而跨国银行的大规模扩张,却是与第二次世界大战后资本主义世界经济的飞速发展和跨国公司海外投资的大量增加相伴随的。特别是 20 世纪 80 年代以来,一些早先并不对外国银行开放的主要资本主义国家,如加拿大、瑞典、澳大利亚等,也相继允许外国银行自由进入本国开设分行。跨国银行在海外大量设立分行,形成全球范围的经营网络,促进了全球范围的资本流动,也加速了金融市场的全球一体化。

金融市场全球化的另一个表现形式是证券投资的国际化。以 1986 年伦敦证券交易所的"大震"为代表的 20 世纪 80 年代中期以后的各国证券市场改革,都以拓宽国际参与面为预定目标之一,其中包括鼓励外国金融中介成为政府公债市场的主要角色,充当主要经营者或造市者(Market Maker);鼓励外国投资者更多购买政府公债,以致近日 OECD 国家的政府公债有更大份额为非居民持有。

现在,这种证券投资的国际化正向全球化发展。其一,从市场结构看,随着电信技术的飞速发展,以伦敦、纽约、东京三个国际金融中心为主轴,再辅以法兰克福、苏黎世、阿姆斯特丹、新加坡、中国香港地区等次级市场,已形成了跨时区每日 24 小时不间断营业的全球化证券市场,投资者几乎可以全天在全球几个主要国际金融中心进行大数量的国际性交易。

其二,从投资者角度看,由于全球化的资产组合能带来资产多样化,产生了较高的收益并改善了风险管理,因此,他们更愿意持有国际资产组合。

二、国际金融市场证券化趋势

所谓证券化,是指金融业务中证券业务的比重不断增大,作为信贷流动的银行贷款转为可买卖的债务工具。证券化在国际金融市场上表现为下面两个较为明显的特征:

第一,从 20 世纪 80 年代上半期开始,国际信贷结构发生了很大变化,主要构成部分从辛迪加银行贷款转向证券化资产;融资方式从传统的商业银行筹款方式逐渐转变为在金融市场上发行不同期限债券与票据的方式;商业银行在吸存放贷方面的优势逐渐减弱。这就是融资手段的证券化,也称为非中介化趋势。

在国际金融市场上,融资方式证券化趋势形成的原因是多方面的。20 世纪 80 年代初爆发的发展中国家债务危机使国际银行贷款的风险急剧增加;同时,石油输出国盈余资金的迅速减少也使国际银行贷款的资金来源大量减少。在这种情况下,国际商业银行不得不极力寻求分散和转移风险的新方法,并且强调其资产投资组合的流动性和分散化以及自有资本的充足性,这一切均意味着 20 世纪 80 年代银行贷款成本相对上升。然而在债券票据市场上,能利用债券票据方式筹资的机构一般信誉较高、风险较低。同时,在交易过程中计算机技术的广泛应用,使数据处理的成本迅速降低,信息流通的渠道大为畅通。再加上各主要西方国家对国内金融制度的放松管制,使各国有价证券的交易过程和方式大为简化。这一切都意味着整个国际债券市场的流动性大大提高,以及利用债券市场筹集资金的成本大幅度降低。

简言之,国际银团贷款的风险提高,贷款成本的相对上升,以及有价证券市场流动性的提高和筹资成本的降低,使各种类型的筹资者,包括政府机构和公司借款人等,都把注意力由传统的国际银行贷款渐渐转向发行长短期债券或商业票据,并且连跨国银行本身也成为债券市场的重要参加者。于是,就形成了国际金融市场上的融资方式证券化趋势。

第二,银行资产负债的流动性(即变现性)提高。在资金运用上,银行可以作为代理人和投资者直接参与证券市场,还可以将自己传统的长期贷款等项目进行证券化处理,衍生出新的金融产品。例如,将住房抵押贷款转给专门机构,以此发行长期证券融资;通过出售部分或全部债权收回资金,以加速资金周转。此外,银行国际资产的可买卖性也在增大。

三、金融市场和金融产品多元化发展

20 世纪七八十年代以来,世界各国都出现了金融创新的浪潮。引起金融创新的一般原因包括规避风险、技术进步、政府管制的逆效应和较高的通货膨胀率等。国际金融创新刺激了国际资本流动,促进了国际金融市场和金融产品多元化发展。

金融市场和金融产品多元化发展主要表现为,衍生金融工具市场的发展远快于现货市场,场外交易市场的发展远快于有组织的场内交易所。

在外汇市场,目前衍生金融工具市场已经取代现货市场的传统优势地位,互换、远期合约、期货和期权等衍生金融工具交易额的增加都极大地超过了现货交易额的增加。

场外交易之所以有这样强劲的增长势头,主要是因为它很少受到管制的约束,从而具有传统交易所难以匹敌的灵活性。例如,交易所只能交易给定数量的特定合同,而场外交易经营者除能提供来自任何交易所的产品之外,还能设计新产品。他们能按客户特定需要裁剪他们提供的场外交易衍生品,也能使用金融工程技术来发展新衍生品。又如,标准化的交易所合同通常不一定符合客户所想要的特定期限,许多外国通货合同都以美元标值,股票指数衍生品可能没有投资者所寻求的特定产业特点等,而场外交易经营者却能灵活变动到期时间,能复制投资者所寻求的特定资产组合。场外市场便是以其特有的灵活性使投资者有可能进入本来很难进入的市场部门,从而获得投资者的青睐,得到迅速发展,以致衍生品交易所不得不对场外市场的竞争做出灵活反应。它们积极仿效场外交易的做法,发展极类似场外交易的新产品。

四、国际金融市场规模增速远超实体经济

国际金融市场的规模和增长速度远远高于世界实体经济的增长。截至 2019 年 9 月,全球外汇市场日均成交量达到 6.6 万亿美元,相比之下,2018 年全球商品贸易总额为 39.342 万亿美元,仅仅相当于外汇市场几天的成交量。由此可见,不论在总额还是在增长速度上,实体贸易增速都远远落后于国际金融市场的资金流动。

21 世纪以来,在全球许多工业化国家,居民家庭储蓄行为的多元化和金融业的开放使机构投资者掌握的金融资产急剧上升,国际金融市场在很大程度上呈现批发市场

的特征,机构投资者成为国际资金流动的主要载体。由于中国的财富总量不断上升,居民理财需求爆发,近年我国资管规模不断增加。截至2018年底,中国资产管理行业总规模约124.03万亿元,约占2018年我国GDP比重的137.82%。预计2020年,我国高净值人群与一般家庭的可投资资产总额将分别达到97万亿元与102万亿元,也就是说每年有1.5万亿元的增量。

阅读拓展

国际金融市场的发展导向分析

当前阶段,国际金融市场的发展存在新的发展趋势。欧美国家的主权债务问题对全球的金融稳定有一定的影响作用。世界金融风险增大,金融监督管理的国际化趋势逐渐加深;国际货币的结构多元化变得越来越明显;国际热钱的活跃程度增加了新兴经济体的负面作用。

一、欧美国家主权债务问题逐步影响到世界金融的稳定性

欧债危机的风险、债务上限突破等不可预见的风险因素,日本债务前景发生恶化等诸如此类的问题的出现,都会对世界金融的稳定造成一定程度的影响。第一方面,就是自身的"财政悬崖"给它本身的经济带来了不确定性,并且影响到了全球经济,这一局面的出现使企业在投资上格外谨慎,且消费者减少了。第二方面,无上限的量化宽松货币政策也给经济带来了不可预见性。主要经济体如果长期实行量化宽松货币政策,就会导致国际金融市场发生剧烈震荡。

二、金融监管国际化趋势加强

经济全球化的作用是两方面的,给各个国家提供了发展机会,与此同时,也带来了风险和挑战,由之前美国爆发的金融风暴影响了全球经济发展可见全球金融风险跨界溢出的影响。因此,为了防范这一风险的发生,应减少国家与国家之间的资金波动性,加大对自身金融业的监督管理,最终形成稳定安全的全球金融监管框架,增强国际金融安全。只有最大限度地加大全球金融监管国际化的形成,才能避免金融风险的发生。

三、国际货币结构多样化的倾向很显著

美元的无约束供给,导致国际货币体系发生巨大的损失,并且对各国经济影响巨大,所以打造货币多元化体系是大众所期盼的。打造货币多元化体系不但可以使世界经济保持稳定,还可维护世界金融安全。完善国际货币体系,促进国际储备货币体系向货币币值稳定、供给有限制的趋势发展,促进国际货币体系多元化的目的是使未来国际经济更有秩序地进行。

(资料来源:摘录、改编自胡超:"浅谈国际金融市场的风险及发展趋势",《时代金融》,2016(1))

本章小结

1.国际金本位制度有三项基本的运行规则:①所有参加国的货币均以一定数量的黄金定值,本国货币当局随时准备以本国货币固定的价格买卖黄金;②黄金能够自由进口和出口;③本国的货币供应量受本国黄金储备的制约,黄金流入会导致货币供应增加,黄金流出会导致货币供应减少。满足了这三项规则,金本位制度才能够正常运行。

2.布雷顿森林体系的主要特征是:建立一个永久性的国际金融机构,即国际货币基金组织(IMF),旨在促进国际货币合作;规定以美元作为最主要的国际储备货币,实行美元黄金本位制;实行可调整的固定汇率制度;IMF 向国际收支逆差国提供短期资金融通,以协助其解决国际收支困难;废除外汇管制;通过"认缴额"贷出黄金或货币;稀缺货币条款。

3."特里芬难题"(Triffin Dilemma)对布雷顿森林体系的内在缺陷进行了深入的探讨。特里芬指出:"由于美元与黄金挂钩,而其他国家的货币与美元挂钩,美元虽然因此而取得了国际核心货币的地位,但是各国为了发展国际贸易,必须用美元作为结算与储备货币,这样就会导致流出美国的货币在海外不断沉淀,对美国来说就会发生长期贸易逆差;而美元作为国际货币核心的前提是必须保持美元币值稳定与坚挺,这又要求美国必须是一个长期贸易顺差国。这两个要求互相矛盾,因此是一个难题。"正是这个"难题"决定了布雷顿森林体系的不稳定性和垮台的必然性。

4.《牙买加协议》的主要内容:一是浮动汇率合法化;二是黄金非货币化;三是提高 SDR 的国际储备地位;四是扩大对发展中国家的资金融通;五是增加会员国的基金份额。

5.当前的国际货币制度在各方面基本上与动荡和发展不平衡的外部经济环境相适应,并且也没有明显的内在机制的不稳定性,因而在短期内不会发生重大的变革。但是长期看来,由于其各方面的局限性,也不可能永远维持。加强货币合作是未来国际货币制度的发展趋势,欧洲货币联盟的形成已经对国际货币制度产生了重要影响。

6.未来国际金融市场的发展有三大趋势:一是世界金融市场全球化程度将不断加深;二是国际金融市场证券化趋势不可逆转;三是金融市场和金融产品多元化程度将日趋提高。

复习思考题

1.金本位制度的基本特征有哪些?

2.简述布雷顿森林体系的主要内容并对其进行评价。

3.简述牙买加体系的主要内容并对其进行评价。

4.结合实际,谈谈你对国际金融市场发展趋势的看法。

附录:最优货币区理论[①]

一、最优货币区理论

(一)最优货币区理论的定义

最优货币区理论于1961年由蒙代尔提出,按照蒙代尔的说法,货币区是指由不同国家或地区组成,实行单一货币或虽然有多种货币,但这多种货币之间的汇率被永久固定,而对区域外实行统一浮动的货币联盟区,所谓最优指稳定国内就业和物价水平的能力。《新帕尔格雷夫经济学大词典》给出了最优货币区的定义,即最优货币区是这样的一个区域:"在该区域内,一般性的支付手段或是一种单一的共同货币,或是几种货币,这几种货币之间具有无限可兑换性,其汇率在进行经常交易和资本交易时相互盯住,保持不变,但在区域内国家和区域外国家的汇率保持浮动。"

(二)最优货币区的特征

通货区是区域货币合作的最高形式。它具有5个基本特征:①成员国货币之间的名义汇率是固定的;②具有一种占主导地位的货币作为成员国汇率确定的共同基础;③主导货币与成员国货币间具有充分的可自由兑换性;④存在着一个负责协调和监管的超国家的权力机构;⑤成员国的货币政策主权受到削弱,其中包括发钞权。

二、最优货币区的标准

作为货币区的成员国,加入货币区后会面临许多风险,为了极小化这些风险,使货币区内的成员国在获得加入货币区的好处的同时,国内经济能平稳运行,一国加入货币区必需要达到一定的标准。随着研究的深入,对于最优货币区的标准的研究从单一角度逐渐发展到综合分析,即收益和成本分析。

(一)最优货币区的单一标准

利用单一指标来分析建立最优货币区的标准在业界并没有统一的答案,其主要的结论总结如下:

1. 劳动力和资本的流动性。要素的高流动性减少了运用汇率工具稳定宏观经济和回复国际竞争力的必要性。劳动力从高失业地区向低失业地区的流动,不仅可以消除需求转移的冲击,还能逐渐使工资水平趋同。金融市场的一体化所产生的自动平衡机制使得汇率工具的必要性大大降低。反之,劳动力和资本难以自由流动,则相对价格的调整就成为恢复均衡的唯一手段,此时浮动汇率比固定汇率的货币联盟更有效率。

2. 经济开放程度。经济开放程度越高,经济规模越小,固定汇率越有效,参加货币联盟的倾向越大。

3. 名义工资的灵活性。名义工资的高弹性有利于市场机制自发调整并重新获得内外均衡。若名义工资在要成立货币区的国家中是有弹性的,则国家间在面临不对称冲击时,可以通过各自名义工资的调整来恢复均衡。负冲击的国家降低名义工资,正冲击的国家提高名义工资。灵活的工资变动,降低了求助于名义汇率调整的必要性,使这些国家形成货币同盟的成本更低。

① 资料来源:石清华:"基于最优货币区理论对欧洲货币联盟的分析",《经济论坛》,2013(1)。

4. 商品市场一体化。对于一个出口产品多样化的国家来说,如果外部经济的动荡使得对该国某种产品的需求降低,则不会给该国经济带来大的影响,汇率也就不用做出大的调整;而对于一个产品多样化程度较低的国家来说,外部经济动荡可能会对该国经济造成大的冲击。若要抵消这种冲击,就需要对汇率做出较大幅度的调整。换句话说,就是产品多样化程度低的国家不能够承受固定汇率的后果,而应该建立在汇率上能够灵活安排、并具有相对独立性的通货区。

5. 财政一体化。财政一体化的实现,对于货币联盟的运行而言,其抵御外部冲击的能力就进一步得以加强。以上的各种标准都是从某一个角度提出来的,虽然或多或少的反映了国际经济形势的客观变化,但依然无法对区域货币合作问题做出完满的解释。因此,进入到20世纪90年代以后,对货币区问题转向了从综合的角度,即成本与收益比较的角度进行研究。

(二)最优货币区的收益和成本分析

1. 经济一体化与固定汇率区的收益分析。最优货币区的固定汇率安排,其最主要的收益是可以简化经济活动中的计算步骤,方便交易的顺利实现,并能够给人们提供一个较浮动汇率安排条件下更容易进行预测的决策基础。假设货币区内价格水平稳定且各国固定汇率承诺有保证,一国与一个实行固定汇率安排的货币区的经济一体化程度越高,该国通过其货币与货币区内其他货币汇率实行固定安排所得到的货币效率收益越大,而且这一收益与国际贸易和生产要素在国际的流动成正相关关系。

2. 经济一体化与固定汇率区的成本分析。一国在加入货币区时,必然放弃其运用汇率工具和货币政策实现稳定国内产出和就业目标的一部分自主权,这种因固定汇率安排而产生的不稳定就被称为经济稳定性损失,它同样是和参加国与货币区其他成员的经济的一体化程度相关。一般认为,一国与一个实行固定汇率安排的货币区保持较高的经济一体化程度,可以保证该国在加入货币区后,因产出品市场扰动而形成的经济稳定性损失得以降低。

第 二 篇

国际货币市场与相关理论

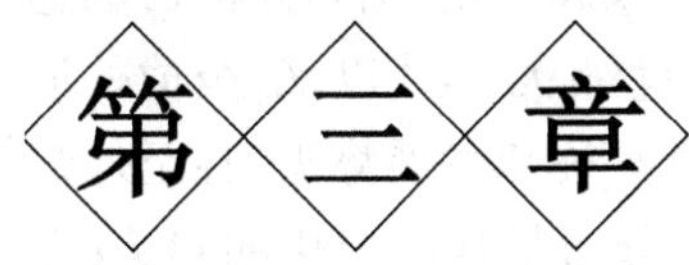

第三章

国际货币市场概述

本章要点

本章将对国际货币市场的发展现状进行全面梳理，第一节主要介绍国际货币市场中的外汇市场与外汇交易，阐述外汇市场的含义与构成，介绍即期外汇交易、套汇及套利交易等，以及相关计算应用题的解法；第二节对国际货币市场的重要组成部分——欧洲货币市场进行介绍，涵盖欧洲货币市场的形成和发展、欧洲货币市场的运行、欧洲货币市场的信用创造机制、欧洲货币市场的作用与影响四个方面的内容；第三节将简要介绍亚洲货币市场，对亚洲货币市场的概况、建立及发展的历程等进行简要的梳理。

由于各国货币制度的不同，所以为使不同货币间的清算得以顺利进行，就必须解决各国货币之间的兑换问题，即进行外汇买卖。进行外汇买卖要有一定的场所，这就形成了外汇市场。随着经济全球化的发展，各国间的金融联系越来越密切，国际外汇市场逐渐成为全球金融市场中最活跃、最开放的组成部分。自 20 世纪 90 年代以来，全球外汇市场各外汇交易工具的日均交易量都在 1 万亿美元以上，并呈逐年发展势头，甚至外汇衍生品交易占全部外汇交易的一半以上。外汇交易的机构分布呈现集中化的趋势，在国际外汇市场各交易主体中，大型商业银行、投资银行和证券公司等报告交易商占据主导地位，它们既从事外汇的自营业务，也从事代理业务。此外，非金融类最终客户也占有一定的市场份额，他们主要是公司和政府等。外汇市场的发展对于促进国际经济、贸易的运行，拓宽融资渠道，调剂国际资金余缺，规避风险等都起到了重要的作用。

第一节　外汇市场与外汇交易

一、外汇市场

（一）外汇市场的内涵

外汇市场（Foreign Exchange Market）是金融市场的重要组成部分，其概念有狭义和广义之分。狭义的外汇市场专指银行同业之间的外汇买卖及其场所，又称外汇批发市场；广义的外汇市场指从事外汇买卖、交易和投机的场所，或者说是各种不同货币彼此进行交换的场所。

在外汇市场上，外汇的买卖有两种类型：一是本币与外币之间的相互买卖，即外汇需求者按相应汇率用本币购买外币，外汇供给者按相应汇率卖出外币换回本币；二是不同币种的外汇之间的相互买卖，如英国居民以日元购买美元，或售出法国法郎换回瑞士法郎等。前者称为国内外汇市场，后者称为国际外汇市场。目前，不仅美元、日元、欧元、英镑等发达国家或地区的货币在外汇市场上作为主要国际货币进行买卖①，某些新兴工业国家和欧佩克（OPEC）国家的货币也开始进入国际外汇市场。从交易的币种看，集中化程度很高，美元、欧元和日元占据中心地位，其中美元占据最大的市场份额。

外汇市场的组织形态有两种：一是表现为外汇交易所（Exchange Bourse）这样有固定场所和设施的有形市场；二是无形的、抽象的市场，这种无形市场表现为电话、电报、电传和计算机终端等各种远程通信工具所构成的交易网络，联系着无数的外汇供给者和需求者。目前，除个别国家（如德国和法国）的一部分银行与顾客之间的外汇交易还在外汇交易所进行外，世界各国的外汇交易均通过现代通信网络进行。无形市场已成为外汇市场的主导形式。

外汇交易分为两个步骤：成交和交割。市场参与者在通过各种通信设施获得合适

① 2002 年欧元成为欧盟单一货币后，马克、法国法郎等主权国家货币不再存在和使用，这些货币自然也退出外汇市场。

的报价后，与做市商银行达成口头成交，确定买卖价格和数量，随后再发出书面确认书。成交后，根据是即期交易还是远期交易，立即或在未来一定日期办理交割手续，付出某种货币，收进另一种货币。成交后的外汇交割通常采用对银行在国外往来行的活期存款账户作划拨处理的方式，这是因为银行通常将所持有的外汇存放在外国银行的活期存款账户上。当银行从顾客或其他银行手中购入外汇时，该活期存款账户的金额就会增加；反之，当它售出外汇时，该活期存款账户的金额就会减少。因此，外汇交易往往就是买卖以外币活期存款形式存在的外汇。

当代外汇市场主要呈现出以下特征：

第一，由于现代通信设施的发展，遍及全世界的电话、电报、电传线路已形成庞大网络，全球各地区外汇市场能够按世界时区的差异相互衔接，出现了全球性的、星期一至星期五 24 小时不间断的外汇交易。各国外汇市场分别处于不同的世界时区，伦敦等西欧的外汇市场每日营业开始先和中国香港地区、新加坡等远东市场的尾市衔接，几个小时以后，纽约市场便开业。伦敦市场与纽约市场同时营业的几个小时是一天中外汇交易的高峰期。东京市场又在美国最后一个外汇市场旧金山市场闭市前一个小时开始营业。

第二，从地理分布看，伦敦、纽约和东京为三大外汇交易中心，全球一半以上的外汇交易集中在这三大外汇交易中心。伦敦是世界上最大的外汇交易中心。国际清算银行（BIS）2016 年 9 月发布的 3 年一度的最新调查显示，2016 年 4 月，英国、美国、新加坡、中国香港和日本市场带来了 77%的外汇交易量，而 2014 年这一比例为 71%，2013 年为 75%。在外汇交易中所占的份额，美国相对于以前的调查几乎没有变化，2016 年为 19%；亚洲金融中心，即东京、中国香港特别行政区和新加坡，从 15%增加至 21%；英国外汇交易自 41%下降至 37%。

第三，从外汇市场的交易额看，外汇市场的规模持续扩张。1992 年，传统外汇市场（包括即期交易和远期交易）的日均交易额为 8 200 亿美元。国际清算银行最新调查显示，2016 年 4 月份全球日均外汇交易量为 5.1 万亿美元，低于 2013 年 4 月的 5.4 万亿美元。

第四，从交易类型看，远期交易的比例不断增长。从传统的外汇交易类型看，远期交易（包括单边远期和外汇掉期）占总交易额的比例不断增长。根据国际清算银行的最新调查，截至 2016 年 4 月，日均现货外汇交易量为 1.7 万亿美元，低于 2013 年 4 月的 2 万亿美元，这是现货外汇自 2001 年以来首次出现跌幅。另一方面，由于日元掉期交易量的增长，全球外汇掉期交易的日均交易量达到了 2.4 万亿美元。

（二）外汇市场的构成

在外汇市场上，外汇交易的参与者主要有以下四类：

一是外汇银行（Foreign Exchange Bank）。外汇银行是外汇市场的主体，主要包括专营或兼营外汇业务的本国商业银行和开设在本国的外国商业银行分支机构。如瑞士银行集团、德意志银行、花旗银行、汇丰银行和 JP 摩根等均是国际外汇市场最活跃的参与者。另外，在一些实行外汇管理的国家还限制有外汇指定银行，即由中央银行指定或授权的专门经营外汇业务的银行。

二是外汇经纪人（Foreign Exchange Broker）。外汇经纪人即介于外汇银行之间或外汇银行与顾客之间，为买卖双方接洽外汇交易而收取佣金的中间商。他们并不以自有资金在外汇市场上买卖外汇，而是利用各种通信工具和交通工具，与各外汇银行、进出口商等保持密切联系，掌握外汇市场的供求信息，作为媒介促成外汇的买卖双方达成交易。近十几年来，外汇市场的交易方式发生了很大的变化，银行同业间的大量交易都是通过路透社、EBS、FXall 等电子交易平台完成，银行交易员借助外汇交易平台可以迅速取得实时报价。因此，外汇经纪人的作用在下降，当前只有少数外汇经纪人仍在运营。

三是顾客(Customer)。外汇银行的顾客包括：交易性的外汇买卖者，如进出口商；国际投资者、旅游者等；保值性的外汇买卖者，如套期保值者；投机性的外汇买卖者，即投机商。

四是中央银行(Central Bank)。中央银行是一国行使金融管理和监督职能的专门机构。基于管理外汇市场的重任，中央银行经常通过参加外汇市场的交易来干预市场，把汇率保持在目标水平上。

由此，外汇市场的交易可以分为三个层次：银行与顾客之间，银行同业之间，银行与中央银行之间。这三个层次交易的功能是不同的，下面我们分别简单地予以论述。

1.银行与顾客之间的外汇交易

顾客出于各种各样的动机，需要向外汇银行买卖外汇。其中，交易性外汇买卖常常是与国际结算联系在一起的，主要是本币与外汇之间的相互买卖。银行在与顾客的外汇交易中，一方面从顾客手中买入外汇，另一方面又将外汇卖给顾客，实际上是在外汇的终极供给者与终极需求者之间起中介作用，赚取外汇的买卖差价。这一层次的外汇交易构成了零售外汇市场。

2.银行同业间的外汇交易

银行在为顾客提供外汇买卖的中介服务中，难免会在营业日内出现各种外汇头寸的“多头”(Long Position)或“空头”(Short Position)，统称“敞口头寸”(Open Position)，即一些币种的出售额低于购入额，另一些币种的出售额多于购入额。为了避免汇率变动的风险，银行就需要借助同业间的交易及时进行外汇头寸调拨，轧平各币种的头寸，即将多头抛出，将空头补进。更重要的是银行出于投机、套利、套汇等目的，从事同业的外汇交易。

银行同业间的外汇交易构成了绝大部分的外汇交易。狭义的外汇市场指的是银行同业间从事外汇买卖的交易场所，有时也称批发外汇市场①。据国际清算银行估测，批发外汇交易占据着绝大部分的外汇交易总额。

银行同业间的外汇买卖差价一般要低于银行与顾客之间的买卖差价。通常情况是，在批发外汇市场的买卖价的基础上，银行对顾客报出零售外汇市场的买卖价。

银行同业市场汇集了外汇市场的巨额供求流量，由此决定着外汇汇率的高低。零售外汇市场的买卖价正是在批发外汇市场买卖价的基础上加减一定的点数形成的。从表面上看，批发外汇市场上的汇率是由作为做市商的大银行主观决定的，但实质上仍是客观地反映了市场的供求关系。只要这些报价银行对某种货币的价格报得偏高，其他

① 广义外汇市场是指所有进行外汇交易的场所。

银行向其出售该货币的数额就会多于向其购买的数额,由此形成这种货币头寸的多头。如果仍维持这一汇率,多头还会增加。除非银行具有很大的吞吐能力,并愿意对这种货币进行多头投机,否则就必须降低该货币的报价,直到头寸额达到期望持有的水平。同样,如果价格报得偏低,就会出现空头的不断增加,促使银行调高报价,直到外汇买卖净额达到所期望的水平上。

3.银行与中央银行之间的外汇交易

中央银行在外汇市场上买卖外汇的行为,称为外汇干预(Exchange Intervention)。中央银行干预外汇市场所进行的交易是在它进入批发外汇市场,与外汇银行之间进行的。通过这种交易,中央银行可以使由外汇市场自发供求关系所决定的汇率相对地稳定在某一期望的水平上。如果某种外币兑本币的汇率低于期望值,中央银行就会向外汇银行购入这种外币,增加市场对该外币的需求量,促使银行调高其汇率;反之,如果中央银行认为该外币的汇率偏高,就向银行出售该外汇的储备,促成其汇率下降。

中央银行对外汇市场的干预,在固定汇率制下是为维持货币平价(Par Value)而承担的一种义务,在浮动汇率制下则是出于维护本国经济利益的目的而主动进行的。中央银行进行外汇干预活动主要受两个因素的制约:一是该国的国际储备总量及该国政府向国际金融组织和别国政府融通资金的规模,这决定了中央银行外汇干预能力的大小;二是市场汇率变动的性质,这决定了中央银行外汇干预的效果。举例来说,假如中央银行面临的本币下跌不是暂时性的,而是长期性或根本性的,那么其对外汇市场的干预可能很快会导致该国的国际储备资产大量流失甚至枯竭,干预活动将以失败而告终。

二、外汇交易①

(一)即期外汇交易

即期外汇交易(Spot Exchange Transaction),又称现汇交易,是指买卖双方成交后,在两个营业日内办理交割的外汇买卖。交割方式分为即日交割(Value Today,简写成VAL TOD),翌日交割(Value Tomorrow,简写成 VAL TOM)和第二个营业日交割(Value Spot,简写为 VAL SP)三种。交割的日期也称为起息日(Value Date),一般为成交日之后的第二个营业日,如果恰逢银行的非营业日或节假日,则顺延至其后的第一个营业日。买卖双方根据需要也可以将起息日约定为成交当日或成交次日。

无论采取何种交割方式,一笔完整的即期外汇交易往往包括四个步骤,即询价(Asking)、报价(Quotation)、成交(Done)、证实(Confirmation)及结算(Settlement)。在这四个步骤内,外汇交易双方均应明确表示出买卖的金额、买入价和卖出价、买卖的方向、起息日及付汇结算指示等。

(二)套汇和套利交易

1.套汇

套汇(Arbitrage),是指利用同一时刻不同外汇市场上的汇率差异,通过买进和卖出外汇而赚取利润的行为。它分为直接套汇和间接套汇两种。

直接套汇(Direct Arbitrage),又称双边或两角套汇(Bilateral or Two - point

① 这里的外汇交易仅指外汇现货交易,有关外汇衍生品的交易详见本书第四章。

Arbitrage)，是最简单的套汇方式，即利用两个外汇市场上某种货币的汇率差异，同时在两个外汇市场上一边买进一边卖出这种货币。

【例 3-1】 在纽约外汇市场上，100 美元=92.618 3 欧元，而在法兰克福外汇市场上，100 美元等于 92.00 欧元。也就是说，此时此刻，欧元在纽约市场上的价格更高，在法兰克福市场的价格更低。此时套汇者就可以在纽约以 USD100=EUR 92.618 3 的汇率卖出欧元、买进美元，同时以 USD1=EUR 0.920 0 的汇率在法兰克福卖出美元、买进欧元。这样，每花费 1 美元就可以获得 0.006 1 的差价，即套汇交易产生利润。

间接套汇(Indirect Arbitrage)，也称三角套汇(Three-point Arbitrage)，是利用三个不同地点的外汇市场上的汇率差异，同时在三地市场上高卖低买从中赚取汇率差价的行为。

【例 3-2】 在纽约外汇市场上，100 美元=92.618 3 欧元；在巴黎外汇市场上，1 英镑等于 1.154 7 欧元。在伦敦外汇市场上，1 英镑等于 1.830 0 美元。那么套汇者可首先在纽约市场上卖出美元、买进欧元，然后在巴黎外汇市场卖出欧元、买进英镑，再立即在美国市场上卖出英镑、买入美元。套汇的结果是，如果在纽约市场上卖出 1 000 万美元，则最后可以收回 1 000÷100×92.618 3÷1.154 7×1.83=1 467.84(万美元)，净获套利利润 467.84 万美元。

判断是否存在两地套汇的机会较为容易，但对于三个市场三种货币之间是否有机会进行套汇，就比较难以判断了。对于三点或多点套汇机会的判断，可以依据下述原则：将三个或更多市场上的汇率转换用同一种标价法(间接标价法或直接标价法)表示，并将被表示货币的单位都统一为 1，然后将得到的各个汇率值相乘。如果乘积为 1，说明没有套汇机会；如果乘积不为 1，则说明存在套汇机会。若以 E_{ab} 表示 1 单位 A 国货币以 B 国货币表示的汇率，E_{bc} 表示 1 单位 B 国货币以 C 国货币表示的汇率……则 E_{mn} 表示 1 单位 M 国货币以 N 国货币表示的汇率，那么，对于 n 点套汇，其套汇机会存在的条件为：

$$E_{ab} \cdot E_{bc} \cdots E_{mn} \cdot E_{na} \neq 1 \tag{3-1}$$

仍以上述三点套汇为例，我们将纽约、巴黎、伦敦市场上的汇率都采用直接标价法来表示，并分别将欧元、英镑、美元的汇率表示为 1 欧元和 1 美元的汇率，于是有：

在纽约市场上：EUR1=USD 1.079 8

在巴黎市场上：GBP1=EUR 1.154 7

在伦敦市场上：USD1=GBP 0.546 4

将三个汇率值相乘，就有：

$$1.079\,8 \times 1.154\,7 \times 0.546\,4 = 0.681\,3$$

0.681 3 小于 1，说明存在套汇机会。如果在巴黎市场上 GBP1=EUR1.694 9，那么说明就没有套汇机会了。

这里，我们有这样一个定理：如果三点套汇不再有利可图，那么四点、五点以至 n 点的套汇也无利可图。

下面再举一个间接套汇的例子。

【例 3-3】 假定某日下列市场报价为：美国市场即期汇率为 USD/CHF=1.534 9/89，英国市场 GBP/USD=1.634 0/70，瑞士市场 GBP/CHF=2.502 8/48，如果不

考虑其他费用,一瑞士商人以 1 000 万瑞士法郎进行套汇,是否可以获得套汇利润?利润额为多少?

【解析】 首先由 GBP/CHF=GBP/USD×USD/CHF,得

1.634 0×1.534 9=2.508 0

1.637 0×1.538 9=2.519 2

可见,英国/美国外汇市场上的套汇汇率为 GBP/CHF=2.508 0/192,高于瑞士市场的 2.502 8/48,可见有套汇利润。瑞士商人用 1 000 万瑞士法郎在瑞士买进英镑 399.233 万,即 1 000÷2.504 8=399.233(万英镑)

该商人用这笔英镑在英国买进美元 652.347 万,即

399.233 万×1.634 0=652.347 万

最后,该商人用该美元在美国买回了 1 001.288 万瑞士法郎,即

652.347×1.534 9=1 001.288 万

从而可获得

1 001.288 万-1 000 万=1.288 万

若不考虑其他费用,三点套汇可给该瑞士商人带来 1.288 万瑞士法郎的套汇利润。

应值得注意的是:第一,以上套汇的三个步骤不是先后进行的,而是借助先进的现代通信工具同时进行的。第二,这里未计算交易的一切费用。而在实际交易中应充分估计到此费用。

套汇交易的大量进行改变着各个外汇市场的供求关系,从而使各市场的汇率趋于一致。但是无论如何,各市场间汇率的差异总是会存在的,故套汇的可能性总是存在的。只是目前外汇市场上汇率瞬息万变,市场越多,情况越复杂,套汇的难度也就越大。

2.套利

套利(Interest Arbitrage),是指在两国短期利率出现差异的情况下,将资金从低利率的国家调到高利率的国家,赚取利息差额的行为。

【例 3-4】 假设纽约市场上的三个月定期存款利率为年率 12%,伦敦市场上三个月定期存款利率为年率 8%。在这种情况下,资金就会从伦敦流向纽约,以期获得利差。伦敦的投资者可以以年率 8%的利率借入资金,购买美元现汇,存入纽约的银行,作 3 个月的短期投资。这样,该投资者就可以获得年率为 4%的利差。如果资金总额为 10 万英镑,伦敦的投资者就可以通过套利净获利润 100 000×4%×(3÷12)= 1 000(英镑)。

但是,这是在假定美元与英镑之间的汇率在这 3 个月内保持不变的前提下的结果。如果三个月以后美元汇率下降,不仅可能使英国投资者无利可图,甚至还可能收不回原投资数额的英镑而遭受亏损。因此,套利还涉及远期外汇交易。

远期外汇报价中,若一种外汇的远期汇率高于即期汇率,也即外币升值,称为远期升水(Forward Premium);若一种外汇的远期汇率低于即期汇率,也即外币贬值,称为远期贴水(Forward Discount);若两者相等,称为平价(At Par)。假定当前美元汇率为 GDP1=USD2,3 个月后美元汇率下降到 GBP1=USD2.1,那么,三个月后投资者可收进投资本息 100 000×2×[1+12%×(3÷12)]=206 000(美元),按 GBP1=USD2.1 折算约为 98 095 英镑。扣除成本额 100 000×[1+8%×(3÷12)]=102 000英镑,投资者反而亏损 3 905 英镑。当然,三个月后,美元汇率也有可能上升,由此,英国投资者在获得利差收益

的同时,还获得一笔汇率差价收益。例如,三个月后,美元汇率上升为 GDP1 = USD1.95,英国投资者收进的美元投资本息206 000美元就可以兑换成 105 641 英镑。扣除成本 102 000 英镑后净得收益额 3 641 英镑,其中 2 641 英镑为汇率差价收益。因此,纯粹的套利行为具有外汇投机的性质,为现汇投机的主要形式。

为了防止资金在投入期间汇率变动的风险,投资者可以将套利交易与掉期交易①结合进行。这种在进行套利交易的同时进行外汇抛补以防汇率风险的行为,称为抛补套利(Covered Interest Arbitrage),而将具有投机性质的纯粹套利交易称为非抛补套利(Uncovered Interest Arbitrage)。假设在上例中,三个月的美元期汇贴水 10 点,也就是期汇汇率为 GBP1 = USD2.001 0,那么,英国投资者在买入美元现汇存入美国银行的同时,卖出三个月期的美元期汇,则不论以后美元汇率如何变动,他都可以确保赚取一定的利息收益。三个月后,他将投资收进的本息额 206 000 美元按 GBP1 = USD2.001 0 换回 102 949 英镑,扣除成本 102 000 英镑,仍可净赚 949 英镑。

投资者对抛补套利进行可行性分析时,所采纳的一般原则是:

第一,如果利率差大于较高利率货币的贴水幅度,那么,应将资金由利率低的国家调往利率高的国家。其利差所得会大于高利率货币贴水给投资者带来的损失。

第二,如果利率差小于较高利率货币的贴水幅度,则应将资金由利率高的国家调往利率低的国家。货币升水所得将会大于投资于低利率货币的利息损失。

第三,如果利率差等于较高利率货币的贴水幅度,则人们不会进行抛补套利交易。因为它意味着利差所得和贴水损失相等,或者是升水所得与利差损失相等。在此情况下无论投资者如何调动资金,都将无利可图。

第四,如果具有较高利率的货币升水,那么,将资金由低利率国家调往高利率国家,可以获取利差所得和升水所得双重收益。但是,这种情况一般不会出现,因为它所诱发的抛补套利交易会影响各国货币的利率和汇率。如果不考虑投机因素的影响,抛补套利的最终结果是利率差与较高利率货币的贴水幅度趋于一致。

【例 3-5】 某美国公司预期欧元将会由当时的 USD1 = EUR1.9 上升到三个月后的 USD1 = EUR1.75,就在现汇市场上以 100 万美元购入 190 万欧元。三个月之后果真如其所料,欧元的现汇汇率上升到 USD1 = EUR1.75,那么该公司就可以抛售欧元,换句话说,从中净赚 8.6 万美元或 15 万欧元。

知识链接

外汇即期投机交易

外汇投机(Foreign Exchange Speculation)是指根据对汇率变动的预期,有意保持某种外汇的多头或空头,希望从汇率变动中赚取利润的行为。它的主要特征是:投机者进行外汇交易,并没有商业或金融交易与之相对应。外汇投机利润具有不确定性,当投机者对某种外汇汇率是趋于上升还是趋于下降的预测准确时,就可以赚取汇率变动的差

① 对外汇掉期交易的详细介绍见本书第四章。

价收益,但如果预期失误,则要蒙受损失。外汇投机有即期投机和远期投机两种。这里我们主要介绍即期投机。

即期投机(Spot Speculation)是指外汇经营者根据自己对汇率的预测,买进或卖出某种现汇,希望这种货币的汇率不久将出现上升或下降的外汇交易。如果投机者预期不久后某一货币的现汇汇率将高于目前的现汇汇率,就在市场上购入这一看涨的货币,希望到时以高价抛出。如果投机者预期今后一段时期的现汇汇率会低于目前的现汇汇率,就在市场上卖出这种看跌的货币,希望到时以低价补进。

阅读拓展

汇率风险防范的方法①

2005年7月21日,中国人民银行适时进行了人民币汇率形成机制调整,人民币对美元即日升值2%、人民币汇率不再盯住单一美元,我国开始实行以市场供求为基础、参考一篮子货币进行调节、有管理的浮动汇率制度。汇改后人民币呈现出不断升值的趋势。随着更富弹性的人民币汇率形成机制的实现,人民币汇率波动幅度将加大。这样,习惯于固定汇率条件下从事外贸的中国企业将不得不考虑人民币汇率风险问题。

涉外企业汇率风险防范的具体方法有以下四种。

一、签订合同时的汇率风险管理方法

货币选择法。具有上浮趋势的货币,我们称为"硬币",反之,称为"软币"。在出口贸易中应该选择硬币作为计价货币,在进口贸易中应该选择软币,以减少汇率风险所带来的价值风险。在经济活动中,有时为了平等互利,可采取一半硬币和一半软币相结合的办法。

1. 货币保值法。为了规避外汇风险,进出口商在贸易合同中要求签订保值条款。外汇保值条款都是以硬币保值,软币支付的。根据具体业务,货币保值可以分为三种类型:①计价用硬币,支付用软币。支付时按计价货币与支付货币的现行牌价进行支付,以保证收入不会下降。②计价和支付都用软币。签订合同时明确该货币与另一硬币的比价,支付时比价若发生变化,则原货价按这一比价的变动幅度进行调整。③确定一个软币与硬币的"协议汇率",如果支付时汇率变化超过了该汇率,对原货价进行调整。

2. 提前或延期收付法。经济主体根据外汇市场变化情况选择适当的时机提前结汇或推迟支付货款,可以减轻因汇率剧烈变化所受到的损失。一般情况下,在进口合同中计价结算的外币汇率趋升时,进口商品尽可能提前付汇;反之,则相反。尽管提前或延期收付汇是反方向的行为,但它们所起的作用都是为了改变外汇风险的时间结构。

3. 结算方式选择法。根据实际情况,选好结算方式。可采取即期信用证法、远期信用证法以及托收法等来防止风险。

二、外汇交易时的汇率风险管理方法

1. 即期合同法。这是指具有外汇债权或债务的公司与外汇银行签订出卖或购买

① 资料来源:沈国兵:《国际金融》,北京大学出版社,2008。

外汇的即期合同来消除外汇风险。比如,英国A公司在两天内要支付一笔金额为10万欧元的货款给德国出口商,该英国公司直接和外汇银行签订一笔即期外汇交易,即以美元购买10万欧元现汇。两天后,该外汇银行交割给英国公司的这笔欧元就可以用来支付给德国出口商。英国公司通过以4.8万美元购进10万欧元实现了资金的反向流动,消除了两天内美元对欧元可能波动的风险。

2. 远期合同法。这是指具有外汇债权或债务的公司与银行签订出卖或购买远期外汇的合同以消除外汇风险。通过签订远期外汇合同,将时间结构从将来转移到现在,并在规定的时间内实现本币与外币的冲销,从而消除外汇的时间风险和价值风险。

3. 外汇期货合同法。在金融市场,根据标准化原则与清算公司或经济人签订外汇期货合同,也是防止汇率风险的一种办法。

4. 外汇期权合同法。这是指具有债权或债务的公司,通过外汇期权交易防止外汇风险。①进口商应买进看涨期权。如果到期支付货款时,市场汇率高于协定汇率(均指计价货币的简介汇率,下同),进口商就执行合约。若到期支付货款时市场汇率下跌且低于协定汇率减期权费(忽略佣金)的水平,进口商可以不执行合约,而是在现汇市场上按低价支付所需的外汇,从中获得因汇率下跌所带来的好处。②出口商应买进看跌期权。如果到期收入货款时市场汇率下跌且低于期权合约中的协定汇率,出口商就按事先约定好的汇率卖出其收回的外币货款。如果到期收回货款时市场汇率上升高于协定汇率加期权费(忽略佣金)的水平,出口商可以放弃执行合约,而是把出口收汇按市场上的高汇率卖掉,从中获得汇率上升所带来的好处。比如美国制造商购买11亿日元买进期权,协议价格为USD1=JPY110,期权费总额为10万美元。假设日元升值,3个月后现汇汇率为USD1=JPY100,美商以1∶100购买11亿日元,需要支付1 100万美元,行使期权按照USD1=JPY110,只需要支付1 000万美元,加上期权费,最后避免了90万美元的损失;假设日元贬值,3个月后现汇汇率为USD1=JPY120,在现汇市场上购买11亿日元,需要支付917万美元,交易商放弃执行期权,可获利73万美元。由此可见,当汇率变动不利于该交易商时放弃期权,可以避免汇率波动带来的损失。

5. 掉期交易法。这是指签订买进或卖出即期合同的同时,再签订卖出或买进远期外汇合同,这也是消除时间风险和价值风险的一种方法。比如,A公司在美国订购价值500万美元的货物,约定6个月后付款。目前外汇市场汇率USD1=JPY110,而6个月后远期汇率USD1=JPY105。为防止汇率风险,该公司按1∶110的比价与银行签订用500万美元购买5.5亿日元的即期合同,同时又按日元对美元3个月远期1∶105的比价,卖出5.25亿日元购回500万美元的远期合同,这样既避免了汇率风险,又盈利0.25亿日元和其3个月的利息。

6. 择期交易法。外汇择期合同的形式与性质与外汇期权合同相似,但也有不同。期权是在合约有效期内或合约到期日,要求银行交割或放弃执行合约;而择期不能放弃合约的履行,但可在合约有效期内的任何一天要求银行交割。

三、借助于信贷的汇率风险管理方法

1. 借款法。这是指有远期外汇收入的企业通过向其银行借进一笔与其远期收入相同金额、相同期限、相同货币的贷款,以达到融通资金、防止外汇风险的一种方法。

2. 投资法。这是指公司将一笔资金投放市场,经过一定时期后连本带息收回的经济过程。投资的对象为存单、国库券和商业票据等,资金一般投放于短期货币市场。投资的作用在于改变外汇的时间结构。投资法与借款法都能改变外汇风险的时间结构,但两者不同的是,投资法是将未来的支付转移到现在,借款法是将未来的收入转移到现在。

四、其他汇率风险管理方法

1. 平衡法。这是指在同一时期内创造一个与存在风险相同货币、相同金额、相同期限的资金反方向流动。

2. 组对法。这是指创造一个与持有的货币相联系的另一种货币的反方向流动来消除某种货币的外汇风险。组对法与平衡法的区别在于:作为组对的货币是第三国货币,它与具有外汇风险的货币反向流动。具有外汇风险的货币对本币升值或贬值时,作为组对的第三国货币也随之升值或贬值。可见,组对法的实现条件是:作为组对的两种货币常常是由一些机构采取盯住政策绑在一起的货币。组对法比平衡法灵活性更大,易于采用,但只能减缓货币风险的潜在影响。

3. 价格调整法。调整价格并不等于没有风险,它只是减轻了外汇交易的风险程度。在卖方市场的情况下,出口商可以适当提高出口价格,以弥补因使用对方货币而蒙受的损失;如果为买方市场,则很难提高。进口商如果接收以出口商所在国的货币作为计价货币,可采取压低其销售价格的方法,以弥补接受对方国家货币所蒙受的损失。

第二节 欧洲货币市场

欧洲货币(Eurocurrency),是指在货币发行国境外存放、借贷和流通的货币的总称。欧洲货币市场则是指在货币发行国境外进行的该国货币存储与贷放的市场。欧洲货币市场是目前国际金融市场的核心。

欧洲货币市场最早发源于20世纪50年代末的伦敦,而后逐步扩散到世界其他地方。由于欧洲货币市场发展迅速,其交易量远超过传统的国际金融市场,因此,从某种意义上讲,它已成为当代国际金融市场的代表。欧洲货币市场为国际资金再分配提供了重要的渠道。在这个市场上,金融机构发达,资金规模大,借款成本较低,融资效率高,因此,它已成为各国获取资金推动经济发展的重要场所。并且,欧洲货币市场作为离岸金融市场,不受各国法律制度的约束,因而能为跨国公司的国际投资提供大量的资金来源,极大地推动跨国公司经营业务的国际化。但是,欧洲货币市场的存在也加剧了外汇市场的动荡,在一定程度上削弱了各国金融政策实施的效果,加剧了金融体系的风险。欧洲货币市场就其构成而言可分为欧洲信贷市场和欧洲债券市场。

一、欧洲货币市场的形成和发展

欧洲货币市场的发端是欧洲美元市场,当非居民存户将美元资金以存款形式存放在美国境外的其他国家商业银行或美国商业银行分行时,欧洲美元(Euro-dollars)就形成了。银行吸收了境外美元后当然要进行贷放,于是就形成了欧洲美元市场。最初的欧洲美元市场是短期资金市场,因为是由以伦敦为中心的欧洲各国际金融中心经营,所以叫作欧洲美元市场。但是以后随着市场规模和经营范围的不断扩大,其名称的含义也在发生变化。确切地说,欧洲在这里是境外的意思,欧洲货币市场不仅包括欧洲,而且还包括亚洲、北美、大洋洲、拉丁美洲以及其他各个经营境外货币存放款业务的国际金融中心。

在货币概念上,也不只限于境外美元了,任何可自由兑换的货币都能以欧洲或境外的形式存在,如欧洲马克、欧洲英镑、欧洲日元等,因而欧洲美元市场渐渐地变成欧洲货币市场。

欧洲货币市场的产生和发展是由多种因素造成的。东西方冷战和西方主要国家对资本流动的控制促成了欧洲美元市场的出现。美国的国际收支逆差使得美元大量外流,尤其是欧洲货币市场本身所具有的特点进一步推动了该市场的发展。以下是对这几个主要因素的具体分析。

(一)东西方的冷战

在 20 世纪 50 年代初的东西方冷战时期,苏联及东欧国家政府鉴于美国在朝鲜战争期间冻结了朝鲜在美国的全部资产,便将其国家银行持有的美元资金转存美国境外的其他银行,主要是存放在巴黎的一家法国银行中,欧洲美元市场的雏形就出现了。

(二)西方国家的资本流动控制

在 1957 年,英镑发生了危机。英国政府为了维持英镑的稳定而加强了外汇管制,禁止英国的商业银行向战前英镑区以外的居民发放英镑贷款。于是英国的各大商业银行为了逃避外汇管制和维持其在国际金融领域中的地位,纷纷转向经营美元业务,吸收美元存款并向海外客户贷放,从而一个在美国境外大规模经营美元存款和放款业务的短期资金市场开始在伦敦出现。自 1958 年起,西欧一些国家逐步放松了外汇管制,恢复其货币的自由兑换和资金的自由流动,这也为欧洲美元和其他欧洲货币市场的顺利发展提供了不可缺少的条件。进入 20 世纪 60 年代以后,不断增加的国际收支赤字使美国政府被迫采取一系列措施来限制资金的外流,而这些限制性的措施却使美国的商业银行加强其海外分行的经营活动,以逃避政府的金融法令管制。

(三)汇率的波动和金融市场动荡

从 20 世纪 60 年代末至 70 年代,一些主要西方国家国内通货膨胀严重,货币疲软,同时,美国的国际收支赤字又使国际金融市场上资金充斥,于是投机性的国际游资流向原西德和瑞士,原联邦德国、瑞士的中央银行为了维持外汇市场的稳定,采取了一些限制资本流动的措施。于是各国的商业银行和跨国公司纷纷把手中的马克、瑞士法郎等硬通货投向欧洲货币市场,从而也推动了欧洲货币市场的发展。

(四)美国当局对国内银行活动的管制

20 世纪 60 年代初,美国资金不断外流,国际收支逆差逐渐扩大,为了限制资金外流,美国采取了多项措施,如实行《Q 字条例》,规定银行对储蓄存款和定期存款支付利息的最高限额,政府征收利息平衡税,颁布了《资源限制对外贷款指导方针》《国外直接投资规则》等法令法规。这些措施一方面限制了美国银行对外贷款能力,另一方面却又加强了美国银行海外分行的活动。在众多的政策限制下,美国国内外的金融机构都不愿把资金投入美国国内,只能选择到欧洲市场进行投融资活动。

(五)欧洲货币市场的特点

除了上述一系列外部原因以外,欧洲货币市场自身的一些特性,是促使其迅速发展的关键。欧洲货币市场的主要特征是:

第一,市场范围广阔,不受地理限制,是由现代化网络联系而成的全球性统一市场,但也存在着一些地理中心。统一的市场迅速出现各种各样创新的金融工具,使人们可以根据自己的需要,更为灵活地参与外汇交易。

第二,交易规模巨大,交易品种、币种繁多。显著的品种优势使得欧洲货币市场与外汇市场联系非常紧密,有利于前者的市场扩张。

第三,有自己独特的利率结构。欧洲货币市场利率体系的基础是伦敦银行同业拆放利率(LIBOR)。该市场上的贷款客户通常都是大企业和政府机构,信誉度很高,贷款风险相对较低,贷款利率也略低,这一利率上的优势使欧洲货币市场吸引了大批客户。

第四,由于一般从事非居民的境外货币借贷,因而所受管制较少。欧洲货币市场使用的是境外货币,没有存款准备金及利率上限等管制与限制,其交易活动很少受到当地有关规章法令的管辖,税收法规也更加宽松。

二、欧洲货币市场的运行

欧洲货币市场是一个庞大的境外货币资金的蓄水池,市场的有效运作使其能满足各种各样的欧洲货币供求者。几乎各种性质的机构,如国际性组织、政府公共部门以及私人部门经济组织,都经常出入其中,成为欧洲货币市场的资金来源渠道或资金运用对象。

(一)欧洲货币市场的资金来源

表 3-1 列示了欧洲货币市场的资金来源状况。

欧洲货币产生的渠道主要有两个:某种货币以支付商品或劳务的形式流到该货币发行国境外;某种货币被直接转移到该货币发行国境外。事实上,后者对欧洲货币市场的出现发挥了实质性作用。在欧洲货币市场的发展过程中,直接转移的资金一直是市场的主要资金来源①。然而,在欧洲货币市场迅速扩张的 20 世纪 70 年代,两次石油提价形成的巨额石油美元回流是其最主要的资金来源,据统计,1974—1981 年间投入欧洲货币市场的石油美元累计达 1 330 亿美元。欧洲货币市场在整个 20 世纪 70 年代的年增长率在 20%以上,个别年份甚至达到 50%,而美元始终占据欧洲货币市场货币构成的主要部分,反映了与石油美元回流相关的美元移动一直是主要的国际资金移动这一事实。20 世纪 80 年代以来,由于石油价格疲软和发展中国家债务危机的影响,旧的资金来源受到影响,但来自日本等国际收支盈余国的资金转移构成欧洲货币市场新的资金来源。20 世纪 90 年代由各国资本自由化带来的资本国际流动,使欧洲货币市场的资金来源得以进一步拓宽。正是有了充裕的资金来源,欧洲货币市场一直在国际融资中占有重要地位。

---

① 英国曼彻斯特商学院坎农(D.Channon)教授提供的一组数据表明,在 1978—1983 年间,有 1 030 亿美元资本逃离 23 个发展中国家而流入欧洲货币市场(在同一时期这些国家新增外债 3 180 亿美元)。

表 3-1 欧洲货币市场的资金来源

欧洲货币市场的资金供给	国际清算银行和欧洲投资银行等国际性、区域性金融机构将外汇资金存入欧洲货币市场
	各国政府和中央银行在进行国际储备管理时,将相当一部分的外汇储备投放到欧洲货币市场生息
	各国跨国公司和大工商企业将生产经营过程中产生的闲置资金投放到欧洲货币市场谋利
	国际性大银行等金融机构通过国外分行投放大量资金在欧洲货币市场营运
	美国等货币储备国国际收支逆差,增加了欧洲美元等境外货币的供给
	石油输出国组织成员国等国际收支顺差国将大量国际收支盈余投放于欧洲货币市场生息
	各国富有阶层为了逃税等目的,将其聚敛的财富投入欧洲货币市场。各种非法活动所得,如走私贩毒、腐败贿赂资金等,也流入欧洲货币市场进行洗钱活动

(二)欧洲货币市场的资金运用

欧洲货币市场的资金需求主要有几个方面,如表 3-2 所示。

表 3-2 欧洲货币市场的资金需求

欧洲货币市场的资金需求	一些国家政府(既有发达国家也有发展中国家)在欧洲货币市场举债,以弥补国际收支逆差
	发展中国家在欧洲货币市场筹措资金,用来发展本国经济
	苏联和东欧各国进入欧洲货币市场,筹措进口西方设备和技术所需的外汇资金;各国跨国公司和大工商企业在欧洲货币市场筹措中长期资金,以满足其在世界各地扩大生产和投资的需要
	银行利用欧洲货币市场借款,扩大贷款规模或调整资产负债结构
	进出口商利用欧洲货币市场融通短期资金

随着世界经济的发展和变化,欧洲货币市场的资金运用在不同时期各有侧重。在 20 世纪 60 年代和 70 年代初,欧洲货币市场主要是对进出口商提供短期贸易融资;20 世纪 70 年代世界经济进入高速发展时期,工商企业尤其是一些跨国公司对资金的需求旺盛,纷纷求助于欧洲货币市场;1973 年石油危机发生后,许多国家政府为弥补国际收支逆差,开始大量从欧洲货币市场借款;到 20 世纪 70 年代末,由于石油美元的回流,欧洲货币市场资金充裕,一些国家开始利用欧洲货币市场借款兴建国内的大型投资项目。

传统上,发展中国家由于资信不高,主要利用欧洲货币市场的中长期信贷——辛迪加贷款,而欧洲债券融资主要用于发达国家的举债人。20 世纪 80 年代的债务危机和融资证券化,使得越来越多的欧洲货币市场的资金流向日本和欧美等发达国家,其中西欧各国就占市场近一半左右。20 世纪 90 年代由于德国统一,其资金需求庞大,另外一些新兴市场经济国家也更多地进入欧洲债券市场,成为新的主力需求者。

(三)欧洲货币市场上的利率

欧洲货币市场具有存贷利差相对小的独特利率体系。从欧洲货币市场自身来看,各个子市场之间,如短期资金市场与长期资本市场之间、信贷市场与债券市场之间,都存在着密切的联系,突出地表现在不同期限、不同种类的借贷利率存在关联性,形成欧洲货币市场自身内在的利率结构。这里从从事欧洲信贷业务的银行的角度来说明问题,其基本原理同样适用于交易的另一方和欧洲债券交易。

欧洲货币市场中长期信贷的主要形式是辛迪加贷款。与银行同业拆借市场相比,这类贷款一般期限较长,借款人违约的可能性较大,利率也相对高。“借短放长”使银行面临资产负债期限不匹配造成的利率风险。为了避免借款利息成本超过贷款利息收入,银行使用转期定价(Rollover Pricing)方法。转期定价贷款是指由一串根据不同利率定期滚动的短期贷款组成一笔事实上的长期贷款,即利率在一个利息期间(通常为6个月)内是确定的,到下一个利息期则根据市场利率的变化而调整一次。其调整公式如下:

$$i(t)=r(t)+m \tag{3-2}$$

式中:t——利息期开始的时间;

$i(t)$——该利息期的贷款利率;

$r(t)$——当时的市场参考利率;

m——贷款利差或称加息率(Leading Margin)。

由此可见,转期定价贷款的利率由市场参考利率和贷款利差共同决定。

一般说来,银行要选择一个银行同业拆放利率(还有其他一些国际性利率)作为参考利率。这些银行同业拆放利率是银行在欧洲货币银行同业市场向其他银行贷款时的利率,其中最著名和最常用的参考利率是伦敦银行同业拆放利率。

如果银行选择伦敦银行同业拆放利率为贷款的参考利率①,那么贷款利率 $r(t)$ 部分一般是前一个利息期最后一个月的该利率的平均数。伦敦银行同业拆放利率也是浮动利率债券经常使用的参考利率。

三、欧洲货币市场的信用创造机制

欧洲货币市场以其强大的信用创造能力著称,下面我们就来讨论这种信用创造过程是怎样发生的以及是什么决定了欧洲货币市场规模的扩张。由于欧洲美元市场是最大的欧洲货币市场,下面就以欧洲美元市场为例来说明欧洲货币市场上的这种信用创造机制。

【例 3-6】 假设福特汽车公司的200万美元存款从美洲银行转到苏格兰皇家银行(RBS),则苏格兰皇家银行有了一笔新的200万美元的存款负债,同时获得一笔资产,假设苏格兰皇家银行的代理行就是美洲银行,即它在美洲银行的账户增加了一笔存款。则美洲银行对福特汽车公司的负债减少,而对苏格兰皇家银行的负债增加,增减额均为200万美元。两家银行的账户变化情况如下:

第一种情况:

---

① 其他参考利率还有:巴林银行同业拆放利率(BIBOR);布鲁塞尔银行同业拆放利率(BRIBOR);都柏林银行同业拆放利率(DIBOR);香港银行同业拆放利率(HIDOR);科威特银行同业拆放利率(KIBOR);卢森堡银行同业拆放利率(LUXIBOR);马德里银行同业拆放利率(MIBOR),新加坡银行同业拆放利率(SIBOR);日本长期优惠利率(JLTPR);欧洲货币单位银行同业拆放利率(ECUBOR);美国优惠利率(USPR);美国大额可转让存单利率(USCDR);美国银行承兑票据利率(USBAR);英镑承兑佣金(SAC);加拿大优惠利率(CPR)。

美洲银行

资产	负　债 福特汽车公司的存款-200 万美元 伦敦银行的存款+200 万美元

苏格兰皇家银行

资产	负债
在美洲银行的存款+200 万美元	福特汽车公司的存款+200 万美元

在第一种情况下，美洲银行的存款负债没有发生变化，但是苏格兰皇家银行的资产和负债同时增加了 200 万美元。

如果苏格兰皇家银行保留 10%的存款准备金，并将保留的 20 万美元活期存款存放在美洲银行，而把其余的 180 万美元用于发放贷款。假设贷给一家来自欧洲的公司，这家公司将所获资金又存到美洲银行，用于未来在美国的美元支付需要。此时美洲银行的总负债仍没有发生变化。则两家银行账户变化如下：

第二种情况：

美洲银行

资产	负　债 苏格兰皇家银行的存款-180 万美元 欧洲公司的存款+180 万美元

苏格兰皇家银行

资　产 在美洲银行的存款-180 万美元 对欧洲公司的贷款+180 万美元	负债

从以上账户情况我们可以看到，第二种情况下，美洲银行的资产负债头寸没有变化。该银行曾经有对福特汽车公司价值 200 万美元的存款负债，现在是对苏格兰皇家银行 20 万美元负债，对欧洲公司 180 万美元负债。欧洲美元的增加是资金转移的结果。由于这些资金是从非银行转到银行，所以就有一种扩张的潜力。如果借入的资金被转存于欧洲银行就会产生这种信用扩张。

如果上述欧洲公司不是将 180 万美元存在美国，而是用该笔资金支付给一家德国公司作为进口葡萄酒的货款，这家德国公司把这 180 万美元存在另外一家在伦敦的巴克莱银行，而巴克莱银行又将这笔资金存放在美洲银行。这样，上述交易的结果是：美洲银行的头寸实际并没有改变：对苏格兰皇家银行 20 万美元负债，对巴克莱银行 180 万美元负债。但是创造出了 180 万美元的欧洲美元，因为巴克莱银行负债增加了 180 万美元。用账户表示如下：

美洲银行

资产	负　债 苏格兰皇家银行存款 － 180 万美元 巴克莱银行存款+180 万美元

巴克莱银行

资　产	负　债
在美洲银行存款+180 万美元	德国公司的存款+180 万美元

如果上述过程一直进行下去,即欧洲美元贷款一直被转存于欧洲银行,则欧洲银行的欧洲美元存款总额将达到 2 000 万美元(200 万美元/10% = 2 000 万美元),而不是最初的 200 万美元,此时欧洲美元的乘数即原始存款的倍数,为 10。

从上面的案例我们可以看到,欧洲货币的信用创造能力,即欧洲货币倍数的大小主要取决于欧洲美元回流美国的速度。在第一种情况下,200 万欧洲美元全部回流至美国,欧洲美元倍数为 1;在第二种情况下,如果 200 万美元保留在欧洲货币市场,欧洲美元倍数为 10。

欧洲美元在储蓄者和借款者之间的中介作用的增长,其主要原因是具有竞争性的欧洲银行从低效率的美国国内金融机构获得了部分金融中介业务。欧洲美元业务的增长体现了从受管制的、效率不太高的环境到较少受管制、更有效率的环境下的业务转变。所以,制约欧洲美元信用扩张能力的主要因素就是欧洲货币市场的效率,尤其是欧洲美元利率与美国国内美元利率的高低比较。欧洲货币市场的效率越高,美元在离岸对手间使用的次数越多,则欧洲美元倍数就可能越大。对欧洲美元倍数的估计值是不相同的,大致在 1.05 至 7 之间。

这里需要说明的是,欧洲银行基本上是金融中介机构,只有美国银行制度创造美元,欧洲银行则创造存款,但并不是支付工具,欧洲银行作为金融中介,它们接受存款并把这些资金贷放出去。是美国银行体系创造出新货币,欧洲货币市场并不负责创造额外的美元。

四、欧洲货币市场的作用与影响

从 20 世纪 60 年代到 70 年代初,欧洲货币市场的主要功能是向进出口商提供短期资金融通。1973 年石油危机之后,欧洲货币市场对回流石油美元、调节国际收支的大范围失衡起了重要的作用,西方各国政府和非产油发展中国家政府也开始在欧洲货币市场大量举债,用于平衡国际收支或用于支持国内长期建设项目;同时,跨国公司对欧洲货币市场的资金需求也急剧增加。目前,欧洲货币市场的参加者可以说是非常广泛的,并且其功能和业务种类也是十分齐全的,但是跨国银行等金融机构仍然是市场的组织者和核心力量。

就积极作用而言,欧洲货币市场的影响主要体现在:通过其众多离岸市场的 24 小时不间断的业务活动,具体实现了国际金融市场的全球化。随着生产国际化的发展,国际经济联系不断扩展和深化,客观上就要求各国之间在货币金融方面加强联系。传统上的国际金融市场实际上是相互独立的,不能适应生产和资本流动国际化的要求。欧洲货币市场的产生和发展打破了各国际金融中心之间相互独立的状态,并且使其间的联系不断加强。国际金融市场的全球化有利于进一步降低国际资金流动的成本,有利于国际贸易的发展,还有利于在国际协调资金的供给与需求,缓解各国之间国际收支的失衡。总而言之,欧洲货币市场的积极作用在于通过实现国际金融市场的全球化,而使国际金融市场的各方面有利因素得到最大限度的发挥。

然而同时,欧洲货币市场的发展也对国际金融形势的许多方面造成不利影响,具体表现在以下几个方面:

第一,加剧了主要储备货币之间汇率的波动幅度。欧洲货币市场交易是与外汇市场交易连在一起的,在浮动汇率制度条件下,一体化的金融市场给跨国银行、企业以及证券投资者的经营活动增加了汇率波动的风险,但是风险与防范的手段同时产生,他们也有利用市场波动从中赢利的机会。于是,巨额资金在不同金融中心之间以及在不同储备货币之间频繁地进行套汇套利交易。这反过来又可能加剧有关货币汇率的波动幅度,从而进一步助长外汇市场上的投机性交易。这就加剧了外汇市场的动荡,同时也增大了外汇交易的风险。

第二,增大了国际贷款的风险。欧洲货币市场国际信贷的主要方式是银行借短放长,欧洲货币存款以及大额可转让定期存单(CD_s)等的来源主要是短期的资金。然而自20世纪70年代以来,长期贷款资金的需求增长很快,这就增加了金融市场的脆弱性。如果发生金融风潮,储户提存,银行将难以应付。另外,欧洲货币市场上长期巨额的信贷牵涉众多的辛迪加成员银行,而银行之间有借贷关系的连锁网络又遍及全世界各个主要国际金融中心。这样,虽然国际银行贷款的风险分散了,但是其影响必然是极其广泛和深远的。如20世纪80年代初,拉美几个国家宣布无力偿还到期债务,立刻在全世界范围形成深刻的国际债务危机。

第三,使储备货币国家国内的货币政策难以顺利贯彻执行。由于欧洲货币市场的存在,各主要西方国家的跨国银行、跨国公司和其他机构都可以在世界范围取得贷款资金和选择投放场所,这就增加了贯彻货币政策的难度。例如,当国内为抑制通货膨胀而采取紧缩的货币政策,使国内金融市场利率提高时,国内的银行和企业可以方便地从欧洲货币市场获得低成本的资金来源。同时,欧洲货币市场上的国际游资也会因国内的高利率而大量涌入,这就削弱了国内紧缩货币政策的效力。反之,当国内为刺激经济增长而放松银根降低利率水平时,国内资金又会因国内利率相对较低而流向欧洲货币市场,这也会使放松货币的政策难以顺利达到目的。这方面的不利因素对那些小型开放经济国家的影响尤为明显。

可见,欧洲货币市场的消极影响也是极其广泛的,所以自20世纪70年代以来,各主要西方国家之间一直在进行协调,试图对欧洲货币市场进行管理和监控。1975年,总部设在瑞士巴塞尔的国际清算银行主持成立了“银行管制和监督常设委员会”,这个组织也称为“巴塞尔委员会”,研究如何协调对国际银行业的监督。1975年12月,十国集团的中央银行对国际银行业的监督手段、信息交流以及各自的责任提出了若干具体的指导性原则。1979年,各主要西方国家又先后提出了进一步管制欧洲货币市场的具体措施,主要包括:通过国际协定来限制各国中央银行在欧洲货币市场的活动;建立欧洲货币银行存款准备金制度;规定欧洲银行的资本充足性比率;建立有关国际金融机构,采取公开市场业务;调节欧洲货币市场的信贷规模;协调各国有关当局对欧洲银行的管制措施;建立情报中心以交流信息;等等。1983年5月,巴塞尔委员会又进一步明确了各国对欧洲货币市场的监督责任,并要求各主要国家加强政策上的协调。

阅读拓展

欧元区货币政策操作中的利率角色

一、政策性基准利率的制定

欧洲央行(ECB)的职能是“维护货币的稳定,管理政策性基准利率、货币储备和货币发行以及制定欧洲货币政策”。其中,政策性基准利率的制定必须完全服从于欧元区货币政策战略,即一个量化目标和两个分析支柱。

一个量化目标:中长期通货膨胀率(欧元区消费物价协调指数(HICP))年增长率低于但接近2%。一方面,量化目标给公众明确了欧央行的责任,也提供了预期未来价格变化的指南。另一方面,这目标是中长期目标,货币政策没必要微调以应对短期价格变动,对前瞻性要求较高,以避免对现实经济产生过多的反应和不必要的波动。

两个分析支柱:在政策性利率决策时,欧央行需要进行经济分析和货币分析。其中,经济分析的目的在于确认和识别各种驱动经济波动的经济冲击,并对通胀的周期性动态变化进行评估。货币分析的对象是中长期价格变化趋势。欧洲央行经常选择两种分析方法综合判断,特别是当货币分析信号模糊的时候,经济分析往往能起到影响决策的关键作用。为了提供评估货币供应量变化的基准,欧洲央行给 M_3 年增长率提出了一个参考值,但并不是机械地对 M_3 偏离参考值做出政策反应,在这个过程中注重两点分析:一是 M_3 的组成部分(即负债的结构)和 M_3 的对应项目(资产的结构)分析,区分是货币供应量的变化还是资产结构的转换,特别是 M_1 受到特殊的关注,因为它们更能反映持有货币的交易动机,与总体消费关系最密切。二是如果货币和信用的增长率超过了经济增长的需要,但是却没有引起通货膨胀,十分强调金融不平衡分析,因为金融不平衡或投机类资产价格泡沫的出现都会动摇经济活动和中长期价格变化趋势的稳定性。

二、货币市场基准利率调控模式——利率走廊

欧洲央行的货币市场基准利率调控的实质是利率走廊模式,即由政策性基准利率确定走廊中心,以边际贷款便利利率和存款便利利率为走廊上下限。这种制度安排有三大优点,一是利率走廊可使央行严格地将拆借市场利率控制在走廊内目标利率附近,拆借市场利率波动较小。二是使利率政策与流动性政策相分离。虽然对银行间通过拆借市场进行交易激励有限,但是央行仍能独立地控制市场利率与超额准备金水平。关键的弱点在于在目标利率附近,准备金需求曲线的弹性极小,这势必会影响央行利用利率走廊系统实施货币政策的宏观调控效果。

实际上,欧洲的银行体系也适合利率走廊式的调控,这是由欧洲的全能银行体系造成的。以德国为例,全能金融是德国自 1983 年以来逐渐兴起和正在形成的一种新金融体制。其优点在于,一是德国全能性银行能满足客户的各种需求,有超强的应变能力,而且密布的银行网点,也会便利中小企业各项业务的办理,避免了银行间的过度竞争。二是由于全能银行的业务多样化和收入来源多元化,银行的一部分业务亏损可由其他部分业务活动的盈利来补偿,即利用内部补偿机制来稳定利润收入,这就可以降低经营

风险,使银行经营活动更加稳健,有利于整个银行体系保持稳定。三是全能银行以商业银行为依托,涉足各个不同领域,有着雄厚的资金实力,在开拓国际市场时,资金融通可以比较顺畅,从而可以施展自己的拳脚。四是该体系为农业发展提供了有力支持。德国农民在资本市场上享有特殊地位,其能较容易地获得银行中长期贷款,且贷款利率低于其他贷款项目。其最大的缺点是全能银行战略相似,业务强项不够突出,但也稳定了各项基准利率之间的利差。

三、维持货币市场利率走廊的方式——注重数量型工具的运用

常规情况下,欧洲央行维持货币市场利率走廊的方式主要有三种。一是公开市场操作。主要有五种具体的操作工具,其中最为重要的是储备交易,该交易以回购协议或有担保的贷款为基础,其他四种为直接交易(outright transaction)、发行债券、外汇互换和吸收定期存款。公开市场操作由欧洲央行进行,并由它决定使用何种工具和交易条件。公开市场操作采取标准招标、快速招标和担保交易方式。二是常设信贷。有两类常设信贷——边际贷款便利和存款便利,都采取非集中的形式,由成员国中央银行管理,合格的交易对象可自主决定是否参与交易。三是法定存款准备金。如果信贷金融机构没有满足最低准备金要求,欧洲央行可以征收惩罚性利息或进行其他的惩罚。但是金融危机后,各环节传导由于道德风险而中断,货币政策工具创新维持货币市场利率稳定有了长足发展,主要表现在以下几个方面:

第一,利率承诺。自 2008 年 10 月起,为应对金融危机的冲击,欧元区连续下调其基准利率(主要再融资操作利率)。至 2009 年 5 月,欧元区基准利率降低到 1%的历史最低水平,并连续 22 个月保持在该水平低位运行。2011 年 4 月,欧元区的通货膨胀率攀升至 2.8%,超过了央行设置的 2%的警戒线,并且有潜在抬高的趋势。为了应对通货膨胀,欧洲央行在保持 22 个月的低利率水平(1%)后,重新将基准利率上调 25 个基点,达到 1.25%;3 个月后,又再一次上调 25 个基点。2012 年 7 月,欧洲央行迫于沉重的债务危机压力,将欧元区利率水平降到了 0.75%的史上最低水平,几乎接近零利率。

第二,强化信贷支持。欧洲央行推出的强化信贷支持计划主要是通过信贷支持,为金融市场提供充分的流动性,该计划主要是通过对主要再融资操作(MRO)和长期再融资操作(LTRO)两项措施的延伸。2009 年 5 月,欧洲央行开始实施强化信贷支持计划,首先是继续延迟 LTRO 期限,在原有 1 个月和 6 个月期限基础上,增加 1 年期 LTRO;其次是央行增设参与再融资操作的参与方数量,包括欧洲投资银行在内的多家金融机构获得了参与央行再融资操作的资格;再次是进一步扩大再融资操作中抵押资产的范围;最后是继续实行固定利率全额分配政策。2009 年底,欧元区经济好转,欧洲央行宣布将逐步退出强化信贷支持计划。然而欧债危机随后迅速出现,欧洲央行迫不得已再次恢复强化信贷支持计划,相继在 2011 年末和 2012 年初分别推出两轮三年期的长期再融资操作。

第三,资产担保债券购买计划。2009 年 7 月,欧洲央行正式推出资产担保债券购买计划(CBPP)。欧洲央行和各成员国央行直接购买在欧元区内发行的以欧元计价的资产担保债券,并希望通过 CBPP 为资产担保债券市场提供有力支持,以此增加私人债券市场的流动性,活跃和改善融资环境,促进信用机构扩大信贷规模。到 2012 年 10 月末,仅完成了该计划额度的不到一半。主要原因是由于欧洲央行在推出 CBPP2 后,又连续推出了两轮三年期的长期再融资操作,使得 CBPP2 的执行变得无关紧要。

第四,证券市场计划。2010 年 5 月,欧洲央行启动了证券市场计划(SMP),即欧洲央行直接购买政府和私人的债券。证券市场计划启动后,截至 2011 年 2 月底,欧洲央行已经从希腊、爱尔兰、葡萄牙等重债国购买了共计 740 亿欧元的政府债券。2011 年 8 月,面对严重的欧债危机态势,为了稳定债券市场,欧洲央行又重启证券市场计划,主要以西班牙和意大利等重债国的政府债券为主。2012 年 9 月,欧洲央行推出"直接货币交易"新国债购买计划,证券市场计划便同时终止。

第五,三年期长期再融资操作。欧洲央行于 2011 年 12 月宣布启动两轮三年期的长期再融资操作(LTRO)。欧洲央行推出此次长期再融资操作的目的是通过为欧元区银行提供固定利率为 1%、期限长达三年的全额低息贷款,并且可以欧元区成员国的国债作为抵押的方式,来激励获得贷款的银行购买欧元区成员国债务。但该计划最大的问题在于,欧元区银行在获得低息贷款后,并不一定按照欧洲央行的预期购买重债国的债券,从而使该政策效果有所削弱。

第六,直接货币交易。欧洲央行为继续维护金融市场的稳定,于 2012 年 9 月推出直接货币交易(OMT)。从客观上讲,在一定程度上,欧洲央行推出的 OMT 是对 SMP 的取代。OMT 的推出主要有以下优点:其一,将购债与欧洲稳定机制(ESM)的救助条件绑定。其二,承诺无限量购买国债,有利于降低私人投资者的投机行为。其三,没有优先偿还权,欧洲央行明确表示放弃优先偿还权,这有利于引导私人投资者增加对国债资产的稳定需求。

从上述特点看,作为管理超主权货币的中央银行,欧洲央行创新引用货币政策工具维持货币市场基准利率稳定具有三项特点;第一,以固定利率为金融机构提供长期的信贷支持,稳定长期预期。第二,以传统常规货币政策工具为主,在贷款期限、抵押资产范围内进行有效拓展,满足短期流动性需求。第三,为清理货币政策在各主体及市场间的传导障碍,直接介入传统做法不允许的领域。第四,欧洲央行只能从政策上加以引导,无法直接决定购买资产的结构和数量,而由银行自主性决定,完全根据银行的实际需要来决定资金的流向。

第三节 亚洲货币市场

一、亚洲货币市场概述

亚洲货币市场(Asian Currency),是指亚太地区的银行经营境外货币的借贷业务所形成的市场,是由亚洲、太平洋地区的美元存、放款活动而形成的金融市场。这个市场是为满足亚太地区经济发展的需要而产生的,其发展对亚太地区的资金融通以及全球性国际金融市场的业务扩展都起到了积极的作用。

亚洲货币市场起初仅从事境外美元的交易,因此最初称为亚洲美元市场,简称亚元市场。迄今,亚洲货币市场也仍然以亚洲美元的交易为主。亚洲货币市场是在 20 世纪

60年代末期发展起来的一个区域性离岸金融市场,实际上是欧洲货币市场在亚太地区的延伸,是欧洲货币市场的重要组成部分,是亚太地区的境外货币市场。亚洲货币市场按自身业务性质,可以分为亚洲货币信贷市场和亚洲货币债券市场。

二、亚洲货币市场的建立与发展

亚洲货币市场的形成和发展大体经历了三个阶段:

第一阶段,1968—1970年,为亚洲货币市场的形成阶段。在这一阶段,亚洲境内早已存在可自由兑换的美国境外美元,但作为境外借贷交易对象的美元资产,只是在20世纪60年代末才出现的。20世纪60年代初,美元过剩危机过后,美国加强了对国内银行的存款准备金管理,致使境外美元的存贷成本相对优惠。在获得独立不久的新加坡,政府为适应国际经济形势的需要,为金融形势的发展制定了把新加坡发展成为一个国际金融中心的经济发展战略。到1970年,新加坡共批准16家国际大银行在该国设立分支机构,这些机构设立的"亚洲货币账户"与非居民外币存款和放款业务,就是亚洲美元市场的开端。

第二阶段,1971—1975年,为亚洲货币市场的巩固阶段。1973年,新加坡政府颁布《所得税修正法》,把外币经营所得税税率从原来的40%降为10%,鼓励外国银行到新加坡设立分支机构。新加坡金融管理当局还放宽了对外国金融机构亚洲美元业务的管制,规定对亚洲美元存款免缴存款准备金,并允许本地公司和居民在亚洲货币账户上开立外币账户,扩大了亚洲美元市场的经济基础。

第三阶段,1976年以后,为亚洲美元市场的稳步发展阶段。亚洲货币市场的发展大大扩展了新加坡、中国香港等地的国际金融业务。2016年度"新华—道琼斯国际金融中心发展指数"排名中,新加坡紧跟纽约、伦敦、东京、中国香港、巴黎,排名第六。

三、亚洲货币市场的构成

亚洲货币市场按自身业务性质,可以分为亚洲货币信贷市场和亚洲货币债券市场。

(一)亚洲货币信贷市场

亚洲货币信贷市场的分类和一些特点如表3-3所示。

表3-3 亚洲货币信贷市场

分类	短期信贷市场	中期信贷市场
期限	信贷期限在1年以下,以3~12个月期限居多	以3年以上期限为多,也有长达10年的
参加者	银行同业、政府机构和公司企业	以亚太地区发展中国家的各国政府和企业为主
利率	以伦敦银行同业拆放利率为基础,再根据亚洲货币市场资金供求状况加以调整,因此利率波动比较频繁,但利差仍比相应货币的国内利差小	浮动利率方式,每3个月或6个月调整一次

(二)亚元债券市场(the Asian Bond Market,ABM)①

亚元即亚洲美元。1971年12月,新加坡发展银行由新加坡政府充当其担保人,推出总值1 000万美元、固定利率为8.5%的10年期亚元债券。由此,一个以新加坡为中心,和既有的短期亚元市场相辅相成的亚元债券市场开始形成。

新加坡亚元债券的主要种类有固定利率债券、浮动利率债券与可转股债券等,面值货币以美元为主,其他货币如德国马克、澳元、加拿大元等都曾用于亚元债券的发行。从发行期限看,一般地,可转股债券期限较长,固定利率债券和浮动利率债券期限较短。

亚元债券市场的一个不足之处是二级市场不完善。尽管二级市场上有美国银行及投资机构和日本的证券公司等作为造市者,但由于参与二级市场交易的多是交易商,国际性企业与基金管理机构参与交易的不多,而且欧洲金融机构也不积极支持亚洲发行的债券,因此二级市场的深度仍显不够。金融管理局曾有意识地增加二级市场的流动性,将债券在新加坡证券交易所、马来西亚证券交易所、香港证券交易所、东京证券交易所、伦敦证券交易所、纽约证券交易所等证券交易所上市,但其交易量很少。

不过,在欧洲债券市场或主要西方国家的金融市场发行债券,需要很高的资信,亚洲地区的很多借款人不够条件,而在亚洲美元债券市场,与亚洲有关的企业尽管规模较小,不甚出名,但只要有相当资信,就可以随时利用。从这一点来看,这个市场还是有发展前途的。另外,从1983年后,债券已经取代银团贷款而成为亚洲地区市场的主要筹资途径。

总的来讲,新加坡和中国香港地区是经营亚洲美元的基地。新加坡是美元债券和美元存款单的主要发行地,中国香港地区则是亚太地区银团贷款的中心,两地既互相竞争,又互相补充,对本地区的经济发展起了很大的推动作用。

阅读拓展

后危机时期亚洲金融发展的新环境②

一、后危机时期亚洲金融发展的新环境

(一)国际经济环境:G3经济体缓慢复苏,全球增长格局分化

后危机时期亚洲所面临的第一个常态化环境就是:全球经济增长格局的分布将出现重大改变。美、欧、日G3经济体的经济呈现缓慢、浅度和曲折的复苏进程。2009年,美国GDP增速2.4%,欧洲4.8%;印度7.3%,中国高达8.7%。世界经济增长的中心正从西方移向亚洲,尤其是向亚洲新兴经济体转移。同时,IMF的一项最新研究也表明,未来这三大经济体的潜在增长率水平可能只维持在危机前2/3的水平。这意味着未来全球的经济增长格局将面临重大的转换,新兴市场国家经济体将在全球增长格局中占据更为重要的位置。

更为重要的一个变化体现在亚洲输往发达经济体的贸易流量骤然降低。相反,亚

① 这里的亚元债券市场即亚洲货币债券市场。

② 资料来源:巴曙松:《后危机时期国际经济金融结构与中国金融政策》,上海财经大学出版社,2013。

洲地区之间的贸易往来将得以加强。未来发展中国家同新兴经济体之间的贸易往来将急剧增加。

（二）国际金融环境：流动性过剩和低利率环境成为常态化主题

本次全球性金融危机期间，发达国家纷纷采取了极为宽松的货币政策，以遏制经济走向更大的衰退。为了应对危机，大量的货币发行和低利率成为央行的备选工具。其中，美国的利率调整政策引领了全球降息的风潮。然而到目前为止，由于发达国家的经济复苏进程仍存在一定的不确定性，未来发达国家经济的结构性放缓渐成趋势，因此，为了减少经济下行周期所带来的冲击，美、欧、日央行的宽松货币政策将被迫由危机应对时期的“紧急政策”不断走向常态化。

（三）国际货币环境：世界主要储备货币的漂移将在中长期内持续

本轮金融危机之前，国际货币体系的一个鲜明特征就是世界主要储备货币一直保持着相对的强劲走势，然而，后危机时期的这种格局正逐步发生着变化。未来我们将很难看到一国主权货币在国际货币领域持续保持着绝对的主宰地位，主要国际货币汇率将发生较为频繁的波动，而且强弱格局也将发生明显的变化，新兴市场国家的货币将逐步发挥更大的作用。

对于美元而言，美元的“避风港效应”将逐步消失。未来美国的财政与经常账户双重赤字以及宽松货币政策的延续都会对美元的强势形成重要压力。欧洲主权债务危机的爆发则反映出欧元作为一个最优货币区的货币也具有明显的缺陷。随着欧元区大规模的财政削减，中长期内欧洲经济的增长节奏将有所弱化，因此，欧元中期走强的可能性也不大。

二、后危机时期亚洲经济所面临的主要挑战

（一）挑战之一：如何增加国内需求，减少对外需求的依赖

到目前为止，亚洲的经济增长模式在很大程度上仍然是出口主导，那么在发达国家经济复苏放缓的情况下，亚洲众多国家所面临的重大政策挑战是如何增加国内需求，使其成为更为重要的经济增长引擎，并减少对出口的依赖度。这也将有助于进一步解决全球发展的失衡问题。更为重要的是，对于亚洲众多国家而言，全球经济衰退已凸显了过度依赖出口的经济发展模式给一国经济发展造成的不可持续性。由于发达经济体的复苏速度相对迟缓，同时其需求在一段时期内也无法恢复到经济危机前的水平，因此，亚洲地区如要继续保持强劲的增长势头，就必须拓展国内需求，来扭转外部需求不足的不利局面。

（二）挑战之二：如何承受更高的通胀率以及防止资产泡沫

我们逐步进入一个全球流动性过剩和低利率时代，在没有新技术革命、新产业带动的经济复苏之前，我们需要对通货膨胀率目标和资产泡沫风险进行客观的评价。在低利率的条件下，中国及其他新兴市场经济体其实还面临着货币升值的预期。这样一来，部分农产品、工业品，尤其是资产市场，势必成为吸收流动性的渠道。这一变化会影响到包括国内利率、汇率政策诸多方面的调整。全球经济进入低利率时代之后，利率调整的空间和余地不会太大。在低利率、低资金成本的环境下，必须抑制投资冲动和资产泡沫，或者需要考虑承受更高的通货膨胀率。

（三）挑战之三：解决主要货币汇率波动情况下的“三元悖论”

G3经济体的结构性放缓将会使之在更长时期内保持低利率政策,加之主要储备货币的波动,会导致国际资本甚至热钱大量流向亚洲新兴经济体。如果进一步考虑到亚洲地区的经济基本面优于其他地区,资本流入的步伐可能会加快。那么净资本大量流入再加上经常账户盈余,将对亚洲货币造成显著的升值压力,从而引发所谓的“三元悖论”问题。也就是说,在资本账户缺乏严格控制的情况下,如果要阻止货币升值,亚洲各央行最终可能不得不维持过长时间的低利率政策,这就为通货膨胀和资产价格泡沫创造了理想环境。

第四节　离岸金融市场的发展

离岸金融市场是第二次世界大战后兴起的一种新型国际金融市场,目前已成为金融全球化的重要枢纽。传统的国际金融市场是在市场经济发达国家伴随生产和资本的国际化,在相对发达完善的国内金融市场的基础上发展起来的,形成了居民与非居民的国际借贷主体关系链。从一国的角度来看,是其国内金融市场自然延伸的对外金融市场,必然受当地市场规则、惯例和政府法律规章的约束。而离岸金融市场的出现,使国际金融市场的性质发生了质的改变,即从原先的居民与非居民之间的借贷市场,变成了同市场所在地国内金融市场体系相脱离,主要是非居民之间从事境外货币借贷的市场,相应的交易活动既不受货币发行国管制,也不受市场所在地国内金融法规的管辖。因此,离岸金融市场是真正意义上的国际金融市场。这里,我们将对离岸金融市场的性质与特征进行分析,并对欧洲货币市场和亚洲货币市场等离岸金融市场的不同侧面进行考察。

一、离岸金融市场的概念及特点

(一)离岸金融市场的概念

离岸金融市场(Offshore Financial Market)是在市场所在地非居民与非居民之间,按照市场机制,从事有关境外货币存放和借贷交易的场所或营运网络。作为一种新型的国际金融市场,离岸金融市场有其特定的交易主体、交易客体、交易活动和交易中介等,构成了区别于其他国际金融市场的独特性质。

离岸金融市场的交易主体是市场所在地的非居民。从事国际借贷的主体存在三种债权债务关系链:债务人一方为居民,债权人一方为非居民;债务人一方为非居民,债权人一方为居民;债务人和债权人双方均为非居民。离岸金融市场的交易主体所结成的关系链就属于第三种。

离岸金融市场的交易客体是以境外货币表示的货币资金。境外货币是指存放在货币发行国境外银行的货币①。境外货币一词可以从两个方面来理解:就离岸金融市场所在地而言,是来自其境外的外国货币;就货币发行国而言,是流到其境外的本国货币。因此,离岸金融市场又称作境外货币市场。例如,美国居民存放在英国伦敦一家银行的

① 要判断一笔货币资金是否是境外货币,就要看接收该笔资金的银行是否位于货币发行国的境外。

美元一方面是流出美国本土的本国货币,另一方面是流入英国的外国货币,是典型的境外货币。最早的境外货币是流到伦敦的美元,被称为欧洲美元,此后扩展到包括来自许多发达国家的货币,统称为欧洲货币。

离岸金融市场的交易活动几乎包括各种形式的境外货币存放借贷活动,具体包括:①以银行同业拆借为主的境外货币短期信贷;②以辛迪加贷款形式为主的境外货币中长期信贷;③以欧洲债券为主的国际资本市场工具的发行和买卖;④欧洲票据等短期融资工具的发行和流通。由此可见,离岸金融市场只是联结最终债权人和债务人的纽带,不包括外汇市场,也不包括股票市场。

离岸金融市场的交易中介是从事离岸金融业务活动的各类国际性金融机构,主要包括商业银行、投资银行、商人银行和证券公司等。这些经营离岸金融业务的机构就是所谓的境外银行,更普遍的称谓是欧洲银行(Euro Bank)。它们拥有全球性的分支机构和客户网络,利用现代化的通信工具等手段,依赖其先进的业务技术和严格的经营管理,将世界各地的境外货币供求者联系在一起,形成一个以若干著名的离岸金融中心为依托、高效而高度全球一体化的离岸金融市场整体。因此,离岸金融市场除有些欧洲债券的买卖有固定的场所以外,基本上是以运营网络形式存在的无形市场。

(二)离岸金融市场的特点

离岸金融市场是一种完全国际化的金融市场。由于其自身的性质,在市场形成和发展过程中,形成了与各国国内金融市场和传统的国际金融市场不同的特点。

1.金融管制较少

离岸金融市场从事对非居民的境外货币借贷,金融管制较少。这主要出于两方面的原因:一方面,由于在该货币发行国境外进行该货币的借贷,使货币发行国金融管理当局鞭长莫及,从而有效地逃避其管制;另一方面,由于非居民的非本币借贷对市场所在国的国内金融市场几乎没有什么影响,即使存在影响也可以通过采取一定措施加以隔离,而且离岸金融市场还可以给当地市场带来就业、税收和知名度等方面的好处,所以市场所在国一般对其也不加以限制,有些国家反而采取种种优惠措施鼓励其发展①。

尽管如此,货币发行国政府对其货币的境外交易依然可以施加足够的影响。在离岸金融市场上,任何境外货币的交易最终都要在货币发行国国内的银行进行转账清算。从境外货币市场所在国最终要回到货币发行国进行清算这一点来看,各国可以保持对其施加影响。例如,20 世纪 80 年代日本政府对欧洲日元债券的消极态度,使得该市场一直受到抑制。同时,境外货币市场所在国可能在货币发行目的的压力下,对其离岸金融市场加以限制。

2.市场范围广阔

从地理上看,离岸金融市场遍布全球各个角落。与其他市场相比,各个离岸金融市场中心彼此间具有更多的共同之处,市场间的联系十分频繁,往往被视为一个共同的和集成的市场。从交易币种来看,从最初的欧洲美元发展到包括几乎所有发达国家和许多发展中国家的可兑换货币。其中,欧洲美元占有绝对高的比重,约 60%左右。仅伦敦

① 离岸金融市场一般建立在为非居民之间借贷交易提供更为方便条件和宽松环境的国家。这些国家金融管制程度的不同也是造成市场间利率水平、交易结构和交易规模等差异的重要根源。

一地,存在经常性交易的货币就达15种之多。从交易活动来看,有银行短期贷款,也有中长期贷款;有固定利率贷款,也有浮动利率贷款;有短期证券交易,也有中长期证券交易;有一级市场发行,也有二级市场流通。从资金规模来看,离岸金融市场的资金来自世界各地,数额极其庞大。

3.交易的虚拟性

离岸金融市场是非居民之间金融交易的平台,其本身是无形的,没有任何的柜台设施,没有任何物理意义上的交易场所,一般是以运营网络形式存在的无形市场。例如IBFs① 并不是一种独立于银行之外的组织机构,而只是离岸金融机构为记载其在美国开展的国际金融业务以及与此相关的收支状况而专门设立的一套资产负债账户;JOM②并没有设立具体的交易场所,只要求获准从事离岸业务的银行把境外业务另立离岸账户分别处理。再者,信息技术的飞快发展使得离岸金融市场可以通过发达的网络系统与世界各地随时联系,从而使离岸市场越发成为虚拟空间。另外,离岸金融市场的离岸货币也是无形的,其只是反映资金流转的账目,有形的货币并未离开货币发行国。

4.利率体系独特

离岸金融市场的利率同各国的利率有一定的联系,但不完全相同,因为它还受离岸金融市场上该货币供求关系的影响。离岸金融市场利率体系的基础利率主要是伦敦银行同业拆放利率(London Interbank Offered Rate,LIBOR)。一般说来,离岸金融市场上存贷款的利差要比相应的国内市场小,存款利率相对较高,而贷款利率相对较低。这主要是由于它没有存款准备金和存款保险要求,不受各种利率限额的管制,以及其具有的交易金额大、税率低等优势和特征。因此,离岸金融市场对投资者和筹资者都非常具有吸引力。

5.市场交易批发性

离岸金融市场的借款人和存款人都是一些大客户,不仅包括国际性银行和跨国公司,而且各国政府、中央银行和国际金融机构也经常出入其中。因此,单笔交易数额都很大,少则几万、几十万美元,多则几亿、十几亿美元。

6.银行间市场地位突出

离岸金融市场上的交易以银行间交易为主。银行同业间的资金拆借占市场总额的很大比重,也就是说,银行的绝大部分离岸业务都是通过与其他银行的业务往来进行的。表3-4是国际清算银行提供的有关2011年2季度离岸银行业资产负债表,其中,向银行贷款25 430亿美元,从其他银行吸收存款32 020亿美元,远远超过其他资产负债项目的规模。

表3-4 2011年2季度离岸银行业数据 单位:10亿美元

资产	4 493	负债	5 375
银行债权	2 543	银行债务	3 202
非银行债权	1 461	非银行债务	1 359

资料来源:Bank for International Settlement,BIS。

① IBF,International Bank Facilities,美国国际银行业设施。

② JOM,Japanese Offshore Market,日本离岸金融市场。

离岸金融市场存在发达的银行间市场的原因有:各国商业银行常常在离岸金融市场上借款以满足本国对准备金的要求,这被称为"橱窗布置";资金由拥有过剩存款的离岸银行流向拥有确定的最终客户的银行;离岸银行在可兑换货币国家之间进行短期资本套利。事实上,大多数套利资本的运动都是通过离岸金融市场,而且离岸金融市场上的大多数存款资金也是短期的。

二、离岸金融市场的类型

离岸金融市场自产生以来不断向纵深发展,形成各种类型的离岸金融市场。据国际货币基金组织统计,当今世界上主要的境外货币交易的中心——离岸金融中心有35个。从离岸金融业务与国内金融业务的关系来看,离岸金融市场有三种类型,如表3-5所示。

表3-5 以离岸金融业务与国内金融业务的关系来分类的离岸金融市场类型

类　型	特　点	别　称
伦敦型(London Type)	(1)离岸金融交易的币种是不包括市场所在国货币的境外货币; (2)经营范围比较宽泛,市场的参与者可以同时经营对外金融业务和离岸金融业务,对经营离岸金融业务没有严格的申请程序	这些特点使得伦敦型离岸金融市场上各种金融业务融为一体,非居民之间的交易和居民与非居民之间的交易没有严格的界限,因此又称为内外一体型离岸金融市场
纽约型(New York Type)	(1)离岸金融业务包括市场所在国货币的境外业务; (2)管理上对境外货币和境内货币严格分账	在纽约型离岸金融市场上,对居民的存放业务与对非居民的存放业务分开,离岸金融业务与国内金融业务分开,所以又称为内外分离型离岸金融市场
避税港型* (Tax Heaven Type)	(1)资金流动几乎不受任何限制,且免征有关税收; (2)资金来源于非居民,也运用于非居民; (3)市场上几乎没有实际的交易,而只是起着其他金融市场资金交易的记账和转账作用	又称为走账型或簿记型离岸金融市场

*一些国际性大银行在避税港型离岸金融市场只开一个账户,旨在逃避税收和管制。上面提到的海峡群岛就是避税港型离岸金融中心。此外,还有巴哈马、开曼等岛国,加勒比海的百慕大和巴拿马,以及西欧的马思岛等离岸金融中心。

英国在1979年废除外汇管制后,居民和非居民之间英镑账户的转账完全自由,在伦敦的银行也可以经营欧洲英镑的存放业务,但这种交易必须通过英属海峡群岛(Channel Islands)的离岸金融中心,如泽西岛(Jersey Island)才能达成,即银行在那里设置机构,但不一定派人去,可以通过电信设备进行交易,最后银行的英镑账户的转账结算仍在伦敦进行。所以从法律上看,在伦敦不能直接经营欧洲英镑。

纽约型离岸金融市场有助于隔离该市场资金流动对本国货币总量和宏观经济的影响。美国纽约离岸金融市场上设立的国际银行业设施,日本东京离岸金融市场上设立的海外特别账户，以及新加坡离岸金融市场上设立的亚洲货币单位（Asian Currency Unit，ACU），均属此类型。

除此以外，离岸金融市场还有许多划分方法。根据形成方式，离岸金融市场可以分为自然演进型和人为促进型离岸金融市场。属于前一类的有伦敦和中国香港地区等，其他的大多数属于后一类。根据是否允许市场参与者经营境内金融业务，离岸金融市场又可以分为纯粹型离岸金融市场（如巴哈马、开曼、巴林等）和混合型离岸金融市场（如新加坡等）。混合型离岸金融市场的参与者可以经营境内外金融业务，但其境内金融业务一般会受到市场所在国金融管理当局严格控制，必须遵守当地有关金融法令法规。

三、世界主要的离岸金融中心

离岸金融市场遍布全球各个角落，形成了许多离岸金融业务比较集中的经营中心，即所谓的离岸金融中心。这些离岸金融中心既有来自发达国家的，也有来自发展中国家的，既有全球性的金融中心，又有区域性的金融中心①。这里只选择介绍有代表性的主要经营中心，如伦敦、纽约和巴哈马等，有关中国香港地区、新加坡和东京离岸金融中心的内容则放在亚洲货币市场中专门研究。

（一）伦敦

伦敦是离岸金融市场的发源地，是目前世界上最大的全球性离岸金融中心。早在19世纪，伦敦就成了著名的国际金融中心。第一次世界大战以后随着英国经济实力的下降，伦敦作为国际金融中心的地位日益衰落。第二次世界大战以后，以离岸金融业务为契机，伦敦重现其昔日的光彩。

伦敦离岸金融中心形成于20世纪50年代。欧洲美元业务之所以汇集于伦敦而不是其他地方，主要在于伦敦具有的下列优势：伦敦有过去国际金融中心的经验，尤其是伦敦商人银行早已积累了许多国际金融方面的知识和技术；英国有较为宽松的金融环境和政策，尤其是英格兰银行采取了一系列放松外汇管制的措施；伦敦有优越的地理位置，其正好位于当时资金需求旺盛的欧洲大陆和资金供给者美国的中间；同为英语国家，使其在语言上较欧洲其他地方便于与美国沟通；除银行业务外，伦敦的保险业、商品交易和证券市场等相关业务相当发达，便于拓宽业务领域。

根据伦敦金融城提供的数据显示：英国是世界上最大的国际银行贷款来源之一，跨国贷款占全球总额的19%，居世界之首；领先的国际保险业市场之一，在世界范围内的保费收入总计为4 500亿英镑，管理的投资资产总额达3.6万亿英镑；世界上最大的外汇市场，2016年英国外汇交易量在全球占比高达37.1%，远超过排名第二位的美国的19.4%；国际债券占全球交易量的70%以上（见表3-6），而伦敦正是英国金融服务业的“心脏”，凭借其资金和人才优势，吸引了众多海外金融机构和投资者在此开展业务。近年来，伦敦吸引了2/3的世界顶级律师事务所，包括200多家外国律师事务所，并聚集了超过1/3的世界500强公司的欧洲总部，以及几乎所有主要国际银行和金融机构

① 从地理位置看，欧洲有伦敦、巴黎和英属海峡群岛等；北美洲有纽约和芝加哥等；亚洲有远东的中国香港地区、新加坡、东京和中东的巴林等；加勒比海地区有巴哈马、开曼、巴拿马和百慕大等。此外，地中海、大西洋和太平洋等地还有众多新兴的区域性中心。

的办事处、分支机构或总部。

表 3-6 1992—2013 年英国在全球金融市场地位的变化

英国在全球金融市场的份额(%)	1992 年	1995 年	1998 年	2001 年	2004 年	2007 年	2010	2013 年	2016 年
跨境银行贷款	16	17	20	19	20	18	18	19	18
外汇交易量	27	30	33	31	32	37	37	41	37
交易所交易衍生品	12	12	11	7	7	6	6	7	7
OTC 利率衍生品交易量	—	27	36	35	42	44	46	49	39
海运保险净收入	24	21	14	18	19	17	20	—	—
基金管理	—	—	8	8	8	9	8	—	—
对冲基金资产	—	—	—	9	22	22	19	18	—
私募股权投资额	—	—	—	6	24	27	21	—	—
证券化发行量	—	—	—	—	4	14	6	—	—

伦敦离岸金融中心最初经营的是欧洲美元,实际上现在仍以欧洲美元为主,其次是欧洲马克、欧洲日元、欧洲英镑和欧洲法国法郎等货币。伦敦离岸金融中心传统上是一个银行信贷市场,但近年来新的金融工具不断增加,主要是欧洲债券和欧洲票据等,正在取代传统的银行贷款而成为主要的融资工具。例如,1993 年欧洲债券发行量超过了 4 000 亿美元,1996 年其发行量增至 5 916 亿美元。

随着其他离岸金融中心的兴起,伦敦的地位受到了一些影响,但仍然是最大的离岸金融中心。在业务内容上,受到证券化趋势的影响,银行贷款的重要性逐渐下降,而欧洲债券的比重不断提高。

(二)纽约

纽约是美国最大的金融中心,也是世界上三大国际金融中心之一,但其开办离岸金融业务则晚至 20 世纪 80 年代。

由于美国国内金融管制,大量美元流到美国境外形成欧洲美元,使美国金融监管当局鞭长莫及,同时美国各银行为了躲避国内管制,也纷纷到海外从事欧洲美元业务。以欧洲美元为主的欧洲货币市场的发展,不可避免地影响到纽约的国际金融中心地位,同时也削弱了美国货币政策和金融监管的效力。为了吸引欧洲美元回流美国,尤其是将美国各银行在国外的欧洲美元业务吸引回本土,1981 年 12 月 3 日,美国通过法律正式允许包括欧洲美元在内的欧洲货币在美国境内进行交易,从而离岸金融市场正式在美国问世。

在美国,离岸金融业务是通过国际银行业设施(IBFs)①首先在纽约进行的。IBFs

① 国际银行业设施(International Bank Facilities,IBFs),是指美国境内的银行根据法律可以使用现有的机构和设施,但是要设立单独的账户向非居民提供存放借贷等金融服务。

的业务和国内银行业务是分开的，分属于不同的账户，而且国际银行业设施的客户只能是非居民，或者是其他设立国际银行业设施的银行。美国的国际银行业设施由美国的存款机构和在美国的外国银行组成。前者包括美国的商业银行、埃治法（Edge Act）银行①和储蓄类金融机构等。

国际银行业设施（IBFs）随后从纽约扩展到美国十几个大城市②，纽约作为美国国际银行业设施的中心，有260多家国内外银行在此从事离岸金融业务，此外，还有许多来自世界各地的著名投资银行在纽约经营全球证券业务。国际银行业设施的规模在设立之初的1981年为556亿美元，1982年就达到1 527亿美元，增长了近2倍，1989年更高达3 664亿美元。

而1983年以后，由于日本模仿美国推出了日本离岸市场，英国也于1986年进行了以放松管制为目的的金融改革，全球金融市场的竞争进一步趋向激烈。同时美国国内的金融管制也在不断放松，针对IBFs的监管优惠相对越来越少，因而IBFs的资产总量在全球离岸金融的比例自1983年开始下降。到了20世纪90年代，随着新型金融工具的发展，美元的在岸市场和离岸市场的融合度大大增加，IBFs的功能也已经慢慢淡化，到2004年美国的IBFs的数量下降到1983年的一半，仅为263家，其资产总额也下降到1 500亿美元，其在国际离岸金融中的地位几乎可以忽略不计。

国际银行业设施吸收的存款不需缴纳存款准备金，当时也不受Q条例存款利率上限的限制，还可以免缴州和地方所得税。这些措施在一定程度上鼓励了美国银行的欧洲美元业务的回流。但是，对国际银行业设施的一些规章条例约束也限制了其后的发展③。这些限制措施在其他离岸金融中心是不存在的，因此，美国银行对设立国际银行业设施热情不高，而积极进入纽约离岸金融中心的倒是一些外国银行，如日本和加拿大的银行。在美国国际银行业设施的负债总额中，外国银行的比重从1981年的53%上升到1989年的80%，而美国本土银行的绝对规模一直仅保持在1 000亿美元左右。这一点和离岸金融市场以欧洲美元交易为主有极大的关系，所以，美国设立国际银行业设施的初衷目前远未达到。

美国的国际银行业设施的发展并不理想，另一重要原因在于其业务来源局限于转账的结果，而并未创造出新的业务。它的业务量主要来自：外国银行在美国的分支机构将其对非居民的放款转移至国际银行业设施；美国银行在加勒比海地区的分行将其资产负债移回国际银行业设施。至于美国银行在伦敦等其他离岸金融中心的业务则并未回流。而且由于国际银行业设施不能和居民交易，故美国居民仍利用加勒比海分行进行境外交易。

（三）巴哈马

巴哈马联邦位于西印度群岛的最北部，首都拿骚金融业发达，是著名的离岸金融中

① 1919年美国国会通过《埃治法》，允许银行在本州以外设立分支机构经营存放款业务，但只限于经营国际业务。在外州设立的经营国际业务的分支机构称为“埃治法机构”。这是对美国单一银行制的一个重要突破。

② 包括芝加哥、旧金山、洛杉矶等地。其中，约1/2的国际银行业设施设在纽约，其资产占美国国际银行业设施总资产的2/3。

③ 例如，非银行的存款至少须存2个营业日以上，交易金额最低为10万美元，更为重要的是设立国际银行业设施的银行不准发行欧洲美元大额可转让定期存单（CDs）等可流通金融工具，以防止美国居民在二级市场购买已发行的欧洲美元CD。

心之一，素有“加勒比海地区瑞士”之美称。在拿骚，美国银行占有绝对优势。无论在世界上哪一个金融中心，都没有如此实力雄厚和数量众多的美国银行群。究其原因在于，20 世纪 60 年代后期，当美国的大银行纷纷前往伦敦从事欧洲美元业务时，美国的小银行因伦敦运营成本高而无力在伦敦参与欧洲美元市场以规避国内金融紧缩的不利影响，从而发出不公平竞争之鸣，迫使美国联邦储备委员会在 1969 年同意其在拿骚开设小型分支机构。巴哈马在时区上同美国相近，加上有税收上的优势（对所得税、利润、利息、资本利得和遗产等均不课税），公司注册登记简便，有严格的银行保密法，对非居民的外汇交易无外汇管制，以及离岸金融交易无须提供报表等，这些均是吸引美国银行的因素。

拿骚离岸金融中心的另一特点是典型的避税港型离岸金融市场。在这里的外国银行所设的分支机构多数仅仅是“计账中心”，实际业务在其他地方进行，故有“纸上银行”之称。其中，许多银行只有挂牌而没有工作人员。20 世纪 60 年代初欧洲美元剧增，致使 1965 年在拿骚开业的外国银行增至 600 家。20 世纪 60 年代末，巴哈马政府颁布了新的银行法，成立了货币局，以加强对外国银行的监管，使外国银行的数目锐减至 90 家。但由于巴哈马的诸多优惠措施，特别是其税收政策，使外国银行又逐渐增加，1973 年升至 170 家，1991 年初达到 396 家。1997 年外国银行在巴哈马分支机构的总资产达 1 860 亿美元，截至 1997 年底，注册的国际公司达 68 000 家，在巴哈马经营共同基金为 760 亿美元。在巴哈马，金融业收入占 GNP 的 10%，仅次于旅游业，并且提供了占全国 7%的就业机会。由于仅限于记账中心的形态，加之内外金融业分离，离岸金融业对巴哈马经济发展的作用依然有限，其国内金融业并没有得到应有的发展。

由于巴哈马离岸金融中心的功能仅限于记账，故当 1981 年美国为吸引欧洲美元回流而准许银行设立国际银行业设施从事欧洲美元业务时，巴哈马及其他加勒比海地区离岸金融中心的重要性大不如从前。然而由于该地区有银行保密法优势，不法交易能得以进行，故仍有很多资金汇集于此，从而有洗钱中心之毁誉。

本章小结

1.外汇市场（Foreign Exchange Market）是金融市场的重要组成部分，是指从事外汇买卖交易和外汇投机的场所，或者说是各种不同货币彼此进行交换的场所。

2.外汇交易的参与者主要有四类，即外汇银行（Foreign Exchange Bank）、外汇经纪人（Foreign Exchange Broker）、顾客（Customer）和中央银行（Central Bank）。外汇市场的交易可以分为三个层次：银行与顾客之间，银行同业之间，银行与中央银行之间。

3.外汇市场的有效性，是指汇率是否能够完全反映相关的、可得的信息。有效市场是指在某一特定外汇市场上，所有的市场信息均反映在市场汇率上，因此交易人使用现有的信息不可能获取与风险相对的超额利润。

4.即期外汇交易，又称现汇交易，是指买卖双方成交后，在两个营业日内办理交割的外汇买卖。

5.所谓欧洲货币，是指在货币发行国境外存放、借贷和流通的货币的总称。欧洲货币市场则是指在货币发行国境外进行的该国货币存储与贷放的市场。欧洲货币市场就其构成而言,可分为欧洲信贷市场和欧洲债券市场。

6.亚洲货币市场是指在亚太地区进行有关境外货币存放借贷业务的市场。这个市场起初仅从事境外美元的交易,因此最初称为亚洲美元市场,简称亚元市场。迄今,亚洲货币市场也仍然以亚洲美元的交易为主。亚洲货币市场是在20世纪60年代末期发展起来的一个区域性离岸金融市场,实际上是欧洲货币市场在亚太地区的延伸,是欧洲货币市场的重要组成部分,是亚太地区的境外货币市场。亚洲货币市场按自身业务性质,可以分为亚洲货币信贷市场和亚洲货币债券市场。

7.离岸金融市场。

复习思考题

1.简述外汇市场上的参与者及三种交易层次。

2.什么是套汇交易?套汇交易有几种形式?

3.简述抛补套利与非抛补套利的区别。

4.什么是欧洲货币市场?

5.简述欧洲货币市场的信用创造机制。

6.亚洲货币市场对于我国的经济及金融市场的发展产生了怎样的影响?

7.设即期 USD1=DM1.731 0/20,3 个月 230/240;即期£ 1=USD1.488 0/90,3 个月 150/140。

(1)USD/DM 和£ /USD 的 3 个月远期汇率分别是多少?

(2)试套算即期£ /DM 的汇率。

8.同一时间内,伦敦市场汇率为£100=USD200,法兰克福市场汇率为£100=DM380,纽约市场汇率为 USD100=DM193。试问,这三个市场的汇率存在差异吗?可否进行套汇从中牟利?如何操作?

第四章

国际货币市场上的金融衍生品

本章要点

近年来，国际金融市场上的衍生品得到了长足的发展，极大地推动了金融市场一体化进程，方便了市场交易，满足了市场参与者的需要。但同时，因参与金融衍生品交易而导致严重损失以致危及国际金融市场稳定的事件层出不穷。本章将对国际货币市场上的主要衍生品逐一进行介绍。第一节对外汇远期交易、外汇期货、外汇掉期、外汇期权、货币互换等常见衍生品的概念、交易形式、作用功能等进行详细介绍。第二节对国际利率市场衍生品进行深入介绍，包括远期利率协议、利率互换等产品，内容涵盖其各自的概念、价格、报价方式、前提条件以及盈亏计算等方面。

随着现代市场经济的货币化程度越来越高和经济全球化进程不断加深,国际货币市场从交易规模、交易品种上都获得了空前的发展。以杠杆交易为特征的金融衍生品不断涌现,金融创新层出不穷,加速了金融资产的积累过程。

金融衍生产品(Financial Derivatives)是指价值派生于其基础金融工具的价格及价格指数的一种金融契约,根据其交易特征可以分为远期协议、互换、期货和期权四类。金融衍生产品最初是被设计用来作套期保值规避金融风险的,但在实际操作中往往被利用以其高杠杆比率进行以小搏大,从事高风险的投机活动。金融衍生产品把人类的金融智慧发挥到了极致,也把金融风险放大到了极致。根据巴塞尔委员会的研究,金融衍生产品可能带来的风险主要有衍生品市场价格变动带来亏损的市场风险、交易对手违约的信用风险、无法平仓的流动性风险、人为错误或欺诈造成的操作风险以及交易纠纷无法可依造成的法律风险等。

金融衍生产品具有以下主要特点:

(1)价值受制于基础工具的价值变动。金融衍生品是在基础工具上派生出来的产品,因此,其价值主要受基础工具价值变动的影响,这是衍生产品最为独特之处,也是其具有避险作用的原因所在。例如,股票指数的变动影响指数期货的价格正是这一特性的表现。

(2)产品特性复杂。相对于基础工具,金融衍生产品特性较为复杂。这是因为:一方面,基本衍生工具如期权、互换的理解和运作已经不易;另一方面,加以采用多种组合技术,使得衍生产品特性更为复杂。这种情况导致金融产品的设计要求高深的数学方法,也要求运用电脑技术,因而大量产品是出自精通数理的"火箭科学家"之手;同时也导致大量金融衍生产品难以被一般投资者所理解,难以明确其风险所在,更不可能正确地运用。

(3)产品多具有财务杠杆作用。衍生产品在运作时多采用财务杠杆方式,即采用缴纳保证金的方式进入市场交易。这样,衍生产品市场的参与者只需动用少量的资金即可控制资金量巨大的交易合约。如期货交易的保证金和期权交易中的期权费即属于这一种情况。财务杠杆无疑可显著提高资金利用率和经济效益,但另一方面也无可避免地带来了巨大的风险。近年来,一些国际大机构在衍生产品的交易方面的失利,很大程度上与这种杠杆"放大"作用有关。

(4)产品设计具有灵活性。衍生产品相对其他金融产品具有更大的灵活性,因为可以通过对基础工具和基本衍生工具的各种组合,根据所要求的时间、金额、杠杆比率、价格、风险等级等参数进行设计,创造出大量的特性各异的金融产品和组合,以满足不同市场参与者的特殊需要。

(5)交易活动具有特殊性。金融衍生产品交易的特殊性主要表现在两个方面:一方面,从交易中介机构看,其主要集中在大型投资银行等机构。美国目前占据了全球金融衍生产品交易中的较大比重,但是在美国3 000多个金融机构中,只有300多个从事衍生产品交易,而其中10家大型机构即占了交易量的90%,可见其交易的集中性。另一方面,从市场分布看,大量的交易活动主要是通过场外交易的方式进行的,即用户主要以投资银行作为中介参与衍生产品交易,投资银行代为寻找对家或直接作为交易对手,或个别直接进行交易,因此,大量的产品交易合约是非标准化的,这很大程度上也是由于金融衍生产品的复杂性和灵活性所致。

(6)金融衍生品具有高风险性。金融衍生品功效的两面性及其交易的内在杠杆作用,决定了金融衍生品的高风险性。金融衍生品的内在风险有市场风险(Market Risk)、信用风险(Credit Risk)、经营风险(Operation Risk)、流动性风险(Liquidity Risk)和法律风险(Legal Risk)等。其中,市场风险和信用风险是最主要的风险。

市场风险是指衍生品价格变动带来损失的风险。虽然市场风险越来越显重要,但是关于它的计算方法却没有完全统一,基本情况是各自使用自己的内部模型或方法。1993 年,BIS 提出将市场风险纳入未来资本充足性管理体系中的建议。同年,“10 人小组”提出用“风险值”(Value at Risk,VAR)作为衡量市场风险的指标。1995 年 4 月,BIS 进一步明确以风险值为衡量市场风险的指标,并规定在 1997 年底,正式将市场风险纳入资本充足性管理之中。VAR 值就是在一定的持有期及一定的置信度内,某金融投资工具或投资组合所面临的潜在的最大损失金额。有了风险值,便可对不同金融工具和衍生品的风险进行比较。通常,某一组合资产的风险值要大大小于单一资产的风险值。

衍生品的信用风险是指因衍生品合约的一方违约而给另一方带来损失的风险。信用风险带来的损失取决于合约的信用敞口(Credit Exposure)和合约对手的违约概率,合约对手的违约概率又取决于合约对手的资信情况和合约的期限。合约对手的资信等级越高、合约期限越短,则合约对手的违约概率越低;反之,合约对手的违约概率越高。从量上分析,衍生品的信用风险等于其敞口头寸乘以交易对方违约的可能性。

经营风险是指由于不适当的信息和控制系统、人为错误、管理失败等问题带来损失的风险,由欺诈行为带来的损失风险也属此类。

流动性风险包括两方面的内容:一是市场流动风险,即市场业务量不足或无法获得市场价格,此时衍生产品用户不能轧平或冲销其头寸,即无法平仓风险;二是资金流动风险,即用户流动资金不足,出现合约到期时无法履行支付义务或无法按合约要求追加保证金的风险。

法律风险是指合约内容在法律上有缺陷或无法履行的风险。由于衍生产品是新的金融工具,产生纠纷时,有时会出现无法可依和无先例可循的情况,所以法律风险也是金融衍生品风险的构成因素之一。

第一节　外汇市场衍生品

一、外汇远期交易

(一)外汇远期交易的含义

外汇远期交易(Forward Exchange Transactions),又称期汇交易,是指买卖双方成交后,并不立即办理交割,而是按照所签订的远期合同规定,在未来的约定日期办理交割的外汇交易。外汇买卖的将来交割日,汇率和货币金额都是在合同中事先规定的。远期交易与即期交易的主要区别在于起息日(Value Date)的不同。凡起息日在两个营业日以后的外汇交易均属期汇交易,而远期交易所适用的汇率就是各种不同交割期限的远期汇率。

(二)外汇远期交易的分类

外汇远期交易根据交割日是否固定,又可分为固定交割日的外汇远期交易和选择交割日的外汇远期交易。

1.固定交割日的外汇远期交易

固定交割日的外汇远期交易,是指双方约定确定的外汇交割日期的远期交易。进出口商从订立贸易契约到支付货款,通常都要经过一段时间才能获得外汇收入或支付外汇款项。为了确保该外汇兑换本国货币不受损失,他们一般都选择固定交割日的远期外汇交易,以规避风险。

2.选择交割日的外汇远期交易

选择交割日的外汇远期交易又称择期交易(Optional Forward Deals),它没有固定的交割日,客户可以在成交日的第三天起至约定期限内的任何一个营业日要求银行按双方约定的远期汇率进行交割,但必须提前两天通知报价行。这种交易与固定交割日的远期外汇交易相比,在交割日期上有灵活性,适用于收付款因故不能确定的对外贸易。选择交割日的外汇远期交易汇价的确定与固定交割日的远期外汇交易不同。选择择期交易的客户有权在约定期限内的任何一天按约定的汇率进行交割,银行在报价时必须考虑到外汇交割可能是在最不利的情况下进行。根据远期汇率等于即期汇率加减远期汇水的原则,对于报价银行来说,最不利的汇率就是约定期限的第一天或者最后一天。基本上,报价银行对于择期交易的报价遵循以下两条原则:

第一,报价银行买入被报价货币,若被报价货币升水,按选择期内第一天的汇率报价;若被报价货币贴水,则按选择期内最后一天的汇率报价。

第二,报价银行卖出被报价货币,若被报价货币升水,按选择期内最后一天的汇率报价;若被报价货币贴水,则按选择期内第一天的汇率报价。

例如,在马克市场上,USD/DEM 的即期汇率为 1.810 0/10,6 个月远期美元汇率贴水 590/580。客户要求买马克,择期从即期到 6 个月。客户买入马克,报价银行卖出马克,6 个月后远期汇率为 1.751 0/30(1.810 0-0.059 0/1.811 0-0.058 0)。与即期汇率相比,显然即期马克买入价对客户来说最有利,对报价银行来说最不利,而远期马克卖出价对报价银行最有利,因此,银行报价为 1.751 0。

(三)外汇远期交易的作用

外汇远期交易在人们的经济活动中扮演着重要角色。人们进行外汇远期交易的具体目的是多方面的,但也不外乎是为了套期保值和投机。套期保值(Hedging),是指卖出或买入一笔金额相等于外币资产或负债的外汇,使这笔外币资产或负债以本币表示的价值避免遭受汇率变动的影响。而投机(Speculation)则是指根据对汇率变动的预期,有意持有外汇的多头或空头,希望利用汇率变动从中赚取利润。人们如何利用外汇远期买卖来达到套期保值或投机的目的呢?

一种情况是,进出口商和资金借贷者为避免商业或金融交易遭受汇率变动的风险而进行远期买卖。在国际贸易中,自买卖合同签订到货款清算之间有相当一段时间。在这段时间内,如果计价货币的汇率出现变动,进出口商就不能做出正确的成本和利润估计,而且还可能招致损失。为了避免汇率变动可能带来的损失,进出口商在签订买卖合同时,就可向银行买入或卖出远期外汇。到支付或收进货款时,进出口商就可以按原先约定的汇率来办理交割。

【例 4-1】 一家中国进口商从美国进口一笔价值 10 万美元、三个月后交货付款的商品,按签约时的汇率 USD1 = 6.8 计算,中国进口商需要支付 68 万元人民币的货款。但 3 个月后,美元价格为 USD1 = RMB 8.2。若按此汇率计算,中国进出口商就要再支付 1.4 万人民币,即因汇率变动多支付 1.4 万人民币。为此,中国进口商的一个办法是在签约时就在外汇市场上以 USD1 = RMB7.0 的汇率购入 10 万美元,并将这笔美元投资购买 3 个月期的美元国库券,到期再收回这笔美元款项来支付货款,但这需要占用该进口商的资金。另一个办法是中国进口商在签约时先在外汇市场上购进 3 个月期的美元远期,3 个月后履行购入美元的义务,将所获美元用于支付货款,从而可避免美元价格上升所带来的损失,而中国进口商为此所付出的代价仅仅是购买美元期汇时以美元远期升水而多支付的人民币额(如果美元期汇贴水,中国进口商反而会少支付人民币)。如假设目前美元 3 个月期汇升水为 10 点(即三个月期美元远期汇率为 USD1 = RMB 6.801 0),那么中国进口商花费 100 元人民币就达到了避免 1.4 万元人民币损失的目的。在此例中,由于中国进口商 3 个月后将有一笔外币负债,为此,他通过拥有 3 个月到期的外币资产(美元国库券)或购买 3 个月期远期来进行套利抵补,从而达到使这笔负债获得保值的目的。

同样的,在国际资金借贷业务中,资金贷放者和借入者会分别拥有国外债权和债务。如果这些债权和债务是以外币来计值的话,那么不论债权人还是债务人都会面临到期收回或偿还资金时因外汇汇率变动而蒙受损失的风险。如果他们在贷出或借入资金时,就相应地卖出或买入相同期限的远期,则可消除汇率风险。

另一种情况是,外汇银行为平衡期汇头寸而进行远期买卖。进出口商等顾客利用期汇交易,实际上是将汇率变动的风险转嫁给外汇银行。外汇银行在与顾客进行期汇交易时,同一种货币、同一种交割期限的买卖金额很难一致。一些货币的远期头寸出现多头,另一些货币的远期头寸则出现空头;甚至在同一种货币中,几种交割期限的远期头寸出现多头,另几种交割期限的远期头寸则出现空头。这样,汇率变动以后可能遭受损失的就是银行。银行为避免这种损失,就需要轧平各种货币、各种交割期限的期汇头寸,即将多头抛出,将空头补进。

【例 4-2】 在一次六个月期美元期汇的交易中,一家加拿大银行从顾客手中共买进 32 万美元,卖出 18 万美元。于是这家银行就拥有 14 万美元的六个月期期汇多头。为避免六个月后美元跌价,该银行就有必要向其他银行卖出 14 万美元的六个月期美元期汇。这里,这家加拿大银行通过期汇的买卖操作而轧平了外汇头寸,这就是典型的外汇头寸调整交易。

套期保值者是为避免汇率变动的风险而轧平对外债权和债务的头寸,而投机者则相反,他们是通过有意识地持有外汇多头或空头承担汇率变动的风险,希望利用汇率变动从中赚取利润。

(四)关于外汇远期投机

外汇投机(Foreign Exchange Speculation),是指根据对汇率变动的预期,有意保持某种外汇的多头或空头，希望从汇率变动中赚取利润的行为。外汇远期投机（Forward Speculation），是基于预期未来某一时点的现汇汇率与目前的期汇汇率不同而进行的期汇交易。它与即期外汇投机有一个显著的不同点，那就是外汇远期投机是利用买卖现汇的方式来进行投机，必须持有本币或外币资金。因为即期外汇交易必须在两个营业日内交割完毕，所以即期外汇投机的交易数额受手中所持有的资金量限制。而远期外汇交易在成交时无须付现，并不发生现金流动（只是偶尔需在银行存入少量保证金），一般都是到期轧抵，计算盈亏，支付差额。所以，即使没有巨额资金作本，亦可进行大规模的外汇投机。这就决定了外汇远期投机交易具有更大的风险性，它既能在短期内使人暴富，也可使投机者迅速破产。

例如，1973 年底美国大型跨国银行之一的富兰克林银行已签订的外汇交易合同金额高达 38 亿美元，其中大部分是购入远期联邦德国马克。当时，该银行预期马克将要升值故而有意进行远期投机。不料事与愿违，马克不但没有升值，反而发生了大幅度的贬值。富兰克林银行仅是在 1974 年 5 月蒙受的外汇损失就高达 4 千万美元，而外汇损失又引起存款流失，于是在挤兑风潮的冲击下，该银行最终只得宣告破产。当然，现实中也不乏通过外汇投机获取利润的案例。深圳市怡亚通供应链股份有限公司在 2007—2010 年期间，通过替客户向外地出口商以美元购物的理由，向银行借取美元，并以等值人民币存款作为质押，同时，利用衍生工具如远期外汇合约来管理所借入的美元的外汇风险，然而，公司业务量与人民币质押存款、美元借款的关联不高，公司利用远期外汇合约和人民币汇率趋势进行投机盈利，2010 年在毛利只为 4 亿元的情况下，归属于上市公司的净利润达到了 1.3 亿元。①

外汇远期投机可分成两种形式。一种叫“买空”或“做多头”（Buy Long or Bull），这是一种在外汇行情看涨时做的先买后卖的投机交易；另一种叫“卖空”或“做空头”（Sell Short or Bear），这种先卖后买的投机交易是在预期外汇汇率将要下跌时做的。

【例 4－3】 在纽约外汇市场上，美元对英镑的一月期远期汇率为 GBP1 = USD1.645 2，某美国投机商预期英镑汇率在近期内将会有大幅度的上升，于是进行“买空”交易，购入 100 万远期英镑。一个月后，英镑即期汇率猛涨到 GBP1 = USD1.945 2，这项远期外汇投机交易获得成功。在远期合同的交割日，轧差后他可获投机利润 30 万美元。

在欧洲外汇市场上，另一个外汇投机商预测美元对欧元的汇率将趋于下跌。当时三个月期美元期汇的汇率为 USD1 = EUR0.731 8。该投机商进行“卖空”交易，卖出 10 万美元三月期期汇，也就是说，在远期合同的交割日他将收进 73 180 欧元，交付100 000 美元。三个月后，在欧洲外汇市场上，美元的现汇价格已跌到 USD1 = EUR0.701 8，该投机商在履约时只需花 70 180 欧元就可购得所要交付的 100 000 美元。他的投机利润为 3 000 欧元。

投机活动能增加或提高有价证券（股票、债券等）、信用票据、外汇远期交易合同、商品及金融期货合约、期权合约等的流动性，使各类交易进行得更频繁、更顺利，使市场能更有效率地发挥其应有的职能。就经济整体而言，风险只能转移而不能消除。既然

① 摘自薛萌萌，汤谷良：“怡亚通公司运用远期外汇合约的案例分析”，《财务会计》，2011。

有人想转移风险,就必定需要有人来承担风险。假如市场上不存在敢于承担风险的投机者,那就可能发生只有买进者而没有卖出者,或者反过来只有卖出者而没有买入者的情况。所以说,市场上存在适当数量的投机者(相对于套期保值者的数量而言)是至关重要的。

投机活动除了能使市场更具有流动性的作用以外,还能加速市场重新恢复均衡的过程。例如,在自由浮动的汇率制度下,投机者根据自己对未来汇率水平的判断或预测来进行即期或(和)远期交易,在客观上或是维持了汇率的稳定,或是加速了汇率的变化。

二、外汇期货

(一)外汇期货的概念

外汇期货(Foreign Exchange Futures),又称货币期货,是交易双方约定在未来某一时间,依据现在约定的比例,以一种货币交换另一种货币的标准化合约。

(二)外汇期货交易的特点

货币期货交易很像外汇市场上的远期交易,签订货币期货交易合同的买卖双方约定在将来某时刻,按既定的汇率,相互交割若干标准单位数额的货币。但是,具体地说,货币期货交易和远期交易又有很多不同,具体表现在以下几个方面。

1.分散交易与集中交易

无论是货币远期合约还是利率远期合约,通常都是由商业银行、投资银行和证券公司参与的,由于银行间市场在地理上是分散的,而且是24小时开放的,所以,市场交易人通过电话或者电脑网络直接交易,或者依赖经纪人为他们安排交易,价格由银行等以卖价和买价的方式报出。相反,期货交易都有固定的交易场所,期货合同在交易所大厅内交易,期货合同的价格在期货交易所大厅以买卖双方公开竞价的方式确定。集中的交易所交易有利于价格发现。价格发现是指市场参加者观察或者"发现"当前市场价格的能力。期货市场存在透明性,在集中的市场里,交易人可以观察到所有的交易价格;而在地理上分散的银行间的远期市场,缺乏透明性,没有集中的价格记录,价格发现不容易。

2.个性化交易与标准化交易

银行间的远期市场交易是个性化的,能灵活地满足个人偏好。尽管某些特定期限在货币远期交易中比较普遍,但是交易人也可以要求任何期限和任何规模的合约价格。期货交易有标准化的合同规模和固定的到期日,交割条件、每日价格限制移动、最小价格波动等都是标准化的。假定6月15日购买6个月期远期日元,12月15日交割;10周后(9月1日)日元升值,但距合约到期日还有15周(105天),他只能向其他人抛售合约,但找到需要相同资金规模、有效期为15周的交易对手很困难,所以流动性差。但假定他6月15日购买的是12月15日到期的日元期货,那么在到期前的任何时刻,12月到期的日元期货都可能在活跃地交易着,从而他可以随时卖出日元期货,具有很好的流动性。

3.可变对手风险与清算所

远期市场交易将银行和银行联系在一起(银行间市场)或者将银行和客户联系在

一起(零售市场),每个交易的当事方都要承担信用风险和另一方违约的风险。而在有组织的交易所交易的每一份期货合约,都有清算所作为两个当事方之一。清算所可以是一家独立经营的公司,也可以是期货交易所的分支机构。它要履行期货合约中与交易客户相对的义务,它比银行作为当事方的风险小,尤其是当银行信用质量不确定时①。

4.保证金交易

当交易者准备开始期货交易时,需要在期货经纪人那里开设一个账户,并缴纳一定的保证金存款,这个保证金也称"初始保证金"(Initial Margin)。设置保证金的目的在于防止交易中的欺诈行为,降低交易的信用风险。

在期货合同的有效期内,客户的这一账户要逐日进行盈亏清算。经纪人每日都要核查该账户的余额,如果发现它低于某个规定的水平,经纪人就会要求客户追加保证金(Margin Calls),新增加的保证金称"变动保证金"(Variation Margin)。当该账户的余额高于规定水平时,客户可以将之提取出来,但余下的数额必须不低于这个水平。这个规定的水平即"维持保证金"(Maintenance Margin)。

【例 4-4】 某公司于 6 月 15 日在 CME 购买了 8 份英镑 6 月期货合约,价格为每英镑 1.528 美元,每份标准合约 125 000 英镑,于是他持有了 100 万英镑多头。假定初始保证金 6%,对应 91 680 美元,维持保证金 75%。假定 6 月 16 日英镑 6 月期货合约价值下降,当日价格为 1.495 美元,据此结算,该公司将遭受 33 000 美元的损失,其保证金账户的剩余价值为 58 680 美元(91 680-33 000),而要求的维持保证金为 68 760 美元(91 680×75%),故该公司会收到追加保证金的通知。

综上所述,也可以说货币期货交易是标准化的远期交易,所以货币期货合同的使用方法和目的也与远期交易的基本相同,这里不再重复论述。

(三)外汇期货合同的内容

外汇期货合约是以外汇作为交割标的的标准化期货合同。它主要包括以下几个方面的内容:

第一,外汇期货合约的交易单位。每一份外汇期货合约都有由交易所规定的标准交易单位。例如,德国马克期货合约的交易单位为每份 125 000 马克。

第二,交割月份。国际货币市场所有外汇期货合约的交割月份都是一样的,为每年的 3 月、6 月、9 月和 12 月。交割月的第三个星期三为该月的交割日。

第三,通用代号。在具体操作中,交易所和期货佣金商以及期货行情表都是用代号来表示外汇期货的。八种主要货币的外汇期货的通用代号分别是:英镑 BP、加元 CD、荷兰盾 DG、德国马克 DM、日元 JY、墨西哥比索 MP、瑞士法郎 SF、法国法郎 FR。

第四,最小价格波动幅度。国际货币市场对每一种外汇期货报价的最小波动幅度都做了规定。在交易场内,经纪人所做的出价或叫价只能是最小波动幅度的倍数。八种主要外汇期货合约的最小波动价位如下:英镑 0.000 5 美元、加元 0.000 1 美元、荷兰盾0.000 1美元、德国马克 0.000 1 美元、日元 0.000 000 1 美元、墨西哥比索 0.000 01 美

① 在美国,主要交易所的清算所从来没有违约过。而德国赫思塔特银行、美国富兰克林国家银行和英国巴林银行的倒闭说明现实中确实存在银行当事方的风险。

元、瑞士法郎 0.000 1 美元、法国法郎 0.000 05 美元。

第五，每日涨跌停板额，每日涨跌停板额是一项期货合约在一天之内比前一交易日的结算价格高出或低过的最大波动幅度。几种外汇期货合约的涨跌停板额规定如下：德国马克 1 250 美元、日元 1 250 美元、瑞士法郎 1 875 美元、墨西哥比索1 500美元、荷兰盾1 250美元、法国法郎 1 250 美元。一旦报价超过涨跌停板额，则成交无效。

（四）外汇期货交易的报价

下面以美国《华尔街日报》（The Wall Street Journal）刊登的瑞士法郎期货合同在前一天的交易行情为例，说明货币期货合同的报价方式。表 4-1 为芝加哥商业交易所（CME）期货合同的行情。

表 4-1 外国货币期货合同的报价

						Lifetime		Open Interest
	Open	High	Low	Settle	Change	High	Low	
Swiss Franc (CME)-CHF 125 000; $ per CHF								
Mar.14	1.1090	1.1133	1.1057	1.1125	+0.0049	1.1159	1.0960	42,220
Jun.14	1.1109	1.1109	1.1076	1.1133	+0.0049	1.1266	1.0975	145
Sep.14	1.1082	1.1082	1.1082	1.1144	+0.0049	—	—	2
Dec.14	1.1115	1.1115	1.1115	1.1157	+0.0050	1.1115	1.1115	3
Est Vol 26 812; Vol n.a.n.a.; open int, 42 370 , n.a..								-1 327

资料来源：《华尔街日报》官方网站 . http://online.wsj.com，2014 年 1 月 14 日。

表 4-1 中标题下的第一行表示在 CME 交易的瑞士法郎合同标准规模为 12.5 万美元，以每瑞士法郎多少美元报出。以下四行左边的标题表示合同在 3 月（Mar）、6 月（June）、9 月（Sep）和 12 月（Dec）到期。6 月合同意味着合同在 6 月的第三周的星期三到期。当天的开盘价（Open）为 1.110 9 美元兑 1 瑞士法郎（ $1.110 9/CHF），最高交易价（High）为 $1.110 9/CHF，最低交易价（Low）为 $1.107 6/CHF。

表 4-1 中，清算价（Settle）是 IMM 期货交易清算所使用的每日收盘价（Closing Price），用以确定合同价值和需要清算的差额。例如，6 月份合同在当日的最后交易价为 $1. 113 3/CHF。变化（Change）即为与前一日清算价的差额，正号表示上升。后面两栏为合同自最初交易以来（Lifetime）的最高价和最低价，如 3 月份到期合同自开始交易以来的最高价和最低价分别为 $1. 115 9/CHF 和 $1. 096 0/CHF。

最后一栏是未经反向合同对冲的合同数（Open Interest），9 月到期的合同未经对冲的还有 2 份，这个数字是加总所有未经对冲的购买瑞士法郎和出售瑞士法郎的合同数目而来的，假如当日的即期汇率为 $1. 100 0/CHF，那么 2×CHF125 000×1. 100 0 = $275 000，此即已发行的 9 月份到期合同的市场价值。未对冲合同数可以作为客户继续从事大宗买卖时的参考，如果买卖的数额不足未对冲合同价值的 5%，那么这笔交易一般不会对合同价格产生巨大影响；如果要交易的数额已超过未对冲合同价值的 25%，那么以现行价格买卖几乎是不可能的。

最后一行的第一个数字是星期三当日交易的瑞士法郎合同总数，为 26 812 份。星期三当日的未对冲合同总数可由加总最后一栏的数字而得,即:42 220+145+2+3=42 370(份)。

三、外汇掉期

(一)掉期交易的概念

掉期交易(Swap Transaction),是指将货币相同、金额相同而方向相反、交割期限不同的两笔或两笔以上的外汇交易结合起来进行,也就是在买进某种外汇时,同时卖出金额相同的这种货币,但买进和卖出的交割日期不同。进行掉期交易的目的也在于避免汇率变动的风险。掉期交易通常是为抵补已购入或售出的某种外汇可能发生的风险而进行的。它通常与套利交易配合进行。

【例 4-5】 中国某银行因业务经营的需要,购买 5 亿欧元存放于法国的银行,存期为九个月。为防止九个月后欧元汇率可能下降造成损失的风险,该银行即可利用掉期业务,在买进 5 亿欧元即期的同时,卖出九个月里拉的远期,从而规避了此间欧元汇率可能下跌而承担的风险。

(二)掉期交易的形式

一般而言,掉期交易可以分为三种形式:

一是即期对远期(Spot against Forward),即买进或卖出一笔现汇的同时,卖出或买进一笔期汇。期汇的交割期限大都为一星期、一个月、二个月、三个月、六个月,这是掉期交易常见的形式。在短期资本输出输入中,如果将一种货币调换成另一种货币,通常需要做这种形式的掉期交易,即在期汇市场上抛售或补进,以避免外币资产到期时外币汇率下跌,或外币负债到期时外币汇率上涨。国际外汇市场上常见的即期对远期的掉期交易有:即期对次日(Spot-Next,S/N)、即期对一周(Spot-Week,S/N)和即期对整数月(Spot-n Months,S/n M)。

二是即期对即期(Spot Against Spot),这是一种即期交割日以前的掉期交易,即标准交割日之前有交易日和第一营业日。常见的交易有:隔夜交易(Over-Night,O/N)和隔日交易(Tom-Next,T/N),前者是指在交易日做一笔当日交割的买入(或卖出)交易,同时做一笔第一个营业日交割的卖出(或买入)交易;后者是指在交易日后的第一个营业日做买入(或卖出)的交割,在第二个营业日作相反的交割。

三是远期对远期(Forward to Forward),指对不同交割期限的期汇双方作货币、金额相同而方向相反的两个交易。

(三)掉期交易与一般套期保值的区别

可以看出,掉期交易实质上也是一种套期保值的做法,但与一般的套期保值不同:①掉期的第二笔交易须与第一笔交易同时进行,而一般套期保值发生于第一笔交易之后;②掉期的两笔交易金额完全相同,而一般套期保值交易金额却可以小于第一笔,即做不完全的套期保值。

四、外汇期权

(一)外汇期权的概念

期权(Option),是指一种能在未来某时期按协议价格买卖一定标准数量金融工具的权利的契约。期权实际上是一种权利,是一种选择权,期权的持有者具有在该项期权规定的时间内选择买或不买、卖或不卖的权利,他可以实施该权利,也可以放弃该权利,而期权的出卖者则只负有期权合约规定的义务,即在约定的时期随时准备依买方的要求按协定价格买进(或卖出)标准数量的金融工具。

外汇期权(Foreign Exchange Option),又称货币期权,是期权的一种,其买卖的对象是外汇,即期权买方在向期权卖方支付相应期权费后获得一项权利,有权在约定的到期日按照双方事先约定的协定汇率和金额同期权卖方买卖约定的货币,同时权利的买方也有权不执行上述买卖合约。期权交易是在期货交易的基础上发展起来的,期权合同和期货合同在概念上很相似,所交易的金融工具也很相近,但是两者最明显或最根本的区别在于期货合同赋予合同买方的是一种义务,无论合同到期时市场形势对他有利还是不利,都必须如约履行合同买卖金融工具,如果预期错误,只得遭受损失。外汇的远期交易也是如此。而期权交易恰恰避免了这一点,如果合同成交后形势一直于合同买方不利,则买方可以不行使合同,让合同自然过期失效,损失的仅是签订合同时付出的期权价格。因此,购买期权合同很像为自己持有的金融资产保险,若没有发生意外,损失的仅是付出的保险费(期权价格)而已。

股票期权是指买方在交付了期权费后即取得在合约规定的到期日或到期日以前按协议价买入或卖出一定数量相关股票的权利。目前在世界上很多股票交易所中,股票的买卖可以用期权方式进行,交易标的通常是交易十分活跃的股票,以及目前企业规模较小但增长迅速、股票增值预期良好的企业股票。股票期权为风险厌恶程度较大的投资者提供了有效的工具,因为其有到期不行使合同的权利。

股票指数期权为投机者提供了方便,它是买卖股票指数变动率的期权合同。很像股票指数期货合同,也是将股票指数变动的百分点计价,合同到期日如买方行使合同,则买卖双方互拨现金头寸,以结盈亏,期权合同的买方有权不行使合同,而让其自然过期失效。目前股票指数期权还不像其他期权交易那么普及,只在北美、欧洲和亚洲的部分股票交易所或期权交易市场有这种交易。

期权交易也有场内交易(交易所交易)和场外交易之分,尤其是外汇期权,场外交易占有很大比重,而且场外交易的历史也比规范化的场内交易长得多。在场外交易中,期权合同的卖方通常是大商业银行或大证券商机构,买方则通常是要求防范风险或作投机买卖的一般客户。对于普通商业客户来说,场外交易的最大好处是合同的规模、期限和到期日等条件都可与卖方视需要商定,而且市场的流动性也很高。

目前主要西方国家都有规范化的交易所进行货币期权交易。场外交易的币种主要集中在美元同英镑、马克、日元、瑞士法郎和加元等货币之间。1982 年 12 月,美国费城股票交易所率先推出了标准化的货币期权交易合同,随后 1984 年芝加哥商品交易所及其他一些美国股市也立即效仿,不久标准化的交易方式又传到其他西方国家。下面以美国费城股市的货币期权行情为例,说明货币期权合同的报价方式。

(二)货币期权合同的报价方式

表 4-2 是美国《华尔街日报》刊登的费城股市的欧元期权交易的行情,该报每天都刊登前一天的期权交易行情。表 4-2 中的字母 r 意为该种合同在当日没有交易,Option & Underlying 为期权与交易币种,为欧元期权,每份合同规模为 1.25 万欧元,价格以每单

位若干美分表示。第一栏的数字是当天交易结束时,欧元同美元的即期汇率,为11 400美元,或 \$11 400/€ 。Strike Price 为合同协议价格,即合同成交时规定的行使合同时必须支付的价格。在该交易日,有五种不同协议价格的期权合同,从 \$11 400/€ 至 \$11 600/€ 不等。其余各栏均为期权合同的购买价(Premium),都以每欧元多少美分表示。Calls-last 是买权的购买价,Puts-last 是卖权的购买价,合同到期日是在1月(Jan.)、3月(Mar.)和6月(Jun.)。比如1月到期的协议价为165美分的买权,购买价为每欧元3.30美分。由于每份合同的规模是1.25万欧元,那么合同的购置价为€ 12 500× \$0.033 0/€ = \$412.5。

表 4-2 外国货币期权的报价

Option & Underlying	Strike Price	Calls-last			Puts-last		
		Jan.	Mar.	Jun.	Jan.	Mar.	Jun.
12 500 Euros , cents per Euro							
11 400	29.140	29.580	30.040	0.020	0.500	1.280	11 400
11 450	28.640	29.100	r	0.020	0.520	1.330	11 450
11 500	r	28.620	r	0.025	0.540	1.380	11 500
11 550	27.640	r	r	0.025	r	r	11 550
11 600	r	27.670	r	0.030	0.590	r	11 600

资料来源:《华尔街日报》,2008年12月18日。

(三)外汇期权合同的使用

企业、银行和个人运用外汇期权合同无非要达到两种目的:一是回避国际贸易和投资所产生的外汇风险;二是用于外汇投机。外汇期权合同用于回避外汇风险,其使用方法和技巧与外汇期货和远期交易基本相同,只是期权交易具有当合同到期行情不利时,可以不行使合同的优势。外汇期权合同的买方或持有人是否行使合同取决于合同所处的状态,总的说来其有以下三种状态。

1.实值(In the Money)

合同处于实值状态就买权而言,是指其交易货币的即期市场价格高于合同协定价格;就卖权而言,是指其交易货币的即期市场价格低于合同的协定价格。

2.虚值(Out of the Money)

合同处于虚值状态就买权而言,是指其交易货币的即期市场价格低于合同协定价格;就卖权而言,是指其交易货币的即期市场价格高于合同协定价格。

3.两平(At the Money)

合同处于两平状态是指合同行使时,其交易货币的即期市场价格接近或等于合同协定价格。

这里,我们以买权为例,简要说明期权合同的使用。一般来说,合同的买方只有在合同处于实值状态时,才肯行使合同。图4-1为交易的图示说明,假设某客户用美元购买了德国马克的买权,总额为DM250 000,一份马克合同数额为62 500马克,所以要购买 4 份合同。合同协议价格为每马克 0.60 美元,期限为两个月。期权价格成本为每马克 2 美分,总额为 5 000 美元。

基础交易货币:德国马克(DM)
合同规模:DM250 000(DM62 500×4)
合同期限:2 个月
协定价格: \$0.60/DM
期权价格: \$5000(每马克 2 美分)

协定价格	\$0.58	\$0.60	\$0.62	\$0.64	\$0.66
支付额					
期权价格	-5 000	-5 000	-5 000	-5 000	-5 000
行使合同	0	0	-150 000	-150 000	-150 000
收入额	0	0	+155 000	+160 000	+165 000
净收益	-5 000	-5 000	0	+5 000	+10 000

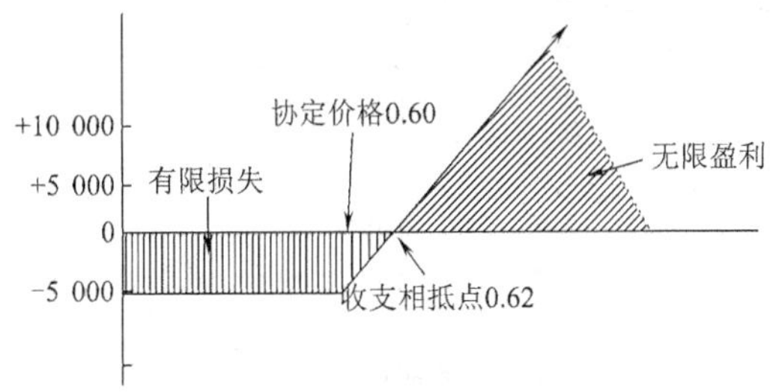

图 4-1　买权合同的 3 种状态

资料来源:钱荣堃:《国际金融》,四川人民出版社,1993 年版。

图像的横轴是即期汇率水平,纵轴是合同有效期限内不同即期汇率水平下合同持有者的盈利和亏损状况。如果即期汇率为 \$0.58/DM,合同持有人不会行使合同,合同自然到期后损失有限的 5 000 美元成本,外加少量佣金,佣金在这里忽略不计。这时合同处于"虚值"状态,以即期汇率在外汇市场购买马克更为合算。如果即期汇率是 \$0.64/DM,合同的买方将行使合同,他有权按协定价格用 15 万美元购买 25 万马克,随即在外汇市场按即期汇率转售获得 16 万美元,去掉期权合同成本5 000美元,所获净利是 5 000 美元。在多数场合,合同持有人会行使一份销售马克的合同与买权合同对冲,以实现其净利,而不需要实际交割马克。从理论上说,马克的美元价格上升的幅度是没有限度的,所以合同买方的赢利机会是无限的。

如果即期汇率为 \$0.62/DM,合同持有人收支相抵,即行使合同以 15 万美元购买 25 万马克,在即期市场出售后获利 15.5 万美元,支付期权价格 5 000 美元后净利为零。虽然如此,合同持有人也会行使合同,因为让合同自然到期会净损失 5 000 美元成本。实际上,当即期汇率低于收支相抵点而高于协定价格时,如果合同到期也应行使合同,因为销售马克的收益能够部分地弥补 5 000 美元的成本,这样也不至于全赔。

(四)期权价格的决定因素

期权合同的价格取决于两个因素:内在价值(Intrinsic Value)和时间价值(Time Value)。

图 4-2 显示了前面图例中买权的内在价值和时间价值。内在价值是行使合同所产生的资产增值,当合同处于虚值状态时,内在价值为零。当即期价格高于协定价格,合同处于实值状态时,内在价值为正。图 4-2 中,当即期汇率为 \$0.66/DM 时,合同的

内在价值为 $0.66-$0.60=$0.06/DM,那么 25 万马克的合同内在价值即为 1.5 万美元。若即期价格低于协定价格,期权处于虚值状态,则没有内在价值。

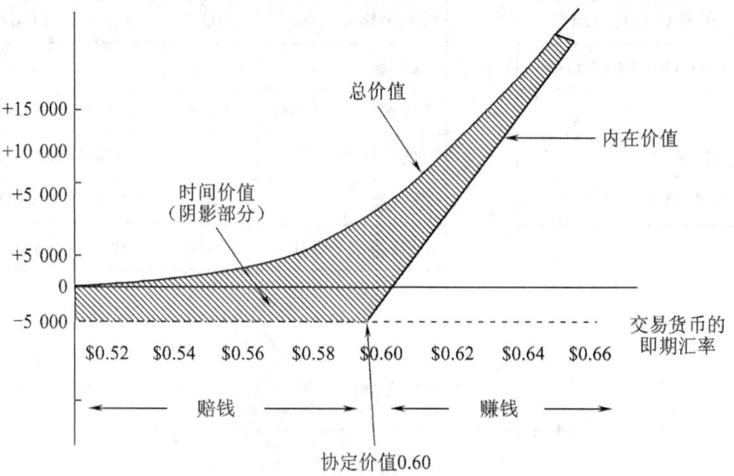

图 4-2　买权合同的内在价值、时间价值和总价值

期权还有时间价值,因为从目前到合同到期这段时间中,所交易资产的价格会发生变化,从而使执行合同有利可图。图 4-2 中阴影部分为时间价值,它是合同总价值与内在价值之间的差额。期权的时间价值取决于:①距到期日时间的长短,一般来说,距期满日时间越长,时间价值越高;②即期汇率与协定汇率差值的多少,差值越大,时间价值越低。

投资者愿为时间价值付出代价,是以未来汇率的不确定性为基础的。如果即期汇率非常高,买权处于一种"深度实值"(Deep-in-the-money)状态,那么其时间价值将很低。同样,如果即期汇率很低,买权处于一种"深度虚值"(Deep-out-of-the-money)状态,其时间价值也很低。这是因为,在这两种极端情况下,关于买权执行时是实值或虚值已成定局,反转的可能不大,也即不确定性较小。但是,当即期汇率接近协定汇率,也就是在两平状态时,不确定性较大。而且,两个价格越是接近,不确定性越大。期权的时间价值在即期汇率等于协定汇率时达最大。

期权合同的总价值是其内在价值与时间价值之和。内在价值决定于资产的即期价格与协定价格之差,而时间价值则决定于人们对交易资产在合同到期日以前价格变化的预期。当合同到期时,其时间价值为零,期权价值恰等于其内在价值。

期权价值除了受到协定汇率、即期汇率及时间的影响外,还会受到汇率波动、两国之间利率差等因素的影响。表 4-3 反映的是这些因素与期权价值的关系。

表 4-3　期权价格的决定因素

影响价格的因素	其他因素保持不变,每个因素增加后对期权价格的影响	
	买权价格	卖权价格
1.即期汇率	上升	下跌
2.协定汇率	下跌	上升
3.汇率波动幅度	上升	上升

续表

影响价格的因素	其他因素保持不变,每个因素增加后对期权价格的影响	
	买权价格	卖权价格
4.距到期日的时间	上升	上升
5.利率	上升	下跌

五、货币互换

货币互换是指交易双方对不同币种、相同期限、等值资金债务的货币及利率的互相交换。起初交换两种不同货币的本金,然后按照约定日期进行利息和本金的分期互换。货币使用利率可以是固定利率,也可以是浮动利率。在一些合同中,互换期初和期末可以不进行本金交换,只需要进行期间的利率偿付交换。

案 例

某跨国公司A获得一个7年期、固定利率的3 500万美元贷款。该公司打算将其转换为浮动利率的瑞士法郎,以改变其贷款结构,并利用预期下降的利率水平。与此同时,另一跨国公司B正好发行一个7年期、浮动利率的1亿瑞士法郎的票据,并且寻求将其转换成固定利率的美元负债,以固定其筹资费用并与公司的应收美元相匹配。

在此情况下,两种货币最初以2.857 1瑞士法郎/美元(0.350 0美元/瑞士法郎)的现行即期汇率互换,A将向中间商支付3 500万美元而获得1亿瑞士法郎。相应地,B将向中间商支付1亿瑞士法郎而获得3 500万美元。由此,A和B均得到了各自所要的货币。如图4-3(a)。

在两项贷款的整个7年期间,A将向中间商支付浮动利率的瑞士法郎利息,并从中间商处获得固定利率的美元利息,以担负固定利率的美元贷款。B则向中间商支付固定利率的美元利息,并以此从中间商那里获得浮动利率瑞士法郎款项,以担负浮动利率的瑞士法郎贷款。如图4-3(b)。

两项贷款到期时,两种本金货币金额再以期初的0.350 0美元/瑞士法郎的即期汇率互换回。A、B两公司通过中间商得到各自的美元和瑞士法郎还款。如图4-3(c)。

通过这一互换程序——初期本金互换⇒利息互换⇒到期日本金的再次互换,A公司执行的这项业务就像在自己的账面上持有一个浮动利率的瑞士法郎负债一样,而B公司的业务又像其拥有固定利率的美元负债一样。但是,只有A对美元贷款向贷款人完全负债,才有B对瑞士法郎票据向投资者完全负债。因为在所有的可能性中双方都彼此互不相识,中间商承担了对应的风险。所以,互换协议只与中间商商谈,进行本金互换,A公司支付1 500万美元,并且每一方之间都互相承担各自的义务,中间商由此起到了经纪人作用,且承担了交易相应的风险,因此将收取一定比例的费用。

(资料来源:马君潞,陈平,范小云:《国际金融学》,科学出版社,2005。)

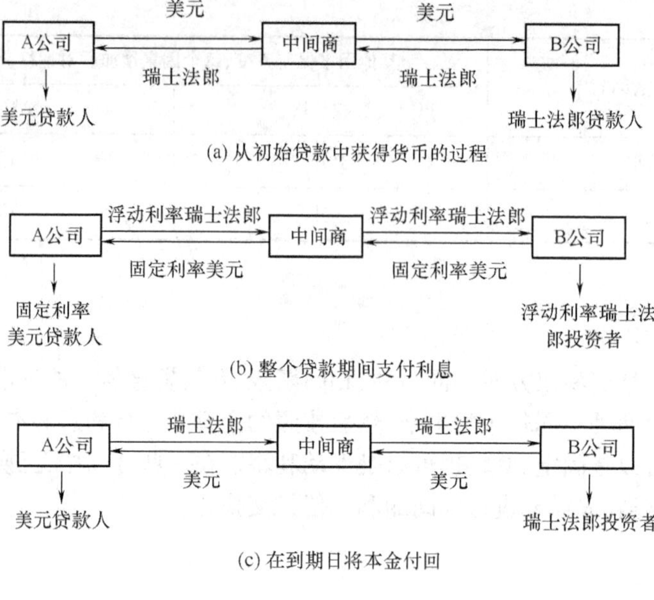

图 4-3　货币互换

阅读拓展

OTC 市场交易情况

2016 年 6 月 OTC 市场合约的合约市值相较于 2015 年 12 月有所上升。在众多合约中，利率合约依然是 OTC 市场(场外交易市场)增长的主要动力，外汇即期合约和信用违约掉期同样对 OTC 市场的增长做出了重要的贡献。见表 4-4。

表 4-4　全球金融衍生品 OTC 市场交易情况　　单位：10 亿美元

风险类别/工具	2016-06	2015-12	2015-06	2014-12	2014-06	2013-12	2013-06	2012-12	2012-06
所有合约	42 551	42 369	42 185	42 004	41 820	41 639	41 455	41 274	41 090
外汇合约	20 701	14 499	15 493	20 848	17 438	18 825	20 245	24 953	25 519
外汇合约：远期和外汇掉期	3 063	2 579	2 539	2 936	1 724	2 284	2 427	2 313	2 249
外汇合约：货币掉期	1 340	947	932	1 202	572	824	957	806	773
外汇合约：期权	1 462	1 345	1 283	1 348	939	1 186	1 131	1 259	1 190
利率合约	261	287	324	386	213	273	339	249	286
利率合约：远期利率协议	15 096	10 148	11 062	15 586	13 461	14 200	15 238	19 038	19 216
利率合约：利率互换	255	114	143	145	126	108	168	48	52
利率合约：期权	13 480	8 993	9 796	13 925	12 042	12 919	13 745	17 285	17 317

续表

风险类别/工具	2016-06	2015-12	2015-06	2014-12	2014-06	2013-12	2013-06	2012-12	2012-06
股票挂钩合约	1 361	1 042	1 124	1 516	1 292	1 174	1 325	1 706	1 848
股票挂钩合约:远期和掉期	515	495	606	612	678	700	692	600	639
股票挂钩合约:期权	172	147	168	177	199	202	206	157	147
商品合约	343	348	438	435	479	498	486	443	492
商品合约:黄金	202	297	237	318	269	264	384	347	379
商品合约:其他商品	39	75	26	34	32	47	80	42	51
信用违约掉期				285	237	217	304	304	328
信用违约掉期:单一名称工具	342	421	453	593	635	653	725	848	1 187
信用违约掉期:多重名称工具	215	284	278	366	368	369	430	527	715
其他	127	137	175	227	266	284	295	321	472
信用风险敞口	6	558	596	802	671	724	779	1 808	1 849

注:数据来源于世界清算银行。数据按风险类别和金融工具分类。

从 OTC 市场参与者的交易金额来看,金融组织的交易额在逐年上升,但仍相对低于报告交易商的交易金额。见表 4-5。

表 4-5　OTC 市场外汇衍生品的未付金额　　单位:10 亿美元

工具/交易者	2016-06	2015-12	2015-06	2014-12	2014-06	2013-12	2013-06	2012-12	2012-06
所有合约				2 944				2 944	
报告交易商	1 303	1 029	1 025	1 315	1 303	1 029	1 025	1 315	1 303
其他金融机构	1 264	1 016	998	1 160	1 264	1 016	998	1 160	1 264
非金融客户	496	534	516	461	496	534	516	461	496
直接远期和外汇掉期				1 205				1 205	
报告交易商	487	327	334	479	487	327	334	479	487
其他金融机构	630	424	397	530	630	424	397	530	630
非金融客户	223	196	200	194	223	196	200	194	223
货币掉期				1 351				1 351	
报告交易商	682	552	522	638	682	552	522	638	682
其他金融机构	541	491	487	484	541	491	487	484	541
非金融客户	239	302	274	225	239	302	274	225	239

续表

工具/交易者	2016-06	2015-12	2015-06	2014-12	2014-06	2013-12	2013-06	2012-12	2012-06
期权				389				389	
报告交易商	134	150	169	198	134	150	169	198	134
其他金融机构	93	101	113	146	93	101	113	146	93
非金融客户	34	36	41	42	34	36	41	42	34

注:数据来源于世界清算银行。数据按风险类别和金融工具分类。

第二节　国际利率市场衍生品

一、远期利率协议

远期利率协议(Forward Rate Agreement,FRA)是一种远期合约,指的是买卖双方(客户与银行或两个银行同业之间)商定将来一定时间点(指利息起算日)开始的一定期限的协议利率,并规定以何种利率为参照利率,在将来清算日,按规定的协议利率、期限和资本金额,由当事人一方向另一方支付协议利率与参照利率利息差额的贴现金额。了解远期利率协议,必须先弄清以下几方面的内容。

(一)FRA 的价格

FRA 的价格是指从利息起算日开始的一定期限的协议利率,FRA 的报价方式和货币市场拆出拆入利率的表达方式类似,但 FRA 的报价多了合约指定的协议利率期限。具体 FRA 行情可通过路透终端机的“FRAT”画面得到。FRA 市场定价是每天随着市场变化而变化的,该市场价格仅作参考之用,实际交易的价格要由每个报价银行来决定。表 4-6 所示为 FRA 市场报价实例。

表 4-6　FRA 市场报价实例

7 月 13 日	美元	FRA
	3×6	8.08‰~8.14‰
	2×8	8.16‰~8.22‰
	6×9	8.03‰~8.09‰
	6×12	8.17‰~8.23‰

(二)报价

我们对表 4-8 报价第三行“6×9,8.03‰~8.09‰”的市场术语做如下解释:“6×9”(6 个月对 9 个月,英语称为 Six against Nine)表示期限,即从交易日(7 月 13 日)起 6 个月末(即次年 1 月 13 日)为起息日,而交易日后的 9 个月末为到期日,协议利率的期限为 3 个月期。它们之间的时间关系参见图 4-4。

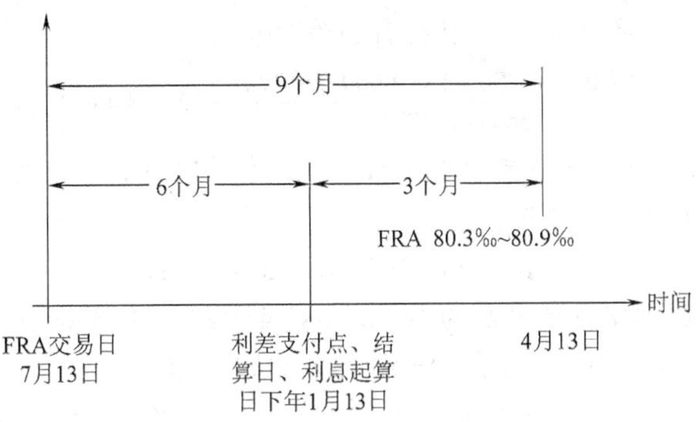

图 4-4　远期利率协议时间关系图

"8.03‰~8.09‰"为报价方报出的 FRA 买卖价：前者是报价银行的买价，若与询价方成交，则意味着报价银行（买方）在结算日支付 8.03‰利率给询价方（卖方），并从询价方处收取参照利率。后者是报价银行的卖价，若与询价方成交，则意味着报价银行（卖方）在结算日从询价方（买方）处收取 8.09‰的利率，并支付参照利率给询价方。

（三）利息计算

在起息日如何支付利息，可按以下步骤进行：

首先，计算 FRA 协议期限内利息差。该利息差就是根据当天参照利率（通常是在结算日前两个营业日使用 LIBOR 来决定结算日的参照利率）与协议利率结算利息差，其计算方法与货币市场计算利息的惯例相同，等于资本金额×利率差×期限（年）。

其次，要注意的是，按惯例，FRA 差额的支付是在协议期限的期初（即利息起算日），而不是协议利率到期日的最后一日，因此，利息起算日所交付的差额要按参照利率的贴现方式计算。

最后，计算的 A 有正有负，当 $A>0$ 时，由 FRA 的卖方将利息差贴现值付给 FRA 的买方；当 $A<0$ 时，则由 FRA 的买方将利息差贴现值付给 FRA 的卖方。

【例 4-6】　A 公司将在 3 个月后筹集一笔 1 000 万美元的资金，并打算将这笔资金进行为期 3 个月的投资。公司预计市场利率可能上升，为避免筹资成本的增加，公司的财务经理决定做一笔买入 FRA 的交易，参照利率为 3 个月伦敦同业银行拆借利率，协议利率为 4.5%，基准天数为 360 天。交易的具体内容如下：

买方：A 公司	交易日：3 月 3 日
卖方：B 银行	结算日：6 月 3 日
交易品种：3×6FRA	到期日：9 月 3 日
协议利率：4.50%	合约期：92 天

要求：(1) 如果到结算日那天，市场利率果然上升，参照利率上升到 5%，计算 A 公司在 6 月 3 日的结算金数额。(2) 如果结算日那天市场利率不升反降，参照利率降到了 4%，计算 A 公司在 6 月 3 日的结算金数额。并对这两个结果进行分析。

【解析】(1) 当市场利率上升时，6 月 3 日公司的结算金为：

$$\frac{(5.00\%-4.50\%)\times 10\ 000\ 000\times 92}{360+5.00\%\times 92}=12\ 616.57>0$$

贴现值大于0,卖方向买方支付结算金,即B银行向A公司支付现金作为A公司筹资成本上升的补偿。

(2)当市场利率下降时,6月3日公司的结算金为:

$$\frac{(4.00\%-4.50\%)\times 10\ 000\ 000\times 92}{360+4.00\%\times 92}=-12\ 648.48<0$$

贴现值小于0,买方向卖方支付结算金,即A公司向B银行支付现金作为补偿。

(3)参照利率上升时的情况:

A公司的实际筹资成本:10 000 000−12 616.57=9 987 383.43(美元)

A公司3个月到期支付的利息为:9 987 383.43×5%×90/360=124 842.29(美元)

本息和:9 987 383.43+124 842.29=10 112 225.72(美元)

A公司实际承担的利率仍然为:112 225.72÷10 000 000×360/90=4.49%,约等于5%。

参照利率下降时的情况:

A公司的实际筹资成本:10 000 000+12 648.48=10 012 648.48(美元)

A公司3个月到期支付的利息为:10 012 648.48×4%×90/360=100 126.48(美元)

本息和:10 012 648.48+100 126.48=10 112 774.96(美元)

A公司实际承担的利率仍然为:112 774.96/10 000 000×360/90=4.51%,约等于5%。

由此可见,A公司购买了FRA后,不论结算日参照利率是上升还是下降,都基本达到了固定利率成本的目的。但是,参照利率变化幅度的大小对FRA的保值程度是有影响的。

二、利率互换

利率互换(Interest Rate Swap),是指两笔币种相同、债务额相同(本金相同)、期限相同的资金,作固定利率与浮动利率的调换。这个调换是双方的,如甲方以固定利率换取乙方的浮动利率,乙方则以浮动利率换取甲方的固定汇率,故称互换。互换的目的在于降低融资成本和利率风险。利率互换与货币互换都是于1982年开始的,是适用于银行信贷和债券筹资的一种资金融通新技术,也是一种新型的规避风险的金融技巧,目前已在国际上被广泛采用。

(一)利率互换的前提条件

利率互换之所以会发生,是因为存在着以下两个前提条件:

第一,存在筹资成本差异,即利率互换双方因信用等级不同而存在筹资成本差异。信用等级高的一方,其筹资成本会低于信用等级较低的一方,即前者筹资时要支付的利率会低于后者,而且前者易筹到固定利率的资金,后者往往要从短期浮动利率市场上筹款。

第二,存在相反的筹资意向,即信用等级较高的一方,尽管它在发行固定利率或浮动利率欧洲美元债券时,都需支付某一利率,但它希望或宁愿支付浮动利率;而信用等级较低的一方恰恰相反,尽管它在发行固定利率或浮动利率欧洲美元债券时,都需要支付较高利率,但它希望或宁愿支付固定利率。这样双方以某种形式沟通后就达成协议,进行利率互换,其结果是信用等级高的以低于LIBOR的成本获得资金,而信用等级低的也可以以较低的利率筹措到资金。

利率互换有两种形式：一是息票互换（Coupon Swaps），即固定利率对浮动利率的互换；二是基础互换（Basis Swaps），即双方以不同的参照利率互换利息支付（如美国优惠利率对 LIBOR）。

（二）利率互换的优点

利率互换有许多优点，具体如下：

（1）风险较小。因为利率互换不涉及本金，双方仅是互换利率，风险也只限于应付利息这一部分，所以风险相对较小。

（2）影响甚微。这是因为利率互换对双方财务报表没有什么影响，现行的会计规则也未要求把利率互换列在报表的附注中，故可对外保密。

（3）成本较低。通过利率互换，双方可以利用各自的筹资优势，达到降低双方筹资成本的目的。

（4）手续较简便。利率互换手续较简便，交易能够迅速达成。

利率互换的缺点就是该互换不像期货交易那样有标准化的合约，有时也可能找不到同意进行互换的另一方，这将花费大量的时间和成本。

【例 4-7】　假定 A 银行和 B 银行需要在国际金融市场上筹资，A 银行固定利率借款的利率为 10%，浮动利率借款的利率为 LIBOR；B 银行固定利率借款的利率为 12. 5%，浮动利率借款的利率为 LIBOR+0.5%。如果 A 银行需要 1 亿美元的浮动利率借款，而 B 银行需要 1 亿美元的固定利率借款，那么这两个银行该怎么选择借款方式呢？

【解析】这里有两种选择。第一选择是，A 银行和 B 银行分别按照自己所能获得的利率去借自己所需的款项，即 A 银行直接以 LIBOR 借浮动利率美元，而 B 银行直接以 12. 5%的固定利率借 1 亿美元。

第二种选择是进行利率互换。因为 B 银行在浮动利率借款上比较有优势，因此，让 A 银行以 10%的固定利率去借 1 亿美元，而 B 银行以 LIBOR+0.5%的利率去借浮动利率美元，然后，按双方约定的条件进行利息支付。不妨设这一约定条件为 A 银行按 LIBOR 利率支付利息给 B 银行，B 银行按 11%的固定利率支付给 A 银行，双方再按各自的借款利率支付给资金的提供者。这一利率互换的结果如表 4-7 所示。

表 4-7　A 银行和 B 银行利率互换的实现

	A 银行（资信等级 AAA）	B 银行（资信等级 BBB）	相对于 B 银行，A 银行所得到的利率优惠差
互换前：			
固定利率借款的利率成本	10%	12.5%	2.5% = 12.5% - 10%
浮动利率借款的利率成本	LIBOR	LIBOR+0.5%	0.5% = LIBOR+0.5% - LIBOR
互换后：			
B 银行支付 A 银行的利息		11%	
A 银行支付 B 银行的利息	LIBOR		

续表

	A 银行(资信等级 AAA)	B 银行(资信等级 BBB)	相对于 B 银行,A 银行所得到的利率优惠差
成本比较			
直接筹资成本	LIBOR	12.5%	
互换后的实际筹资成本	LIBOR-(11%-10%)	11%+(LIBOR+0.5%)-LIBOR	
互换后筹资节约成本	1%	1%	

本例中,A 银行筹借两类资金有绝对优势,但最大优势在于固定利率借款上,B 银行虽无绝对优势,但比较优势在于浮动利率借款上。假定 B 银行向 A 银行支付 11%,A 银行向 B 银行支付 LIBOR。B 银行最后实际支付的利息为 11%+(LIBOR+0.5%)-LIBOR=11.5%,A 银行实际支付的利息为 10%+LIBOR-11%=LIBOR-1%。互换后,双方都节约了筹资成本各 1%。

除了上文中介绍的两类主要的利率衍生产品以外,还存在其他利率衍生产品,下面我们介绍几种。

一是利率上限(Cap)。通过这种工具,交易双方协定一个利率上限水平,在此基础上,利率上限的卖方向买方承诺:在规定的期限内,如果市场参考利率高于协定的利率上限,则卖方向买方支付市场利率高于协定利率上限的差额部分;如果市场利率低于或等于协定的利率上限,卖方无任何支付义务,同时,买方由于获得了上述权利,必须向卖方支付一定数额的手续费。

二是利率下限(Floor)。通过这种工具,交易双方协定一个利率下限,利率下限的卖方向买方承诺:在规定的有效期内,如果市场参考利率低于协定的利率下限,则卖方向买方支付市场参考利率低于协定利率下限的差额部分;若市场参考利率大于或等于协定的利率下限,则卖方没有任何支付义务,同时,作为补偿,卖方向买方收取一定数额的手续费。

三是利率上下限(Collar)。这是指将利率上限和利率下限两种金融工具结合使用。具体地说,购买一个利率上下限是指在买进一个利率上限的同时卖出一个利率下限,以收入的手续费来部分抵消需要支出的手续费,从而达到既防范利率风险又降低费用成本的目的。而卖出一个利率上下限,则是指在卖出一个利率上限的同时买入一个利率下限。

阅读拓展

从繁复向简单回归:后危机时期国际金融衍生品市场发展展望①

从金融危机后全球金融衍生品发展和监管改革来看,金融衍生品市场已经逐步从

① 资料来源:巴曙松:《后危机时期国际经济金融结构与中国金融政策》,上海财经大学出版社,2013。

危机中恢复,从繁复到简单的回归基本确立了未来一段时期金融衍生品的重要趋势。在这当中,既有从纷繁复杂的结构衍生品向基础性衍生品的回归,从非标准化向标准化的回归,也有从较为松弛的监管纪律向更为审慎监管的回归。在这一基本趋势的推动下,可以预见全球金融衍生品市场结构将出现新的调整和分化。

一、金融衍生品仍将继续成为金融市场发展的重要驱动力

金融衍生品市场在全球金融体系中的重要作用并未因为金融危机而受到削弱。目前,全球金融衍生品市场正在从金融危机中逐步复苏。在经历了金融危机期间的低迷后,绝大多数金融衍生品已经迎来了复苏的曙光。

从场内市场来看,金融衍生品交易在金融危机冲击下显示出了旺盛的生命力,其稳定市场、管理风险的作用得到了充分展示。在此次危机发展的不同阶段,多数金融衍生品都呈现出从交易放大到下调再反弹的走势。在危机发生初期,场内衍生品交易强劲增长,场内衍生品名义总成交额从 2007 年底的 539 万亿美元上升到 2008 年初的 692 万亿美元,年增长率为 30%,达到了有史以来最高的成交额。股权类衍生品的交易增速明显加快,特别是股指期货通过交易量和持仓量的一度持续放大,承担现货市场抛盘压力。根据美国期货业协会 FIA 的统计数字,2008 年全球场内衍生品期货和期权交易合约数量达到 176.52 亿张,同比增幅达 13.7%。2008 年股指期货合约交易量出现了井喷式的增长,E-mini S&P 500 Futures 和 DJ Euro Stoxx 50 Futures 的交易量分别上升了 52.6%和32.2%。同时,短期利率衍生品交易额从 2007 年底的 406 万亿美元达到 2008 年初的 548 万亿美元,年增长率达到了 32%。外汇衍生品的交易也从 2007 年底从 6 万亿美元上升到 2008 年初的 6.7 万亿美元,年增长率为 32%。

之后,由于全球金融市场的进一步疲软,场内衍生品交易有所萎缩。随着全球风险偏好的回升,2009 年场内金融衍生品交易活动再次活跃起来。到 2009 年第四季度国际金融衍生品稳速恢复发展,复苏的趋势已经十分明朗,名义交易量上升了 5%,达 444 万亿美元,比 2009 年第一季度高出了 22%,尽管这一数字仍低于高峰时期的 690 万亿。

从场外市场来看,除信用违约互换合约(CDS)以外的场外衍生品市场在经历了金融危机的萎缩后重拾增长之势。危机初期,利率和固定收益衍生品以及权益类衍生品的交易量迅速增长。2008 年上半年国际清算银行估计的未平仓场外交易(OTC)持续扩大。截至 2008 年 6 月底,所有类型 OTC 交易合约的交易金额达到了 863 万亿美元,比 6 个月前高出了 21%。就交易量而言,信用违约互换合约(CDS)发生了自诞生起的第一次下降,而利率和固定收益衍生品以及权益类衍生品的交易量则创纪录地发生了增长。例如,利率衍生品总量在雷曼兄弟倒闭前出现大幅上升。

2008 年下半年,金融危机导致场外交易衍生品的名义金额到年末时降至 592 万亿美元,出现了自 1998 年有统计以来的首次下降。外汇和利率衍生品市场均首次出现显著萎缩。如,利率衍生品市场规模在 2008 年下半年出现首次萎缩,名义流通金额降至 419 万亿美元。2010 年,在全球经济复苏的带动下,场外衍生品市场出现回暖迹象。到 2009 年 12 月底,OTC 市场衍生品未偿付合约总量稳定增长至 615 万亿美元。

二、监管改革将进一步促进场外衍生品市场的结构分化

2008 年 11 月召开的第一次 20 国峰会上,与会各国就衍生品监管达成共识:信用违约互换(CDS)中央对手方的监管者应该减少 CDS 及其他场外衍生品交易的系统性风险,支持市场参与者通过交易所或电子交易平台进行 CDS 交易,扩大 OTC 衍生品市场的透明度,并保证 OTC 衍生品的基础架构能够支撑不断增长的交易量。伦敦峰会之后,新成立的金融稳定委员会(FSB)和包括国际清算银行(BIS)、国际货币基金组织(IMF)、国际证监会组织(IOSCO)、国际掉期与衍生工具协会(ISDA)、国际保险监督官协会(IAIS)等在内的多个国际组织以及其他国际组织之间合作开展了一系列的调查和研究,对于现有的衍生品业务的国际监管提出了大量的改进建议,对衍生品监管提供了一些新的工具和手段。主要的改进情况如下:推动中央对手方结算机制、标准化 CDS 合约、强化 CCPs 标准、增强 CDS 市场的透明度并加大监管力度,修订对场外衍生品交易的资本要求以便充分反映衍生品的风险。英美等国也都将场外衍生品市场改革作为其金融监管改革的重要部分。目前,场外金融衍生品的基础建设正在得到加强,主要体现在中央交易机制、合约标准化、加强监管资本要求、建立交易信息库制度等方面。

(1)中央交易机制方面。中央交易机制(CCP)的建立对 CDS 市场的规范运作和信息披露有着至关重要的作用。目前,DTCC 已承担了大部分 CDS 合约的清算业务。2009 年 3 月 9 日,洲际交易所(ICE)也正式获得美国 SEC 的批准,开始提供 CDS 清算服务。CDS 等信用衍生产品的 CCP 清算正进入高速增长阶段。同时,DTCC 于 2008 年 11 月开始,每周对 CDS 相关信息进行披露,大大提高了市场透明度。2010 年 5 月,国际支付结算体系委员会(CPSS)和 IOSCO 发布了旨在加强 OTC 衍生品市场的两份咨询报告,第一份报告是"实施 2004 年 CPSS-IOSCO OTC 衍生品中央交易对手(CCPs)建议的指引",提出了建立清算 OTC 市场衍生产品的中央交易对手的指引;第二份报告是"建立 OTC 衍生品市场交易信息库的思考",提出了建立 OTC 衍生品市场交易信息库的一系列思考。

(2)合约标准化方面。CDS 监管程度和 CDS 合约的标准化程度在相关各国政府以及 ISDA 等自律机构的大力推进下,逐步提高。2009 年 4 月,ISDA 发布了《信用衍生品定义(2003)》的补充文件("Big Bang"草案);6 月又发布了另一份补充文件("Small Bang"草案)。先后出台的两份草案主要目标包括建立信用衍生品定义委员会,加强 CDS 等衍生品的标准化程度以及建立相应的违约结算机制,规范市场运作等。这些举措进一步将 CDS 合约和交易规范化,使得监管部门对相关交易更容易进行监督。具体在市场运作方面,北美的公司类单一名称 CDS 已经开始采用 100 和 500 个基点两档进行报价,到期日统一规定为季月的 20 号。这些步骤都将使 CDS 合约更易于对冲和结算,并且更加利于监管。

(3)加强监管资本要求方面。2010 年 12 月 16 日,巴塞尔委员会发布了全球银行业应对金融危机的监管方案:《巴塞尔协议Ⅲ:一个更稳健的银行及银行体系的全球监管框架》。《巴塞尔协议Ⅲ》从监管资本质量及其最低要求、缓冲资本设立、杠杆率监管、流动性风险监管、系统重要性金融机构监管等多方面提出来改革建议。关于 OTC 市场衍生品方面,《巴塞尔协议Ⅲ》改变交易对手信用风险(CCR)制度,大大提高了银行 OTC 衍生品和证券融资业务(SFTs)相关的资本要求,从而刺激银行在实践中尽快为尽可能多地使用 CCP。巴塞尔委员会还要求银行对 OTC 衍生交易和证券融资业务的对手进行严格的抵押品管理,监控作为抵押品交换的证券流动性和波动性风险,并要求银行对非现金抵押品开发模型进行风险评估。此外,巴塞尔委员会对"内部模型法"下交易对手信用风险如何计算监管资本的做法还进行了修订,与过去相比,最重要的改变是对模型进行压力情形下的校准。

上述监管措施在提高场外市场透明度和标准化程度的同时,无疑将进一步强化市场结构的分化趋势,那些更易于标准化和中央清算的基础性场外金融衍生品将得到较快增长,而一些内在结构复杂的产品则面临更大的不确定性。特别是美国金融监管改革对大型金融机构规模和业务的限制将使得复杂金融衍生品未来的发展面临诸多障碍,而简单基础的金融衍生品将迎来新的发展空间。

本章小结

1.外汇远期交易,又称期汇交易,是指买卖双方成交后,并不立即办理交割,而是按照所签订的远期合同规定,在未来的约定日期办理交割的外汇交易。远期交易与即期交易的主要区别在于起息日的不同。远期交易所适用的汇率就是各种不同交割期限的远期汇率。远期交易根据交割日是否固定,又可分为固定交割日的远期外汇买卖和选择交割日的远期外汇买卖。

2.外汇期货,又称货币期货,是交易双方约定在未来某一时间,依据现在约定的比例,以一种货币交换另一种货币的标准化合约。

3.掉期交易,是指将货币相同、金额相同,而方向相反、交割期限不同的两笔或两笔以上的外汇交易结合起来进行。也就是在买进某种外汇时,同时卖出金额相同的这种货币,但买进和卖出的交割日期不同。进行掉期交易的目的也在于避免汇率变动的风险。掉期交易通常是为抵补已购入或售出的某种外汇所可能发生的风险而进行的。它通常与套利交易配合进行。

4.外汇期权是期权的一种,其买卖的对象是外汇,即期权买方在向期权卖方支付相应期权费后获得一项权利,即期权买方在支付一定数额的期权费后,有权在约定的到期日按照双方事先约定的协定汇率和金额同期权卖方买卖约定的货币,同时,权利的买方也有权不执行上述买卖合约。期权合同的买方或持有人是否行使合同取决于合同处于什么状态,其总的说来不外乎三种状态:①实值;②虚值;③两平。期权合同的价格取决于两个因素:内在价值和时间价值。

5.货币互换,是指交易双方互相交换不同币种、相同期限、等值资金债务的货币及利率的一种预约业务。交易双方在期初交换两种不同货币的本金,然后按预先规定的日期,进行利息和本金的分期互换。通常,两种货币都使用固定利率。在某些情况下,期初可以不交换本金;在另一些情况下,到期日也不交换本金。

6.远期利率协议(FRA)是一种远期合约,是指买卖双方(客户与银行或两个银行同业之间)商定将来一定时间点(指利息起算日)开始的一定期限的协议利率,并规定以何种利率为参照利率,在将来利息起算日,按规定的协议利率、期限和资本金额,由当事人一方向另一方支付协议利率与参照利率利息差的贴现额。

7.利率互换,是指两笔币种相同、债务额相同(本金相同)、期限相同的资金,作固定利率与浮动利率的调换。这个调换是双方的,如甲方以固定利率换取乙方的浮动利率,乙方则以浮动利率换取甲方的固定汇率,故称互换。互换的目的在于降低资金成本和利率风险。利率互换有两种形式:一是息票互换,即固定利率对浮动利率的互换;二是基础互换,即双方以不同的参照利率互换利息支付(如美国优惠利率对 LIBOR)。

复习思考题

1.一家美国进口商从中国进口一笔价值 78 万人民币、三个月后交货付款的商品。按签约时的汇率 CNY7.800=USD1 计算,美国进口商需支付 10 万美元的货款。为了避免汇率变动带来的损失,该进口厂商可以进行哪种外汇交易从而进行套期保值?

2.一美国公司需要一笔 GBP10 万现汇进行投资,预期一个月后收回投资。为避免一个月后英镑汇率变动的风险,该公司在买入 GBP10 万现汇的同时卖出等额的一个月期汇。假设纽约外汇市场即期汇率为 GBP1=USD1.587 0~1.588 0,一个月贴水 0.3~0.2美分,求该笔掉期成本。

3.假设在美国和日本 LIBOR 的利率的期限结构是平的,在日本是 4%,在美国是 9%,某一金融机构在一笔货币互换中每年收入日元,利率为 5%,同时付出美元,利率为 8%,两种货币的本金分别为 1 000 万美元和 120 000 万日元。这笔互换的期限还有 3 年,即期汇率为 1 美元兑换 110 日元。假定美元为本币,求该互换的价值。

4.某公司将在 3 个月后收入一笔 2 000 万美元的资金,并打算将这笔资金进行为期 3 个月的投资。公司预计市场利率可能下跌,为避免利率风险,公司的财务经理决定做一笔卖出 FRA 的交易。该交易的具体内容如下:

买方:银行	交易日:3 月 3 日
卖方:公司	结算日:6 月 5 日
交易品种:3×6FRA	到期日:9 月 5 日
合约利率:5.50%	合约期:92 天
参考利率:4.90%	合约金额:\$2 000 万

假设公司在 6 月 5 日按照 4.455%的利率进行再投资,试计算:

(1)公司在 6 月 5 日的结算金数额;

(2)分析公司的实际投资收益率;

(3)如果未来利率上升为 5.75%(6 月 5 日),再投资利率为 5.5%,分析公司的实际投资收益率。

5.假定一笔互换合约中,某一个金融机构支付 6 个月的 LIBOR,同时收取 8%的年利率,名义本金为 1 亿美元。互换还有 1.25 年的期限。3 个月、9 个月和 15 个月的 LIBOR 分别为 10%,10.5%和 11%。上一次利息支付日的 6 个月的 LIBOR 为 10.2%。求该互换的价值。

第五章

汇率理论和市场有效性理论

本章要点

本章介绍了汇率理论和国际货币市场有效性理论，以便我们加深对本篇前面各章的理论认识，并掌握进一步分析的模型和工具。第一节主要介绍了各种汇率理论，包括购买力平价理论、利率平价理化以及资产分析法；第二节则主要关注国际货币市场的有效性问题，介绍了有效市场理论、外汇市场有效性的验证方法和主要结论。

第一节 汇率理论

汇率决定理论关注的焦点是汇率的决定及其均衡,不同的汇率理论都是在不同历史时期特定的经济、金融和政治背景下,对当时的汇率机制的最充分、最有效和最接近的描述。世界上最早出现的国际货币制度是国际金本位制,1914 年第一次世界大战爆发后,各国终止银行券与黄金的兑换,禁止黄金的出口,盛行了约 30 年的国际金本位制受到严重削弱并逐渐瓦解①。此后直到 1944 年的布雷顿森林体系形成的这一段时间内,国际货币体系处于无序阶段,浮动汇率制度居于主导地位,汇率波动频繁,各国争相实行竞争性汇率贬值政策。这一期间,最具代表性和最具影响力的汇率理论就是纸币本位下的国际平价理论——购买力平价理论(Theory of Purchasing Power Parity)和利率平价理论(Theory of Interest Rate Parity)。随着 20 世纪 30 年代大萧条的到来,这一时期除价格水平外,各国的生产、就业和资本流动的波动都对汇率和国际收支产生了很大影响,购买力平价理论很难对该期的汇率波动进行解释。20 世纪中期以来,人们开始研究国际收支与汇率的关系,探讨国际收支是怎样通过汇率调整而实现均衡的。最终卡根(Cagan)在 20 世纪 50 年代中期提出了货币论,认为汇率是两国货币的相对价格,而不是两国商品的相对价格,强调货币供求在汇率决定过程中的重要作用,并且认为货币的供求状况是引起国际收支失衡的根本原因。在 20 世纪后期,随着布雷顿森林体系的解体,主要的西方发达国家均采用了管理浮动汇率制度。因此,经济学家们对汇率进行理论分析的重点从固定汇率制下国际收支的决定或由于汇率调整而导致国际交易的调整开始转移到汇率的短期和长期的均衡的决定方面。在这几十年里,国际金融环境发生了很大的变化,资本账户的交易远远超过了经常账户的交易,经常账户的模型不再适合国际环境的实际情况,无法解释汇率的短期波动,且传统的自主性交易和补偿性交易的定义也不再适用。资本流动在汇率决定模型中的作用日益重要,汇率被看作是资产的价格,由资产的供给和需求决定。经济学家在这方面的研究成果主要有:弹性价格的汇率货币模型(Flexible-Price Monetary Model)、粘性价格的汇率货币模型(Sticky-Price Monetary Model)、资产组合平衡模型(Portfolio Balance Model)以及货币替代模型(Currency Substitution Model)。本节将介绍三种影响力较大的汇率理论,即购买力平价理论、利率平价理论和资产分析法。

一、购买力平价理论

购买力平价理论的基本思想是:货币的价值在于其所具有的购买力,因此,不同货币之间的兑换比率取决于它们各自所具有的购买力的对比,也就是汇率与各国的价格

① 1880—1914 年的 35 年间是国际金本位制的黄金时代。在这种制度下,黄金充当国际货币,各国货币之间的汇率由它们各自的含金量比例决定,黄金可以在各国间自由输出输入,在"黄金输送点"的作用下,汇率相对平稳,国际收支具有自动调节的机制。由于 1914 年第一次世界大战爆发,各参战国纷纷禁止黄金输出和纸币停止兑换黄金,国际金本位制受到严重削弱,之后虽改行金块本位制或金汇兑本位制,但因其自身的不稳定性都未能持久。

水平之间具有直接的联系。我们将从某一商品在不同国家的价格之间的联系入手,对汇率与价格水平之间的关系进行分析。购买力平价理论包括绝对形式和相对形式两种理论模型。

(一)购买力平价的绝对形式

绝对购买力平价理论的前提包括:①对于任何一种可贸易商品,一价定律都成立①;②在两国物价指数的编制中,各种可贸易商品所占的权重相等。这样,两国由可贸易商品构成的物价水平之间存在着如下关系:

$$\sum_{i=0}^{n} \alpha_i p_i = e \sum_{i=0}^{n} \alpha_i p_i^* \tag{5-1}$$

式中,α 项表示权数。如果将这一物价指数分别用 p,p^* 表示,则有:

$$p = e \cdot p^* \tag{5-2}$$

式(5-2)的含义是:以同一种货币计量的不同国家的可贸易商品的物价水平是相等的。也可将式(5-2)变形为:

$$e = \frac{p}{p^*} \tag{5-3}$$

式(5-3)是绝对购买力平价的一般形式,它表示汇率的大小取决于不同货币衡量的可贸易商品的价格水平之比,即取决于不同货币对可贸易商品的购买力之比。

现代分析中,有学者认为一国的不可贸易商品与可贸易商品之间也存在着种种联系,从而一价定律对不可贸易商品也成立。因此,上式中的物价指数可以包括一国经济中的所有商品,也就是以同一种货币计量的所有国家的一般物价水平都是相等的,汇率取决于货币的价值(一般物价水平的倒数)之比。这种观点由于比较符合汇率是不同货币之间的价格的这一性质,得到了更加广泛的运用。

(二)购买力平价的相对形式

相对购买力平价理论是由对绝对购买力平价理论假定的放松得出的。它认为交易成本的存在使得一价定律并不能完全成立,同时在计算各国一般价格水平时采用的商品及其权重存在差异,因此,各国一般价格水平以同一种货币计量时并不完全相等,而是存在一定的较为稳定的偏差(只要这些因素不发生变动),即:

$$e = \frac{\theta \cdot p}{p^*} \quad (\theta \text{为常数}) \tag{5-4}$$

将式(5-4)改写成对数形式,再取变动率,即得:

$$\Delta e = \Delta p - \Delta p^* \tag{5-5}$$

式(5-5)即为相对购买力平价的一般形式,式中变量均为其对数形式。相对购买力平价表示汇率的升值与贬值是由两国的通货膨胀率的差异决定的:如果本国通货膨胀率超过外国,本币将贬值;如果本国通货膨胀率低于外国,本币将升值。与绝对购买力平价理论相比,相对购买力平价理论更具有应用价值,因为它避开了前者过于脱离实际的假定,并且通货膨胀率的数据也更易于得到。

【例5-1】 设美国国内物价指数由100上升至200,即美国的通货膨胀率为

① 如果不考虑交易成本等因素,则同种可贸易商品在各地的价格都应该是一致的,我们将可贸易商品在不同地区的价格之间存在的这种关系称为"一价定律"(One Price Rule)。

100%。同期英国国内物价指数由100上升至150,即其通货膨胀率为50%。设基期汇率 R_0 = \$2/£ 1,则可得新汇率 R_1 =(100%/50%)×(\$2/£ 1)= \$4/£ 1。

(三)购买力平价理论评价

购买力平价理论产生于第一次世界大战刚刚结束时期,是世界经济动荡不安的产物。当时各国相继从金本位制改行纸币流通制度,随之而来的就是通货膨胀。此时提出该理论是适时并有一定道理的。具体表现在:

1.购买力平价理论具有很强的合理性。两国货币的购买力可以决定两国货币汇率,这实际上是从货币所代表的价值这个层次上去分析汇率决定的。抓住了汇率决定的主要方向,因而其方向是正确的。在纸币流通的情况下,如果商品价值量既定,两国纸币购买力的差异实际上代表了两国货币所体现的价值量的差异。两国货币购买力之比,就是两国货币价值量之比。因而两国货币兑换的汇率在某种程度上可以由两国货币购买力之比表现出来。

2.购买力平价决定了汇率的长期趋势。不考虑短期内影响汇率波动的各种短期因素,从长期来看,汇率的走势与购买力平价的趋势基本上是一致的。因此,购买力平价为长期汇率走势的预测提供了一个较好的方法。

2002年欧元成为欧盟单一货币后,马克、法国法郎等国家货币不再存在和使用,这些货币自然也退出外汇市场。购买力平价把物价指数与汇率水平联系起来,而且研究思路相对简单明了,对指导投资有一定意义。

当然购买力平价理论也存在缺陷。购买力平价理论要成立,必须满足四种假设前提:国际的贸易必须完全自由;所有商品价格均呈现同幅度的变动;物价为影响汇率的唯一因素;影响购买力的因素只有货币数量而已。而正是这些苛刻的前提条件限制了购买力平价理论的应用:

1.购买力平价忽略了国际资本流动对汇率的影响。尽管购买力平价理论在揭示汇率长期变动的根本原因和趋势上有其不可替代的优势,但在中短期内,国际资本流动对汇率的影响越来越大。

2.购买力平价的前提,即"假定所有国家的商品价格相等"本身就是错误的。因为不同国家的人对于同一种商品的估价是不同的。例如一种在甲国是奢侈品的商品,在另一个国家可能只是一般日用品。而购买力平价忽视了这种情况。

3.计算购买力平价需要挑选大量的商品作为计算的依据,而挑选的过程中难免会出现以偏概全的状况。国际货币基金组织对各国GDP进行PPP计算时,依据的是"国际比较项目(ICP)",这一项目号称涵盖155项基本消费类别,是世界上规模最大的一项统计活动。

二、利率平价理论

不同于购买力平价理论,利率平价理论说明了汇率与利率之间的关系。汇率与物价之间的关系通过国际商品套购来实现,反映了国际贸易对于汇率决定的作用;而汇率与利率的关系则通过国际资金套利来实现,反映了国际资本流动对汇率决定的作用。

(一)抛补利率平价(Covered Interest-rate Parity,CIP)理论

我们用一个例子说明抛补利率平价理论。假设资金在国际移动不存在任何限制与

交易成本,本国投资者可以选择在本国或外国金融市场投资一年期存款,利率分别为 i 和 i^*,即期汇率为 e(直接标价法)。则投资于本国金融市场,每单位本国货币到期本利和为:

$$1+(1\times i)=1+i \tag{5-6}$$

投资于外国金融市场,每单位本国货币到期时的本利和(以外币表示)为:

$$\frac{1}{e}+\frac{1}{e}\times i^*=\frac{1}{e}(1+i^*) \tag{5-7}$$

假定一年期满时的汇率为 e_f,则每单位本国货币投资于国外到期的本利和(以本币表示)为:

$$\frac{1}{e}(1+i^*)\times e_f=\frac{e_f}{e}(1+i^*) \tag{5-8}$$

由于一年后的即期汇率 e_f 是不确定的,这种投资方式的最终收益很难确定,具有较大的汇率风险。为了消除这种不确定性,投资者可以同时购买一年期远期合约,假设远期汇率为 f,则一年后投资于国外的本利和为:

$$\frac{f}{e}(1+i^*)$$

显然,投资者选择哪种投资方式,取决于二者的收益率大小。如果 $1+i<\frac{f}{e}(1+i^*)$,则投资者会选择投资于外国金融市场,这样外汇市场上会出现即期购买外币增多、远期卖出外币增多的现象,从而本币即期将贬值(e 增大),远期将升值(f 减小),则投资于外国的收益率将下降。这样不断地套利最终导致两种投资方式的收益率完全相同(套利机会不再存在),市场上处于平衡状态,利率和汇率间形成下列关系:

$$1+i=\frac{f}{e}(1+i^*) \tag{5-9}$$

整理得

$$\frac{f}{e}=\frac{1+i}{1+i^*} \tag{5-10}$$

假设即期汇率和远期汇率之间的升贴水率为 ρ,即:

$$\rho=(f-e)/e \tag{5-11}$$

则

$$\rho=\frac{f-e}{e}=\frac{1+i-(1+i^*)}{1+i^*}=\frac{i-i^*}{1+i^*} \tag{5-12}$$

即

$$\rho+\rho i^*=i-i^* \tag{5-13}$$

由于 ρ 及 i^* 均是很小的数值,所以它们的求积 ρi^* 可以忽略,得到:

$$\rho=i-i^* \tag{5-14}$$

式(5-14)即抛补利率平价的一般形式。它的经济含义是:汇率的远期升贴水率等于两国货币利率之差。如果本国利率高于外国利率,本币将在远期贬值;如果本国利率低于外国利率,本币将在远期升值。这就是说,远期差价是由各国利率差异决定的,并且高利率货币在外汇市场上表现为贴水,低利率货币在外汇市场上表现为升水。也就是说,汇率的变动会抵消两国间的利率差异,从而使金融市场处于平衡状态。

（二）非抛补利率平价（Uncovered Interest-rate Parity，UIP）理论

假定投资者风险中立，则其投资策略是根据自己对未来汇率变动的预期计算预期收益，在承担一定的汇率风险情况下进行投资活动。如果预期一年后的汇率为 Ee_f，则套利活动的结果为下式成立：

$$1+i=\frac{Ee_f}{e}(1+i^*) \tag{5-15}$$

假定 E_ρ 表示预期的远期汇率变动率，对之进行与抛补利率平价推导中类似的整理，得：

$$E_\rho=i-i^* \tag{5-16}$$

式（5-16）即为非抛补利率平价的一般形式。它的经济含义是：预期的汇率远期变动率等于两国货币利率之差。在非抛补利率平价成立时，一方面，如果本国利率高于外国利率，则意味着市场预期本币在远期将贬值，如果本国利率低于外国利率，意味着市场预期本币在远期将升值；另一方面，如果本国政府提高利率，则当市场预期未来的即期汇率不变时，本币的即期汇率将升值，反之，则反是。

（三）抛补利率平价与非抛补利率平价的统一

在前文的分析中，抛补与非抛补利率平价的成立分别是由两种类型的套利活动实现的。在外汇市场上，还存在着另外一种交易者——投机者，他们的投机活动使以上两种利率平价统一起来，对远期汇率的形成起到了决定性的作用。我们将对投机者在远期汇率决定中的作用进行详细的分析。

投机者总是试图在汇率的变动中谋利，当预期的未来汇率与相应的远期汇率不一致时，投机者就认为有谋利的机会了。我们假定 $Ee_f>f$，这意味着投机者认为远期汇率高估了未来本币的价值，因此他将购买远期外汇，这样在期满后，汇率变动到预期水平时（$Ee_f=f$），将远期合约进行交割时获得的外币以这一预期汇率水平 Ee_f 卖出，从而获得这一差价（Ee_f-f）所形成的利润。投机者在远期市场的交易将会使 f 值增大，直至与预期的未来汇率相等时为止。可见，投机者的活动将使远期汇率完全由预期的未来汇率所确定，此时抛补利率平价与非抛补利率平价同时成立，即：

$$f=Ee_f,\ \rho=E_\rho=i-i^* \tag{5-17}$$

将抛补利率平价与非抛补利率平价结合起来，式（5-17）还揭示了一个重要命题：远期汇率是未来即期汇率的无偏预测（Unbiased Predictor）。外汇市场对未来即期汇率的预测值是一个主观指标，人们往往不易直接观察到，但远期汇率却是一个客观指标，人们可以将远期汇率作为相对应的未来即期汇率预测值的替代物。如 90 天期的远期汇率就代表着外汇市场对 3 个月后的即期汇率的预测。当然，3 个月后，即期汇率的实际值会与以前的 90 天期远期汇率不同。但作为一种“无偏预测”，当前 90 天期的远期汇率是对 3 个月后即期汇率值的最好预测。从目前来看，3 个月后即期汇率对当前 90 天期远期汇率的向上和向下偏离的概率是一样的。

式（5-17）实际上也是远期外汇投机的均衡条件。如果 $f<Ee_f$，投资者将会按照价格 f 购买远期外汇，因为他们预期能够按照较高的预期价格 Ee_f 出售他们将会获得的这笔外汇。同样，如果 $f>Ee_f$，投资者则会按照价格 f 卖出远期外汇，希望在远期合约到期时以较低的预期价格 Ee_f 买进相应外汇轧平。

式(5-17)成立的前提条件主要是:投资者为风险中立者。显然,如果投资者是风险厌恶者,那么,远期汇率就是未来即期汇率的有偏预测(Biased Predictor)。在这种情况下,Ee_f-f 可以看成是对风险补贴的衡量。

(四)利率平价理论的评价

1.利率平价理论的优点

(1)利率平价理论指出了汇率与利率之间存在的密切关系,这对于正确认识外汇市场上,尤其是资金流动非常频繁的外汇市场上汇率的形成机制是非常重要的。

(2)抛补的利率平价被作为指导公式广泛运用于外汇银行对远期汇率的确定。

(3)为中央银行对外汇市场进行灵活的调节指出了一条有效的途径,即培育一个发达的、有效率的货币市场,在货币市场上利用利率尤其是短期利率的变动来对汇率进行调节。

2.利率平价理论的缺点

(1)利率平价的实现依据是国际金融市场上的"一价定律",但现实中,不仅完善的外汇市场没有普遍存在,而且许多国家实际对外汇实行管制并对资本流动进行限制。"一价定律"的先决条件是:①有效的且处于完全自由竞争状态的外汇市场。即需要一个有组织的即期和远期外汇市场,市场的信息能够非常有效地流通,从而消除可能出现的机会利润;②无市场壁垒,资本在国际的流动不受任何限制;③交易成本很低或可以基本忽略不计。

(2)利率平价理论没有考虑交易成本。然而,交易成本却是很重要的因素。如果各种交易成本过高,就会影响套利理论收益,从而影响汇率与利率的关系。如果考虑交易成本,国际的抛补套利活动在达到利率平价之前就会停止。

(3)利率平价理论假定不存在资本流动障碍,假定资金能顺利、不受限制地在国际流动。但实际上,资金在国际流动会受到外汇管制和外汇市场不发达等因素的阻碍。目前,只有在少数的国际金融中心才存在完善的期汇市场。

(4)利率平价理论还假定套利资金规模是无限的,故套利者能不断进行抛补套利,直到利率平价生成,而这一假定也不符合实际。

三、资产分析法

20世纪70年代中期以后,资产分析法逐渐发展为一种重要的汇率决定理论。由于这时国际资本流动获得了高度的发展,研究汇率决定理论的重点从国际收支流量的均衡转移到了资产市场的均衡。

资产分析法的基本思想是:一国金融市场供求存量失衡时,市场均衡的恢复不仅可以通过国内商品市场的调整来完成,在各国资产具有完全流动性的条件下,还能通过国内外(金融)资产市场的调整来完成。作为两国资产的相对价格,汇率的变动无疑有助于资产市场均衡的恢复,从而消除资产市场的超额供给或超额需求。两国资产市场供求保持均衡时,其货币之间的相对价格即均衡汇率。

资产分析法采用的是一般均衡分析法。它将商品市场、货币市场和证券市场联系起来分析汇率的决定。基于国际商品和资本流动的高度发展,国内外这六个市场的相互作用和联系程度大大加强。但是,国内外商品之间和资产之间有一个替代程度的问题。在一个国家的三种市场之间，则有一个在受到冲击后进行均衡调整的速度快慢对比问题。因此，对替代程度和调整速度的不同假设，就引出了各种不同的资产分析法的模型。

（一）汇率的货币理论（Monetary Approach to Exchange Rate）

汇率的货币理论强调货币市场均衡对汇率变动的作用，假定国内和国外资产完全替代，而非抛补利率平价始终成立。一国货币市场失衡后，国内商品市场和证券市场会同时受到冲击，在国内外市场紧密联系的情况下，国际商品套购机制和资本套利机制就会发生作用。在这个过程中，汇率就会发生变化，以符合货币市场恢复均衡的要求。但是，在调整过程中，是国际商品套购机制还是资本套利机制发挥作用，将取决于两个市场的调整速度对比。弹性价格货币论的模型假定商品市场与证券市场一样能迅速、灵敏地加以调整，在货币供给对利率的收入价格效应①发生作用，抵消流动性效应对利率影响的情况下，货币市场失衡将带来价格的变化，而不会导致利率的变化，由此，国际商品套购机制而非资本套利机制在发生作用。而粘性价格或汇率超调模型则假定证券市场的反应要比商品市场灵敏得多，故短期内由利率和汇率的变动，而不是价格和汇率的变动来恢复货币市场均衡。该理论的一个经典表述是粘性价格货币模型（Sticky Price Monetary Approach），即由美国麻省理工学院教授鲁迪格·多恩布什（Rudiger Dornbusch）于 1976 年提出的汇率超调模型（Overshooting Model）。

多恩布什认为，货币市场失衡后，商品市场价格具有粘性，并不能迅速调整，而证券市场反应极其灵敏，利息率将立即发生调整，使货币市场恢复均衡。正是由于价格短期粘住不动，货币市场恢复均衡完全由证券市场来承受，利息率在短时期内就必然超调，即调整的幅度要超出其新的长期均衡水平。如果资本在国际可自由流动，利息率的变动就会引起大量的套利活动，由此带来汇率的立即变动。与利息率的超调相适应，汇率的变动幅度也会超过新的长期均衡水平，亦即出现超调的特征。这是汇率超调模型的基本结论。

多恩布什关于汇率动态调整的具体分析可作如下表述：货币市场出现失衡（如由于货币供应量的扩张）后，由于短期内价格粘住不变，实际货币供应量就会增加，要使货币市场恢复均衡，人们对实际货币余额的需求就必然增加。实际货币需求是国民收入和利息率的函数。在国民收入短期内难以增加而保持不变的情形下，利息率就会下降，使人们愿意拥有所增加的实际货币余额。在各国资产具有完全流动性和替代性的情况下，利息率下降就会引起资金外流，产生套利活动，由此导致外汇汇率上升或本国货币贬值。

然而，外汇汇率并不会永久高居在这一短期均衡水平，而会逐渐回落，出现与最初反方向的变化。这时，商品市场并没有处于均衡状态，而是处于超额需求状态，这是因为：利息率下降会刺激总需求；外汇汇率上升使世界商品市场偏离一价定律，产生商品套购机会，由此使世界需求移向本国商品，从而也带来总需求的上升。在产量不变的情况下，这两个渠道通过商品市场的超额需求，最终将引起价格的同比例上升。在价格上升的过程中，实际货币供应量相应地逐渐下降，带来利息率的回升，结果是资本内流和外汇汇率的下降，或本币升值。由此，价格、利率和汇率相互作用下去，直到汇率达到弹性价格模型（实际上也就是购买力平价说）所说明的长期均衡水平上。最终来看，货币扩张所引起的仅仅是价格、汇率等名义变量的同幅度上升，而实际变量如实际汇率、实

① 在货币理论中，货币供给变化对利率的影响有流动性效应、收入价格效应和费雪效应。

际货币供应量等则恢复到最初的水平。

货币市场失衡后的动态调整过程如图 5-1 所示。图中横轴表示时间 t,纵轴在(a)(b)(c)(d)各分图中分别表示货币供应量 M、直接标价法的汇率 e、价格水平 P 和利率水平 i,以指数形式表示。在起始长期均衡状态,国内货币供应量为 M_1,相应的均衡价格水平为 p_1,利率水平为 i_1,与国外利率 i_f 相等,均衡汇率水平为 e_1,购买力平价存在,也没有升值或贬值的预期。假设在时间 t_1,货币当局将国内货币供应量提高到 M_2,其他条件不变。此时,长期均衡价格水平应提高到 p_2,形成新的购买力平价,但是在短期,商品劳务市场价格粘性,不能立即调整到位。相反在资本市场,调整是立即的,货币供应量提高后,由于价格粘性,过多的货币余额使利率下降到 i_2,低于国外利率 i_f,引起资本外流。同时由于 $i_2<i_f$,套利机制也要求本币远期升值,所以短期汇率水平必然超调到 e',超过长期均衡汇率 e_2 的水平。

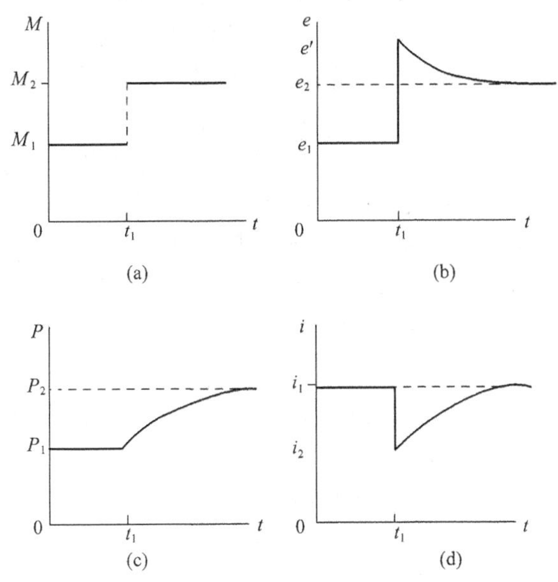

图 5-1 货币市场失衡后的动态调整过程

短期冲击后,汇率、价格、利率机制在长期因素作用下继续调整。利率下降和本币贬值使总需求扩张,由于产量不变,则价格缓慢上升。同时,贬值导致外国对本国产品需求增加以及国内外利差缩小,在套利机制作用下,使本币有所升值。另外,价格的上升使货币需求上升,导致利率水平相应提高。调整结束时,与货币供应量 M_2 相应,价格为 p_2,利率为 i_1,汇率为 e_2,长期均衡再度恢复。

(二)资产组合平衡说(Portfolio Balance Model)

1.资产组合平衡模式的基本思想

布朗逊(W.Branson)、库礼(P.Kouri)等学者认为,汇率货币论仅仅强调货币市场均衡在汇率决定中的作用,未免过于片面。更重要的是,货币论关于各国资产具有完全替代性的假设过于严格。因此,他们主张用"收益—风险"分析法取代通过套利和商品套购机制的分析法,来探讨国内外资产市场(包括货币和证券市场)的失衡对汇率的影响。他们接受了多恩布什关于短期内价格粘性的看法,因此,在他们的模型中,短期内货币市场的失衡是通过国内外资产市场的迅速调整来加以消除的,而汇率正是使资产市场供求存量保持和恢复均衡的关键变量,这是资产组合平衡模式的基本思想。

托宾的“资产组合选择理论”的中心论点是,理性的投资者会将其拥有的财富,按照其对收益与风险的权衡,配置于各种可供选择的资产上。在各国资产具有完全流动性的情况下,一国居民所持有的金融资产不仅包括本国货币和本国债券,还有外国货币和外国债券,后两者合称国外资产。一国私人部门(包括个人居民、企业和银行)的财富持有可用以下方程式表示:

$$W=M+N_P+e\cdot F_P \tag{5-18}$$

式(5-18)中,W,M,N_P,e,F_P 分别表示私人部门持有的财富净额、本国货币基础、本币债券、汇率(以本币表示的外币价格)和国外资产。

需要进一步说明的是:①私人部门持有的各种资产形式是以其净资产额(资产与负债的差额)来表示的。本国货币供应量中,尽管银行存款是个人和企业的资产,但却是银行的负债,因此,整个私人部门以本国货币形式持有的财富额(M)应该是货币基础,即对中央银行所持有的资产。同样的,私人部门以本币债券形式持有的财富额(N_P)应是政府债券持有额,以国外资产形式持有的财富额(F_P)为对外资产和负债的差额。另外,F_P 应折算为本国货币表示,才能与其他用本国货币表示的资产汇总相加。②进一步来看,$N_P=N-N_C$,即私人部门的政府债券持有额为政府债券总额(N)减去中央银行持有的部分(N_C),而政府赤字决定 N 的累积额(变动额);$F_P=F-R$,即私人部门的对外资产净额为一国对外资产净额(F)减去中央银行持有的部分即外汇储备 R;$M=N_C+R$,即本国货币基础源于中央银行持有的政府债券和外汇储备两部分,也就是说,M 是中央银行通过向私人部门买卖 N 和 F 来控制的。

那么,对于财富总额,私人部门又会如何在本国货币、本国证券与国外资产之间进行比例分配呢?这显然取决于各类资产的预期收益率高低。本国货币的预期收益率为零,本国证券的预期收益率就是国内利息率(i),而国外资产的预期收益率是国外利息率(i_f)加预期货币贬值率(π_e)。各种资产的比例应与本身的预期收益率成正比,与其他替代性资产的预期收益率成反比。因此,私人部门资产组合中各种资产的比例分配将随国内外各种资产的预期收益率的变动而发生调整。这可用以下方程式来表示:

$$M=\alpha(i,i_f,\pi_e)W \tag{5-19}$$

$$N_p=\beta(i,i_f,\pi_e)W \tag{5-20}$$

$$eF_p=\gamma(i,i_f,\pi_e)W \tag{5-21}$$

$$\alpha+\beta+\gamma=1 \tag{5-22}$$

式(5.22)中,α,β,γ 分别表示私人部门愿意以本国货币、本国证券和国外资产形式所持有的财富比例。当各种资产供给量发生变动,或者当各种资产的预期收益率发生变动时,私人部门实际的资产组合比例将偏离其意愿的资产组合比例,即原有的资产组合平衡被打破,或者说资产市场供求存量发生失衡。这样,私人部门就会对现有的资产组合进行调整,以使资产组合符合意愿水平,恢复资产市场均衡。在国内、外资产之间进行调整的过程中,本国资产与外国资产之间的替换就会引起外汇供求流量的变化,从而带来汇率的变化。汇率的变动通过影响私人部门对财富的重新估价(因为汇率 e 的变动影响以本国货币表示的国外资产额 eF_p),起着平衡资产供求存量的作用。均衡汇率正是使私人部门按其意愿持有现有国内外各种资产存量组合的汇率水平。

2.资产市场的各种失衡影响汇率变动的途径

资产市场的各种失衡影响汇率变动的途径如下：

第一，当外国资产市场失衡致使外国利息率上升时，γ 就会提高，而 α、β 则会相应下降。这样，在原先的资产组合上，本国货币和债券就会出现超额供给，而国外净资产(F_p)则出现超额需求，当公众重新平衡其资产组合时，就会拿本国货币和债券去换国外资产，由此导致外汇汇率上升，使国外净资产额(eF_p)上升，直到资产组合重新符合公众意愿。反之，当外国利息率下降而引起公众资产组合调整时，汇率就会下降。

第二，当一国经常账户出现盈余时，私人部门持有的净国外资产(F_p)就会增加，这样就使 F_p/W 大于意愿比率 γ。在重新平衡资产组合时，人们就会拿超额的净外汇资产去换本国货币和债券，结果是汇率下降，直到净国外资产额(eF_p)等于公众意愿持有额。反之，当经常账户赤字时，F_p 就会下降，要求汇率 e 上升，使 eF_p 回到原先水平。

第三，当一国出现财政赤字而发行政府债券时，本国债券(N)就相应增加。在政府向中央银行出售债券的情况下，N_C 的增加会导致 M 的增加，致使公众拿出新增的一部分货币去换本国债券和国外资产。对国外资产的需求增加，就会引起汇率的提高。但如果政府债券由私人部门认购，那么 N_P 就会增加。一方面，N_P 的增加提高了私人部门的财富总额，由此使得 F 的需求增加，促使汇率提高；但另一方面，由于债券供给增加提高了本国利息率，会诱使公众将一部分对资产的需求由 F 转向 N，由此又造成汇率下降。净影响取决于国外资产的需求财富弹性与国外资产对本国利率的交叉弹性大小的对比。

第四，当中央银行通过购入政府债券来增加货币供给时，私人部门就会发现本国货币供过于求，而债券却供不应求。当他们用超额货币去交换本国债券时，利率就会下降，这样对国外资产的需求就会扩大，从而导致汇率上升。当中央银行通过购入国外资产来增加货币供给时，本国货币就会供过于求，国外资产就会供不应求，从而引起居民拿本国货币去交换国外资产，同样也导致利率下降和汇率上升。反之，当中央银行减少货币供给时，则造成利率上升和汇率下降。

第五，当各种因素引起私人部门预期汇率将上升或下降时，他们就会愿意提高或降低 γ，相应降低或提高 α 和 β。当重新平衡资产组合时，人们就会用本国货币和债券去换国外资产，或用国外资产去换本国货币和债券，由此导致外汇汇率上升或下降。汇率变动后，以本币表示的国外资产额(eF_p)就会调整到与新的需求额相一致的水平。

至此，资产组合平衡模型关于外国利息率、各种国内外资产存量变动及汇率预期对汇率的影响的比较静态分析可以概括为：

$$e=e(\overset{+}{i_f},\overset{\pm}{N},\overset{+}{M},\overset{-}{F},\overset{+}{\pi_e}) \tag{5-23}$$

式(5-23)中，各项因变量上方的“+”和/或“-”表示汇率与所指因变量成同方向或反方向变化。

需要注意的是，以上分析都是短期汇率均衡分析，对于汇率如何由短期均衡过渡到长期均衡，这里不予叙述。

(三)资本组合分析法和货币分析法的区别

第一，国内外资产替代方面。货币分析法假定它们是完全可以替代的，而资产组合分析法则认为不同资产之间虽然存在高度替代性,但由于利益和风险不同,它们不能完全替代,只能进行相应的资产组合。

第二,非抛补利率平价条件是否成立。货币分析法认为其成立,而在资产组合分析法中,则需加入风险溢价因素才成立。原因在于外汇市场的风险使得投资者在资产组合投资时,必须考虑规避风险。

第三,汇率决定方面。货币分析法认为,汇率是由两国相对货币供求所决定的;而资产组合分析法认为,汇率是由所有的金融资产存量结构平衡决定的,原因在于有价债券与货币之间较好的替代性使得有价债券影响了货币的供求存量。

第四,国际收支的影响。货币分析法没有考虑国际收支对汇率决定的影响;而资产组合分析法则认为,国际收支中经常项目是影响汇率变动的重要因素。

(四)资产分析法的评价

资产市场理论与传统的汇率决定理论不同,它将汇率看成资产价格,强调了金融资产市场在汇率决定中的重要作用,使理论研究更加贴近经济现实。

第一,该理论认为汇率可以看成货币现象,它的波动与股票和债券的价格变化具有相同的特征,同时也会受到实际(非货币)因素的影响,而这一影响必须通过货币需求的变化才能影响汇率。

第二,第一次正式将存量分析方法引入汇率决定理论中,同时结合流量分析方法,这对传统单一的流量分析是一个重大突破。从理论上说,资产市场的均衡状态为资产供给与需求的存量相等,而资产的流动反映了资产市场供求的暂时不平衡。在一国外汇市场或金融市场失衡时,在各国资产具有完全流动性条件下,资产存量的变化可以有效地调节外汇市场或金融市场,只有各国资产市场处于均衡状态时的汇率才是均衡汇率。

存量方法的应用使得该理论比较好地解释了汇率的易变性或波动的原因,并逐渐成为占据主导地位的汇率理论,并直接为西方国家政府的宏观经济政策提供理论依据。

第三,资产市场分析法体现的是一般均衡分析,即强调本国和外国的商品市场、外汇市场和债券市场联系在一起的整个经济来进行汇率决定的分析。一般均衡分析法克服了传统理论局部均衡分析的局限性和片面性,因而能对现实汇率做出一定的解释,是汇率决定理论的飞跃。

尽管资本市场理论存在不同方向的研究,但它们在基本分析方法上和基本理论思想上是一致的,在现代汇率理论研究中有着不可替代的地位。

阅读拓展

汇率决定理论的最新发展①

20 世纪 90 年代以来,在传统的汇率决定理论的宏观结构模型中被作为假设前提

① 资料来源:陈雨露,侯杰:"汇率决定理论的新近发展:文献综述",《当代经济科学》,2005(5)。秦雪晋:"汇率决定理论新发展",《知识经济》,2013(22)。

或被认为是不重要的细节而忽略的方面逐渐进入了研究的视野,形成了一些新的发展方向。以下三个方向一起,共同演绎了当前汇率决定理论的最新突破和发展。

一、具有微观基础的汇率宏观经济分析方法

一些研究者认为,汇率更大程度上可以看作是人们根据自己的消费方式选择内外资产的结果,经济主体的行为及其影响因素等微观基础在宏观经济变量发生变化过程中起着重要的作用,因此,在对其的研究中不能忽略。基于这种观点,就形成了具有微观基础的汇率宏观经济分析方法,而这一分析方法又是后来被统称为新开放经济宏观经济学的重要内容和组成部分。

在这一方向的研究中,1995 年,Obstfeld & Rogoff 在《政治经济学杂志》上发表了题为《汇率动态学的回归》的文章,将名义价格刚性和不完全竞争引入分析,建立了一个具有坚实微观基础的宏、微观一致的汇率模型,标志着新开放经济宏观经济学的创立。此后,建立在宏、微观一致分析基础上的汇率研究迅速发展起来,在 Obstfeld & Rogoff (1995)具有划时代意义的宏、微观一致基本模型(以下简称 OR 模型)基础上,很多学者在不同的方面对汇率理论进行了发展。由于这一方面的发展引入了微观基础对原有的宏观分析方法进行补充,使得新的分析框架下对汇率的分析更加贴近实际。不过,这一方面目前仍缺乏成功的经验研究的支撑。

二、汇率决定的微观结构分析

面对原有资产市场分析法宏观结构模型与现实存在的矛盾,一些学者从外汇市场参与者的行为和市场特征等市场微观结构角度来研究和解释汇率,形成了汇率决定的微观结构分析。以下将以这几个方面为线索对这一方向的主要研究成果进行介绍。

首先,从信息这一线索来看,原有汇率理论认为只有公开信息才与汇率变化有关,无视私有信息及其集合的过程对汇率变动的重要影响。微观结构理论则跳过了传统理论中宏观经济变量对汇率影响的分析过程,认为外汇市场的订单流(orderflow)和做市商报出的买卖价差这两个关键的微观金融指标才是传递和反映私有信息的核心工具(Ly2ons,2001)。

其次,从市场参与者的异质性这一线索来看,最为基础的问题,就是市场参与者及其预期是否具有异质性。Frankel & Froot(1990)指出,外汇市场既有基本因素分析者,也有按照历史数据来分析的技术分析者以及按照其他一些噪声信息来预测汇率的噪声交易者,这从 Taylor & Allen(1992)对伦敦外汇市场主要交易商进行的问卷调查和 Shiller 在 1987 年股灾发生的那个星期所做的著名的问卷调查中都可以清楚地看出。

近些年来,外汇市场微观结构分析在解释汇率变动的机理方面取得了相当的成就,对现实的汇率运动和很多宏观结构汇率理论无法解释的汇率现象都能够提供较好的解释,并且在经验分析上也取得了令人满意的结果,但是,汇率决定的微观结构分析也存在着很多局限性有待克服,要建立一套统一的理论分析体系还有很长的路要走。

三、内外均衡时的均衡汇率情况

均衡汇率理论最早由威廉姆森(Williamson,1983)提出基本要素均衡汇率的概念并发展出均衡汇率的测算方法。均衡汇率表示的经济均衡,指内外均衡,即内部实现充分就业和低通胀率,外部国际收支平衡。主要分为以下四种情况。

(1)基本要素均衡汇率理论(FEER)。该理论最早是由威廉姆森(Williamson,

1983,1994)提出并推广使用。FEER表明它所得到的均衡汇率主要取决于那些决定中长期均衡的变量,而不是取决于那些短期和暂时均衡的变量。FEER将资本账户与经常账户的总和作为判断国际收支平衡的标准,认为宏观经济均衡的核心是经常账户和资本账户之和为零。

(2)行为均衡汇率理论(BEER)。克拉克(Clark)和麦克唐纳德(Madonald)(1998)发展出一种简约方程理论方法,BEER定义为,均衡汇率为实际有效汇率,与宏观经济均衡相一致,一般解释为当经济处于充分就业和低通货膨胀时,反映了潜在的和期望的净资本流动。

(3)自然均衡汇率理论(NATREX)。由斯坦(Stein,1994)在回答美元汇率失调以及每股经常账户赤字原因时提出,MATREX定义为在不考虑周期性的、投机性的因素时,失业率处于自然失业率时的汇率水平,中期和长期汇率的相互作用是NATREX的一个重要研究创举。

(4)实际均衡汇率理论(ERER)。由爱德华兹(Edwards,1989)提出。ERER模型主要是针对发展中国家均衡汇率问题的。艾奥巴达维(Elbadawi,1994)构造了一个带有线性理性长期预期的ERER模型,连接资金流动与预期实际贬值,使该模型更加完善。

四、混沌模型

混沌模型是从突破性的非线性的角度研究汇率决定问题,并假定市场参与者和预期是异质的,同时引入自然科学的方法。最具代表性的是比利时经济学家De Grauwe和Dewachter(1992,1993),他们将基本模型进行扩展,融入多恩布什的粘性价格模型,从而使模型的基本经济变量具有现实性。在设定不同参数组合下,研究汇率的表现行为,发现在某些参数组合下,得到了混沌的典型特征——奇异吸引子和对初始条件的敏感性,因而汇率行为遵循混沌。

中外用此方法也进行了大量的实证检验,混沌首先被发现存在与西班牙货币比塞塔和美元的汇率中(Oscar,Rubio,1992)。杜朝运和陈少龙(2010)运用De Grauwe基本模型和加入多恩布什的扩展模型检验2000年1月到2007年7月的数据发现,汇率决定的混沌模型所描述的汇率波动呈现出一定的随机性。这种随机性完全由确定的汇率混沌模型所产生。

第二节　国际货币市场的有效性

一、有效市场理论

如果资本市场的价格“充分反映”了可利用的信息,我们就说资本市场是有效的。当市场满足这一条件时,市场参与者不可能凭借可利用信息赚取经济利润(即超额利润或经风险调整的利润)。这一经典定义是由尤金·法马正式提出的,它既可应用于资本市场,也可应用于其他资产市场,如外汇市场。

从定义表述来看，这个定义过于概括以至于无法进行经验检验。我们需要对“充分反映”和“可利用信息”这两个术语的含义给出实质性的内容。

（一）均衡基准的定义

“充分反映”这个术语隐含着一个均衡模型（或基准）的存在，该模型既可以以均衡价格来表述，也可以以均衡的预期收益来表述。在一个有效市场中，我们期望实际的价格与其均衡价值“相一致”，实际的收益与其均衡的期望值“相一致”。在外汇市场中，价格即为汇率。

市场有效性理论给出了不同市场有效性的定性分类。要使市场有效性理论可进行定量检验，就必须明确刻画出价格序列的形成过程，这一工作的一个代表性研究是法马做出的。法马对有效市场假说给出了如下的模型定义：

$$E(P_{j,t+1} \mid \Phi_t)=[1+E(R_{j,t+1} \mid \Phi_t)]P_{j,t} \tag{5-24}$$

式中：$P_{j,t+1}$——货币 j 在 $t+1$ 时刻的价格；

Φ_t——t 时刻的信息集；

$E(P_{j,t+1} \mid \Phi_t)$——一个条件期望；

$R_{j,t+1}$——证券 j 在 $t+1$ 时刻的收益率，$R_{j,t+1}=(P_{j,t+1}-P_{j,t})/P_{j,t}$。

方程（5-24）即我们研究市场有效性的基础模型。

如果市场是有效的，则投资者利用已知的信息集 Φ_t 将不可能获得超额期望收益，即超额期望收益为零。用方程表示为：

$$E(R_{t+1} \mid \Phi_t)=0 \tag{5-25}$$

由式 5-25 可得：

$$E(P_{t+1} \mid \Phi_t)=P_t \tag{5-26}$$

即利用历史信息 Φ_t 估计未来价格 P_{t+1} 的期望值，其结果只能是当前价格——当前价格已经包含所有的历史信息。这就是市场有效性理论的模型化表述。

根据方程（5.25），随机游走模型假定价格序列的改变量相互独立，且具有相同的分布，其分布可以表示为：

$$f(P_{j,t+1} \mid \Phi_t)=f(P_{j,t+1}) \tag{5-27}$$

即货币 j 在 $t+1$ 时期的价格在给定的信息集下，只与其 $t+1$ 时期的价格相关，或者说，与 t 期价格的相关系数为 0。

根据上述假设，随机游走模型的一般表述为：

$$P_t=P_{t-1}+\varepsilon \tag{5-28}$$

如果实证检验证明 t 期的价格与 $t-1$ 期的价格之间的相关系数为 0，则说明市场是有效的，或者至少是半强式有效的。

（二）定义可利用信息集合

根据信息集合，市场有效性通常分为三种类型，它们是：①弱式，在这种类型中，当前价格反映了历史价格序列的所有信息；②半强式，在这种类型中，当前价格反映了所有公开的可利用信息；③强式，在这种类型中，当前价格充分反映了所有可利用的信息，包括独占的信息和内部的信息。

1970 年法马引入了这些术语，后来他在对市场有效性原始考察的接续研究中提出了分类方法：

第一,收益可预测性的检验,表示该研究是检验收益能否通过历史价格或基本变量的历史信息进行预测。

第二,事件研究,表示该研究是检验价格如何对公开信息做出反应。

第三,对私人信息的检验,表示该研究是考察特定投资者是否拥有市场价格中没有包含的信息。

同时,法马认为新的术语可以更好地描述验证工作,并且与常用方法相一致。这并没有否认规定信息集合的重要性。

二、外汇市场有效性的验证

有效市场假说是汇率决定理论中的一个核心内容。在有效的外汇市场,汇率反映了所有可获得的信息。当市场弱势有效时,汇率的当前水平反映了它过去走势所包含的一切信息,而市场的弱势有效对技术分析的可靠性和有用性提出了质疑;当市场半强势有效时,汇率的水平反映了所有可获得的公共信息,且在这种情况下,对影响汇率基本因素的研究不能帮助我们预测汇率的走势;当市场强势有效时,汇率的水平反映了所有可获得的信息,包括私人信息和内幕信息,通常认为,这个层次的有效不适用于外汇市场。由此可以看出,对政府决策来说,如果外汇市场是有效的,那么政府的干预即使有效,也只能取得很小的效果,因为影响汇率的宏观经济变量信息已包含在汇率水平当中了。所以,对外汇市场的有效性检验不仅是一个理论问题,而且是一个影响政府经济、金融决策的重要现实问题。

外汇市场的有效市场假说是指,在资本自由流动和没有交易成本的情况下,对一个有效的外汇市场而言,汇率能充分反映所有相关和可能得到的信息,投资者不可能通过外汇买卖赚取超额利润。有效市场假说实际上包含两个核心的假设条件:

第一,市场投资者是理性预期的。不管投资者采用什么方法对未来汇率进行预测,投资者的主观预期与以一组包含所有可公开得到的信息为条件的下一个时期的数学期望值相同,即平均来说,市场是理性的。用公式表示为:

$$s_{t+1}^{e}=E(s_{t+1}/I_{t}) \quad 或 \quad s_{t+1}=s_{t+1}^{e}+u_{t+1} \tag{5-29}$$

式中:s_{t+1}——未来即期汇率,更确切地说,是 $t+1$ 时刻一种货币与另一种货币的即时交换比率;

s_{t+1}^{e}——预期的即期汇率,即投资者在目前 t 时刻预期在 $t+1$ 时刻将支配市场的即期汇率。

从上式可以看出,理性预期的均衡没有系统的预测误差,汇率变动是随机的,未来即期汇率 s_{t+1} 和预期的即期汇率 s_{t+1}^{e} 之间只相差一个随机扰动项 u_{t+1}。

第二,投资者是风险中性的。如果他们厌恶风险或偏好风险,则资金的流动将在预期的即期汇率等于远期汇率实现之前就停止。用公式表示为:

$$s_{t+1}^{e}=f_{t} \tag{5-30}$$

式中:f_t——t 时刻的远期汇率,即在 t 时刻约定的在一段时间以后($t+1$ 时刻)进行货币交易的合同中使用的汇率。

由于是理性预期,投资者不会犯系统性错误,将上述两式代换变形后得到:

$$s_{t+1}=f_{t}+u_{t+1} \tag{5-31}$$

式(5-31)表明,未来即期汇率 s_{t+1} 应该等于远期汇率 f_t 加上随机扰动项 u_{t+1}。远期汇率应该是未来实际汇率的无偏估计,即平均来说,用远期汇率预测下个时期的即期汇率是正确的。因此,把风险中性条件下的市场有效性称为无偏性假设。

如果投资者是厌恶风险的,那么远期汇率就等于预期的即期汇率和风险补贴之和,用公式表示为:

$$f_t = p_t + s_{t+1}^e \tag{5-32}$$

式中:p_t——t 时刻的风险补贴。

假定风险补贴等于一个常数 a 加上随机扰动项 e_t,取 $p_t = a + e_t$,得到:

$$s_{t+1} = -a + f_t + (u_{t+1} - e_t) \tag{5-33}$$

可以看出,在投资者厌恶风险时,远期汇率是未来即期汇率的估计。可以建立下面的计量模型来估计:

$$s_{t+1} = a_0 + a_1 f_t + E_{t+1}$$

其中:

$$E_{t+1} = u_{t+1} - e_t \tag{5-34}$$

如果投资者是风险中性的,市场有效意味着 $a_0 = 0$,$a_1 = 1$,预测误差 E_{t+1} 是序列无关的,且和信息集是正交的,即 $E(s_{t+1}/I_t) = 0$。如果此条件满足,则远期汇率就是预测未来即期汇率的优良指标。但如果投资者是厌恶风险的,则 a_0 显著不等于零,而和 f_t 相关的误差项将导致 a_1 是有偏的和不一致的估计。

如果市场是有效的,除了满足风险中性条件下的无偏性假设,还应满足正交性假设,即预测误差(未来即期汇率与远期汇率之差)不具有序列相关性。这是因为在一个有效的市场上,投资者无法利用预测误差来获取超额利润。因此,预测误差与其滞后项不相关,可建立回归模型:

$$s_{t+1} - f_t = a_0 + a_i \sum_{i=1}^{\infty} (s_{t+1-i} - f_{t-i}) + u_{t+1} \tag{5-35}$$

当有效性成立时,式(5-35)中的常数项和所有的滞后项系数都等于零,u_{t+1} 是白噪声。这实际上是对外汇市场的弱势有效性检验,因为信息集里只包含汇率的过去水平。

在现实中,外汇市场的有效性假说是否成立,应利用实际的数据和相应的模型来进行必要的检验。目前我国内地的外汇市场尚未完全开放,不适合进行市场有效性检验。因此,相关研究多利用中国香港外汇市场的有关数据来进行实证分析。香港外汇市场是 20 世纪 70 年代发展起来的国际性外汇市场,市场参与者主要是商业银行和财务公司。香港汇率制度实行的是货币局制度下的联系汇率制,其资本项目完全开放。由于香港外汇市场是全球五大外汇市场之一,它对稳定全球金融市场、促进世界经济的发展都起到了积极的作用,因此,研究香港外汇市场的有效性本身也是十分重要的。

本章小结

1.购买力平价理论的基本思想是:货币的价值在于其具有的购买力,因此,不同货币之间的兑换比率取决于它们各自具有的购买力的对比,也就是汇率与各国的价格水平之间具有直接的联系。我们对汇率与价格水平之间关系的分析以某一商品在不同国家的价格之间存在的联系为起点。

2.利率平价理论说明了汇率与利率之间的关系。汇率与物价之间的关系通过国际商品套购来实现,反映了国际贸易对于汇率决定的作用;而汇率与利率的关系则通过国际资金套利来实现,反映了国际资本流动对于汇率的决定作用。

3.抛补利率平价的经济含义是:汇率的远期升贴水率等于两国货币利率差。如果本国利率高于外国利率,本币在远期将贬值;如果本国利率低于外国利率,本币在远期将升值。这就是说,远期差价是由各国利率差异决定的,并且高利率货币在外汇市场上表现为贴水,低利率货币在外汇市场上表现为升水。也就是说,汇率的变动会抵消两国间的利率差异,从而使金融市场处于平衡状态。

4.非抛补利率平价的经济含义是:预期的汇率远期变动率等于两国货币利率之差。在非抛补利率平价成立时,一方面,如果本国利率高于外国利率,则意味着市场预期本币在远期将贬值,如果本国利率低于外国利率,意味着市场预期本币在远期将升值;另一方面,如果本国政府提高利率,则当市场预期未来的即期汇率不变时,本币的即期汇率将升值,反之,则反是。

5.资产分析法采用的分析方法是一般均衡分析,它将商品市场、货币市场和证券市场结合起来进行汇率决定分析。基于国际商品和资本流动的高度发展,国内外这六个市场的相互作用和联系大大加强。在这些市场中,国内外商品之间和资产之间有一个替代程度的问题。在一个国家的三种市场之间,则有一个在受到冲击后进行均衡调整的速度快慢对比问题。对替代程度和调整速度的不同假设,就引出了各种不同的资产分析法模型。

6.在有效的外汇市场,汇率反映了所有可获得的信息。当市场弱势有效时,汇率的当前水平反映了它过去走势所包含的一切信息,而市场的弱势有效对技术分析的可靠性和有用性提出了质疑;当市场半强势有效时,汇率的水平反映了所有可获得的公共信息,且在这种情况下,对影响汇率基本因素的研究不能帮助我们预测汇率的走势;当市场强势有效时,汇率的水平反映了所有可获得的信息,包括私人信息和内幕信息。

复习思考题

1.购买力平价理论的主要理论假设和内容是什么?对其主要评价有哪些?

2.利率平价理论的主要理论假设和内容是什么?对其主要评价有哪些?

3.资产分析法理论的主要理论假设和内容是什么?对其主要评价有哪些?

4.绝对购买力平价和相对购买力平价的区别和联系有哪些?

5.怎样看待抛补利率平价和非抛补利率平价的统一?

6.假定美国的年通货膨胀率为3%,而欧盟为6%,根据购买力平价理论,美元兑欧元的汇率如何变化?

7.假定外汇市场上最初的均衡汇率为1英镑兑换1.57美元。由于西方发达国家普遍发生通货膨胀,英国的物价指数从基期的100上升到150,在同一时段,美国物价水平更是上涨到200。根据相对购买力平价理论,英镑和美元的新的均衡汇率应是什么水平?

8.有效市场理论在证券市场和外汇市场上的表现形式和应用有哪些异同?

附录 汇率决定的供求分析法

供求分析法又称作国际收支说,是从国际收支角度分析汇率决定的一种理论。国际收支的变动决定外汇市场上的交易行为,导致外汇市场上供给与需求的变动,从而影响到外汇市场上的价格,即汇率的变动。

一、原理

假定汇率完全自由浮动,政府不对外汇市场进行任何干预。汇率是外汇市场上的价格,它通过自身变动来实现外汇市场供求平衡,从而使国际收支始终处于平衡状态。国际收支包括经常账户(CA)和资本与金融账户(KA),所以始终有:

$$CA+KA=0 \tag{1}$$

(一)影响国际收支的因素

如果将经常账户简单视为贸易账户,则它主要是由商品与劳务的进出口决定的。其中,进口主要是由本国国民收入(Y)、汇率(e)、相对价格(P,P^*)决定的;出口主要是由外国国民收入(Y^*)、汇率(e)、相对价格(P,P^*)决定的。从而影响经常账户收支的主要因素为:

$$CA=f(Y,Y^*,P,P^*,e) \tag{2}$$

为简单起见,假定资本与金融账户的收支取决于本国利率(i)、外国利率(i^*)、对未来汇率水平变化的预期(Ee_f)。即:

$$KA=g(i,i^*,Ee_f) \tag{3}$$

综合起来,影响国际收支的主要因素及国际收支均衡条件为:

$$BP=h(Y,Y^*,P,P^*,i,i^*,e,Ee_f)=0 \tag{4}$$

如果将除汇率外的其他变量均视为已给定的外生变量,则汇率将在这些因素的共同作用下变化至某一水平,以平衡国际收支。即均衡汇率为:

$$e=k(Y,Y^*,P,P^*,i,i^*,Ee_f) \tag{5}$$

(二)各变量变动对汇率的影响

各变量变动对汇率的影响表现在以下几个方面:

第一,国民收入的变动。当其他条件不变时(下同),本国国民收入的增加将通过边际进口倾向而带来进口的上升,这导致对外汇需求的增加,本币贬值;外国国民收入的增加将带来本国出口的上升,本币升值。

第二,价格水平的变动。本国价格水平的上升将带来实际汇率的上升,本国产品竞争力下降,经常账户恶化,从而本币贬值(此时实际汇率恢复原状);外国价格水平的上升将带来实际汇率的下降,本国经常账户改善,本币升值。

第三,利率的变动。本国利率的提高将吸引更多的资本流入,本币升值;外国利率的提高将造成更多资本的流出,本币贬值。

第四,汇率预期的变动。如果预期本币在未来将贬值,资本将会流出以避免汇率损失,这带来本币即期的贬值;如果预期本币在未来将升值,则本币币值在即期就将升值。

需要指出的是,以上各变量变动对汇率影响的分析是在其他条件不变的情况下得出的。而实际上,这些变量之间本身也存在着复杂的关系,从而对汇率的影响难以简单确定。以国民收入这一变量为例,本国国民收入增加会在增加进口的同时,造成货币需求的上升,从而造成利率提高,而这又带来了资本流入,所以,对汇率的影响取决于这两种效应的相对大小。另外,本国国民收入的增加还有可能导致汇率预期的改变,其对汇率的影响就更难确定了。

二、供求分析法的简单评价

供求分析法是带有浓厚凯恩斯主义色彩的汇率决定理论,它是凯恩斯主义的国际收支理论在浮动汇率制下的变形。对供求分析法的评价主要有三方面:

第一,供求分析法指出了汇率与国际收支之间存在的密切关系,这对于全面分析汇率的决定因素尤其是分析短期内的汇率的变动是极为重要的。国际收支是重要的宏观经济变量,将汇率与之联系则意味着对汇率提供了一种新的分析视角,即从宏观经济角度(国民收入、国内吸收、投资、储蓄等)而不是货币数量角度(价格、利率等)研究汇率,供求分析法是现代汇率理论的一个重要分支。

第二,与购买力平价理论及利率平价理论一样,供求分析法也不能被视为完整的汇率决定理论,而只是对汇率与其他宏观经济变量间的联系的阐述。从供求分析法来看,影响国际收支的众多变量之间的关系、这些变量与汇率之间的关系都是错综复杂的,供求分析法并没有对之进行深入分析,得出具有明确因果关系的结论,因而它作为一种汇率决定理论来说是不完整的。汇率终归是在外汇市场供求平衡时才处于稳定状态的,从这个意义上讲,任何汇率理论都要以这一关系为分析前提。因此,供求分析法只是在更深入的分析中可利用的一种重要工具。

第三,供求分析法是关于汇率决定的流量理论。这一流量特性体现在它认为国际收支引起的外汇供求流量决定了汇率水平及其变动,但并没有进一步分析哪些因素决定了这一流量,这导致它很难解释现实生活中的一些经济现象。例如,外汇市场上汇率常常在交易流量变动很小的情况下发生大幅变动。并且,与其他普通商品市场相比,外汇市场上汇率变动得更为剧烈,更为频繁。可见,简单地运用普通商品市场上价格与供求之间的关系来对外汇市场进行分析并不合适。

第 三 篇

国际资本市场与国际投资管理

国际资本市场

本章要点

近几年,国际资本市场不稳定因素犹在,结构性矛盾更趋明显,市场竞争加剧,加上全球政治、经济形势未明,投资环境仍十分脆弱。因此,对于各类市场参与主体和关注于该市场的人们来说,了解国际资本市场的含义、组成、发展历程及现状等有着重要意义。在本章中,我们分别介绍国际资本市场的两个核心组成部分:国际债券市场和国际股票市场。在第一节中,重点介绍几个主要的国际债券市场,并深入介绍其核心组成部分——外国债券市场和欧洲债券市场的运行方式等。在第二节中,介绍来自美国等发达国家成熟股票市场体系的范例,以及来自韩国、中国香港地区及中国台湾地区等新兴股票市场的多层次证券市场体系,并通过了解和对比世界各地的股票市场,思考和把握国际投票市场的概况和发展规律。

第一节　国际债券市场

总的来说,资本市场由长期债券市场和股票市场组成,同样也可以将国际资本市场划分为国际债券市场和国际股票市场。本节我们介绍国际债券市场。

一、国际债券市场概述

国际债券融资是一种重要的国际化融资方式。世界债券市场从总体上可以分为本国债券市场、外国债券市场和欧洲债券市场三大部分。其中,外国债券和欧洲债券又统称为国际债券。

本国债券是 A 国在自己国家用 A 国货币计价发行的债券;外国债券是 A 国在 B 国发行的以 B 国债券计价的债券;传统意义上的欧洲债券是指 A 国在 B 国发行的以 C 国货币计价的债券。随着欧洲债券市场的不断发展,欧洲债券的涉及范围不再限定为三个国家。欧洲债券最新的定义是指以一种货币计价、同时在几个国家的债券市场发行的债券。例如,对美国而言,只要是以美元计价、在美国国外发行的债券都为欧洲债券。

二、外国债券市场

(一)主要的外国债券市场

1.美国的外国债券市场

美国的外国债券叫"扬基债券"(Yankee Bond),它由非美国的借款人通过美国投资银行在证券交易委员会登记后在美国发行。它有以下特点:

(1)发行额大,流动性强。20 世纪 90 年代以来,平均每笔扬基债券的发行额大体都在 7 500 万美元至 15 000 万美元之间。扬基债券的发行地虽在纽约证券交易所,但实际发行区域遍及美国各地,能够吸引美国各地的资金。同时,又因欧洲货币市场是扬基债券的转手流通市场,因此,实际上扬基债券的交易遍及世界各地。

(2)期限长。扬基债券的期限通常为 5~7 年,一些信誉好的大机构发行的扬基债券期限甚至可达 20~25 年。

(3)债券的发行者为机构投资者,如各国政府、国际机构、外国银行等;购买者主要是美国的商业银行、储蓄银行和人寿保险公司等。

(4)无担保发行的数量比有担保发行的数量多。

(5)由于其评级结果与销售有密切的关系,因此投资者非常重视其信用评级。

2.日本的外国债券市场

日本的外国债券叫"武士债券",是日本以外的政府、金融机构、企业(公司)或国际组织在日本国内市场发行的以日元计价的债券。日本公募债券缺乏流动性和灵活性,不容易作美元互换业务,发行成本高,不如欧洲日元债券便利。目前,发行日元债券的筹资者多是需要在东京市场融资的国际机构和一些发行期限在 10 年以上的长期筹资者,以及在欧洲市场上信用不好的发展中国家的企业或机构。发展中国家发行日元债券的数量占总量的60%以上。

其他的外国债券还有英国的猛犬债券、西班牙的斗牛士债券、荷兰的伦勃朗债券等。

(二)外国债券的发行与交易过程

外国债券市场分为初级市场和二级市场。初级市场是发行外国债券的市场,二级市场是买卖已发行的外国债券的市场。

1.初级市场上外国债券基本的发行程序

(1)发行者接受信用评级。借款者发行外国债券通常要接受信用评级机构给予的信用评级,以保护外国债券投资者的利益。在进行信用评级的时候,借款者需要向评级机构提供财务报表和有关资料,评估机构派出的评估小组在对财务报表等资料进行分析并对借款者的其他情况进行研究以后,提出初步意见然后由评级机构的评级委员会审查。评级委员会做出决定后通知借款者并征求借款者的意见,如果借款者不能提出新的资料或不必提出新的资料以修改评级委员会的决定,评级机构将公布评估等级。

(2)与承销机构协商发行条件。外国债券的发行分为公募和私募两种方式。公募(Public Issue)是指借款者与国际性大银行或大证券公司协商,确定外国债券的发行条件,然后选择领头银行,由领头银行组成银行集团包销。在外国债券发行后,该银行集团向广大的投资者推销。借款者若采用公募的方式发行外国债券,必须详细地公开有关资料。如果借款者是官方机构,必须提供关于政治经济局势、对外贸易、国际收支、国际储备、时政收支和国内金融经济情况等资料;如果借款者为公司,则需要提供资产负债表、企业经营情况等资料。私募(Private Issue)是指借款者与若干家金融机构协商,确定外国债券的发行条件,然后由这家金融机构认购。采用这种方式发行的外国债券既不公开出售,也不在二级市场上流通,借款者也不必详细地公布有关资料。借款者需要与承销机构协定的外国债券发行条件包括发行金额、票面利率、发行价格、债券期限、偿还方式等。

(3)向有关机构支付各种费用。借款者发行外国债券,还需要支付种类较多的各种费用。外国债券的发行费用通常包括认购费用、受托费用、代理支付费用、债券登记费用和处理费用等①。一般来说,各种外国债券发行费用占发行金额的比例如下:扬基债券0.5%~1%,武士债券和德国马克外国债券 2%~2.5%,伦布朗债券 2.5%,瑞士法郎外国债券 2.5%~3%。

(4)到期还本付息。在外国债券发行以后,借款者一般委托代理机构每年支付利息和到期偿还本金。在偿还外国债券以后,借款者一般还会委托受托机构处理事后事宜,如收回及注销债券和各种文书等。

2.外国债券的交易

上市的扬基债券通常在纽约证券交易所交易,上市的武士债券通常在东京证券交

① 认购费用,即借款者支付给认购集团作为销售债券报酬的费用;受托费用,即借款者支付给委托筹办债券发行事宜的机构的费用,以及该机构筹办过程的差旅费和应酬费;代理支付费用,即借款者支付给代理借款者支付利息和偿还本金的机构的费用;债券登记费用,即借款者支付给代理债券登记业务的机构的费用;处理费用,即借款者在还本付息后取回所有的债券、息票、文书等支付给受托机构的费用;其他费用,包括债券印刷费、广告费、律师费等。

易所交易。外国债券在证券交易所里的交易过程与证券在证券交易所里的交易过程相似。现以东京证券交易所为例,说明外国债券的某些交易规则。

在东京证券交易所的武士债券交易分为大宗交易和非大宗交易两种。大宗交易是指1 000万日元或1 000万日元以上的武士债券的交易,非大宗交易是指1 000万日元以下的武士债券的交易。大宗交易的交易时间是东京时间上午9:00到11:00以及下午12:30到3:00,交易基本单位是100万日元的武士债券,最小价格变化幅度是每100日元0.01日元,交易所接受的指令是限价指令,成交以后在3个营业日内滚动交割即分批交割。非大宗交易的交易时间是东京时间下午1:30到2:00,基本交易单位是10万日元的武士债券,最小价格变化幅度是每100日元0.001日元,交易所接受的指令是市价指令和限价指令,成交后正常的交割时间是成交后3个营业日内,但买卖双方签订特别协议可以延长到15个营业日交割。在柜台市场上,投资银行报出愿意买入外国债券的买入价格和愿意卖出外国债券的卖出价格来进行外国债券的交易。外国债券的报价通常以票面金额的百分比来表示。

三、欧洲债券市场

(一)欧洲债券市场概述

欧洲债券(Euro Bond)是境外货币债券,它是指在某货币发行国以外,以该国货币为面值发行的债券。例如,面值为美元的欧洲债券称为欧洲美元债券,它是在美国以外的其他国家金融市场上发行的以美元计价的债券。欧洲债券市场是指发行欧洲债券进行筹资而形成的一种长期资金市场。它是国际中长期资金市场的重要组成部分,也是欧洲货币市场的重要组成部分。

国际债券的发行从19世纪初就普及了,起初只发行外国债券,到了20世纪60年代初才出现欧洲债券。1963年7月,由一个国际银行辛迪加为一个意大利政府机构发行的美元债券在伦敦证券交易所上市,从此便形成了欧洲美元债券初级市场。20世纪60年代末,又形成了欧洲美元债券的二级市场。到20世纪70年代,由于美国国际收支逆差而流往欧洲的大量美元以及1973年石油提价以后流往欧洲的巨额石油美元,为欧洲美元债券市场的发展提供了丰富的资金来源。20世纪80年代以来,特别是1982年出现国际债务危机以来,整个欧洲债券市场发展更为迅速,从1980年起至今,欧洲债券的发行量就一直超过外国债券的发行量①。

(二)欧洲债券市场的特点

欧洲债券市场的发展同它的特点分不开。这些特点无论是对借款人还是对投资者,都是很有吸引力的。现将其特点概括如下。

1.市场容量大

1997年欧洲债券发行量已经达到7 351亿美元,超过当年国际银行贷款和外国债券发行额之和,后两者分别为4 105亿美元和965亿美元。从1998年到2005年,金融机构发行比重从45%上升到70%,政府发行比重从40%下降到15%,一般企业发行比

① 近年来,由于次贷危机所引发的欧洲主权债务危机成为世界关注热点,因此,现在存在很多将欧洲主权债务与欧洲债券概念相混淆的新闻。

重稳定在15%左右。这使得欧洲债券市场可以大宗地、经常地吸纳各种欧洲债券的发行,满足大量筹资者和投资者的需要。截止到2017年3月,欧洲债券全球总的未收回余额为93.23万亿美元,其中美元和欧元为最主要的计价货币,分别占总额的54.89%和37.28%。

2.自由和灵活

欧洲债券的发行通常采用“出盘”(Placing)方式,即不经过申请批准的非正式的发行形式。在这个市场上发行债券不需要官方批准,因而可以回避一些管制,这在外国债券市场是不可能的。而且,欧洲债券的发行是由国际辛迪加承担的,由各主要金融中心的金融机构组成,因此,不会由于某一个国家的管制而影响债券的发行。

3.发行费用和利息成本比较低

欧洲债券发行费用约为债券面值的2.5%,利息成本也较低。以美元债券为例,同期欧洲美元债券的利息成本要低于扬基债券的利息成本。另外,在欧洲债券的发行费用中有一部分是佣金,这部分佣金的较大部分往往被销售集团转让给了购买债券的顾客,这对吸引顾客十分有利。

4.免缴税款和不记名

欧洲债券的利息通常免除所得税,或者不预先扣除借款国家的税款。另外,欧洲债券是以不记名的形式发行的,并可以将投资者的所得保存在国外,从而使投资者可逃避国内所得税。这两种情况,对投资者具有很大吸引力。

5.安全

欧洲债券市场的主要借款人是大型跨国公司、金融机构、国家政府机构和国际组织,这些借款人一般说来都有较好的信誉,因而对于投资者来说是比较安全的。

6.债券种类和货币选择性强

欧洲债券市场可以发行多种类型、期限、不同货币的债券。筹资人可以根据各种货币的汇率、利率和需要,选择发行合适的欧洲债券。投资者也可以根据各种债券的收益情况、风险程度,选择购买某一种或某几种债券。

7.流动性强,容易转手兑现

欧洲债券市场有一个有效的富有活力的二级市场,可以使债券持有人比较容易地转让债券取得现金。欧洲债券的清算和结算主要由两家清算体系执行,即设在布鲁塞尔的欧洲清算所(Euroclear)和设在卢森堡的塞德尔系统(Cedel)。

8.金融创新持续不断

欧洲债券市场是最具有活力的市场之一,它可以根据供求情况,不断推出新的或组合产品,并以此把国际股票市场、票据市场、外汇市场和黄金市场紧密地联系在一起,有力地推动金融全球化与经济全球化。

(三)欧洲债券市场的构成

1.欧洲美元债券市场

欧洲美元债券是指在美国境外发行的以美元为面额的债券。欧洲美元债券在欧洲债券中所占的比例最大。欧洲美元债券市场不受美国政府的控制和监督,是一个完全自由的市场。欧洲美元债券的发行主要受汇率、利率等经济因素的影响。欧洲美元债券没有发行额和标准限制,只需根据各国交易所上市规定,编制发行说明书等书面资料。和美国的国内债券相比,欧洲美元债券具有发行手续简便、发行数额较大的优点。欧洲美元债券的发行由世界各国知名的公司组成大规模的辛迪加认购团完成,因而较容易在世界各地筹措资金。

2.欧洲日元债券市场

欧洲日元债券是指在日本境外发行的以日元为面额的债券。欧洲日元债券的发行不需经过层层机构的审批,但需得到日本大藏省的批准。发行欧洲日元债券不必准备大量的文件,发行费用也较低。欧洲日元债券的主要特点是:

(1)发行额较大,一般每笔发行额都在200亿日元以上。

(2)欧洲债券大多与互换业务相结合,筹资者首先发行利率较低的日元债券,然后将其调换成美元浮动利率债券,从而以较低的利率获得美元资金。

(3)20世纪80年代以来,欧洲日元债券增长较快,在欧洲债券总额中的比例日益提高。欧洲日元债券不断增长的原因除了日本经济实力强、日元一直比较坚挺、日本国际贸易大量顺差以及投资欧洲日元债券可获利外,还在于日本政府为了使日元国际化,使日元在国际结算和国际融资方面发挥更大的作用,从1984年开始,对非居民发行欧洲日元债券放宽了限制:

第一,扩大发行机构。将发行机构由原来的国际机构、外国政府扩大到外国地方政府和民间机构。

第二,放宽了发行条件。将发行公募债券的信用资格由AAA级降到AA级。

第二,放宽了数量限制。在发行数量上,取消了对发行笔数和每笔金额的限制。

第四,扩大了主办银行的范围。除了日本的证券公司外,其他外国公司可以担任债券发行的主办机构。

3.以多种货币为面值的欧洲债券

欧洲债券多数以美元、日元、马克、英镑等货币单独表示面值,但也有以多种货币共同表示面值的。由于单一通货的汇率经常变动,风险较大,所以用多种货币表示面值的欧洲债券呈增加趋势。多种货币表示面值的欧洲债券有以下几种:

(1)几种货币共同表示欧洲债券的面值,每一种货币占有一定的比例。对于欧洲债券的发行者和购买者来说,这种计价的好处是减少风险。

(2)用欧洲货币单位和特别提款权这两种由多种货币加权平均所形成的记账单位表示欧洲债券的面值。欧洲货币单位是欧共体创造的由欧共体12国货币加权平均组成的货币。特别提款权是国际货币基金组织创造的由美元、日元、马克、英镑、法国法郎这5种货币加权平均组成的记账单位。由于这两种国际货币是多种货币的加权平均,各种货币汇率变动可以互相抵消,其价值也是稳定的,使发行者和投资者能减少或避免汇率变动风险。

(四)欧洲债券的发行程序

首先,选定“牵头银行”(lead manager)。债券发行人要选定一家同自己有业务往来且关系密切的银行作为牵头的经理银行,这家银行接受委托后,便成为该笔债券整个发行工作的组织者。有条件充当牵头经理银行的,多数为资力雄厚的大型跨国银行或国际联合银行。牵头经理银行的职责是带头认购一部分债券,要有能力组织一个“经理银行集团”来承销全部债券。经理银行集团的职责是与借款人共同商定债券发行条件,包括定价、承购包销、推向市场等。此外,牵头经理银行还需请更多的机构参加辛迪加,作为包销商或销售商①。

其次,组织"承销辛迪加"(Underwriting Syndicate)。欧洲债券的发行金额较大,不是一家经理银行可以包销的,要经过辛迪加银行集团的承购包销。辛迪加的成员可能有商业银行、信托公司等非银行金融机构以及证券经纪人、自营商等证券投资机构。债券发行后,这些成员机构负责承购全部或部分债券,然后自行安排在二级市场转售或调往其国内金融市场出售。

具体而言,欧洲债券的发行一般都要经过如图 6-1 所示的过程,在宣告发行新债券之前的两星期中,牵头经理银行和借款人之间要事先进行磋商,内容包括债券的利率、数额和报价等条件。但是在正式报价以前,商定的所有条款都是非正式的。借款的本金支付代理机构,也要由双方商议选定。双方还要起草全部辛迪加和借款人之间,以及辛迪加成员之间需要签署的法律文件。同时,还需要起草债券发行说明书(Prospectus),说明书将详尽地介绍发行人的现状与历史,对于公司借款,说明书中必须包括经审计的财务报告表。对于政府借款人,则需要有关国家财政状况和中央银行的信息。另外,说明书也应有债券报价的初步条款说明。

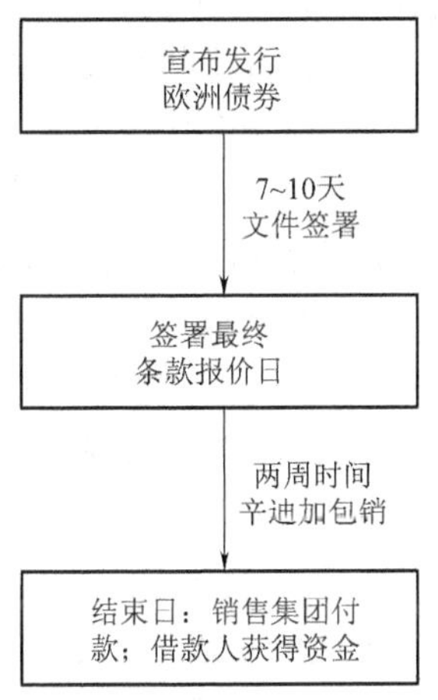

图 6-1 欧洲债券发行的程序

牵头经理银行在发布债券发行新闻以前就已开始组建经理银行集团管理债券发行,并向经理银行集团提供能够作为包销商和销售商的金融机构的名单。之后,即进行初步的债券包销分配,并等待各个包销商和销售商各项合同的签署。

经理银行集团和借款人最后要共同确定债券的定价条款,各包销机构通常有一天时间决定是否接受。定价条款最终确定后,经理银行集团同借款人即签署认购协定,此时债券即被正式提供到市场。牵头经理银行会通知各包销商和销售商各自的

① 债券包销商与单纯的销售商的区别是:包销商以事先商定的价格从经理集团手中购得债券,若日后不能以更高的价格出售,损失由包销商自负;而销售商则纯粹是销售代理机构,只收取销售佣金,若债券不能以既定的价格出售,则退回牵头经理银行。另外,在发行者和最终投资者之间,还需有支付代理机构,其职能是从借款人手中收取应偿还的利息和本金,然后再分还给各个最终投资者。

销售份额,几天之后,销售商需通知牵头经理银行其各自所分债券的销售状况。债券发行结束后,各辛迪加成员即将购买债券的款项存入牵头经理银行所设的账户,借款人也根据认购协定获得借款资金,随即辛迪加包销团即告解散。

(五)欧洲债券的种类

由于欧洲债券市场的内部和外部竞争激烈,欧洲债券在利率、期限等方面也逐渐灵活,出现了多种形式的债券。

1.固定利率债券(Straight Bonds)

固定利率债券,也称普通债券,这种债券的利率在债券发行时确定,之后不再变更,利息按固定的利率每年支付一次。固定利率债券是传统形式的债券,它在欧洲债券市场上占的比重最大。截至 2017 年 3 月,固定利率债券的未收回余额为 9.25 万亿美元,占欧洲债券中总未收回余额的比例为 82.76%。固定利率债券的主要优点是预先确定投资者的收益,在利率稳定时期较为流行。

2.浮动利率债券(Floating-Rate Notes)

浮动利率债券,是一种定期根据市场情况调整利率的债券,通常是三个月或半年,按 LIBOR 或其他基准利率进行调整。由于其利率可以适时调整,能够使投资者免受利率波动带来的损失,在利率动荡时期特别有吸引力。浮动利率债券自 1970 年问世以来,发行量增长很快,目前已成为仅次于固定利率债券的第二大类欧洲债券,截至 2017 年 3 月,浮动利率债券的未收回余额为 9.25 万亿美元,占欧洲债券中总未收回余额的比例为 9.92%。

自 20 世纪 80 年代以来,浮动利率票据的发行也进行了大量革新。例如,有的浮动利率票据附有当市场利率水平下降到某一特定水平,浮动利率即自动变成固定利率的条款;也有的浮动利率票据可以由持有人随时选择转换成固定利率债券,直到期满。这类浮动利率票据也称为利率下降锁定债券(Droplock Bonds)。

3.可转换债券(Convertibles)

可转换债券是公司债券的一种,它可以在指定的日期,以约定的价格转换成债券发行公司的普通股票,或其他可转让流通的金融工具,如浮动利率票据,或转换债券货币面值等。可转换债券的优点是:对发行者来说,首先这种债券的换股特权对投资者具有一定吸引力,有助于利息、费用的降低,其次有利于解除公司的债务,当债券换成股票时,公司可以在只是增加股票数目而不发生支出的情况下便解除债务。

4.附认购权证债券(Bonds with Warrants)

附认购权证债券也是一种由公司发行的债券,其特点是附有认购权证。债券持有者可凭该权证按规定价格购买发行公司的股票。这种债券是可兑换债券的一种发展形式,它不同于可转换债券之处是,持有者不能直接用债券兑换股票,而必须另用资金购买。认购权可以与债券分离,在市场上单独分离,单独出售,其价格依市场利率水平或股票价格行情而定。若市场利率水平提高到认购权中既定利率水平以上,则债券认购权一文不值;反之,市场利率水平降得越多,债券认购权的价值就越大。

5.选择债券(Option Bonds)

选择债券在欧洲债券市场很流行,债券的持有人有权按自己的意愿,在指定的时期内,以事先约定的汇率将债券的面值货币转换成其他货币,但是仍按照原货币的利率收取利息。这种债券大大降低了债券持有人的汇率风险。有的选择权债券有双重或多重的选择,除了选择转换面值货币,还可以选择同时兑成其他货币并转换成普通股票。此外,还可能有选择转换成普通固定利率债券,或使债券到期后自动延期的权力。

6.零息债券(Zero Coupon Bonds)

零息债券是欧洲债券市场20世纪80年代的创新,这种债券没有票面利率,自然也不分期偿付利息,而是到期一次还本,出售时以折价方式,类似国库券的发行。但它是长期债券,由于出售时要打很大的折扣,到期有很大的增值,因此对投资者有较大的吸引力。另外,这种债券的收益不是来自利息,而是债券的增值,并且是到期后实现,所以,对于把资本增值不作为收入纳税的国家来说,这可能给投资者带来低税或逃税的机会。

7.双重货币债券(Dual Currency Bonds)

双重货币债券于1983年下半年起在瑞士货币市场上推行,是欧洲债券市场上日趋活跃的一种新形式,其特点是购买债券以及付息时使用的是同一种货币,而在到期日归还本金时使用的又是另一种货币。双重货币债券的两种货币折算的汇率早已确定,所以其可以减少汇率变动的风险。

8.全球债券(Global Bonds)

全球债券是国际债券市场出现的一种新型国际债券,它由世界银行于1989年5月首次发行。全球债券被定义为在全世界各主要资本市场同时大量发行,并且可以在这些市场内部和市场之间自由交易的一种国际债券。它有以下三个特点:一是全球发行。外国债券仅仅局限于一个国家发行,欧洲债券的发行范围实际上也很有限,而全球债券则强调在全球范围内发行,一般是在一个以上主要资本市场发行,往往能覆盖全球的主要资本市场。二是全球交易和高度流动性。三是借款人信用级别高而且多为政府机构。

背景资料

我国利用国际债券市场的情况

我国自改革开放发展市场经济以来,充分意识到加入国际金融体系到国际融资的重要性,从1982年开始逐步发行自己的国际债券。现列举我国曾发行的国际债券如下:

1982年1月,中国国际信托投资公司在日本东京发行了100亿日元的武士债券。

1984年11月,中国银行又在日本东京发行了200亿日元的武士债券。

1986年,广东国际信托投资公司(以下简称广信)在日本成功发行了200亿日元为期10年的武士债券。

1987年8月,广信又在香港发行5 000万美元的亚洲美元债券。

1988年6月,广信在伦敦、卢森堡市场发行了200亿日元欧洲日元债券。

1993年,高盛牵头经办了中国的首次扬基债券发售交易,成功地为中信集团筹资2.5亿美元。

1993 年 5 月,广信进入欧洲美元债券市场,发行了 1.5 亿美元债券;11 月再进入美国市场,发行了 1.5 亿美元扬基债券。

1994 年,中国银行在美国纽约市场发行 5 亿美元扬基债券。

1996 年 1 月 23 日,我国向美国发行 1 亿美元 100 年期特长期扬基债券。

2001 年 5 月 17 日,我国财政部发行欧洲债券,其由欧洲美元债券和欧元债券组成,其中欧洲美元债券的发行额为 10 亿美元,期限为 10 年期,票面利率为 6.8%;欧元债券的发行额为 5.5 亿欧元,期限为 5 年期,票面利率为 5.25%。

在上述几只国际债券中,有欧洲债券也有国际债券,有备受赞誉的也有饱受抨击的,特别是 1996 年我国财政部发行的 100 年期特长期扬基债券的年复利率高达 9%,大大高于美国债券市场的利率。有学者估计:仅仅这一债券的发行失误,我国的损失便达几千万美元。由此可以看出,国际债券的发行也是一项复杂的高技术含量的工程,需要综合考虑国内外、当前和未来的诸多因素,处理起来也要相当谨慎。我们在不断摸索中也积累了很多的经验,2001 年财政部再一次发行国际债券时便受到了普遍称赞。

2010 年,8 月 16 日,央行发布《关于境外人民币清算行等三类机构运用人民币投资银行间债券市场试点有关事宜的通知》,允许香港、澳门地区人民币业务清算行,跨境贸易人民币结算境外参加银行和境外中央银行或货币当局三类机构,以人民币投资境内银行间债券市场。这标志着我国国内债券市场对外开放迈出重要一步。

2014 年 9 月,国家开发银行在伦敦成功发行了 20 亿元人民币债券,是首支登陆伦敦市场的中国准主权人民币债券。同日,中国银行在巴黎发行的人民币"凯旋债"在泛欧证券交易所成功上市,成为第一支在欧洲主板上市的中资机构人民币债券。

2015 年 9 月,为配合国家"一带一路"倡议,国家开发银行在境外市场成功地同时发行 10 亿美元债券、5 亿欧元债券。

第二节　国际股票市场

一、国际股票的基本概念

(一)什么是国际股票

国际股票是在国际证券市场上发行与交易的股票的总称。国际股票的发行和交易过程不是只发生在一国境内,其通常是跨国进行的,即股票的发行者和交易者、发行地和交易地、发行币种和发行者所属本币等有至少一种和多种不属于同一国度内。这个概念揭示了国际股票的本质特征,即它的整个融资过程的跨国性。

(二)国际股票的特性

国际股票与普通股票一样,具有以下三个基本特性:

第一,不可赎回性,即投资者一旦购买股票后,不能退股,而只能将其向其他投资者转让,这在客观上保证了企业资本的稳定性。

第二,风险性,即股票收益具有不确定性,其中既包括股份公司自身经营的不确定性(公司可能赢利也可能亏损,即便赢利也有可能不分红),也包括投资者在市场上获取价差收益的不确定性。

第三,流动性。股票本身具有良好的变现能力,这种能力与市场参与的广泛程度成正比。

(三)国际股票的种类

1.直接海外上市的股票

一是直接海外上市的股票包括以下几种:在外国发行的、直接以当地货币为面值并在当地上市交易的股票。如我国在香港发行上市交易的 H 股,在新加坡发行的 S 股,在纽约发行上市的 N 股。

二是以外国货币为面值发行的,但却在国内上市流通的,以供境内外国投资者以外币交易买卖的股票。我国上市公司发行上市的 B 股就是这类股票。

直接海外上市企业必须符合当地证券市场的上市标准并遵守其规章制度。

2.存托凭证

存托凭证(DR)是指在一国证券市场流通的代表外国公司有价证券的可转让凭证,主要有美国存托凭证(ADR)和环球存托凭证(GDR)。

(1)美国存托凭证。美国存托凭证是一种契约性票据,是由美国存托银行发行的一种类似股权证书的可转让票据,它代表美国投资者对非美国公司的股票拥有所有权,而非美国公司的股票则留存在原存托银行保管。

美国存托凭证给发行公司带来的好处是:投入迅速,有利于提高公司形象,促使公司更深地进入资本市场,拥有更广泛的股东基础,居于有利的收购与兼并的地位,同时便于美国投资者投资。ADR 解决了美国与国外证券交易制度、惯例、语言、外汇管理等不尽相同所造成的交易上的困难,是外国公司在美国市场上筹资的重要金融工具,同时也是美国投资者最广泛接受的外国证券形式。美国法律为了保护国内投资者的利益,规定法人机构以及私人企业的退休基金(其资金仍来源于老百姓)不能投资美国以外的公司股票,但对于外国企业在美国发行的 DR,则视同美国的证券,可以投资。

(2)环球存托凭证。环球存托凭证是继美国存托凭证之后在亚洲地区兴起的新型金融工具。环球存托凭证与美国存托凭证在实质上并无二致,都是为国际投资者难以进入的外国证券市场提供的外国股权替代物。环球存托凭证只不过是美国存托凭证在国际范围的推广,在美国之外的国家进行流通交易。

3.欧洲股权

欧洲股权是 20 世纪 80 年代产生于欧洲的国际股票形式,也是直接在国际金融市场上发行并流通的股票。与直接海外上市的国际股票相比,欧洲股权的发行具有自己的特点,即它是在多个国家市场上同时发行的,这一点不同于直接海外上市的企业往往先在国内上市。另外,它采用国际市场竞价发行的方式。

二、发达国家多层次资本市场体系——以美国为例

(一)美国证券市场的发展过程

美国证券市场是从经营政府债券开始的。在独立战争中,美国发行了各种各样的中期和临时债券,战争结束后,美国政府以发行联邦债券的形式承担了这笔债务,共达

8 000 多万美元。这项巨额债券的发行依靠的是大量证券经纪人的兜售，没有集中的交易场所，交易都是在露天广场和咖啡馆等场所进行，全美出现了大量类似的交易形式，由此产生了早期的场外市场①。后来证券交易从费城和纽约兴起，并在芝加哥、波士顿等大城市蔓延开来。1754 年，一批从事证券买卖的商人在费城成立了经纪人会，于 1790 年成立了美国第一个证券交易所——费城证券交易所。1792 年 5 月 17 日，24 名经纪人在纽约华尔街一棵梧桐树下聚会，商定一项协定，即“梧桐树协定”，这里成为美国最早的股票市场，也是现在纽约证券交易所的前身，1863 年正式命名为“纽约证券交易所”。

1968 年，自动报价系统问世，之后美国证券交易委员会明确表示，希望有一个全国范围的电子计算机系统，确保更准确、快速地反映价格和市场情况的变化，同时希望借助自动化的交易系统改善当时的场外市场过于分散的状况。1968 年，场外交易系统自动化工程开始启动。1971 年纳斯达克市场诞生，通过自动报价系统使分布全美的6 000 个办事处的证券商有了直接联系，而它的起点是来自粉红单市场的 2 500 种场外股票。

1975 年，纳斯达克规定了上市标准，使纳斯达克证券与其他场外交易证券分离开来，自此有了纳斯达克这一高级市场。1982 年，纳斯达克上市公司中的佼佼者按照更高的上市标准组成全美市场体系，余下的公司则组成小型股市场体系，于是公开交易市场分出两个层次。

1990 年为便于交易，提高场外市场的透明度，同时进行市场结构改革，美国证券交易委员会责成全美证券商协会为场外交易设立电子公告栏，向投资者提供未上市公司的股票信息，并将一部分粉红单市场(Pink Sheets)的优质股票转到电子公告栏上来，这就是场外公告栏市场，即 OTCBB。1999 年 1 月 4 日，为了促进店头市场信息的及时公开，美国证券交易委员会批准了在 OTCBB 的上市标准。

2006 年 6 月 1 日，纽约证券交易所宣布与泛欧证券交易所合并组成纽约证交所-泛欧证交所公司。1 股纽约证交所的股票换成 1 股新公司股票，泛欧证交所股东以 1 股泛欧证交所股票换取新公司的 0.98 股股票和 21.32 欧元现金。2007 年 4 月 4 日，纽约-泛欧证券交易所正式成立，总部设在纽约。

2006 年 2 月，纳斯达克宣布将股票市场分为三个层次：“纳斯达克全球精选市场”、“纳斯达克全球市场”(即原来的“纳斯克达全国市场”)以及“纳斯达克资本市场”(即原来的纳斯达克小型股市场)，进一步优化了市场结构，吸引不同层次的企业上市。

2007 年 5 月，纳斯达克以 37 亿美元收购北欧证券市场 OMX 公司，联合组建一个跨大西洋的交易平台，新公司命名为纳斯达克 OMX。

2008 年，纽交所并购了美国股票交易所(American Stock Exchange)。

随着计算机网络技术的发展，美国出现了大量基于电子化网络，以匹配成交证券买卖双方的委托指令为目的，发挥传统交易所的类似功能，但又不是交易所的交易平台，美国证监会统称之为另类交易系统(ATS，Alternative Trading System)。截至 2012 年 4 月底，全美各种形式的 ATS 加在一起达 90 家之多。

① 在美国，场外市场是所有非挂牌股票的交易场所。

（二）美国证券市场结构

美国证券市场经过长期发展，形成集中与分散相统一、全国性与区域性相协调、场内交易与场外交易[①]相结合的体系。美国证券市场是一个多层次全方位的市场体系，其结构如图6-2所示。

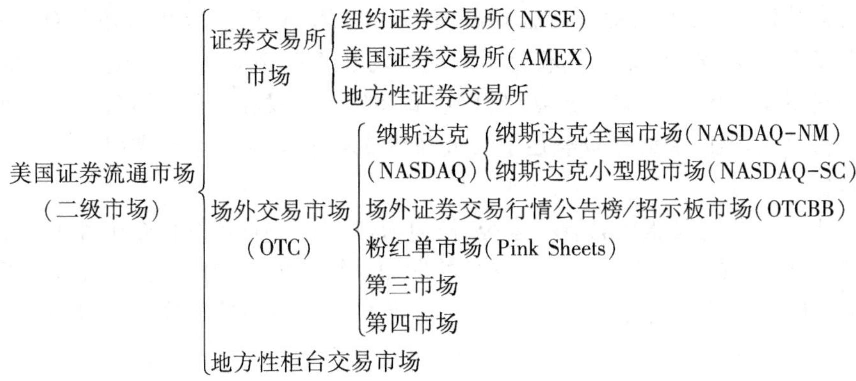

图6-2 美国证券流通市场结构图

美国的多层次资本市场结构为：

第一层次：由纽约证券交易所（NYSE）和纳斯达克全国市场（the NASDAQ National Market，NASDAQ-NM）构成，上市标准较高，主要是面向大企业提供股权融资的全国性市场。纽约证券交易所成立于1792年，是全球规模最大和流通性最强的交易所，俗称"大交易所"（Big Board），截至2006年1月底共有2 267家上市公司，全球市值接近14万亿美元。在NASDAQ-NM市场上市的公司大概有3 151家，股票总市值超过3.78万亿美元。经过近30年的时间，在NASDAQ市场发行的外国公司股票数量，已超过纽约证券交易所和美国证券交易所的总和，成为外国公司在美国上市的主要场所。2006年2月15日，NASDAQ市场宣布将NASDAQ市场内部进一步调整为三个层次：Global Select Market、Global Market（即原National Market）和Capital Market，并于7月全面实施，主要是为在NASDAQ市场中建立一个最高上市标准的市场层次Global Select Market，与纽约证券交易所市场竞争。目前，纳斯达克市场仍沿用这种市场形式。

第二层次：由美国证券交易所（AMEX）和纳斯达克小型股市场（the NASDAQ Small-Cap Market，NASDAQ-SC）构成，主要是面向中小企业提供股权融资服务的全国性市场。美国证券交易所成立于1849年，于1953年正式命名为美国证交所。相对于纽约证券交易所，其上市公司标准较低，俗称"小交易所"（Little Board或Curb Board）。截至2012年12月31日，共有2 577家上市公司，总市值为5.2万亿美元。虽然其上市公司市值和股票交易量小于纽约和纳斯达克证券交易所，但它是全球最大的ETF交易所和美国第二大股票期权交易所。美国证券交易所于1998年与美国全国交易商协会（NASD）合并，作为美国全国交易商协会下属的交易所独立运营。

第三层次：由太平洋交易所、中西交易所、波士顿交易所、费城交易所、芝加哥证券交易所和辛辛那提证券交易所等区域性交易所构成，是主要交易地方性企业证券的市

① 凡采用电子系统进行报价、交易活动的无形市场都属场外市场，区别于有着固定、有形的交易场所的市场。

场,还有一些未经注册的交易所①,主要交易地方性中小企业证券。

第四层次:由 OTCBB 市场、粉红单市场(Pink Sheets)、第三市场和第四市场构成,是主要面向广大中小企业提供股权融资的场外市场。OTCBB 和 Pink Sheets,是专门为未能在全国性市场上市的公司的股票提供报价和交易的市场。1998 年,据美国全国证券交易商协会统计,全美发行股票的公司约有 56 000 家,除近万家在 NASDAQ,NYSE 和 AMEX 挂牌外,其余约 40 000 多家公司的股票均在 OTC 市场交易。进入这一市场的企业主要是新设立的、从事能源或矿产开发、高新技术开发和有关健康问题应用研究以及许多有特色的企业,场外市场满足了大批高新技术、高风险企业股票融资和风险资本退出的需要。

OTCBB 是全国性管理报价公告栏系统,任何未在 NASDAQ 或其他全国性市场上市或登记的证券,包括在全国、地方、国外发行的股票、认股权证、组合证券、美国存托凭证、直接参股计划等,都可以在 OTCBB 市场上显示有关当前交易价格、交易量等信息。许多公司的股票先在 OTCBB 上市,获得最初的发展资金,通过一段时间的积累扩张,达到 NASDAQ 或纽约证券交易所的挂牌要求后升级到这些市场。因而,OTCBB 又被称为 NASDAQ 的预备市场或是 NASDAQ 摘牌公司的后备市场。

Pink Sheets(粉红单市场)是由私人设立的全国行情局②,为未上市公司证券提供交易报价服务。Pink Sheet 市场专门搜集 OTC 市场中做市商对各类店头交易股票的报价信息并将其公布,在该市场上的证券有全国和地方股票、外国股票、认股权证、组合证券和美国存托凭证等。现在 Pink Sheet 市场上报价的证券有 6 600 多只(其中有一部分股票是在 Pink Sheet 和 OTCBB 上双重挂牌)。对于未在 NASDAQ,OTCBB 和 Pink Sheet 市场三个系统中报价的股票,我们把它们统称为 OTC 灰色股票市场(OTC Grey Market)。

第三市场是指由非证券交易所会员的证券经纪商,在证券交易所之外经营在交易所上市的证券买卖而形成的证券流通市场。为适应大额投资者的需要,美国在 20 世纪 60 年代创建了第三市场。第三市场收取的佣金是通过磋商确定的,通常比在交易所交易的佣金便宜一半,对大宗交易非常有利,所以这个市场越来越受到机构投资者的青睐。

同第三市场相似,第四市场是适应机构投资者的需要产生的,作为机构投资者买卖双方直接联系成交的市场,它一般通过电脑通信网络把会员连接起来,利用该网络报价、寻找买方和卖方。通常,第四市场只涉及买卖双方,无须中间人,能够大大降低交易成本,成交迅速,而且大宗交易不会对证券市场产生冲击。因此,第四市场是一个颇具竞争性和发展潜力的市场。

此外,还存在私募证券的自动报价系统(Private Offering Resales and Trading through Automated Linkages,PORTAL)。PORTAL 系统是由美国全国交易商协会发起运营的,该系统可显示交易证券公司的基本信息和价格。美国证监会 144A 条规则允许合格的

① 由美国证券监督管理委员会依法豁免办理注册的小型的地方证券交易所。

② NQB 是美国全国报价局(National Quotation Bureau)的简称,但它不是行政机构而是私营公司,1913 年 10 月由 Elliot 和 Babson 的公司合并而成,不隶属于美国全国交易商协会(NASD)和 NASDAQ。当时,它主要提供两类市场报价:Pink sheet(粉红单市场)和 Yellow sheet(黄色单市场)。

机构投资者在二级市场交易发行未满一年或二年的私募证券,以增强私募证券的流动性。

第五层次:由地方性柜台交易市场构成,是面向在各州发行股票的小型公司的柜台市场。在美国,还有10 000余家小型公司的股票在各州发行,并且通过当地的经纪人进行柜台交易。

三、发展中国家和地区的多层次资本市场体系

(一)韩国的多层次证券市场

1.韩国证券市场发展历史

韩国证券市场是由债券市场发展起来的。1956年2月11日,大韩证券交易所在汉城(现称“首尔”)建立,标志着韩国证券业开始启动。不过当时,该交易所的交易活动以政府债券交易为主,股票交易很少。此后,随着经济发展,韩国资本市场也得到了较快的发展。1963年政府对大韩证券交易所进行了重组,使之成为政府所有的非营利公司,并更名为韩国证券交易所(KSE)。此后,韩国政府又颁布了一系列政策措施①促进证券市场发展。1987年的股灾严重影响了韩国证券市场,韩国决意建立自己的期货市场。1990年1月,韩国证券交易所编制了由200个大企业股票组成的KOSPI200指数。1996年5月3日,韩国证券交易所正式开始KOSPI200指数期货交易,次年6月又推出了KOSPI200指数期权交易。1996年7月1日,旨在为风险企业募集资金的科斯达克市场(KOSDAQ)建立。2000年3月又创建了韩国第三市场(KOTCBB)。此后,为了进一步整合资源,韩国政府对证券市场采取了一系列的整合措施。2005年1月19日,韩国证券交易所(KSE)与韩国期货交易所(KOFES)、韩国创业板(KOSDAQ)合并,成立韩国证券期货交易所(KRX),有1 600多家企业上市,标志着整合的最终完成。此后,韩国证券期货交易所逐渐推出多种衍生工具产品,2005年推出了KRX100指数并建立了ELW市场,2006年推出了日元和欧元期货,2007年首家外国公司上市和外国ETF,2009年KRX开发了富时指数(FTSE),2010年推出了夜间KOSPI200欧洲期货交易所期权交易并推出了迷你黄金合约,2011年建立了老挝证券交易所(KRX持股49%)和柬埔寨证券交易所(KRX持股45%),2012年推出了石油交易市场。韩国证券期货交易所正逐渐完善。2013年开设针对创业初期的中小企业的KONEX市场,2014年推出交易所交易债券票据市场和KRX黄金市场,2015年建立了KOSDAQ个股期货市场、碳排放权交易市场、人民币期货市场。

2.韩国证券市场结构

韩国证券市场结构如图6-3所示,韩国证券市场主要分为三个层次。

---

① 如政府于1968年11月颁布了《资本市场促进法》,通过提供税收优惠和其他相关利益鼓励私人公司上市,以增加挂牌公司数量,刺激各部门投资,使公众更多地持有股票。1972年,政府又颁布《公共公司诱导法》和《短期融资法》。1983年,韩国政府颁布《强化资本市场职能条例》,通过在银行贷款和税收方面给上市公司更优惠的待遇,诱使私人公司成为公众公司。与此同时,政府还成立了若干证券监管机构,如“证券交易委员会”、“证券监管局”、“证券清算公司”和“证券交易商协会”,由这些机构对证券市场进行监管、服务和协调,以保证证券市场的正常运作和健康发展。

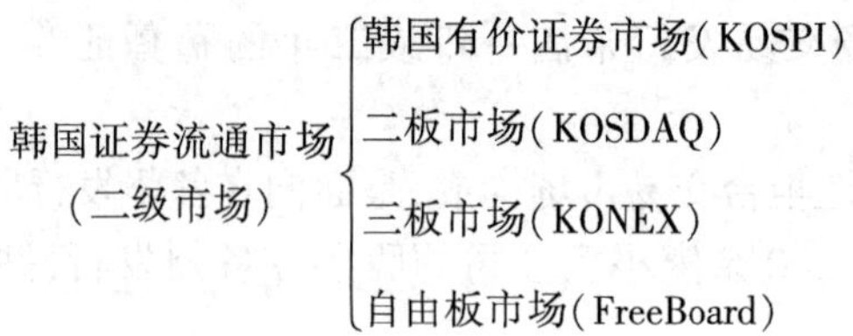

图 6-3 韩国证券市场结构图

第一层次：韩国有价证券市场(KOSPI)。2015 年 KOSPI 上市的企业数量达 797 家，占 KRX 市场的上市企业数比 36.32%，市值达 1 242.83 万亿韩元，占韩国所有证券市场市值比约 85.81%。2011 年 KSE 市场交易额 1 327.23 万亿韩元，同比增长 36%，年换手率提升至 307%。

第二层次：韩国的二板市场，又称科斯达克(KOSDAQ)，是为高新技术产业特别是中小型企业提供直接融资的市场。在科斯达克的示范、激励机制下，韩国的信息技术等高科技产业得到迅速发展，并极大地促进了其经济的增长。2015 年上市企业数量达 1 139家，市值达 201.6 万亿韩元，19 年的年复合增长率 18.87%。目前，KOSDAQ 成为除 NASDAQ 外全球最成功的创业板市场，总市值居全球创业板市场前 4，交易金额位居创业板市场第 2。2015 年 KOSDAQ 成交额 873.78 万亿韩元，同比增长 81%，年换手率达 359%。

第三层次：三板市场(KONEX)，是韩国证券交易所针对创业初期的中小企业融资在 2013 年 6 月设立的场所，近年来发展迅速。截至 2015 年末，共有 89 家公司在 KONEX 市场上市，市值规模达到 3.95 万亿韩元，同比增长 178.2%，年换手率 182%，同比增长 366.7%。

第四层次：自由板市场(FreeBoard)，其前身为韩国 KOTCBB 市场，属于场外市场。韩国的场外 OTC 市场成立于 1987 年，旨在为中小规模的非上市公司提供股权交易的平台。至 1995 年 6 月，共有 321 家公司在 OTC 市场注册，股本金总额达37 330亿韩元。为了活跃 OTC 市场的交易，韩国在 2000 年 3 月创立了 KOTCBB，随后又在 2005 年 1 月建立了自由板 FreeBoard，取代 KOTCBB。FreeBoard 市场为不符合 KRX 上市条件的企业及 KRX 退市的企业提供融资和股份转让服务，其挂牌成本低、信息披露及监管要求都较低。其在 2012 年总市值曾突破 1 万亿韩元，但近年来企业数量及交易量均出现萎缩，目前仅有数十家挂牌公司，总市值约为 563 亿韩元。

（二）香港证券市场

1.香港证券市场的发展过程

从 1866 年出现股票交易到 1947 年香港证券交易所成立，由于受制于经济发展水平，香港证券市场发展缓慢，市场规模很小，香港各公司的资金主要来源于银行贷款。从 20 世纪 60 年代开始，香港证券市场进入第一个快速发展时期，上市公司数量增加，股票交易活跃。香港随后又成立了三家证券交易所，即远东证券交易所(1969)、金银证券交易所(1971)和九龙证券交易所(1972)，加上原有的香港证券交易所，时称“四会”。

“四会”并存虽然为工商企业提供了更多的筹资场所，刺激了二级市场的交易，但“四会”的过度竞争也导致上市公司质量的急剧下降。“四会”独立运作，导致证券交易效率下降,监管不力,投机过度,最终由于"假股票事件"引发了 1973 年 3 月至 1974 年 12 月香港证券市场史上的第一次危机。鉴于这次股灾的教训,香港采取了一系列控制证券交易所和保护股东权益的措施,并于 1974 年成立了香港证券交易所联合会,同时提出了"四会合一"的构想。1986 年 3 月 27 日,四个交易所停止交易,4 月 2 日,合并后的香港联合交易所有限公司正式营业,并取得在香港建立、经营和维护证券的专营权。香港联交所以电脑撮合交易的方式取代了原来公开叫价的传统交易方式,大大提高了交易和监管效率,改善了香港证券市场的形象,并加快了其国际化进程。1986 年 9 月 22 日,香港联交所被接纳为国际证券交易所联合会会员,与世界各主要证券交易所建立了广泛联系和合作。

香港设立二板市场的构想始于 20 世纪 80 年代中期,但均因条件未成熟而搁置。1999 年 7 月 22 日,创业板上市规则在港公布,同年 11 月,第一批符合上市资格的企业在香港创业板上市。截至 2016 年 12 月 31 日,香港交易所证券市场上市的企业共 1 973 家,主板上市公司总市值达到了 24.45 万亿港元,上市证券 8 591 支,信托基金 157 支,债券 892 支,牛熊证 1 844 支。2016 年香港交易所首次公开招股集资额在全球交易所中排名第一,证券市场的股份集资总额为 4 901 亿港元,交易所买卖基金及房地产投资信托基金的成交金额分别创出 10 114 亿港元及 911 亿港元的新高。证券市场的飞速发展对香港经济增长起到了巨大的促进作用。

2.证券市场结构

香港证券市场已经成为一个开放型、国际化和多元化的大型证券市场,是亚洲仅次于日本的最大证券市场。在 20 世纪 90 年代初,香港股市就已被国际金融公司列为成熟市场(Developed Market),并跻身于世界 10 大市场之列。香港证券市场结构如图 6-4 所示。

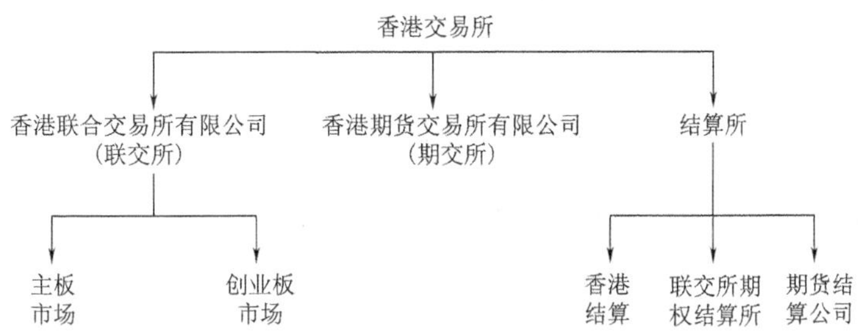

图 6-4　香港证券市场结构

香港证券交易所由香港联合交易所有限公司(联交所)、香港期货交易所有限公司(期交所)和香港中央结算有限公司(香港结算)于 2000 年 3 月合并而成(这三个公司均属于香港证券交易所旗下全资附属公司),为证券及期货市场提供包括公司上市、股票交易、结算交收、信息服务以及市场监管等各项服务,该交易所于 2000 年 6 月 27 日上市。

香港股票市场主要分为两个层次:

第一层次:主板市场,主要吸纳具有一定规模及拥有营业和赢利纪录的公司。截至 2016 年 12 月 31 日,共有 1 713 家上市公司,8 330 支上市证券,市价总值 24.45 万亿港元,集资总额 4 712 亿港元。

第二层次:创业板市场,主要是面向高速增长但可能缺乏赢利纪录的公司。香港创业板市场于 1999 年 11 月成立,主要是根据美国纳斯达克股票市场的模式而设立的二板市场,为新兴企业尤其是与高科技业务有关的公司提供融资的场所。截至 2016 年,香港创业板共有普通股 260 支,认股权证 1 支,市价总值达到 3 108.72 亿港元,集资 189 亿港元。创业板市场对上市公司没有行业类别及公司规模的限制,且不设赢利要求,也不需像主板市场的上市公司一样必须具备三年业务记录,只需显示公司有两年的活跃记录。因此,不少具有发展潜力但发展历史较短的公司会通过创业板申请上市交易。香港约有中小企业 28 万家,占全港企业总数的 98%,雇用劳动力约 140 万人,占劳动人口的近 60%。目前,香港中小企业面临的最大困难在于资金缺乏。因此,设立创业板市场为这些企业的发展及其向高科技、高增值方向转型提供了一个顺畅的融资渠道,并有利于新生科技企业的创业和发展。

2013 年 7 月 16 日,日本东京证券交易所与大阪证券交易所合并现金股票交易平台,成立日本交易所集团,合并后 3 423 家上市公司的数量与总市值在当时均跃居世界第三。

通过前面的介绍我们看到,无论是发达国家还是新兴市场国家都在极力构建多层次股票市场,以美国为例,其组建多层次股票市场的目的是为不同的企业发行不同类型的有价证券,以满足不同规模和不同背景企业的多样化融资要求。与此同时,对于投资者而言,根据自己的知识水准和风险系数购买不同市场的指数化产品,是分享经济成果的最简捷途径。这就是为何美国经济持续不佳,美股投资风险很大,但是道指、标普 500 指数和纳斯达克指数却看起来很好的原因。

阅读拓展

国际股票市场的联合趋势

1998 年 10 月,纳斯达克和美国证券交易所合并。

1999 年 1 月,巴黎和瑞士交易所同意交叉会员制,以使其会员可以在交易所大屏幕上了解到两个交易所全部交易信息。

1999 年 2 月,纽约证券交易所宣布将考虑提前每天开市时间,延长交易时间至半夜,以方便欧洲和亚洲投资者及个人投资者。

1999 年 3 月,伦敦股票交易所和法兰克福股票交易所宣布将考虑建立泛欧洲交易所的计划。参与会谈的包括巴黎、苏黎世、米兰、马德里、阿姆斯特丹和布鲁塞尔。

2000 年 3 月巴黎、布鲁塞尔和阿姆斯特丹证券交易所宣布合并成泛欧交易所。2002 年 1 月成功收购伦敦国际金融期货期权交易所股份有限公司。同年 2 月又再收购葡萄牙交易所 BVLP (Bolsa de Valores de Lisboa e Porto)。2003 年 12 月宣布把伦敦结算部和结算网合并为伦敦结算网(LCH. Clearnet),成为全欧洲最大中央结算服务中心。

2004 年 11 月,泛欧交易所整合完成,使用单一现金交易和衍生交易工具产品。

2006 年 6 月,纽约证券交易所与泛欧证交所宣布合并。

2006年6月，纽约证券交易所击败德国交易所，将泛欧交易所收入旗下，正式合并成为NYSE Euronext，首个全球性的证券交易所。合并后的交易所将把全球总部设在巴黎和阿姆斯特丹，纽约则仍是美国的总部所在。

2013年8月27日，美国第三大股票交易所BATS Global Markets和第四大股票交易所Direct Edge宣布合并计划，新公司将使用BATS名称，目标是取代纽约证券交易所和纳斯达克交易所在全球股票市场的地位。两家交易所合并后市值将超过纳斯达克，成为美国第二大交易所。

2017年1月20日，由中国金融期货交易所、上海证券交易所、深圳证券交易所、中巴投资有限责任公司、巴基斯坦哈比银行组成的联合体正式收购巴基斯坦交易所40%的股权，其中三家交易所合计持股30%。

本章小结

1.国际债券市场可以分为两大部分：外国债券和欧洲债券。外国债券是由外国借款人在一国国内资本市场发行的以一国国内货币标价的债券。外国债券与一般国内债券之间的区别，是由国家对本国居民发行的债券与对外国人发行的债券制订的法律上的区别所造成的。欧洲债券是境外货币债券，它是指在某货币发行国以外，以该国货币为面值发行的债券。面值为美元的欧洲债券称为欧洲美元债券。欧洲债券市场已经成为国际资本市场的一个重要组成部分，发挥着越来越重要的作用。

2.股票是股份公司为筹措资本而发行的有价证券，是持股人拥有公司股份的权利凭证。一旦投资人完成自己交钱购买股票的义务，便成为公司股东，而股票便成为其行使对股份公司股份所有权、收益权及经营管理参与权的凭证。国际股票是在国际证券市场上发行与交易的股票的总称。

3.美国证券市场经过长期发展，形成集中与分散相统一、全国性与区域性相协调、场内交易与场外交易相结合的体系，成为全球多层次股票市场体系的典范。第一层次，由纽约证券交易所和纳斯达克全国市场构成；第二层次，由美国证券交易所和纳斯达克小型股市场构成；第三层次，由太平洋交易所、中西交易所、波士顿交易所、费城交易所、芝加哥证券交易所、辛辛那提证券交易所等区域性交易所构成；第四层次，由OTCBB市场、粉红单市场、第三市场和第四市场构成；第五层次，由地方性柜台交易市场构成。

复习思考题

1.什么是国际债券市场？说明其分类。

2.什么是国际股票市场？说明其分类。

3.为什么要建立多层次的股票市场体系？

4.谈谈你对于我国多层次股票市场体系建设的看法。

第七章

国际资本流动

本章要点

资本流动分为三个领域:国内资本的流动、国内资本与国际资本的互相转化和国际资本的流动。国内资本流动以信贷和财政收支两种方式进行;国内资本与国际资本的互相转化主要表现为银行资本的输出、输入和产业资本的直接投资;国际资本流动主要表现为欧洲货币市场的资本转移。那么,什么是国际资本流动?国际资本流动的类型、特点是什么?我们该如何看待国际资本流动的功能和作用?本章将对此进行详细的介绍和论述。在第一节中,我们将就国际资本流动的概念类型、特点及原因等问题进行介绍。在第二节中,我们关注国际资本流动的相关理论,包括早期国际投资理论和国际直接投资理论两部分。在第三节中,主要探讨国际资本流动对一国经济的影响与监管措施。

第一节　国际资本流动概述

一、国际资本流动的概念

国际资本流动是指资本从一个国家或地区转移到另一个国家或地区，即一国的公司和银行通过证券投资或直接投资等形式，将货币资金、生产设备或者专有技术转移到其他国家从事国际放贷或跨国经营，以谋取高额利息或利润的经济过程。一个国家的国际收支平衡表中的资本项目，反映着这个国家在一定时期内同其他国家或地区之间的资本流动综合情况。国际资本流动主要包括：资本流动方向，即流入和流出；资本流动规模，即总额和净额；资本流动种类，即长期和短期；资本流动性质，即政府和私人；资本流动方式，即投资和贷款等。

二、国际资本流动的类型

（一）资本流入与资本流出

按资本流动的方向，国际资本流动可分成资本流入和资本流出。资本流入是指外国资本流入本国，主要表现为外国在本国的资产增加，外国对本国的债务减少，本国对外国的债务增加，本国在外国的资产减少；资本流出是指本国资本流向外国，主要表现为外国在本国的资产减少，外国对本国的债务增加，本国对外国的债务减少，本国在外国的资产增加。

（二）国际商业资本、货币资本及生产资本流动

按国际资本流动的形态划分，国际资本流动可分为国际商业资本流动、国际货币资本流动和国际生产资本流动。从历史发展的进程看，国际资本流动首先表现为商业资本的流动，即国际贸易；其次表现为货币资本的流动，即以国际借贷、国际证券投资为主要形式的国际间接投资；再次表现为生产资本的流动，即国际直接投资。

（三）长期资本流动和短期资本流动

按国际资本流动的期限划分，国际资本流动可分为长期资本流动和短期资本流动。长期资本流动是指期限在1年以上的资本流动，包括货币资本（如对厂矿企业的投资）、实物资本（如设备）、财务资本（如对债务、股票的投资）和对外资产与负债（如贷款）。短期资本流动是指期限为1年或1年以下的资金（也包括货币现金）流动。短期资本流动一般都借助于各种信用工具——票据进行，包括短期政府债券（如国库券）、可转让银行定期存单、商业票据、银行承兑汇票、银行活期存款凭证等。

（四）国际直接投资、国际证券投资和国际贷款

按国际资本流动的方式划分，国际资本流动可分为国际直接投资、国际证券投资和国际贷款。国际直接投资是指一个国家的投资者采取各种形式直接在另一个国家的工矿、商业和金融服务业等领域进行的投资。国际直接投资主要有四种形式：在国外创办新企业，包括创办独资企业、设立跨国公司分支机构、开设子公司及同他国资本结合创

立合营公司；直接收购现有的外国企业；购买外国企业股票并达到一定比例；以投资利润进行再投资，即投资者把在国外获得的利润的一部分或全部留在国外，对国外原企业或其他企业进行再投资。

国际证券投资是一种间接投资，是指在国际债券市场上买卖中长期债券或在外国股票市场上买卖上市公司股票而进行的投资。国际证券投资有三个特点：第一，证券投资的目的在于凭债券、股票等证券获得债息、股息或红利；第二，证券中债券的发行构成筹资国的外债；第三，证券投资必须有上市机制或自由灵活的国际证券市场交易，允许随时买卖、转让国际证券。

国际贷款包括政府贷款、国际金融机构贷款和其他贷款。政府贷款，是指各国政府或政府机构之间的贷款。这种贷款一般都有优惠条件，具有援助的性质①。这种贷款的贷款国通常要求达到一定的经济或政治目的。国际金融机构贷款，是指国际性金融机构（如国际货币基金组织、世界银行）和区域性金融机构（如亚洲开发银行、非洲开发银行）对其会员国提供的特种贷款。其他贷款，是指上述形式以外的其他国际性贷款，如出口信贷、租赁信贷、补偿贸易信贷和跨国银行信贷等。

三、国际资本流动的特点

随着国际资本流动的发展，其越来越呈现出如下的特点。

（一）发展速度快，资金规模大

从发展速度上讲，国际资本流动的增长速度远远快于世界贸易的增长，并且这一增长是持续性的，很少受世界经济周期波动的影响。例如，在过去的20年里，全球GDP年均增长3.5%，国际贸易年均增长7%，国际资本流动年均增长14%，世界进出口贸易量曾因世界经济的周期性衰退在1979—1982年及1990—1993年这两个阶段中出现小幅下降或徘徊，而与此同时，国际资本流动却未受影响，并保持了持续高速增长的势头。另外，一大批在国际资本流动中居于突出地位的离岸金融中心都出现在经济和贸易都不太发达的国家和地区，如巴哈马、巴林、开曼群岛、菲律宾、新加坡、阿联酋等。国际资本流动的这些特征说明它已摆脱了对实物经济的依赖。从发展的规模来看，20世纪七八十年代，国际资本流动的规模取得了猛烈扩张。据国际清算银行等机构的估计，2007年国际资本流动总额已达到1.5万亿美元。2008年，源自美国的次贷危机不断升级并在世界范围内蔓延，最终演变为全球性金融危机，国际资本流动受到了巨大冲击，出现明显的下降趋势。2008年全球FDI流量为1.66万亿美元，比2007年下降15%。联合国贸易和发展会议（UNCATD）2016年发布的最新数据显示，2015年全球外国直接投资流入量达到1.76万亿美元，比2014年增长37.99%，达到2008年次贷危机以后的最高水平。

（二）国际资本证券化

所谓证券化，是指金融业务中证券业务的比重不断增大，信贷流动的银行贷款转向可买卖的债务工具。资产证券化日益成为国际债券市场的一个潮流，美国债券市场表

① 如发达国家的政府或政府机构以优惠利率为发展中国家提供的用于经济建设或指定用途的双边贷款，发达国家之间提供帮助用来扭转国际收支逆差的“互惠信贷”等。

现尤为明显。

20世纪90年代以来,资产证券化产品在国际债券市场得到快速发展,成为一个潮流。美国债券市场表现最为突出,据美国证券业与金融市场协会(SIFMA)统计,到2016年末,美国资产支持债券(ABS)和按揭支持债券(MBS)的余额分别达到1 329.8亿美元和89 164亿美元,比1989年末分别增长了34.69倍和6.48倍(同期美国全部债券余额增长了4.99倍),占全部债券余额的比例分别达到3.38%和22.65%,比1989年末分别上升了2.87个和4.51个百分点。

(三)机构投资者的作用日益重要

机构投资者包括共同基金、对冲基金、养老基金、保险公司、信托公司、基金会、捐款基金以及投资银行、商业银行和证券公司等。在许多工业化国家,居民家庭储蓄行为的多元化和金融业的开放使机构投资者掌握的金融资产急剧上升。1985年,美国10个最大的机构投资者管理的资产价值为9 690亿美元,30年后,十大机构投资者所管理的资产达到10.14万亿美元,其中共同基金的增长尤其突出。截至2015年年末,美国拥有8 116只共同基金,投资总额超过了15.65万亿美元,远超过其国内11万亿银行存款的数额。到了2015年底,美国共同基金中的个人持有比例高达89%。1980—2016年,美国持有共同基金的家庭户数从460万户上升到5 490万户,占家庭总户数的比例从5.7%提高到43.6%,也就是说,目前有近一半的美国家庭持有基金。显然,在其他大多数工业化国家及发展中国家,储蓄的机构化管理,特别是居民家庭将银行账户转移到共同基金的做法还不像美国那样突出,但这种趋势已经日渐明显,且在未来还将不断地加快发展。机构投资者规模的迅速发展必然在客观上需要将其资产在全球范围内进行配置,从而在国际资金流动中发挥中介作用。

资料链接

量子基金(Quantum Fund)

当前,机构投资者在国际资本流动过程中发挥了越来越重要的作用,在众多的机构投资者中,对冲基金成为人们关注的焦点,其中最著名的对冲基金莫过于量子基金,20世纪90年代发生的多次货币危机都与其有关。

量子基金由双鹰基金演变而来。双鹰基金由索罗斯和吉姆·罗杰斯于1969年创立。量子基金投资于商品、外汇、股票和债券,并大量运用金融衍生产品和杠杆融资,从事全方位的国际性金融操作。索罗斯凭借其过人的分析能力和胆识,引导着量子基金在世界金融市场一次又一次的攀升和破败中逐渐成长壮大。经过不到30年的经营,至1997年末,量子基金已增值为资产总值近60亿美元的巨型基金。

量子基金虽只有60亿美元的资产,但由于其在需要时可通过杠杆融资等手段取得相当于几百亿甚至上千亿资金的投资效应,因而成为国际金融市场中一股举足轻重的力量。在20世纪90年代中发生的几起严重的货币危机事件中,索罗斯及其量子基金都负有直接责任。

量子基金成为国际金融界的焦点,是由于索罗斯凭借该基金在20世纪90年代所发动的几次大规模货币狙击战。20世纪90年代初,为配合欧共体内部的联系汇率,英镑汇率被人为固定在一个较高水平,引发国际货币投机者的攻击,量子基金率先发难,在市场上大规模抛售英镑而买入德国马克。英格兰银行虽大力抛出德国马克购入英镑并配合以提高利率的措施,仍不敌量子基金的攻击而退守,英镑被迫退出欧洲货币汇率体系而自由浮动,短短1个月内英镑汇率下挫20%,而量子基金在此次英镑危机中获取了数亿美元的暴利。在此不久后,意大利里拉亦遭受同样命运,量子基金同样扮演主角。在美洲,它又引发墨西哥金融危机。1994年,索罗斯的量子基金对墨西哥比索发起攻击。为控制国内的通货膨胀,比索汇率被高估并与美元挂钩浮动。由量子基金发起的对比索的攻击,使墨西哥外汇储备在短时间内告罄,不得不放弃与美元的挂钩,实行自由浮动,从而造成墨西哥比索和其国内股市的崩溃。在亚洲,它引发了1997年开始的东南亚金融危机。量子基金从大量卖空泰铢开始,迫使泰国放弃维持已久的与美元挂钩的固定汇率而实行自由浮动,从而引发了一场泰国金融市场前所未有的危机。危机很快波及所有东南亚实行货币自由兑换的国家和地区,迫使除了港币之外的所有东南亚主要货币在短期内急剧贬值。东南亚各国货币体系和股市的崩溃以及由此引发的大批外资撤逃和国内通货膨胀的巨大压力,给这个地区的经济发展蒙上了一层阴影。

然而,1998年以来,投资失误使量子基金遭到重大损失。先是索罗斯对1998年俄罗斯债务危机及对日元汇率走势的错误判断使量子基金遭受重大损失,之后投资于美国股市网络股,结果股价也大幅下跌。至此,索罗斯的量子基金损失总数达近50亿美元,量子基金元气大伤。2000年4月28日,索罗斯不得不宣布关闭量子基金。量子基金这一闻名世界的对冲基金至此寿终正寝。同时,索罗斯宣布将基金的部分资产转入新成立的"量子捐助基金"继续运作,他强调"量子捐助基金"将改变投资策略,主要从事低风险、低回报的套利交易。

(四)金融衍生工具的应用日益广泛

目前,金融衍生工具的应用和影响越来越大,金融衍生工具市场已经逐渐取代了现货市场的传统优势地位,互换、远期合同、期货和期权交易额的增加都极大地超过现货交易额的增加,外汇市场场内外衍生品交易均取得了长足发展,尤其是20世纪90年代以来,随着金融产品的日新月异和国际贸易的发展,衍生品市场发展的空间进一步扩大。

国际清算银行(BIS)每三年一次对各国中央银行就外汇市场和衍生品市场发展进行的调查结果显示,自1998年以来,全球外汇衍生品市场规模迅速扩大,日均交易额已从1998年的0.97万亿美元增长到2016年的5.07万亿美元,增幅达422.68%,特别是2001年以后,交易额大幅增加,市场规模迅速扩大。见表7-1。

表7-1　全球外汇衍生品市场日均交易量变化趋势　　单位:10亿美元

交易品种		2001年	2004年	2007年	2010年	2013年	2016年
直接远期	7天以内	51	92	154	219	270	270
	7天-1年	76	111	200	245	378	412
	1年以上	4	5	7	11	31	18
	合计	131	208	361	475	679	700

续表

交易品种		2001年	2004年	2007年	2010年	2013年	2016年
外汇掉期	7天以内	451	700	1 329	1 300	1 573	1 635
	7天–1年	196	242	365	442	579	713
	1年以上	8	10	18	15	87	30
	合计	655	952	1 712	1 757	2 239	2 378
货币互换		7	21	31	43	54	82
期权与其他衍生品		60	119	212	207	337	254
即期交易		386	631	1 005	1 489	2 047	1 652
总计		1 239	1 931	3 321	3 971	5 356	5 066

四、国际资本流动的原因

引发国际资本流动的原因很复杂，概括起来主要有以下几个方面。

（一）过剩资本的形成

过剩资本是指相对的过剩资本。随着资本主义生产方式的建立，资本主义劳动生产率和资本积累率的提高，资本积累获得了迅速增长而产生了过剩资本。在资本家剥削的特性以及资本家唯利是图的本性的双重支配下，大量的过剩资本被输往国外，追求国外高额利润，从而造成资本主义国家之间的资本转移。随着资本主义的发展，资本在国外取得的利润也大量增加，这反过来加速了资本积累，加剧了资本过剩，最后扩大了资本的对外输出，又进一步加剧了国际资本流动。过剩资本的形成是国际资本流动的根本原因。

（二）利率、汇率两大经济杠杆的影响

利率、汇率是推动国际资本流动的两大基本因素。利率、汇率水平的高低不仅制约着资本的收益率，而且也直接影响资本流动的方向。当今世界各国经济发展与富裕程度不一，各国之间的利率水平不同而存在利差。这样，资本就会在利润机制的驱动下，从利率较低（可能资本比较充裕）的国家或地区流向利率较高（可能资本比较短缺）的国家或地区，直到利差消失为止，投资在这个过程中达到利润最大化。

利率、汇率的高低、稳定与否也影响着资本的流动尤其是短期资本的流动及其方向。20世纪70年代以来，世界普遍实行浮动汇率制，各国货币汇率经常波动，且幅度较大。如果一个国家汇率不稳定，本国资本所有者可能会预期所持的资本将贬值，会把手中的资本转换成另一种货币资产而存于国外，从而使资本向汇率较为稳定的国家或地区流动。

（三）财政赤字与通货膨胀的发生

财政赤字与通货膨胀在一定条件下是相通的，两者都会引起国际资本流动。如果一国发生财政赤字，而这个赤字又以发行纸币来弥补，必然造成通货膨胀压力。一旦发生严重通货膨胀，居民为避免持有的资产贬值，就会把国内资产转换为外国债权。如果

财政赤字是以出售债券或外国借款来弥补的，也会导致国际资本流动。因为居民可能预期在将来某个时期，政府又会靠发行纸币来抵偿债务或征收额外赋税来偿付债务，这样又会促使居民把资产从国内转移到国外。

（四）政治、经济以及战争风险的存在

政治、经济以及战争风险的存在也是影响国际资本流动的一个重要因素。政治风险是指由于一国的投资气候恶化而可能使资本持有者遭受损失的可能性。这里的投资气候，是针对被投资国的政局是否稳定、法律是否健全以及政治态度是否友好等而言的。经济风险是指由于一国投资条件发生变化而给资本持有者招致损失的可能性。这里的投资条件，涉及被投资国的经济状况是否良好、经济前景是否广阔、基础建设是否完善、居民与非居民的资产安全是否有保障以及有关的税收、利润分配是否优厚和汇出的办法对投资者是否合适等方面的内容。战争风险，是指将爆发或已爆发的战争对资本造成的可能影响。如海湾战争，就使国际资本流动发生了重大变化，在战争期间许多资金流往以美国为主的几个发达国家（大多为军费），战后又有大量资本涌入中东，尤其是科威特。

（五）发展中国家利用外资策略的实施

发展中国家引进和利用外资，是发展本国民族经济的一种途径，也是导致国际资本流动的一个重要原因。由于历史的原因，发展中国家或地区一般都处于经济相对落后、建设资金短缺、产业结构不合理以及管理经验缺乏等状态。为此，第二次世界大战后，许多发展中国家都先后积极引进外资，并从其中获得先进技术、先进管理经验乃至部分世界市场，以推动本国经济的发展。

（六）其他因素的影响

其他因素包括资本预期收益、外汇管制、国际收支调节以及国际金融市场运作等。

第一，资本预期收益。这是企业资本追求的目标，是影响国际资本流动的直接因素。当一国的资本预期收益率高于它国，资本就会从他国流向这个国家；反之，资本就会从这个国家流向他国。

第二，外汇管制的松紧，会直接或间接地影响国际资本流动。一个国家外汇管制较宽松或没有外汇管制，国际资本就容易输出、输入；而一国外汇管制严格，必然会使资本流动在运用范围、规模以及方式方面受到制约，从而妨碍资本在国际的流动。

第三，国际收支调节措施，会促使国际资本流动。当一个国家发生逆差时，该国可能会利用资本输入，暂时改善国际收支；反之，当一国发生顺差时，该国可能会利用资本输出，减少过多的顺差。

第四，国际金融市场运作，为国际资本集散提供健全的基础，并加速资本的全球性转移。国际金融市场经验数据表明，自 20 世纪 80 年代中期以来，无论是市场业务量、资金周转的数量与速度，还是各种外汇远期交易、利率远期交易和其他金融衍生产品交易，都出现了前所未有的扩张局面。

背景资料

中国近年来的资本外流现象

自2014年6月以来持续存在的中国私人资本外流现象有两种不同的解释。一种解释是,投资者集体出售国内资产;另一种解释则是,中国企业正在偿还其美元债务。我们更倾向于第二种解释。但需要强调的是,上述两种说法都没有考虑到离岸人民币存款缩水这一因素。

根据国际清算银行(BIS)2015年三季度数据,流入中国的跨境银行贷款净减少1 750亿美元,几乎相当于2015年一季度流出量的两倍。这一数据反映出流入中国的贷款大幅下降和流入中国的负债(即中国的跨境存款)持续增长。国际货币基金组织(IMF)的新数据显示,在如此大规模的资本外流中,有120亿美元是由于中国官方在境外银行的外汇储备增加(资本外流),余下的1 630亿美元则是由非外汇储备造成的(这部分私人资本外流才是值得认真分析的部分)。数据显示,这些通过BIS汇报外流的资金反映:①离岸人民币存款的减少;②中国企业跨境净美元债务减少;③中国企业在境内的净美元债务减少。

(1)离岸人民币存款减少。由于人民币对美元贬值,企业和居民部门减少了人民币存款,人民币离岸市场的银行相应减少了其在内地银行中的跨境人民币存款。特别是中国台湾、香港特别行政区、韩国、澳门特别行政区和新加坡的银行在2015年三季度共计减少人民币存款约400亿美元。为了应对人民币存款需求下降,上述国家(和地区)及其他部分地区的银行减少了其在中国大陆银行的跨境人民币存款,导致了800亿美元(中国央行数据)的资本流出,占1 630亿外流资本的一半。

(2)中国企业跨境净美元债务减少。人民币走弱加速了中国企业偿还外币债务的速度,这在数据上表现为中国企业跨境净债务的减少。其中,外币(以美元为主)的债务达到340亿美元,这也是1 630亿美元的外流资本的组成部分。中国公司在境内的美元净债务下降。2015年三季度,中国企业减少了在境内银行的外币贷款,导致境内银行减少了跨境净负债(资本外流)。中国央行数据显示,当季中国企业向境内银行偿还外币贷款70亿美元。如果内地银行在境外的BIS汇报行缩减头寸,这也可以看作是1 630亿美元资本外流的一部分。总之,离岸人民币存款减少800亿美元、中国企业偿付跨境外币债务340亿美元和境外外币债务70亿美元,共计1 210亿美元,这几乎占到BIS公布的1 630亿美元非外储资本外流金额的3/4。

而在2015年四季度,有数据显示中国资本外流可能仍在继续。根据中国央行发布的人民币存款数据(四季度减少240亿美元,三季度减少800亿美元),可以发现离岸人民币存款减少的速度有所放缓。但香港金融管理局数据显示10月和11月(香港份额占BIS中国非银行机构跨境债券的近40%)跨境资本外流还在加速。此外,2015年四季度中国企业在岸外币贷款净减少了290亿美元,高于三季度的70亿美元。

2016年一季度价格走势显示,相较2015年下半年,在各种因素的影响下资本外流情况更为严重。中国央行1月初对汇率的管理行为被许多市场参与者理解为人民币对美元将进一步贬值的信号,随后离岸人民币拆借利率一度飙升至2015年8月至9月的水平。在岸和离岸即期汇率的汇差比第三季度更大,离岸人民币远期汇率急剧贬值。值得一提的是,货币市场和双边汇率的大幅波动与人民币对一篮子货币的有限波动形成了鲜明对比。

简而言之,我们研究发现,中国近期的资本外流很大程度上是因为离岸人民币市场的持续收缩以及中国企业偿付外币债务。中国央行宣布采取有效措施以保持人民币稳定,可能暗示着若美元相对主要货币升值,人民币将对美元贬值。在这种情况下,离岸储户可能不会将人民币存款继续持有至到期,而中国企业也有理由继续偿还美元债务。

(资料来源:本·可平,凯瑟琳·科赫,詹保罗·帕里塞,等:"全球资本流动新动向",《中国经济报告》,2016(5):78-83。)

第二节 国际资本流动理论评述

一、早期国际投资理论

早期的国际投资理论解释资本流动主要以间接投资为研究对象,这些理论又称国际间接投资理论,是后来发展起来的国际直接投资理论的渊源。

(一)利率理论

利率理论认为国际资本流动取决于各国证券(股票、债券)收益率的差别。当一国的证券资产价格一定时,利率越高,其收益就越高;反之,利率越低,其收益就越低。若两国利率不同,同样价格的证券就会有不同的收益率,证券投资者就会抛售收益率低的证券,转而购买收益率高的证券,从而引起资本在国际的流动。

早期利率理论不仅直接解释了国际的借贷活动,而且也以利率学说为基础解释了国际证券投资活动。根据利率理论,资本在国家之间的流动是由不同国家之间利率水平的差异造成的,资本倾向于从利率水平较低的国家流向利率水平较高的国家。资本充裕国家的资本相对价格(利率)相应较低,资本短缺国家的资本相对价格(利率)相应较高,资本就从资本富裕国家流向资本贫乏的国家,最终达到一种均衡,在完全竞争的国际资本市场上只有一种利率存在。

这种理论对以证券投资为主的间接投资尚能做出较为有效的解释,但对跨国直接投资则无法解释。按照这一理论,资本流动总是从资本供给相对丰富的国家流向资本供给相对稀缺的国家。但第二次世界大战后的实际情况却是另外一种情形,发达国家不仅资本市场发育较充分,而且相互之间的投资在数量上也占优势。这个现象说明,资本国际流动与利率理论的解释并不完全相符,由此产生了新古典的利率理论。

(二)新古典理论——国际资本流动的一般模型

新古典理论认为,决定国际资本流动的因素是不同国家的资本边际生产力差异和相应的利率差异。所谓资本边际生产力,就是指每追加一个单位的资本所能够生产出来的产品数量。在其他条件不变的情况下,随着资本投入的增加,每一单位资本生产的产品数量发生递减，最后一单位资本所生产出来的产品的价值决定了资本要素的报酬(即利息率)。由于发达国家资本的边际生产力高，因此国际资本流动多发生在发达国家之间。新古典理论还认为，资本在国际的自由流动，将使资本的边际生产力国际平均化，从而可以提高总体资本的利用效率。

新古典理论引入资本边际生产力的概念，认为资本边际生产力的差异才是决定资本国际流动的因素，较好地解释了资本流动多发生在发达国家的现象。资本总是流向资本边际生产力高的国家，而发达国家资本边际生产力高于不发达国家，因此，资本国际流动并不像古典理论认为的那样，从发达国家流向发展中国家，而是在资本边际生产力相对较高的发达国家之间流动。古典理论只从流通领域考察资本的国际流动，而新古典理论则从资本的生产对流通领域的影响来考察资本的国际流动，这是新古典理论的一个进步。

(三)资产选择理论

资产选择理论由马科维茨(H.Markowitz)于1952年提出，这种理论又称“风险—收益考察法”。其理论要点有：第一，所有的资产都具有风险与收益两重性。投资者进行投资选择时，如要在货币与债券之间选择何种资产及其比例时，就要权衡这两种资产的两重性大小。要做到这一点，就必须运用风险—收益无差异曲线和有限资产曲线作为权衡工具，当两曲线相切时，就可得到最佳资产组合。第二，分散定理。这一定理说明，在资产收益率既定的条件下，分散化或混合的资产结构可以减少风险，即在投资时，不应单调地只选择某种资产，而应该按适当的比例多样化地拥有各种资产。这样，即使某种资产受到损失，也可以通过其他资产的收益及时弥补。用一句西方的谚语来说，就是“不要把所有的鸡蛋放在一个篮子里面”。总之，资产选择理论就是为了减少因不确定(未来的不确定)而可能带来风险的一种分散资产理论。投资者为了尽可能地分散投资所面临的风险，会尽可能地选择在更广泛的市场范围内来配置自己的投资组合，当这种配置资产的市场超越国境时，国际资本流动就自然而然地发生了。

二、国际直接投资理论

第二次世界大战后，尤其是20世纪60年代以后，以跨国公司为主体的国际直接投资迅速发展，成为国际资本流动的主要形式。西方经济学者开始对这一领域产生极大兴趣，从不同角度对国际投资行为进行了研究，提出了各种不同的理论解释，形成了多种理论派别。这些理论阐述了国际资本流动的一些现象(包括动机与效果)，说明了国际资本流动的作用及其所产生的影响。

(一)垄断优势理论

垄断优势理论的奠基者是美国经济学家海默(S.H.Hymer)[①]。他在批判传统的国际资本流动理论的基础上，从实证研究美国跨国公司入手，运用微观经济学中关于厂商垄断竞争的原理来解释跨国公司对外直接投资的动因。

---

① 海默于1960年在其博士学位论文《国内企业的国际经营：对外直接投资的研究》中首次提出，之后又得到其导师金德尔伯格(C.P.Kindleberger)以及约翰逊(H.G.Johnson)、凯夫式(R.E.Caves)等学者补充发展成为完整理论。这是在研究美国跨国公司对外直接投资行为基础上产生的理论，也是最早研究对外直接投资的理论。

传统的国际资本流动理论认为：各国的产品和生产要素市场是完全竞争的；资本从“资本过剩”的国家流向“资本短缺”的国家；国际资本流动的根本原因在于各国间利率的差异。海默认为，这种传统的理论已不能科学地解释战后迅速发展的国际直接投资实践。跨国公司从事对外直接投资，会遇到诸如语言、法律、文化、非国民待遇、汇率风险等方面的障碍。与东道国企业相比，跨国公司在这些方面处于不利地位。既然如此，那么跨国公司为什么还要进行对外直接投资呢？海默认为，主要的原因有两个：一是排除竞争；二是利用优势。

垄断优势理论认为，古典理论的缺陷在于认为市场是完全竞争的，他们主张从不完全竞争市场出发去研究跨国直接投资。在市场不完全的条件下，面对同一市场的各国企业之间存在着竞争，若实行集中经营，则可使其他企业难以进入市场，形成一定的垄断，既可获得垄断利润，又可减少由于竞争而造成的损失。垄断优势理论认为，市场的不完全竞争是跨国公司进行对外直接投资的根本原因。海默认为，至少存在四种类型的市场不完全：产品和生产要素市场不完全；由规模经济导致的市场不完全；政府干预经济而导致的市场不完全；由税负和关税导致的市场不完全。

海默将美国跨国公司对外直接投资的决定因素归结为美国企业所拥有的垄断优势。美国跨国公司之所以能够远涉重洋到海外建立子公司，是由于它拥有某种垄断优势，因而能够获得比国内市场高且超过东道国竞争者的收入。垄断优势理论认为，由于存在不完全竞争，导致跨国公司在国内获得垄断优势，并通过国外生产加以利用，形成跨国直接投资。跨国公司的垄断优势来自三方面：一是产品市场不完善的优势，如新产品、产品差异、特定营销技巧等；二是要素市场不完善的优势，如技术、知识和无形资产、生产诀窍、新工艺等；三是企业规模经济的优势，规模扩大既具有规模效益，又受专利制度保护，还能充分利用企业管理资源。跨国公司利用各国生产要素的差异，通过横向一体化取得内部规模经济的优势，通过纵向一体化取得外部规模经济的优势，并使之转化为公司内部的利润。垄断优势论的结论是：垄断与优势结合是跨国公司对外投资的主要动因。

垄断优势理论的突破在于它以垄断和不完全竞争为基本命题，用垄断优势代替了完全竞争，并将国际直接投资同国际证券投资区别开来研究，突破了传统的研究方法，从而成为后继各种国际直接投资理论发展的基础。因此，海默被称作当代国际投资理论的开拓者，其理论较好地解释了美国公司对外直接投资的动机和优势。但随着 20 世纪 60 年代以后日本中小企业对外直接投资、发展中国家企业对外直接投资的兴起，垄断优势理论对此却难于解释。可见，海默的研究仍有一些不足之处。他的研究方法仅限于经验分析与描述，缺乏抽象的理论实证分析，其理论缺乏普遍意义。

（二）产品生命周期理论

1966 年，美国哈佛大学跨国公司研究中心教授维农（R.G.Vernon）运用动态分析方法来解释美国厂商对外直接投资行为。其在《产品周期中的国际投资与国际贸易》一文中提出：美国企业对外直接投资是与产品生命周期密切相关的。他在分析了产品在其生命周期所经历的三个阶段以及相应的市场特性后得出结论：在国际市场范围内，某产品所处的生命周期不同决定了其产地的不同，而外国直接投资则是生产过程或产地转移的必然结果。

所谓产品生命周期①,是指一项改革或产品经历的四个阶段,直接投资就是这四个阶段通过跨国公司来进行的一种行为。

1.产品导入期

产品导入期,即新产品刚投入市场阶段。由于产品尚未标准化,产品所需生产要素投入和加工工艺及规格的变化很大,企业需要与材料供应厂商、消费者保持密切联系,以便迅速了解市场动态,不断对产品进行改进,以适应消费者的需求和偏好。此时,产品属于知识和技术密集型,售价高,价格弹性小,生产成本对企业生产区位选择的影响不大,企业主要利用产品差别等非价格手段进行竞争。此时生产主要集中在国内,并且通过出口而不是通过对外直接投资将产品打入国际市场。

2.产品成长期

在产品成长期,新产品基本定型,生产走向标准化、规模化,在国内及国外市场的仿制品不断增多,企业的技术垄断地位日渐削弱。随着产品需求弹性的增加,价格竞争占据了主导地位,生产成本成为企业在市场中考虑的首要因素。于是创新产品的企业便到那些技术水平比较接近、劳动成本相对较低、对产品需求也较大的国家设立子公司从事生产。这样既可以绕开关税壁垒,占领国外市场,又可以将低于国内价格的产品返销母国。

3.产品成熟期

在这一时期,随着国内外需求的增加,产品的生产程序、工艺完全标准化,企业的技术垄断优势已不复存在,企业之间的竞争基础是成本与价格,为了降低成本,将产品转移到低工资的劳动密集地区就成为必然的选择。于是,劳动力与自然资源相对丰富的发展中国家便成为跨国公司的最佳选择。在发展中国家生产的产品除了满足当地的需要以外,还返销到母国或销售到第三国市场。

4.产品衰退期

当国外分公司生产的产品的生产成本加上返销本国所需费用低于国内生产成本时,就会大量返销国内。该产品在国内进入衰老阶段,当又推出新产品时,原产品生命周期完结。

产品生命周期理论在一定程度上解释了发达国家对发展中国家进行直接投资的动机,并为跨国公司理论的发展提供了重要的启示:第一,为跨国公司的行为研究引进了一个动态的分析角度;第二,展示了跨国公司直接投资过程中产品的供给与需求两方面因素的交互作用;第三,说明了生产成本区位优势在跨国公司理论发展中的重要性。

但是,产品生命周期理论无法解释发达国家之间的产业双向投资,也无法解释子公司研制新产品并在当地进行生产、甚至出口到跨国公司母国的事实。该理论的局限性还在于,事实上产品的创新并不是一次完成的,而是一个不断改进和完善的过程。在国际分工越来越细的情况下,同一产品的不同零部件之间的分工已成为推动国际直接投资的重要因素。

(三)寡头垄断行为学说

1973 年,尼克博克(F.T.Knickel Bocker)出版了《垄断性反应与跨国公司》一书。在

① 产品生命周期理论有四项基本假设:第一,消费者偏好依据收入的不同而不同;第二,企业之间以及企业与市场之间的沟通或协调成本随着空间距离的增加而增加;第三,产品生产技术和市场营销方法会经历可预料的变化;第四,国际技术转让市场存在非完美性。

书中,他分析了187家美国跨国公司的投资行为,发现在一些寡头垄断性行业中,外国直接投资在很大程度上取决于各竞争者之间相互的行为约束和反应。尼克博克的学说基于工业结构和市场结构分析。一般来说,市场有三种结构:一是完全竞争性市场(或工业);二是紧性寡头垄断市场(或工业);三是松性寡头垄断市场(或工业)。尼克博克认为,在一个完全竞争市场(竞争者数目超过20个),任何一家公司都无法操纵市场价格,每个竞争者的最佳策略是根据市场的价格信号来生产;在一个垄断市场(竞争者的数目不超过4个),两三家公司基本控制了大部分市场份额,每家公司都拥有相当程度的垄断势力,在这种情况下,这几家公司会倾向于合谋而不是竞争。因此,只有在一个松性寡头垄断市场,各竞争者之间战略性的行为会相互制衡或产生激烈反应。

跨国公司之间战略性相互约束和反应对外国直接投资的影响,已越来越引起学界的注意。博弈论模型已被用来刻画跨国公司相互反应的动态过程。随着经济全球化以及日本跨国公司与欧美跨国公司争夺世界市场的竞争日益激烈,对跨国公司经营战略的研究势必成为外国直接投资的研究热点,而且博弈论的发展也为这一研究提供了必要的理论工具。

(四)边际产业扩张论

20世纪70年代中期,日本一桥大学教授小岛清(Kiyoohi Kojima)在其代表作《对外直接投资》一书中,从国际分工原则出发,系统阐述了他的对外直接投资理论——边际产业扩张论或称切合比较优势理论,解释了日本的对外直接投资问题。

边际产业扩张论的理论核心是:一国应该从已经或即将处于比较劣势的产业开始对外直接投资,并依次进行。由于各国要素禀赋存在差异,要素相对价格也存在差异。当一国某产业要素密集度较高的那种要素相对价格上升时,就使该产业处于比较劣势状态,就应该将该产业转移到那种要素价格相对较低的国家,这样就可以使得要素组合合理化,增加东道国的国民生产总值,这就是所谓的边际产业转移。这些产业是东道国具有明显或潜在比较优势的部门,但如果没有外来资金、技术和管理经验,东道国的这些比较优势就不能被利用。因此,投资国通过对外直接投资就可以充分利用东道国的比较优势。边际产业转移出去的国家,可以从受让国进口产品满足需求,同时可用更多资源扩大具有比较优势的部门的生产和出口,因此,双方均可从中获利。除了边际产业转移,边际性生产环节也可依此转移。日本的传统工业部门之所以能够比较容易地在国外找到有利的投资场所,主要是因为他们向具有比较优势的国家和地区进行投资。

根据边际产业扩张论的核心理论,小岛清提出了"若干推论"。推论一,可以将国际贸易和对外直接投资的综合理论建立在"比较优势(成本)原理"的基础之上。小岛清认为,国际贸易是按既定的比较成本进行的,而国际直接投资则可以创造新的比较成本。虽然有这种差别,但两者都是以比较成本原则作为判断标准的。从这一点来说,可以将两者建立在一个综合理论基础之上。推论二,日本式的对外直接投资与对外贸易的关系不是替代关系,而是互补关系,亦即对外直接投资创造和扩大对外贸易。推论三,在国际直接投资中,投资国与东道国从技术差距最小的产业依次进行移植,由投资国的中小企业作为这种移植的承担者(因为这类企业与东道国的技术差距较小)。推论四,国际直接投资可以使投资国与东道国双方产生比较优势,可以创造更高的利润。

边际产业扩张论分析的是发达国家对发展中国家的以垂直分工为基础的国际直接

投资,将比较利益原则视为跨国公司从事对外直接投资的决定因素。该理论从宏观经济理论出发,采用动态方法来论述日本企业比较优势产生的原因与变化,分析这些原因和变化对日本企业发展对外直接投资的影响。该理论比较符合20世纪六七十年代日本以中小企业为主体的对外直接投资的实践。但是,该理论无法解释发展中国家的对外直接投资行为,也无法解释20世纪80年代之后日本对外直接投资的实践。20世纪80年代以来,随着日本经济实力的增强和产业结构的变化,日本对外直接投资也发生了明显的变化,如对发达国家的制造业直接投资迅速增加,且以贸易替代型为主,大型跨国公司在对外直接投资中的地位逐渐上升。因此,小岛清的理论只反映了日本某个时期对外直接投资的特点,不具有普遍意义。

阅读拓展

日本企业“走出去”投资的策略分析

日本企业“走出去”拓展海外市场非常成功,值得中国企业学习借鉴。至2015年底,日本海外净资产达339.26万亿日元(约合人民币20.3万亿元),连续25年保持世界首位。强大的海外资产,成为日本重要的经济支柱。尤其值得研究和学习的是,日本企业大规模“走出去”拓展海外市场的过程一直比较平顺,没有引起他国的抵制,而且日本企业形象、品牌的美誉度在全球越来越深入人心。究其原因,日本企业以综合商社为平台,从贸易入手,带领产业群体渗透到不同的国家;以财团对外国企业占比不高的投资为手段,建立起利益共同体。

一、以制造业为先导,考虑规避贸易壁垒、降低产品成本、资源稳定供应等因素

日本制造业“走出去”之前,先是商品的输出,让产品到国际市场进行“热身”,提高产品的知名度,达到国际市场的认可。

20世纪80年代之前,日本国内产业过剩,劳动力价格增长,企业利润摊薄,从此时开始由商品输出转向资本输出。劳动密集型产业主要选择在亚洲和拉美发展中国家和经济体中投资建厂,第一阶段先以适当的规模完成产业转移的任务。稳定后则利用当地比较优势的劳动力,扩大投资,增加生产规模,提高产能,扩展产品的市场占有率,具体以销定产,逐步建立市场导向型“走出去”策略。

20世纪80年代,日本对北美和欧洲市场的资本和知识密集型产业投资,是以获得当地的市场准入为主要目的,进而开拓当地的市场,增强日本企业产品和企业的国际竞争力。具体投资方式的选择上,主要采用设备、技术和资金投入。具体时机的把握上,利用日元升值的时机,在国外建厂或并购欧美企业。

二、日本企业同行业及相关产业相互协作,共同“走出去”

日本制造业在海外拓展市场之初,与其相关的上下游制造产业就协同行动,积极谋划合作拓展海外市场,其他诸如咨询、金融等行业也参与其中,自始至终相伴发展。物流、保险等服务性公司紧随其后、相容相伴,共同发展海外市场。最后形成不可分离的以日本母公司为研发中心,海外形成生产基地以及遍及全球的物流网和销售网络的统一体,实现了相互协作、共同发展的目的。

三、资源投资的模式

日本是资源短缺国家,但没有因为资源短缺而被制约发展,就是因为日本的资源投资成功破解了资源匮乏的“魔咒”。一是通过向资源国提供保证资源的进口开发资金贷款,或向资源国提供资金、技术和人才从事资源的勘探和开发;二是利用商业色彩浓、多种经济成分组成的商社(如:三菱财团、三井物产)与世界知名的资源销售商合作、参股(淡水河谷、必和必拓等)。商社与日本的企业是利益共同体,确保了资源稳定供应和价格的优先权。

(资料来源:翟李民:“经济全球化背景下企业“走出去”投资策略研究——基于日韩对外投资经验的分析”,《国际商务财会》,2015(4):12-17。)

(五)内部化理论

内部化理论亦称市场内部化理论,其代表人物是英国里丁大学学者巴克莱(P.J.Buckley)、卡森(M.Casson)和加拿大学者拉格曼(A.M.Rugman)。内部化理论的基础源于科斯(Coase)创立的产权制度经济学。科斯的理论认为:企业是市场机制的替代物,企业的产生是为了降低市场交易费用。内部化理论正是从这一观点出发,来解释跨国公司不是利用世界市场实现各国企业之间的国际分工,而是通过对外直接投资建立企业内部化市场,通过企业内贸易来协调企业的国际分工。

巴克莱和卡森以不完全竞争为假定前提,对其做出新的解释。他们将市场不完全的原因归结为市场机制的内在缺陷,从中间产品(特别是知识产品)的性质和市场机制的矛盾来论述内部化的必要性,认为内部化的目标是消除外部市场的不完全。市场内部化、市场失效和交易成本是内部化理论的三个重要的基本概念。市场内部化是指在公司内部建立市场的过程,以公司内部市场代替外部市场,从而解决市场不完全带来的供需交换不能保证进行的问题。市场失效是指由于市场不完全,以致企业在让渡其中间产品时难以保障其权益,也不能通过市场来合理配置其资源以保证企业最大经济效益的情形。这里所讲的中间产品不仅包括原材料和零部件,更主要的是指知识产品,即专利、专用技术、商标、管理技能和市场信息等。交易成本是指企业为克服外部市场的交易障碍而付出的代价。

具体地说,内部化理论的主要内容包括以下几方面:

第一,外部市场失效是内部化形成的主要原因。由于外部市场不完全,存在某些缺陷,如信息不对称、不确定性、机会主义等,导致外部市场的交易成本太高,特别是某些中间产品,如专利技术、知识产品等,进行市场交易的双方都面临相当大的不确定性,任何一方采取机会主义行为,都会使对方遭受重大损失。而通过跨国公司直接投资,将买卖双方通过有效的结构整合在一个组织里,以雇佣关系代替买卖关系,中间品交易的风险就大大降低了,交易成本也因此大大降低。

第二,外部市场交易成本太高导致内部化。为了克服市场交易障碍所付出的高昂交易成本,如市场交易税款、发现中间产品价格的成本(信息成本)、买卖双方签约的成本、政府对外汇和关税控制造成的成本等,企业通过内部化来替代外部市场,以回避这些交易成本。

第三,运用转移定价手段。转移定价是跨国公司内部母子公司、子子公司之间的内部交易定价。跨国公司利用转移定价,可以达到多方面的目的:调整公司利润,使公司整体利润最大化;绕过东道国的控制,转移资金,避免或减少风险,通过转移定价逃过东道国的税收。

内部化理论是国际直接投资理论研究的一个重要转折,它不仅是对垄断优势论的发展,也是对世界经济发生重大变化的反映。该理论说明了各类跨国公司形成的基础:通过对知识产品市场的内部化,说明了研究与发展、生产、销售一体化跨国公司的成因;通过资源开采、原材料、加工等生产过程的内部化,说明了垂直一体化型跨国公司的成因。内部化理论较好地解释了跨国公司在对外直接投资、出口贸易和许可证安排这三种参与国际经济方式选择的依据。对外直接投资可以使跨国公司在世界范围内利用其垄断优势,并实现利润的最大化,因此,在这三种方式中占主导地位;出口贸易受到进口国贸易保护主义的限制,在这三种方式中占次要地位;许可证安排一般应用于技术进入产品周期的最后阶段,在这三种方式中也占次要地位。内部化理论还有助于解释战后跨国公司增长速度、发展阶段和赢利变动等现实。与其他国际直接投资理论相比,内部化理论具有较大的适用性,故有人称之为“一般理论”,即跨国公司“通论”。但是,该理论对西方大型跨国公司垄断行为的某些特征未做具体的分析,这是一大缺憾。此外,该理论未能科学解释跨国公司对外直接投资的区域分布和资产国际转移问题,从而经常被重视区位因素的西方学者所批评,认为它不足以被称为“通论”。

(六)国际生产折衷理论

国际生产折衷理论是英国雷丁大学教授、当代跨国公司问题专家邓宁(J. H. Dunning)提出来的。该理论的核心思想由三项优势构成:其一,继承了海默的垄断优势说;其二,继承吸收了巴克利、卡森和拉格曼的内部化优势说;其三,借用了俄林的区位优势理论研究方法。他在《国际生产与跨国公司》一书中,将这三种优势分别命名为所有权特定优势(Ownership Specific Advantage)、内部化优势(Internalization Advantage)和区位特定优势(Location Specific Advantage),即 OLI 模式(OLI Paradigm)。

国际生产折衷理论认为,从事对外直接投资活动的企业,必须满足以下三个条件:第一,一国企业在参与国际市场时,拥有超过其他国家企业的优势,这类优势主要表现为无形资产的形式,且至少在一段时间内为该企业所独有或垄断;第二,若第一个条件得到满足,则企业将其所拥有的优势加以内部化比对外部出让更为有利;第三,若前两个条件均得到满足,企业将其拥有的优势与东道国当地的生产要素(包括自然资源)结合比在本国运用更为有利。这三个假定条件即可概括为所有权特定优势、内部化优势和区位特定优势。

所有权特定优势,是指一国企业拥有或能够获得国外企业所没有或在同等成本条件下无法获得的资产及其所有权的优势,是跨国公司从事对外直接投资的基础。所有权特定优势包括技术优势、企业规模优势、组织管理优势及融资优势等。邓宁认为,如果厂商只具有所有权优势,那么其只具备了进行直接投资的必要条件,不足以解释厂商对外直接投资活动。因为厂商可以通过其他途径来利用这些优势,如通过在本国生产然后出口,或通过许可证贸易进行技术转让。于是,邓宁又引用了第二个优势——内部化优势。

内部化优势,是指跨国公司将其所拥有的资产加以内部化使用而带来的优势。邓宁认为,跨国公司将其所拥有的各种所有权优势加以内部化的动机,在于避免外部市场的不完全对其所产生的不利影响,实现资源的最优配置,继续保持和充分利用其所有权优势的垄断地位。邓宁认为,厂商如果存在产品多阶段生产,就很容易产生内部化。这是因为,在产品多阶段生产过程中存在中间产品,而中间产品的供求过程如果在外部市场进行,会因外部市场的供求剧烈变化,造成生产成本的提高。因此,把市场上买卖关系变成企业内部关系,用厂商自己的控制来配置资源,使产品生产过程全部在企业内部进行,才能使企业的垄断优势发挥最大效用。但是,厂商具备了所有权优势并使这些优势内部化,还不能完全解释对外投资活动,需要考虑另一种吸引直接投资的优势,这就是作为对外直接投资充分条件的区位特定优势。

区位特定优势,是指厂商在进行投资区位要素选择上所具有的优势。影响投资区位选择的要素主要有市场特征与规模、劳动成本、原料的可供性、运输成本、贸易障碍、政府的政策和法规等。厂商在拥有所有权优势和内部化优势以后,就可以选择是在国内投资还是在国外投资。如果在国外生产比在国内生产能获得更大利润,那么就会导致对外直接投资。区位条件由投资国和东道国双方构成。

第三节 国际资本流动对一国经济的影响与监管措施

一、国际资本流动对一国经济的影响

国际资本流动的迅猛发展对各国经济都产生了广泛而深远的影响,归纳起来主要体现在以下几个方面。

(一)国际资本流动对宏观经济的影响

从正面效应看,国际资本的大量流入可以弥补国内建设资金的不足,带动投资和消费的扩大;同时,还能带来先进的生产技术和管理经验,进而促进经济的增长、技术的进步和经营管理水平的提高。从负面效应来看,国际资本的大量涌入,使得该国的投资规模扩大,带动对本币需求的扩大,这可能引发基础货币的过度投放,进而产生通货膨胀。对那些货币非自由兑换的发展中国家而言,这一问题更加突出,因为大量的国外资本并不一定都用来从国外进口货物或劳务,而是有相当一部分是兑换成当地货币用于国内需求,这样势必扩大基础货币的投放,增加通货膨胀的压力。并且,相对于巨额资金流入而言,一些新兴市场容量过于狭小,国内工业体系不完整,巨额外资流入后,只能大量流向房地产等非生产和贸易部门,从而形成经济泡沫,损害经济基础。

(二)国际资本流动对货币政策的影响

在开放经济条件下,一国的货币供应量等于该国的外汇储备和本国银行体系的国内信贷的总和。外汇储备和国内信贷的变化都是影响该国货币供应和货币政策的因素。在浮动汇率制下,外资的流入会增加外汇市场上的外汇供给,使外汇相应贬值;外资流出则会减少外汇市场上的外汇供应,使外汇相应升值。只要国内信贷总量不发生变化,则货币供应也不会发生变化,外资流入并不影响国内货币供应。在固定汇率制

下，若允许资本自由流动，中央银行就有维持固定汇率的义务。外资流入，本币相应有升值趋势，为阻止本币升值，中央银行需增加基础货币的投放，买入外汇，这会导致货币市场上银根放松，国内信贷的扩张，货币供应增加；当外资流出时，本币就有贬值的压力，为保持本币币值稳定，中央银行要抛出外汇储备，回笼本币，这时银根就会收紧，国内信贷也随之收紧，导致货币供应的减少。在此条件下，货币供应量受外资流动的影响较大，中央银行货币政策的自主性也受到较大的影响。当有大量外资流入时，往往会导致国内货币供应量的迅速增加，进而引发通货膨胀；而当有大量短期资本出逃时，国内货币市场会因此而猛然抽紧，货币供应急剧减少，可能导致经济的衰退。这两种极端情况都会给中央银行利用货币政策进行宏观调控带来很大困难。

（三）国际资本流动对国际收支的影响

当一国出现暂时性的国际收支失衡时，国际资本的流动有利于调节失衡。当一国的国际收支出现暂时性逆差时，该国的货币汇率就会下跌，如果投机者意识到这种汇率下跌仅是暂时的，预期不久就会上升，于是就按较低汇率买进该国货币，等待汇率上升后再以较高的汇率卖出，这样就形成了该国的短期资本流入之势。这种趋势显然有利于调节该国的国际收支逆差。相反的操作也有利于减少该国出现的暂时性顺差。

当一国出现持续性国际收支不平衡时，则投机性和保值性国际资本的流动会加剧该国的国际收支失衡状态。当一个国家出现持续性逆差时，该国的货币汇率就会持续下跌，如果投机者预期到该国货币汇率还会进一步下跌时，他就会卖出该国货币，买进其他货币，以期在该国货币贬值、其他货币升值后获利。这种投机行为会使该国的资本流出，从而会扩大逆差，加剧国际收支失衡；反之，会扩大顺差，从而也加剧了国际收支失衡。

（四）国际资本流动对新兴市场的恶意冲击

在国际资本流动中，以基金形式存在的游资的作用日渐加大，巨额游资冲击规模较小的新兴市场几乎具有成功的必然性。

通常情况下，面临国际游资的冲击，一国可采取的措施有外汇市场干预和国内的宏观经济政策。在当今资金流量、流速超常发展的国际金融市场，维持相对固定的汇率水平对一国金融管理当局维持货币内外均衡的能力提出了更高的要求。在外来冲击下，中央银行将在外汇市场进行反向操作，这种干预对于减少汇率的波动幅度和限制货币买卖差价有一定意义，但干预的效果受到一国所持有的外汇储备、短期国际信贷市场筹资能力以及国际社会的支持程度等因素的限制。而且，在外汇市场干预过程中，中央银行与国际投机资本存在着严重的信息不对称，干预成效也大打折扣。

二、各国当局对于国际资本流动的监管

（一）发达国家和地区对于国际资本流动监管的经验和教训

1.欧盟

1992 年欧洲货币危机期间，欧洲货币体系成员国为了捍卫欧洲汇率机制，也曾实行过限制资本流动的措施。如西班牙在 1992 年 9 月规定：通过外汇市场卖出比赛塔所取得的外汇，以及向非居民发放比赛塔贷款所取得的外汇，其增值部分须无息存入中央银行 1 年；本国或外国设在国内的信贷机构，对其分行、附属行、国外母公司的比赛塔负

债的增长准备金要求提高到100%。上述措施于1992年10月取消。爱尔兰在1992年11月规定:除非与贸易有关,否则超过25万爱尔兰镑的资金交易必须向中央银行申报,用爱尔兰镑兑换来的外汇必须存满3个月才能使用,居民向非居民提供1年以下的爱尔兰镑贷款必须要得到中央银行的许可,禁止从事投机性的爱尔兰镑远期外汇交易,非投机性的爱尔兰镑远期外汇交易的期限不能少于21天,外汇互换交易必须经过中央银行批准,这些限制措施于1993年1月取消。葡萄牙在1992年9月规定:银行持有具有汇率风险的资产必须经过中央银行批准,保持对非居民购买本国短期借贷票据、本国居民对非居民发放短期埃斯库多贷款的限制,这些限制措施于1992年12月取消。尽管资本管制导致离岸与在岸业务的利率产生明显利率差别,但资本管制最终未能阻止汇率制度发生变化;而同属欧洲货币机制成员国的挪威和瑞典未实行资本管制,这两国在试图维持汇率稳定的过程中,国内市场利率都经历了大幅度波动。

2.日本

第二次世界大战后,日本面临资本短缺的困境,为了增加外汇收入,于1949年通过了《外汇外贸管制法》,为那个时期的资本管制奠定了法律基础。此法原则上禁止一切外汇交易,对资本流出的申请进行严格审查,几乎都不予批准,只有在特殊情况下,根据政府的法令和通知才可进行交易,私人资本流动实际上是被禁止的。如此强力的资本管制,其效果也十分显著,从1945年到1961年,日本的外汇储备与经常项目余额几乎是1:1的关系。1964年日本取消经常项目的汇兑限制,接受了IMF有关经常项目可兑换的第八条款。此后相当长时期内,日本都维持对资本项目的管制,对国内资金的流出实行“原则禁止、个别情况批准”的制度,对外汇指定银行买入外汇的数额、国内居民的外币存款和国内居民购买外国证券的数量等仍加以限制。1965年后,日本对外贸易出现长期顺差,外汇资金充裕;1971年5月联邦德国马克自由浮动,这激发了日元浮动的预期,最初日本当局试图维持日元兑美元的固定汇率,结果导致了大量国际资本尤其是短期资本的流入,国家外汇储备从1970年底的44亿美元升至1971年底的79亿美元。面对大量资本的涌入,当局虽然也采取了严厉的资本管制,但最终无法阻止汇率制度的变化。1971年8月27日,日元实行浮动汇率。1972年后,日本加快了长期资本的输出。由于大量资本输出及受日元升值的影响,日本银行的货币供给没有再给经济造成压力,甚至出现了紧缩的现象。从20世纪70年代中期到20世纪80年代中期,其货币供给增长一直低于15%,这为日本的出口创造了良好的宏观环境,使日本经济从20世纪70年代中期到20世纪80年代中期得到了平稳快速的增长。可见,20世纪70年代中期到80年代中期日本的外汇管理政策是比较成功的,其中,资本输出的管理政策功不可没。

1980年,日本通过了新的外汇法规——《新外汇法》,该法规允许非居民进入武士债券市场,这标志着日本完全实现了货币的可兑换。但日本对国内金融交易的限制还没有完全取消,直到1984年《日本金融自由化和日元自由化》法案的颁布实施,才对外开放了国内金融市场。日本从1964年承担IMF第8条款开放经常账户义务,到1984年资本市场开放体制的基本形成,大致经历了20年时间,比较有效地避免了金融市场的震荡,可谓渐进式放松资本管制的典范。而其中最值得借鉴的是,日本为了适应资本项目自由化的进程,根据其具体国情制定了资本管制措施,并依据不断变化的国内、国际环境对其进行了相应的调整。

(二)新兴市场国家对于国际资本流动监管的经验和教训

1.马来西亚

1997年亚洲金融危机爆发后,很多亚洲国家相继实施了各自的资本管制政策,其中以马来西亚最为典型。1998年9月1日,马来西亚宣布实施一系列针对短期资本流动的严格管制措施,其中主要包括:固定马来西亚货币(林吉特)的币值,与美元保持3.8:1的汇率;关闭二级货币市场,一切货币交易只能在吉隆坡股票交易所进行,外国居民购买该国股票须持股1年;所有进出口均需采用外币结算,指定1998年9月30日为国外投资者所持有的林吉特重新进入马来西亚的最后期限(过期将没有价值);冻结证券投资一年;非居民的林吉特账户之间的账项转移需经当局批准;所有就林吉特金融资产进行的买卖只能通过政府认可吸收存款的金融机构进行,旅客出入境不得携带超过1 000林吉特。这一管制措施一直持续到1999年,有效地制止了国内私人短期资本的外流和对林吉特的炒作活动,国民经济的各项指标均出现了可喜的变化。最突出的是市场得以稳定,为金融业重组和改革创造了条件,降低了改革成本。此后,马来西亚的金融业重组成效显著,而成本只有国民生产总值的5%。尽管马来西亚政府对金融市场的干预取得了一定的成效,但也受到许多经济学家的批评,他们认为政府对金融市场的干预违背了自由市场的原则,这样会对金融市场产生不利影响。随着马来西亚经济形势的好转,当局的资本管制措施已经有所放松。

2.智利

20世纪80年代末90年代初,智利经济的快速增长吸引了大量国际资本的涌入。在被称为“资本流入期”的20世纪90年代上半期,智利采取了一系列综合性的政策措施缓冲了资本流入对国内经济的不利影响,不但充分吸收了流入的资本,而且保持了实际经济部门的竞争实力。究其原因,主要得益于限控短期资本流入的“无息准备金要求”(Unremunerated Reserve Requirement,URR),即把流入的外国资本按一定比率无息存入中央银行指定账户达一定期限。这种希望在不影响外国长期投资的条件下提高短期资本流入成本的做法,被称为“智利模式”。智利于1991年7月开始推行URR,规定所有不是用于增加物质资本投资的外国资本流入,如对银行贷款、债券和股票投资等,必须将其融资额的20%无息存放于中央银行,存放期限从90天到1年不等。1992年5月,智利中央银行又将该准备金比率提高至30%,并将其适用范围扩大,把与外国投资有关的信贷也包括进来。同时,为了对短期资本流动实行更严厉的管制,智利中央银行规定,无论期限长短,准备金的缴存期限全部固定为一年。这项措施的推出,相当于对资本流入进行隐性征税,而期限在一年以下的短期资本增加的成本尤其显著。为防止外资利用其他投资方式规避这一“要求”,到1997年,URR已涵盖了几乎所有类型的资本流入,包括银行贷款、发债、商业票据、股权投资乃至一些外国直接投资等,重点是针对信贷资本的流入。1998年6月,智利政府将30%的准备金率下调到10%,随后逐步降低,到1998年9月降为0。这体现了智利模式的一大特色,即依据短期资本流入的状况改变准备率,当流入大幅度减少时,准备金比率应及时地逐步下调。事实上,智利在1978—1982年间为防止外部冲击,就实行过无息准备金要求,虽然方式和20世纪90年代的URR类同,但仍然未能避免货币危机的发生,其根源主要在于以下三个方面:一是智利在20世纪70年代中期较大幅度地取消了对金融体系的管制后,未能及时有效地建立起审慎的监督机制;二是政府对金融部门的介入增加了逆向选择和道德风险,实际上鼓励了银行的高风险经营行为;三是恶劣的国内宏观经济形势。可以说,当时智利国内的经济基础是极其脆弱的。随着1981年国际市场环境变得更加不利于智利经济,资本的涌出就变成了风潮,最终导致了危机的发生。危机过后,智利经济开始缓慢恢复,尤其是20世纪80年代中期以后,其贸易条件不断得到改善,宏观经济得以调整;同时,智利也对金融系统进行了大规模的改革,并完善和强化了金融监管。正是在这样的背景下,智利才得以在20世纪90年代成功地避免了危机的再度爆发。

案　例

新兴市场经济体国际资本流动的宏观审慎管理①

金融危机后,新兴经济体经济强劲复苏、预期表现稳定等情况吸引了大量国际资本流入。中国、巴西、印度、印尼等国资本流入量远超金融危机前水平,秘鲁、南非和土耳其等国则接近危机前最高水平。据IMF(2011a)统计,2009年第3季度至2010年第二季度,流入新兴经济体(除中国外)的净资本达到4 350亿美元,其中,2009年亚洲新兴经济体外汇储备增加超过4 000亿美元。2010年以来,新兴经济体资本流入总量已超出前20年平均值的20%。值得注意的是,中国、阿根廷、韩国、俄罗斯、印尼等26个国家连续4个季度资本大量流入,根据历史上1975—1981年(石油美元回流)、1990—1997年(新兴市场泡沫)和2003—2008年(套利交易泡沫)全球三次大规模资本流动的经验,此次新兴市场国家资本流入,可能形成第四次全球大规模资本流动。

为了应对这一趋势,近年来,在运用宏观审慎管理应对资本流动冲击方面,新兴经济体进行了大量探索,特别是巴西、韩国和泰国等金融开放程度较高的国家。据Qureshi等(2011)学者统计,2005—2007年期间,新兴经济体普遍加强宏观审慎监管,其中亚洲各国家监管强度提升明显。其采取的主要措施包括:

1. 加强金融监管。监管主要目标是限制货币供应过快增长及信贷过度投放,主要手段包括提高银行业贷款损失计提、增加资本充足率标准、限制金融机构资产负债表的货币和期限错配。比如在金融危机前,印度中央银行(RBI)通过提高金融机构房地产贷款拨备,确保了印度银行业房地产风险敞口处于可控范围。中国、中国香港和新加坡也收紧房地产信贷政策,通过降低物业贷款成数、限制非居民贷款等措施,遏制房地产泡沫和外资流入。

2. 对跨境资本交易征收Tobin税。其目的是增加外资交易成本,控制资本流入,阻止市场的投机行为。比如,2009年10月,巴西对流入股票和债券市场的外国投资征收2%交易税。2010年,为了限制投资资本涌入,巴西将外国资本在固定收益市场金融交易税(IFO entry tax)从2%提高到6%,金融衍生品市场保证金比例从0.38%大幅提高到

① 资料来源:邓敏,蓝发钦:“金融开放背景下国际资本流动的审慎管理——新兴市场经济体的经验”,《金融改革》,2012(2)。

6%,并对投资债券和其他金融市场外国资本征收4%的所得税。

另外,在跨境资本流动异常时期,印度等少数经济体也通过行政性措施,对资本流入进行直接管制,限制某类资本流入或规定流入数量,目的是缓解未来的金融风险,防止短期过度资本流动的冲击。同时,南非等国家也进一步放松流出资本的限制。通过减少资本流出的管制,鼓励资本输出,不仅能增加资本流出数量,减少净资本流入规模,而且可借此放开国内金融机构和市场更广泛参与国际竞争,为本国投资者提供更多分散风险的机会。

(三)我国对国际资本流动监管的现状

1996年12月1日,我国实现了人民币经常项目的可兑换,成为IMF第八条款国,这极大地便利了中国的对外经贸活动,促进了国民经济的发展。然而,我国还没有实现资本与金融项目的完全开放,仍然对其实行部分管制。这在一定程度上对国际资本尤其是国际短期资本的流动起到了有益的管制作用,对我国经济和金融市场的稳定发展具有重要的意义。

1.对经常项目下国际资本流动的监管

1994年初,我国建立了银行结售汇体制,并对中资企业实行强制结售汇制度。在我国实现人民币经常项目的可兑换以后,随着我国经济发展和改革开放的不断深入,对外经贸往来日益频繁,为了便利企业经常项目外汇收支活动,国家外汇管理局先后九次对境内机构外汇收入保留现汇政策进行调整,逐渐提高境内机构经常项目外汇账户限额。2007年8月,国家外汇管理局发布《国家外汇管理局关于境内机构自行保留经常项目外汇收入的通知》,取消了经常项目外汇账户的限额,境内机构可根据经营需要自行保留其经常项目外汇收入;同时,要求国家外汇管理局各分支局、外汇管理部加强对经常项目外汇账户收支情况的监管、分析,对违反交易真实性原则的虚假、违规外汇收支活动进行查处。

境内机构的出口收汇和进口付汇,必须按照国家关于出口收汇核销管理和进口付汇核销管理的规定办理核销,通过利用逐笔核对货物流和相应资金流的数据信息的方式,对贸易项下资金跨境流动的真实性进行监测。

2006年,国家外汇管理局发布《国家外汇管理局关于进一步改进贸易外汇收汇与结汇管理有关问题的通知》,对收汇企业贸易外汇实行分类管理。外汇局按年度对收汇企业进行核查,将一年内贸易项下收汇超过应收汇总额10%以上且无真实贸易背景的企业,记入结汇"关注企业"名单,对其结汇进行逐笔审核,从而增强了贸易外汇真实性管理的有效性。

自2002年以来,国家外汇管理局先后推广使用了外汇账户管理信息系统、外汇账户统计和分析系统、外汇账户信息交互平台等,提高了外汇账户的电子化监管水平,加强了对外汇资金流入与流出的及时跟踪与分析,从而实现了对境内外机构外汇流量和存量的监管。

2.对资本与金融项目下国际资本流动的监管

我国对资本与金融项目的管制主要采用交易管制和汇兑管制两种形式。交易管制是对资本跨境交易行为的本身进行管制;汇兑管制是对资本与金融项下有关人民币与外汇之间的兑换及其汇入、汇出等进行管制。在管制的力度方面,我国有将近一半的资本项目交易基本不受限制或受较少限制，有三成多的交易项目受较多限制，严格管制的项目不到两成。对于证券投资和对外借贷款等开放风险较大的项目实行较为严格的管制，对于外商直接投资这样风险较小的项目实行相对较为宽松的管制。

(1)对直接投资的监管。根据《外汇管理条例》的规定，境内投资者在外直接投资必须得到商务部及其授权部门的审批通过。在提请境外投资前，须由外汇管理机关审查其外汇资金来源，经批准后方可按规定办理有关资金汇出手续。境内机构所获得的资本项目外汇收入除国务院另有规定外，应调回境内，并按照国家的有关规定在外汇指定银行开立外汇账户，卖给外汇指定银行的，必须经外汇管理机关批准。外商在华的直接投资分为鼓励、允许、限制和禁止四类。外商在华直接投资必须经商务部批准，其清盘、撤资以及转股等行为也必须经原审批部门批准方可实施。在汇兑方面，实行外商投资企业外汇登记制度，经批准可进行资本金的结汇。对外商企业资本金流入的管制较为宽松。对于依法终止的外商投资企业，其清算、纳税后属于外方投资者所有的人民币可以向外汇指定银行购汇汇出或携带出境。

(2)对证券投资的监管。我国对证券市场的开放比较谨慎，除合格境外机构投资者(QFII)经批准后可在境内进行证券交易外，只允许外国投资者投资中国境内发行的B股和在境外发行的H股、N股等外币股票及外币债券，不允许其投资境内人民币标价的A股股票和债券。根据规定，单个QFII对单个上市公司持股不得超过该公司股份总数的10%，所有QFII不得超过20%。QFII应在获批的三个月内汇入本金，金额以批准额度为限，全额结汇后直接转入人民币特殊账户。封闭基金三年后可以汇出本金，其他满一年后可汇出本金。内地的金融机构和企业在达到境外上市的条件后，国家的相关部门可批准其在境外发行股票，在这方面我国的管制政策相对比较宽松，但在境外发行股票的收入必须及时调回内地。金融机构在境外发行外币债券的，须经国务院外汇管理部门批准。一般情况下，内地的投资者不得购买国外股票，只有通过由国家审批的合格境内机构投资者(QDII)才可以间接投资国外市场，QDII的对外投资累计净汇出额不得超过外汇局批准的限额。投资者通过QDII认购或申购的基金不得直接使用外币现钞，只能使用本人存放于境内银行的外汇存款。境内机构不得以债务性外汇资金认购或申购基金。投资者通过QDII获得的外汇资金收入必须由指定银行进行划转，不得从境外证券投资外汇账户直接提取现钞或结汇。

(3)对外债的监管。我国对短期外债实行余额管理，对中长期外债实行计划指标管理。国家限制对外借债主体，除外商投资企业在注册资本和投资总额的差额内可自行对外借款外，其他境内中资机构原则上要通过符合条件的金融机构对外借债，并需要事先获得有关部门的批准，将其纳入国家利用外资计划或外债指标。内地金融机构经批准可以按照外汇资产负债比例管理规定对外贷款，而内地工商企业不可对外放贷。国家对外债实行登记制度，境内机构应当按照国务院外债统计监测的规定办理外债登记。外汇管理局负责全国的外债统计监测，并定期公布外债情况。外债资金除经批准外必须调回内地使用，国内企业的国际商业贷款不可以结汇成人民币使用。在还本付息时，必须首先使用自有外汇，不足的部分须经批准方可进行购汇，并对提前购汇还贷进行限制。

我国对资本与金融项目实行的管制，在一定程度上有效地抑制了国际资本的过度流动,不仅是在总量上,而且在结构上更是倾向于对国际短期资本流动进行限制。同时,对资本与金融项目的管制也使得我国的货币政策保持了较好的独立性,降低了受国际金融体系不稳定感染的风险。我国能够避免亚洲金融危机严重冲击,也得益于我国对国际短期资本流动的监管。

阅读拓展

国际资本无序流动的直接恶果——亚洲金融危机

亚洲金融危机发生于1997年7月,由泰国开始,迅速波及了包括印度尼西亚、马来西亚、菲律宾、新加坡、韩国、中国香港、中国台湾、日本和中国大陆在内的亚洲诸多国家或地区,给各国或各地区的金融和实体经济都造成了不同程度的冲击。

1997年,泰国经济疲弱,由于其长期依赖中短期外资贷款维持国际收支平衡,汇率偏高并大多维持与美元或一揽子货币的固定或联系汇率,这给国际投机资金提供了一个很好的捕猎机会。由美国知名炒家索罗斯主导的量子基金乘势进军泰国,从大量卖空泰铢开始,迫使泰国放弃维持已久的与美元挂钩的固定汇率而实行自由浮动,从而引发了一场泰国金融市场前所未有的危机。之后危机很快波及所有东南亚实行货币自由兑换的国家和地区。

这场危机的发展过程十分复杂,大体上可以分为三个阶段:1997年6月至12月;1998年1月至7月;1998年7月到年底。

第一阶段:1997年7月2日,泰国宣布放弃固定汇率制,实行浮动汇率制。当天,泰铢兑换美元的汇率下降了17%,外汇及其他金融市场一片混乱。8月,马来西亚放弃保卫林吉特的努力。一向坚挺的新加坡元也受到冲击。印度尼西亚虽是受“传染”最晚的国家,但受到的冲击最为严重。10月下旬,国际炒家移师国际金融中心香港,矛头直指香港联系汇率制。台湾突然弃守新台币汇率,一天贬值3.46%,加大了对港币和香港股市的压力。10月23日,香港恒生指数大跌1 211.47点;28日,下跌1 621.80点,跌破9 000点大关。接着,11月中旬,东亚的韩国也爆发金融风暴。12月13日,韩元对美元的汇率又降至1 737.60:1。韩元危机也冲击了在韩国有大量投资的日本金融业。1997年下半年日本的一系列银行和证券公司相继破产。于是,东南亚金融风暴演变为亚洲金融危机。

第二阶段:1998年2月11日,印尼政府宣布将实行印尼盾与美元保持固定汇率的联系汇率制,以稳定印尼盾。此举遭到国际货币基金组织及美国、西欧的一致反对。国际货币基金组织扬言将撤回对印尼的援助。印尼陷入政治经济大危机。2月16日,印尼盾同美元比价跌破10 000:1。受其影响,东南亚汇市再起波澜,新元、马币、泰铢、菲律宾比索等纷纷下跌。直到4月8日印度尼西亚同国际货币基金组织就一份新的经济改革方案达成协议,东南亚汇市才暂告平静。1997年爆发的东南亚金融危机使得与之关系密切的日本经济陷入困境。日元汇率从1997年6月底一路下跌,一度接近150日元兑1美元的关口。随着日元的大幅贬值,国际金融形势更加不明朗,亚洲金融危机继续深化。

第三阶段:1998 年 8 月初,国际炒家开始对香港发动新一轮进攻。量子基金和老虎基金开始炒卖港元,首先向银行借来大量港元在市场上抛售,换来美元借出以赚取利息,同时大量卖空港股期货。恒生指数一直跌至6 600多点。香港特区政府予以回击,把息率大幅调高,隔夜拆借利息一度高达 300%,并动用外汇储备近 1 200 亿港元(约150 亿美元)大量购入港股,吸纳国际炒家抛售的港币,将汇市稳定在 7.75 港元兑换 1 美元的水平上。结果炒家在 8 月 28 日期货结算日被迫以高价平仓,损失严重。

此危机迫使除了港币之外的所有东南亚主要货币在短期内急剧贬值,东南亚各国货币体系和股市崩溃,以及由此引发大批外资撤逃和国内通货膨胀的巨大压力,给这个地区的经济发展蒙上了一层阴影。

本章小结

1.国际资本流动是指资本从一个国家(或地区)转移到另一个国家或地区,即一国的公司和银行通过证券投资或直接投资的形式,将货币资金、生产设备或者专有技术转移到其他国家从事国际放贷或跨国经营,以谋取高额利息或利润收益的经济过程。国际资本流动主要包括:资本流动方向,即流入和流出;资本流动规模,即总额和净额;资本流动种类,即长期和短期;资本流动性质,即政府和私人;资本流动方式,即投资和贷款等。

2.国际资本流动的特点有:发展速度快,资金规模大;国际资本证券化;机构投资者的作用日益重要;金融衍生工具的应用日益广泛。

3.国际资本流动的相关理论主要包括早期的以间接投资为主要研究对象的国际间接投资理论和后来发展起来的以国际直接投资为主要研究对象的国际直接投资理论。早期的国际间接投资理论主要包括:利率理论、新古典理论、资产选择理论等;后来发展起来的国际直接投资理论主要包括:垄断优势理论、产品生命周期理论、寡头垄断行为学说、边际产业扩张论、内部化理论、国际生产折衷理论等。

4.国际资本流动对经济会产生多方面的影响。对于宏观经济,从正面效应看,国际资本的大量流入,可以弥补一国建设资金的不足,带动其投资和消费的扩大。从负面效应来看,国际资本的大量涌入,使得该国的投资规模和对本币需求的扩大,可能由此面引发基础货币的过度投放,从而产生通货膨胀;对货币政策的施行,极端情况下会给中央银行利用货币政策进行宏观调控带来很大困难;对国际收支也有双重影响。在国际资本流动中,以各类基金的形式存在的游资的作用力明显加大,巨额游资冲击规模狭小的新兴市场几乎具有成功的必然性,向国际金融秩序提出了严峻的挑战。

5.国际资本流动的发展和扩张,无论是对发达国家和地区,还是对发展中国家和地区,都产生了相当大程度的影响,促使各国当局加强或是改革原有的国际资本流动监管体制。1992 年欧洲货币危机期间,欧洲货币体系成员国为了捍卫欧洲汇率机制也曾实行过限制资本流动的措施。日本资本管制的放开大致经历了 20 年,比较有效地避免了金融市场的震荡,可谓渐进式放松资本管制的典范。新兴市场国家中,泰国、墨西哥、马来西亚和智利对国际资本流动监管的经验和教训为其他新兴市场国家的监管提供了宝贵的启示。

复习思考题

1.什么是国际资本流动?

2.国际资本流动存在哪几种类型?它们分别有什么特点?

3.国际资本流动的相关理论有哪些?其主要内容分别是什么?

4.你认为国际资本流动对于发展中国家的影响是正面的还是负面的?

5.对于国际资本流动,我国政府和金融当局的态度与其他国家有哪些异同?

国际资产定价

本章要点

本章第一节从宏观和微观两个角度介绍了国际资产价格的影响因素。在宏观层面，侧重从经济周期及相关经济变量入手进行分析，介绍了几种宏观因素分析方法；在微观层面，则侧重从市场主体、信用评级等进行分析。第二节介绍了国际债券定价理论，介绍了固定收益证券价格的确定方法以及其价格随时间的变化规律，随后探讨了国际债券投资理论在投资实务中的应用。第三节介绍了股票定价的两种理论模型，包括股利贴现模型与市盈率方法模型及它们在国际金融市场上的应用。

近几十年来,世界各国资本市场发展迅速,各种可交易金融资产总量急剧增加,金融资产价格的变化对宏观经济变量影响也越来越大。20世纪80年代末,日本和北欧国家资产泡沫的崩溃对经济造成了长期的不利影响。20世纪90年代后期,美国股票市场在经过一个长期大牛市之后大幅下跌。由于资本市场在美国经济中的核心作用,资产价格的大幅度下跌通过财富效应影响消费,通过企业净值变化影响企业的借贷成本和借贷能力,进而影响了企业投资活动和经济增长。

2007年8月,美国发生大规模的次级房贷危机,不但波及美国金融业各个领域,使得美国股市大幅下挫,而且在经济全球化的今天,这场危机还进一步向国际资本市场蔓延,引发了全球经济的动荡,表现之一就是全球资产价格的剧烈变化。由于次贷危机的爆发,投资者将资金向安全资产转移,致使危机向股票等其他资本市场渗透,对全球股市造成了巨大冲击,包括欧洲、日本、澳大利亚、印度在内的国家和地区的股市都出现了大范围的下挫。同时,次贷危机带来的投资者对未来前景的忧虑和紧缩的信贷市场,也使得欧洲等房产交易最活跃地区的房价出现不同程度的下跌。次级债危机使美元利率和汇率走低,金融市场陷入混乱,一些投机资金为规避股市动荡带来的风险而流入黄金、石油期货交易市场,从而使金价、原油价格和物价联动上涨。

2009年12月,全球三大评级机构纷纷下调希腊主权债务和相关银行长期债务评级水平,引发了欧洲主权债务危机,各国股市相继受挫。2010年4月,美国信用评级公司穆迪宣布再次降低希腊主权债务信用评级。当日希腊国债市场价格大跌,融资成本飙升。同年6月14日,穆迪下调希腊主权债务评级,从A3降级为BA1,下调四个等级,沦为垃圾级。引发了全球市场的恐慌情绪和剧烈震荡。

在世界金融市场联系日趋紧密的今天,经济全球化以及金融一体化的效应不断加强,不同行业、市场、区域之间相互依存、相互影响、相互调整的关联度日益加强,使得国际金融市场上资产价格的剧烈波动给世界经济运行带来巨大的风险。那么,资产价格波动究竟受哪些因素影响,是如何决定的呢?这就是本章需要解决的问题。

第一节　国际资产价格影响因素

影响资产价格的因素纷繁复杂,对于国际资产更是如此。一般地,我们将影响国际资产价格的因素和分析视角划分为宏观分析和微观分析两个层次。

一、宏观分析

宏观分析也称为基本面分析,是指对影响证券内在价值的各种因素及其影响方向和程度进行分析,包括证券所在国及其相关国际环境中宏观因素的分析,主要是解决证券价格的长期发展趋势判断问题,但对短期的投资亦有相当的辅助意义。它通过分析证券质量和供求关系的基本因素,来判断证券的投资价值及价格变动的态势。只有对证券投资的基本面有系统深入的了解,才能在具体的证券市场中游刃有余。这一部分我们即对宏观分析的理论基础及其分析方法进行介绍。

（一）宏观分析的理论基础：经济周期与股票价值

宏观基本分析的主要目的是揭示宏观经济运行或经济政策的变化对证券投资价值的影响。这里我们简要分析宏观经济运行对证券投资价值影响的作用机制。

宏观经济运行的状态集中反映于经济的周期性变化上。经济周期又称商业周期，是指社会经济总量或者相对量在各种因素影响下，呈现出周期性变化的现象。经济周期就阶段来说分为复苏阶段、繁荣阶段、衰退阶段和萧条阶段，图 8-1 给出了经济周期的四个阶段示意图。需要说明的是，在实际经济运行中，经济运行究竟处于什么阶段的判断是因人而异的。

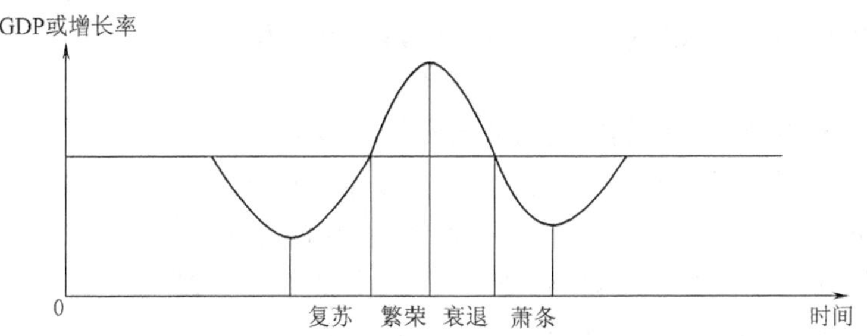

图 8-1　经济周期的四个阶段示意图

经济周期是影响投资者在证券市场投资的重要因素，因为经济周期一方面从总体上影响整体经济的运行和走势，影响投资者预期；另一方面对具体的行业和企业产生不同层次的影响，也对投资者的行业和公司选择造成影响。

根据股利贴现模型，股票价值的决定公式可表述为：

$$V=\sum_{t=1}^{T}\frac{d_t}{(1+\rho)^t}+\frac{R_T}{(1+\rho)^t} \tag{8-1}$$

式中：V——股票估值；

d_t——t 期红利；

R_T——预期实现资本利得；

ρ——贴现率。

式(8-1)表明，决定股票价值的因素包括预期的上市公司分红(d_t)和预期的资本利得(R_t)以及贴现率(ρ)三大因素。

如果我们暂且不考虑预期（即贴现）因素，则股票价值的决定公式可表示为：

$$V_t=d_tK_{t-1}+(P_tK_t-P_{t-1}K_{t-1}) \tag{8-2}$$

式中：V_t——t 期（或现期）的股票价值；

d_t——t 期的每股分红；

K_{t-1}——$t-1$ 期（或上期）的股票持有量；

P_t——现期的股票价格；

K_t——现期的股票持有量；

P_{t-1}——上期的股票价格。

d_tK_{t-1}反映的是投资者的分红所得取决于现期的每股红利和上期的股票持有量；现期的股票市值减去上期的股票市值，即($P_tK_t-P_{t-1}K_{t-1}$)部分，是投资者的资本利得。

从理论上看,投资者的分红所得取决于上市公司的利润及其分红政策,即:

$$d_t K_{t-1} = a_t \Pi(Q_t P'_t, L_t W_t, I_t r_t) \tag{8-3}$$

式中:a_t——公司的分红政策,即分红部分占公司净利润的比例;

Π——公司利润,它取决于公司的产量 Q_t 及其价格 P'_t,投入的劳动量 L_t 及其工资 W_t,投入的资金量 I_t 及其社会平均利率 r_t。

由式(8-3)可见,在公司分红政策 a_t 既定时,投资者分红所得直接与上市公司利润相关。

经济的周期性变化影响着股票价值。如在经济上升时期,由于投资和消费的共同扩张,公司利润将随之增加,这会使上市公司的可分配利润增加,从而投资者的分红所得增加,在资本利得不变时,这将导致现期股票价值上升,即:

$$V_t > V_{t-1}$$

这就是经济周期变化通过股利因素对股票价值的影响。

进一步,假如经济处于上升时期,此时,一方面,即便上市公司不进行分红,但由于未分配利润的增加,也会提高投资者的分红预期,从而将吸引更多的投资者购买公司股票;另一方面,如果实施分红政策,则随着公司利润的上升,股票分红所得将超过社会平均利率,即 $d_t \geqslant r_t$。这两方面的情况都会吸引投资者增持股票,即 $K_t > K_{t-1}$。在股票供给不变时,投资者的增持行为必将导致股票价格的上升,即 $P_t > P_{t-1}$。由此我们得到股票价值的增值方程:

$$\begin{aligned} V_t &= (P_t - P_{t-1})(K_{t-1} + \Delta K_t) + d_t K_{t-1} \\ &= \Delta P_t K_{t-1} + \Delta P_t \Delta K_t + d_t K_{t-1} \end{aligned} \tag{8-4}$$

由此,同样可推出 $V_t > V_{t-1}$。反之,当经济下降时,也将同样导致股票价值的下降。这就是经济周期变化通过资本利得因素对股票价值的影响。

现在我们来考虑贴现率的影响。一般而言,贴现率这一影响股票价值的因素,在实际计算时常常以同期国债利率为指标,而国债利率的变化又取决于整个宏观利率的走势。

一般来说,在经济上升时期都伴随着相对较低的实际利率,即贴现率较低,由此根据股利贴现模型[式(8-1)],作为分母的较低的贴现率将导致较高的股票价值;反之,在经济下降时将导致相反的结果。

由以上分析可知,经济周期的变化将通过影响上市公司的利润而影响分红所得和资本利得,并通过影响贴现率而最终影响股票价值,即经济周期的变化对股票价值的影响机制或渠道为:

存量资产价值或收入分配结构变动→经济↑(或↓)→公司利润 Π↑(或↓)→分红所得 d_t↑(或↓)、资本利得 R_t↑(或↓)、贴现率 ρ↓(或↑)→股票价值 V↑(或↓)。

(二)宏观分析方法

宏观分析的作用①在于能够帮助投资者把握证券市场的总体趋势、判断整个市场的投资价值以及判断宏观经济政策对市场的影响力度与方向。宏观分析方法包括两个部分,一是对目前宏观经济运行的认识和判断;二是对宏观经济运行的预测和投资决

① 引自刘志军:《证券投资学》,山东人民出版社,2005。

策。具体地说,宏观经济法方法可以分为如下几种。

1.总量分析法

这里的总量是指反映整个社会经济运行情况的经济变量。总量可以细化为量的总和以及平均量或比例量两种,前者如国内生产总值(GDP)、国民生产总值(GNP)、投资总额、消费总额等;而后者则如人均国内生产总值、人均国民生产总值、人均投资额、人均消费额等。

总量分析法利用能反应国民经济情况的一系列总量或者平均量进行分析和说明,这些量包括国内生产总值、总供给、总需求、价格水平、利率水平、就业量、利润率等。由于宏观经济的各个总量是相互联系、相互影响的,我们可以综合地分析它们的自身情况和相互变动的情况,分析它们之间的内在关系,从而既能够静态把握宏观经济运行情况,也能够动态地分析和预测宏观经济变动趋势。

2.结构分析法

与总量分析法不一样,结构分析法侧重从结构角度出发,对宏观经济变量的组成和比例关系进行分析研究。结构分析法既可以用于静态分析,也就是针对特定时期或者时点的宏观经济各变量的组成和比例进行分析,也可以进行动态分析,也就是动态地考察结构变动情况。

3.经济指标法

对于经济的运行与发展,我们主要通过一系列经济指标反映出来。各种经济指标构成完整的体系,在经济运行中互为条件,存在着种种联系和相互影响。正是由于经济变量间存在的内在联系,才使我们对宏观经济的分析成为可能。我们通过对经济指标进行观察和对比,从而分析和预测宏观经济的趋势。通常,我们将经济指标分为先行指标、同步指标、滞后指标和综合指标四大类。投资者通过分析与证券市场密切相关的指标,决定自己的投资政策和策略。

4.概率预测法

由于经济运行充满了不确定性和随机性,而投资者需要对未来的经济运行情况进行判断和预测,这就必然涉及如何把握未来不确定性环境的问题。概率被定义为某随机事件发生的可能性大小,而概率预测方法已经发展成为一门专门的学科。宏观经济的概率预测方法是指通过经济运行的历史数据和现实经济运行情况对未来作概率性判断,以概率的方式把握未来经济运行趋势。

在实践上,短期预测采用概率预测显得效果比较好。通常,对宏观经济预测包括对国民生产总值及其增长率的预测,对通货膨胀率的预测,对利息率、失业率等指标的预测。

5.计量经济模型分析法

计量经济模型分析法实际上是采用计量经济学的理论和方法,对宏观经济的未来运行情况进行判断。

实际经济运行中,经济变量之间的关系可以概括为:因果关系、相关关系和无关。而计量经济模型则主要分析经济变量之间的因果关系,通过内生变量、外生变量和随机变量,将一个随机的内生变量以外生变量和随机变量的方程表示出来。

计量经济模型分析的方法,能够通过对历史数据的拟合对未来进行分析预测,并且能够给出置信区间。数据越准确、模型越正确、样本数据越多、分析方法越好,则用计量经济模型分析方法得出的结论越可靠。

背景资料

财政政策和货币政策

财政政策和货币政策是常用的宏观经济政策,也是最重要的宏观经济政策。所谓财政政策,是指国家根据社会经济发展的态势和宏观调控的需要,政府通过调整其自身的收入、支出的规模和结构,进一步影响社会经济的政策总称。具体地说,财政政策可以分为税收政策、投资政策和公债政策等。而货币政策有两种定义:狭义货币政策是指中央银行或者货币当局为实现其既定的经济目标(稳定物价,促进经济增长,实现充分就业和平衡国际收支),运用各种工具调节货币供给和利率,进而影响宏观经济的方针和措施的和;广义货币政策是指政府、中央银行和其他有关部门所有有关货币方面的规定和采取的影响金融变量的一切措施(包括金融体制改革,也就是规则的改变等)。我们这里所谓的货币政策是指狭义的货币政策。

分析财政政策,我们可以从总体上对财政政策进行把握。财政政策分为三种:①扩张性的财政政策(又称为积极的财政政策),它通过财政分配活动来增加和刺激社会的总需求,如增加国债,使支出大于收入,从而出现财政赤字来实现;②紧缩性财政政策,它通过财政分配活动来减少和抑制总需求;③中性财政政策,它是指财政的分配活动对社会总需求的影响保持中性。具体分析方法如下:税收政策分析,可以分析政府税收收入政策及其调整情况,分析税收收入增长情况,然后分析税收政策及其调整对证券市场的影响,典型的如印花税税率的调整;支出政策分析,如分析政府投资的规模、结构和方向等,即可分析这些政策对经济的影响,包括积极影响和消极影响;公债政策分析,即分析政府的公债的发行额、余额等;收支分析,即分析政府的财政赤字及其变动情况。之所以分析财政政策,是因为财政政策直接影响国民经济各主体的利益分配格局,并且财政政策能够对经济运行产生影响,进而影响投资者对证券市场的判断。

分析货币政策,我们需要明确中央银行或者货币当局的货币政策工具,传统的工具包括存款准备金率、再贴现率和公开市场操作。然后,我们需要分析货币当局或者央行实施货币政策所采取的措施,通常包括七个方面:第一,控制和调整货币发行;第二,控制和调节对政府的贷款;第三,公开市场操作及其变动;第四,存款准备金率的变动;第五,再贴现率的调整;第六,选择性信用管制;第七,直接信用管制。在此基础上,我们分析经常作为货币当局操作中介目标的基础货币、货币供应量、利率、通货膨胀率和贷款量等。货币政策对证券市场的影响是非常巨大的,因为货币供应量、利率等经济变量影响着证券市场投资者预期,也改变证券市场资金供求情况。

需要说明的是,财政政策和货币政策经常会搭配使用,因此,在分析财政政策和货币政策时,既要分别分析,又要结合分析。

二、微观分析

微观经济因素对股票价格的影响主要是指企业自身状况对股价的影响。微观经济因素是股票价格变化的内在因素，影响股票价格变化的微观经济因素主要包括以下几种。

（一）市场主体因素

1.公司所属行业

上市公司所属行业对股价波动有较大的影响。各种行业都有一定的生命周期，典型的生命周期包括四个发展阶段：初创期、扩张期、成熟期和衰退期。一个行业在其生命周期的不同发展阶段获利能力存在显著差别：初创期赢利能力较低，经营的风险较大，行业内上市公司的股价较低；扩张期赢利能力迅速提高，上市公司的股价水平迅速上升；成熟期赢利能力比较稳定，上市公司的股价也相对平稳；衰退期赢利能力急速下降，上市公司的股价也随之下跌。

2.公司经营状况

公司经营状况与股票价格息息相关。公司的经营状况好，则股价上涨；公司经营状况不佳，则股价下跌。反映公司经营状况的主要因素有：①净资产。净资产是公司股票的实际价值，因此，它与股票价格正相关。②营业收入。营业收入特别是主营收入增加，表明公司业务发展势头良好，因此股价也会同步上涨。③盈利水平。盈利水平增加，表明公司的经营成果显著，因此股价也会上涨。④股利政策。股利政策一定程度上反映了经营管理层对公司未来经营状况的预期，若股利政策得到大多数股东的认同，则股价将上涨。

3.公司竞争能力

公司竞争能力的强弱，决定了企业发展前景的好坏。竞争能力强的公司，不仅能在未来的市场竞争中获得更多的市场份额和收益，而且有更强的能力抵御行业中可能出现的经营风险，因此其股价水平也相对较高。

4.股本变动

股本变动包括增发新股、配股和股本分拆。相对而言，增发新股和配股对上市公司经营状况的要求较高，而增配股将增强公司的资金实力，进一步提高公司的经营能力和获利能力，因此股票价格会上涨。

（二）信用评级变化

在债券的投资实务中，信用评级往往是左右其价格升降的最直接因素，信用评级的变化能够瞬间导致其价格的变化。

一般来说，债券资信评级是由专门的资信评级审定机构根据发行者提供的材料，并通过调查、预测等手段取得的信息，运用科学的分析方法，按照一定的指标体系，对拟发行和已发行的债券按期偿还债券本息的能力及其风险程度所做的客观公正的评定。因此，债券评级的主体是专职的资信评级机构，债券评级的对象是拟发行和已发行的债券，债券评级的目的是测定债券发行主体偿还债券本金和利息的风险程度，债券评级的方法是各种科学的技术分析方法，债券评级的要求是客观公正。

1.债券评级的意义

债券评级存在的意义有以下几点：

(1)维持正常的金融秩序，创造良好的金融交易环境。债券评级直接影响债券的市场运行，影响金融市场的秩序，故为了防止欺诈行为，世界各国都把债券评级作为债券发行的重要前提条件。

(2)有利于提高发行人的经济地位和社会知名度。经过评级的债券易于销售和流通，有利于吸引投资人踊跃购买，加快发行速度，降低发行人的筹资成本。

(3)保护投资人的利益。对投资者来说，经权威机构评定的债券级别是其进行投资决策的主要依据，据此投资人能正确合理地选择投资对象，提高其债券投资的安全性和收益水平。

(4)起到良好的社会公正作用。资信评级机构是以第三者的身份进行债券评级的，公正客观是其应坚守的原则，因而能对债券的资信等级做出准确的评价，起到良好的公正作用。

2.债券评级的考察因素

以美国的评级体系为例，主要从以下几个方面考察债券的信用级别：第一，违约的可能性；第二，债务条款的性质；第三，发生破产、重组时，债务的地位和保护状况。债券评级方法依不同机构而有所不同，并依债券种类(民间债、公司债、外债等)及发行者性质(制造业、非制造业、地方自治体、外国政府、国际机构等)而有所不同。对普通公司债券评级的基本程序为：评级委托——初审评级——复审评级——确定级别。评级机构根据发行者提供的资料和实地考察结果来制定出具体的评级方案。评级时研究的事项主要包括产业分析、财务分析、信托证书分析等。

阅读拓展

多边开发银行的信用评级方法

多边开发银行作为超主权评级的主体，与一般金融机构的相似点在于其主要业务均为贷款，但在贷款目标、贷款对象、融资来源等方面却完全不同。具体来说，第一，由于多边开发银行本质上属于政策性银行，因此其贷款业务需要在考虑利润目标的同时兼顾政策目标。第二，与一般金融机构的股东为私人机构不同，多边开发银行的股东为主权国家，任何一个多边开发银行都不属于某一个国家所有，这是其超主权的本质表现。第三，不同于一般金融机构主要以吸收存款进行融资，多边开发银行主要通过发行债券的方式融资。第四，不同于一般金融机构的定期分红制度，多边开发银行的运营收益最终全部计入资本。第五，不同于一般金融机构必须接受巴塞尔资本协议外部监管，多边开发银行完全采用自我监管模式。第六，不同于一般金融机构的一般债权人地位，多边开发银行的优先债权人地位保障了其贷款安全。

超主权评级结果是对多边开发银行的全面衡量。目前，国际上三家主要评级机构均开展超主权评级业务，三者的评级方法均认为，对多边开发银行的评级需要同时考虑评级的内部因素和外部因素，即内部财务指标和外部股东支持，但在具体指标选择中三者各有侧重。其中,对多边开发银行内部财务指标的评价与一般金融机构类似,总体来说,内部财务指标是多边开发银行信用评级的基础,考虑外部股东支持将得到多边开发银行的最终评级结果。

一、评级的内部因素

在国际主要评级机构的标准中,内部评级因素主要涉及资本充足率、流动性和其他因素。其中,资本充足率是超主权评级的基石,而资本金和收入等是资本形成的重要来源,是构成资本充足率的重要因素。流动性在不同评级机构中的标准有所差异。标普认为,流动性最为重要的表现指标为融资能力,而穆迪则认为资产负债表层面的流动性和融资能力同样重要,对于其他因素,主要考虑多边机构对股东的重要性、机构运营能力、盈利能力以及风险管理水平等。

二、评级的外部因素

外部评级因素主要指外部支持,即股东对多边开发银行除已交资本之外其他方面的支持一般体现为待交资本。三大评级公司通过分析待交资本,研究股东的支持能力和支持意愿。标普尤其关注待交资本。穆迪方法中,外部支持考虑三类子评级因素,即合同支持、特别支持和其他调节变量。惠誉对外部支持的评级因素主要包括股东的平均评级、主要股东的平均评级、评级为AA-及以上股东的待交资本占总待交资本的比重、多边开发银行对成员国家的重要性以及AA-及以上股东的待交资本占未偿债务的比重五个指标。

下面比较三家评级公司对股东外部支持的分析。第一,三者都强调待交资本在股东外部支持中的作用,但理解待交资本的方式不同。其中,惠誉认为AA-及以上股东的待交资本为有效外部支持,标普认为主权评级高于多边开发银行的股东的待交资本为有效外部支持,穆迪认为BBB-以上即投资级以上股东的待交资本为有效外部支持。第二,惠誉和穆迪方法中,均在外部支持部分考虑股东平均评级,以体现股东对多边开发银行的支持能力,但标普方法中不涉及此因素,只用待交资本调整过的资本充足率体现多边开发银行的偿付能力。第三,惠誉和穆迪方法中,均在外部支持部分考虑股东支持意愿,但标普方法不涉及此类指标。

(资料来源:高蓓,郑联盛,张明:“亚投行如何获得AAA评级——基于超主权信用评级方法的分析”,《国际金融研究》,2016(2):26-35。)

(三)其他微观经济因素

1.市场供求

对于新兴市场,股价主要由股市本身的供求决定,即由股票市场上的股票总量和资金总量决定。在股票供给一定的情况下,股市的资金总量在价格形成中起主导作用,两者之间一般呈正相关关系。

2.市场总体价格波动

市场总体价格波动对特定股票价格的影响,是指股票价格与股市整体行情的相关关系。一般而言,在新兴市场上,股市价格波动的特点是齐涨齐跌,个股之间的风险差异小,市场的总体风险占主导地位。

3.市场操纵

在股票市场上,人为操纵股价是一种难以避免和杜绝的投机行为,新兴市场上人为操纵的现象更为普遍。市场操纵者一般是实力雄厚的大机构,他们单独或联合上市公司,通过控制个股涨跌方向和程度,使股价过高或过低,从中获得额外收益。

4.市场心理预期

投资者的心理预期是买卖股票的重要因素。众多投资者的心理预期交互影响形成市场心理预期,从而对股价的走势产生较强影响。

第二节 国际债券定价理论

一、一般债券定价理论

(一)固定收益证券价格的确定

金融工具的价格等于预期现金流量的现值,因此,在确定固定收益证券的价格时,必须确定预期现金流量的估计值以及贴现率的估计值。对某些金融工具而言,预期现金流量比较容易计算,而有些金融工具的预期现金流量却难以计算。计算现值贴现率常常利用市场上可比证券的收益率,有时候用市场利率。

决定未来现金流是确定债券价格的第一步。一般债券的现金流包括:债券持有期间支付的利息;债券到期时的票面价值。一般支付利息是一年一次或者每半年一次。因此,一般债券的现金流(不含期权的)由年金(固定的票面利息)以及债券到期价值两部分组成。

【例 8-1】 假设一个面值为 1 000 元的 30 年期年利率为 8%的债券,每半年付息一次,从持有至到期。则其现金流包括以下部分:

半年的利息:1 000×8%÷2=40(元)

到期价值:1 000 元

所以,该债券有 60 笔半年的现金流 40 元,和一笔 30 年后到期时的 1 000 元的现金流。

1.贴现率的确定

贴现率要考察市场可比债券的利率决定。一般是比照同一到期日、同一信用等级的债券利率情况。贴现率一般用年利率表示,半年付息一次时,我们采用年利率的一半表示半年的贴现率。

2.债券定价

债券的价格是由其未来现金流入量的现值决定的。债券未来现金收入由各期利息收入和到期时债券的变现价值两部分组成。因此,债券的价格为:

$$p=\frac{I}{(1+r)}+\frac{I}{(1+r)^2}+\cdots+\frac{I+B}{(1+r)^n}=\sum_{t=1}^{n}\frac{I}{(1+r)^t}+\frac{B}{(1+r)^n} \qquad (8-5)$$

式中:I——各期利息收入;

B——债券到期时的变现价值(如果债券投资者一直将债券持有至到期日,则 B 为

债券的面值;如果债券投资者在债券到期前将债券转让,则 B 为债券转让价格);

n——债券的付息期数;

r——贴现率。

【例 8-2】 息票利率为 8%,30 年到期,面值为 1 000 美元,每半年支付息票一次,共支付 60 次,每次 40 美元。假设年利率为 10%或 6 个月利率为 5%,请为该债券定价。

【解析】由公式(8-5)得

$$p=\frac{40}{(1+5\%)}+\frac{40}{(1+5\%)^2}+\cdots+\frac{40+1\ 000}{(1+5\%)^{60}}=810.71(\text{元})$$

【例 8-3】 假设某公司发行票面金额为 1 000 元,票面利率为 8%,期限为 5 年的债券。该债券每半年付息一次,即每年 1 月 1 日和 7 月 1 日付息,到期归还本金。当时的市场利率为 10%,试计算该债券的价值。若当前市价为 918 元,判断是否买入。

【解析】每次支付的利息为:1 000×8%÷2=40 元;

因为半年支付一次,所以算出半年的利率为:10%÷2=5%;

一年付息两次,共需支付 5÷0.5=10(次);

$$\text{利息支付的现值}=\frac{40}{(1+5\%)}+\frac{40}{(1+5\%)^2}+\cdots+\frac{40}{(1+5\%)^{10}}=309(\text{元})$$

$$\text{票面价值现值}=\frac{1\ 000}{(1+5\%)^{10}}=614(\text{元})$$

$$\text{债券价值}=309+614=923(\text{元})$$

债券目前的市价为 918 元,而债券价值为 923 元,大于市价,如果不考虑风险问题,应该购买债券,它可以获得收益。

3.零息债券的定价(Zero-coupon Bonds)

某些债券在其存续期内不支付利息,投资者收益的获取是通过购买价格和到期面值的差额来实现的,这种债券就称为零息债券。

零息债券唯一的现金流就是到期后票面价值的赎回,因此,N 年期的零息债券价格的计算公式可推导如下:

令 I 为 0,代入债券定价公式即式(8-5),得到:

$$p=\frac{B}{(1+r)^n} \tag{8-6}$$

式中:B——债券到期时的变现价值(如果债券投资者一直将债券持有至到期日,则 B 为债券的面值;如果债券投资者在债券到期前将债券转让,则 B 为债券的转让价格);

n——债券的付息期数;

r——年市场利率,如果每半年付息一次,则 r 为市场利率的一半。

【例 8-4】 计算 5 年后到期、到期价值为 1 000 美元、年市场利率为 10%的零息债券的价格。

【解析】假设价格为 p,由于 $B=1\ 000$ 美元,$r=10\%$,$n=5$,则:

$$p=\frac{1\ 000}{(1+10\%)^5}=621(\text{美元})$$

(二)固定收益证券价格随时间的变化

如果自债券购买至到期日之间贴现率不变,我们来看看债券价格会有什么变化。前面已经指出,如果债券平价发行,那么债券的票面利率等于市场贴现率。当债券逼近到期日时,债券将继续以票面价值出售,也就是说,当时间向到期日逼近时,平价发行的债券的价格将保持为票面价值。然而,如果债券溢价或者折价发行,其价格就不会保持不变。我们通过下面的例子说明。

1.折价发行的债券价格随时间变化的情况

表 8-1 列示了期限为 10 年、票面利率为 10%、市场贴现率为 12%的债券,其价格随剩余到期时间变化的情况,设定面值为 1 000 美元。

表 8-1　折价债券价格　　（单位:美元）

剩余到期年数	利息贴现值	票面价值贴现值	债券价格
10	573.35	311.80	885.15
8	505.30	393.60	898.90
6	419.19	497.00	916.19
4	310.49	627.40	937.89
2	173.26	792.10	965.36
1	92.67	890.00	982.67
0	0	1 000	1 000

从表 8-1 中可以看到:当债券还有 10 年到期时,债券价格为 885.15 美元;当债券还有 8 年到期时,债券价格为 898.90 美元;当债券还有 6 年到期时,债券价格为 916.19 美元。

显然,对所有的折价债券满足这样的规律:当时间临近到期日时,若贴现利率不变,则价格上升。我们可以通过图 8-2 更为直观地观察到这一变化规律。

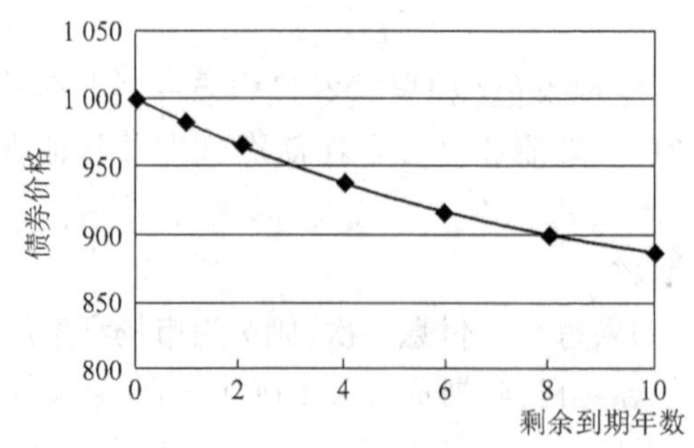

图 8-2　折价债券价格随时间变化图

当债券逼近到期日时,债券持有人收到的利息现值越来越少,票面价值的现值不断上升。票面价值的现值的增长额大于利息现值的减少额,导致债券价格不断上升。我们还可以发现,债券价格的变化速度随着到期日的接近而逐渐减少直至趋近于零。

2.溢价发行的债券价格随时间变化的情况

表 8-2 列示了期限为 10 年、票面利率为 12%、市场贴现率为 10%的债券,其价格随剩余到期时间变化的情况,设定面值为 1 000 美元。

表 8-2 溢价债券价格 (单位:美元)

剩余到期年数	利息贴现值	票面价值贴现值	债券价格
10	688.02	376.9	1 064.92
8	606.36	458.1	1 064.46
6	503.028	556.8	1 059.828
	372.588	676.8	1059.388
2	207.912	822.7	1 030.612
1	111.204	907	1 018.204
0	0	1 000	1 000

从表 8-2 中可以看到:当债券还有 10 年到期时,债券价格为1 064.92美元;当债券还有 8 年到期时,债券价格为 1 064.46 美元;当债券还有 6 年到期时,债券价格为1 059.828美元。

显然,对所有的溢价债券满足这样的规律:当时间临近到期日时,如贴现利率不变,则价格下降,如图 8-3 所示。

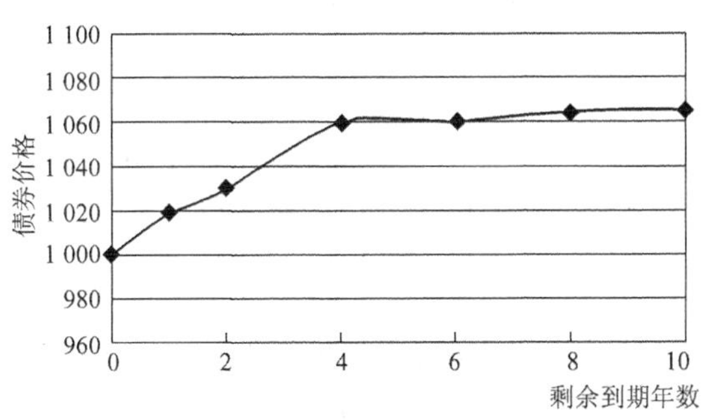

图 8-3 溢价债券价格随时间变化图

当债券逼近到期日时,债券持有人收到的利息现值越来越小,票面价值的现值不断增加。票面价值的现值的增加额小于利息现值的减少额,导致债券价格不断下降。我们仍可以发现,债券价格的变化速度随着到期日的接近而逐渐减少直至趋近于零。

综上所述,我们得到如下的结论:

(1)溢价发行的债券,债券价格随着到期日的临近而不断下降;

(2)折价发行的债券,债券价格随着到期日的临近而不断上升;

(3)平价发行的债券,由于债券的票面利率等于市场贴现率,债券价格始终保持不变;

(4)当债券逼近到期日时,债券价格趋近于债券的票面价值。债券价格的变化速度随着到期日的接近而逐渐减少直至趋近于零。

二、定价理论在国际债券估值中的应用

(一)长期固定收益债券

国际债券市场上,长期固定收益债券主要分为四类[①]:①政府债券,代表联邦政府的借款,是流动性最强的债务,被认为没有违约性。②公司债券,是公司的债务,其活跃性远低于政府债券。一般来说,公司债券可以分为违约风险低的投资级债券和具有明显违约风险的高收益或垃圾债券。③抵押债券。抵押贷款是由房地产支持的债务,大多数抵押贷款由银行、保险公司或其他金融机构所有。很多抵押贷款是公开交易的,其交易通过汇集一组抵押贷款形成资产池,并以该资产池为基础发行债券来实现。④市政债券,是地方政府及其机构的债务。一般市政债券又分为两类:以地方政府的完全信用支持的债券与以某个政府机构的信用支持的债券,后者被称为收益债券。市政债券最大的特点是免缴联邦所得税。债券到期收益率的计算公式为

$$p = \frac{I}{(1+y)} + \frac{I}{(1+y)^2} + \cdots + \frac{I+B}{(1+y)^n} = \sum_{t=1}^{n} \frac{I}{(1+y)^t} + \frac{B}{(1+y)^n} \quad (8-7)$$

式(8-7)与式(8-6)不同,式(8-7)是已知债券购买价格 P 来求到期收益率,而式(8-6)是已知市场贴现率来计算债券的内在价值。投资专业人士比较债权时用得最多的是到期收益率,计算债券到期收益率的方法因债券类型的不同而不同。

政府长期、中期债券和大多数的公司债券每半年付一次息。假设有一个 3 年期债券,每半年付利息 50 美元,本金 1 000 美元,当前购买价格为 900 美元,则它的到期收益率计算如下:

$$900 = \frac{50}{(1+\frac{y}{2})} + \frac{50}{(1+\frac{y}{2})^2} + \cdots + \frac{50+1\,000}{\left(1+\frac{y}{2}\right)^6}$$

解得

$$y = 14.2\%$$

这个到期收益率称债券等价收益率,它将半年收益率转化为年收益率时没有假定复利的形式。如果假定一年中第一笔利息可以再生息,那么年实际收益率就是$(1+y/2)$再乘以$(1+y/2)$,本例中就是 $1.071^2-1=14.7\%$,这通常被称为有效年收益率,它总是高于债券的名义到期收益率。

计算不同付息频率债券的等价收益率和有效年收益率,可比照政府债券的算法。表 8-3 统计了常见国际债券等价收益率和有效年收益率的估算。

① 这里以美国的债券市场为例进行介绍。

表 8-3 债券等价收益率和有效年收益率的估算

	标准付息频率	收益率报价	债券等价收益率	有效年收益率
欧洲债券	年	y	$2[(1+y)^{1/2}-1]$	y
政府债券	半年	y	y	$(1+\frac{y}{2})^2-1$
公司债券	半年	y	y	$(1+\frac{y}{2})^2-1$
Ginnie Mae	月	y	$2[(1+\frac{y}{12})^6-1]$	$(1+\frac{y}{12})^{12}-1$
国库券①	无	b	$2[(1+r)^{365/2n}-1]$	$(1+r)^{365/n}-1$

（二）应计利息的国际差异

世界各地的信贷市场存在着差异，这种差异在有些方面很明显，在有些方面却不十分明显。债券市场之间存在的一个微妙差异就是它们处理应计利息的方式。

债券对其息票利息的支付频率可能是每年、每半年或每季度一次，甚至更为频繁。利息支付日期在债务发行契约或信托契约（Indenture Contract, Deed of Trust）的条款中已经列明。当债券的交易发生在两个计划息票利息支付日之间时，债券的购买者必须补偿债券出售者支付中已经赚取但是还未得到的那一部分。这一应计利息的计算方式如下：

$$\text{应计息票支付}=\text{剩余期限的息票支付}\times(\text{从上次息票支付日到现在的天数}\div\text{两次息票支付日之间的天数}) \quad (8-8)$$

式(8-8)表明，在计算应计息票利息时所采用的天数计算惯例（Day-count Convention）是很重要的。世界各地的许多货币市场证券、公司债券以及外国债券在计算价格时都采用了将一年分为 12 个月、每月分为 30 天的惯例，即一年 360 天。尽管这一天数计算惯例与日历年并不完全相同，但是这一惯例已经得到广大投资者的认同。与此同时，英国、加拿大以及日本的投资者在他们的许多债券计算中，都采用了每年 365 天（即真实的日历天数）的计算方法。

任何一种债券的计算都必须采用某种天数计算惯例。如果交易数量相当可观的话，交易各方就应该采用适当的惯例。

（三）投资国际债券的汇率差异

本国投资者投资以外币为面值的非本国债券所取得的投资收益由两部分组成：①以债券面值货币衡量的债券收益（称作本地货币收益），该收益包括息票支付、再投资收入和资本损益；②汇率变化带来的损益。

汇率是一种货币可以被兑换成另一种货币的数量，或者说是一种货币以另一种货币表示的价格。从美国投资者的角度来看，外币资产的资金流动使投资者面临美元现金流不确定的风险。如果外币相对于美元贬值（价值下降），那么现金流的美元价值将

① b=银行折现收益率，$r=b\frac{N}{360}\left(\frac{p_1-p_0}{p_0}\right)$

相应地下降。因此,在投资国际债权时,投资者往往将汇率的损益单独分离出来。表8-4中的结果表明,要从国际债券投资中获得更高的收益率,就有必要对资本升值率、利息收益率、货物收益率三个收益率的组成部分都进行分析。

表 8-4　美元投资者得自于长期政府债券的投资收益率的组成(1970—1996年)

	资本升值率	利息收益率	货币收益率	总收益率
澳大利亚	-1.2%	10.4%	-1.3%	8.5%
比利时	0.3%	9.1%	1.6%	11.6%
加拿大	0.1%	9.6%	-0.9%	9.3%
法国	0.3%	9.7%	0.3%	10.8%
德国	0.5%	7.6%	3.2%	12.0%
意大利	0.1%	12.2%	-3.3%	9.5%
日本	1.0%	6.4%	4.1%	12.2%
荷兰	0.3%	8.0%	2.7%	11.7%
瑞士	0.4%	5.0%	4.2%	10.2%
英国	0.2%	11.0%	-1.3%	10.2%
美国	0.4%	8.4%	N/A	9.3%

阅读拓展

中国石化发行国际美元债券的实践与启示①

2012年5月,中国石化成功完成30亿美元国际债券发行,创下了中国企业国际债券发行的最大规模认购订单、最大规模单次发行额,以及5年、10年、30年共三个年期债券的最低综合票面利率等中国企业国际债券发行新纪录。

一、发行背景

近年来,随着中国石化的国际化程度快速提升,融资需求同步增加。与国际国内同业比较,现有融资安排也存在明显不足。一是融资方式相对单一。中国石化的债务融资主要以银行贷款为主,受国内货币政策、国际金融危机等因素影响,境内银行外币融资动力不足,融资价格明显高于境外,境外银行提供较大金额长期融资能力受限,难以满足公司发展的需要。二是融资规模受限。随着集团公司近年来不断加大国际并购的力度,债务规模明显上升,部分合作银行对公司的贷款授信已达到或接近单一客户授信比例的上限,融资保障程度有所下降。三是融资成本增加趋势明显。公司组织本外币融资的综合价格水平呈上升态势,财务费用压力增加。四是存量负债的期限结构不尽

① 资料来源:张伟:“中国石化发行国际美元债券的实践与启示”,《石油化工管理干部学院学报》,2013(2)。

合理。截至2011年末,公司付息债务的平均期限不足5年,短中期偿付压力明显增加。

与此同时,受近年来欧美央行纷纷推出持续量化宽松政策的影响,美国政府债券以及高评级企业债券的发行价格连创历史新低,中国石化作为海外业务众多的跨国企业集团,积极进入国际融资市场,既是降低融资成本、规避汇率风险的需要,也是缩小与国际跨国公司在资金筹措方式上的差距,增强国际竞争实力的必然选择。

二、发行过程

国际债券发行也称"债券IPO发行",条件严格、流程复杂,包括组织和开展国际信用评级、准备和启动债券发行两个阶段,运行过程需要3–4月时间,其中取得国际信用评级是能否启动国际债券融资的基本条件,通常需要以下七个阶段:①成立评级业务团队、确定外部评级顾问;②展开财务和经营尽职调查,明确信用定位;③梳理历史经营财务数据,发掘信用亮点;④编制公司财务模型,预测未来发展潜力;⑤跟踪评级机构执行动态、取得评级结果;⑥召开信用评级报告会议、组织部委访谈;⑦起草公司评级报告,安排准备访谈事宜。

由于债券发行所披露财务报告需要控制在财务报表日起135天之内,通常情况下,国际债券发行均使用年度或半年财务报表,执行时间集中在每年一季度或三季度,发行准备则提前于发行年份的上年末,或当年上半年启动。由于政策(如取得主管部门境外担保许可)等客观条件的限制,中国石化本次国际债券发行,从3月2日正式启动到5月10日完成债券认购和订单分配。其债券发行主要经历了以下过程:①成立发债工作团队,遴选外部中介机构;②确定发行信用结构,准备发行相关文件;③提交发行申请,全球公布债券交易;④组织全球路演,密切跟踪投资意向;⑤充分把握市场时机,启动债券认购;⑥合理确定发行价格并安排订单分配;⑦签署债券发行契约,完成资金募集交割。

三、发行启示

与境内融资、国际双边或多边银行贷款不同,国际债券发行更多是在宏观经济、金融形势下,根据融资规模、价格与国际投资者的跟进情况,需要内外部、主客观多方面因素配合,因此是对发行人自身实力、发行组织能力和市场判断能力的综合检验。

综合本次国际债券发行实践,成功发行需具备八个要素。一是良好的国际信用评级。二是发行结构的合理性。中国石化采用了国家外汇管理局批准项下的母公司担保发行结构,使拟发债券具备了进入国际新兴市场指数债券的基本要素,为扩大投资者参与范围创造了良好条件。三是适宜的市场环境。四是精细发行准备。认真做好信用评级报告、推介材料法律文件、投资者参与分析等工作,使发行准备的过程成为提升公司信用、发掘信用亮点。五是可靠的认购安排。成功的债券发行是发行规模与发行价格的完美结合,除市场因素外,参与认购投资者的广泛性和认购规模同等重要通常情况下,投资者认购规模超过拟发行规模3.5倍以上才能保证成功发行。六是专业高效的发行路演。七是科学合理的发行策略,包括路演策略、品种策略、认购策略、定价策略、窗口选择策略等。八是选择最佳发行窗口。这一点非常考验发行人的市场判断力,良好的发行窗口,对成功发行具有重要影响。

第三节 股票定价理论

一、理论模型

(一)股利贴现模型

与债券的估值一样,股票价格也是由一系列未来现金流量的现值决定的。股票的现金流量由股利现金流量和资本利得两部分构成。其中,资本利得即投资者买卖股票的差价。

对股票进行价值评估,最为重要的方法是股利贴现模型。所谓股利贴现模型,即将股利收入资本化以确定普通股价值。其一般形式是:

$$V = \sum_{t=1}^{\infty} \frac{D_t}{(1+k)^t} \tag{8-9}$$

式中:V—— 股票的内在价值;

D_t——t 期末的股利;

k—— 必要收益率,即所需要的贴现率。

股息零增长下的股利贴现估价公式为:

$$V = \sum_{t=1}^{\infty} \frac{D_0}{(1+k)^t} \tag{8-10}$$

式中:D_0—— 每期固定的股利。

如果假设每期股利按一个不变的增长比率 g 增长,即得到不变增长条件下的股利贴现模型:

$$V = \frac{D_0(1+g)}{1+k} + \frac{D_0(1+g)^2}{(1+k)^2} + \frac{D_0(1+g)^3}{(1+k)^3} + \cdots$$

上式可以简化为:

$$V_0 = \frac{D_0(1+g)}{k-g} = \frac{D_1}{k-g} \tag{8-11}$$

式中:D_0——最近一期支付的股利。

如果假设在一定时期(T 期)内股息没有固定的增长率,而 T 期后再遵循一个不变的增长率,即得到多元增长条件下的估值模型:

$$V = \sum_{t=1}^{T} \frac{D_t}{(1+k)^t} + \frac{D_{T+1}}{(k-g)(1+k)^T} \tag{8-12}$$

在我们实际应用股利贴现模型选择股票时,必须解决的问题是对贴现率或投资者所要求的必要收益率 k 和股息增长率 g 两个参数的估计。我们可以通过股利贴现模型、资本资产定价模型或股利收益率的历史平均值来估算 k,并可通过点估计法和净资产收益率法来估计 g。

(二)股利贴现模型的应用

可从两个角度考虑股利贴现模型的应用:一个是股利贴现模型在实际应用中需要解决的问题,另一个则是应用股利贴现模型能帮助我们解决的问题。

1.股利贴现模型应用中需要解决的问题

在我们实际应用股利贴现模型选择股票时,必须解决的问题是对贴现率或投资者所要求的必要收益率 k 和股利增长率 g 两个参数的估计。

(1)估计贴现率 k。我们可以通过三种方法①来估计投资者要求的收益率 k。

第一种方法是依据股利贴现模型去估计 k。假设股票价格 P_0 由股利贴现模型决定,根据股利贴现模型(8-11),并将式中 V_0 用 P_0 代替,则可推导出:

$$k=(d_1/P_0)+g \tag{8-13}$$

式中:d_1——第1期的股利。

第二种方法是根据资本资产定价模型(CAPM)来估计 k:

$$k=r_f+\beta[E(r_m)-r_f] \tag{8-14}$$

第三种方法是用普通股股利收益率的历史平均值进行估算。此时所估算的平均收益率即投资者所要求的未来收益率的近似值。例如,某公司普通股过去10年的平均收益率为12.5%,那么我们就可将其近似看作投资者所要求的未来收益率——大致也为12.5%。

(2)估计股利增长率 g。估计股利增长率主要有两种较简便的方法②,即点估计法和净资产收益率法。

点估计法(Point Estimate Method)只用到两个股利支付的时间点。以 d_t 表示第 t 年末支付的年股利,d_0 表示第一年末支付的股利,则有:

$$d_t=d_0(1+g)^t \tag{8-15}$$

解得:

$$g=(d_t/d_0)^{1/t}-1 \tag{8-16}$$

【例8-5】 abc公司2000年每股支付股利1元,2008年每股支付股利1.5元,则其8年中的股利增长率为:

$$g=(1.5/1)^{1/8}-1=0.052$$

即该公司的股利增长率为5.2%。如果我们进一步假定 $k=0.1$,将上述数据代入股利贴现模型,我们便可得到该公司的股票价值是每股32.88元。

这里我们要注意的是,如果我们选择的期间是5年,并假设该公司2005年的股利支付为1.1元,则其股利增长率为1.9%,相应的股票价值为每股13.84元。也就是说,点估计法对估计期或基期的选择非常敏感,需要我们慎重对待。

另一种估计股利增长率的方法是利用净资产收益率进行估计。该方法认为股利增

---

① 除文中提到的三种方法外,还有一种方法是在公司所发行的债券的收益率基础上加上一个股票的风险报酬率,即构成投资者所要求的收益率 k。这里的风险报酬率是一个较为主观的指标。

② 除文中介绍的两种方法外,还有一种稍复杂的方法称为回归估计法(Regression Method),该方法在点估计法的基础上,考虑了两个期间内各期股利的支付。其公式为:

$$g=\exp\left\{\frac{\mathrm{Cov}[\ln(d),t]}{\sigma_t^2}\right\}-1$$

式中:exp——指数,即 e 的幂;

ln(d)——支付股利的自然对数;

t——时间;

σ_2^t——时间的方差。

长率等于公司的净资产收益率(ROE)乘以估计的股利支付率(b),即:

$$g=ROE\times b \tag{8-17}$$

式中,ROE=每股盈余 EPS/每股账面价值 $BVPS$,则式(8-17)还可表示为:

$$g=(EPS/BVPS)\times b \tag{8-18}$$

由于这一方法主要应用一些会计比率进行计算,因而也称为会计方法(Accounting Method)。

2.应用股利贴现模型能帮助我们解决的问题

(1)利用股利贴现模型确定普通股的久期。久期可理解为某证券各期现金流的平均到期期限,其大小代表该证券价格波动相对于利率变化的敏感程度。由对固定收益证券久期的研究可见,久期从本质上明确了证券持有期与其收益率之间的关系,而这一关系也适用于对普通股的分析。也就是说,如果我们使股票投资组合的久期与投资者的持有期相等,则从理论上看该股票投资组合不再受股票收益率 k 变动的影响。

根据股利贴现模型,股票价格 P_0 的决定公式为:

$$P_0=d_1/(k-g) \tag{8-19}$$

股利固定增长的普通股久期 D_s 可表示为:

$$D_s=(1+k)/(k-g) \tag{8-20}$$

【例 8-6】 如果 $k=10\%$,$g=4\%$,则该组合的久期为:

$$D_s=(1+0.1)/(0.1-0.04)=18.3(\text{年})$$

这样,如果该组合的持有期也为 18.3 年,则由 k 的变动所带来的风险即可被最小化。

久期还可以用股利收益的倒数近似表示,即:

$$D_s=1/(k-g)$$

而由此式我们可进一步得到:

$$D_s=1/(k-g)=P_0/d_1$$

(2)利用股利贴现模型确定资本成本。从融资的角度看,贴现率 k 是指在给定公司风险的情况下股东要求的权益资本成本。利用不变增长模型可以估计权益资本成本的大小。

由式(8-13)所示的不变股利增长模型,我们得到:

$$P_0=d_1/(k-g)$$

解得:

$$k=(d_1/P_0)+g \tag{8-21}$$

该式即利用股利贴现模型所得到的资本成本的确定公式。计算中所需要的数据 d_0 和 P_0 可以从市场中得到,而如果我们运用会计方法或点估计法计算出 g,即可计算出 $d_1[=d_0(1+g)]$,从而可解出权益资本成本。

准确估计出权益资本成本对融资者(证券发行公司)的重要性在于,公司可以把股票的市场价格作为指示器,并由此计算出市场所要求的收益率 k,该值即公司进行资本融资所要付出的成本。据此,公司即可决定其融资计划。当然,权益资本成本 k 对投资者来说也是重要的。

【例 8-7】 假设对某股票我们有如下数据:$d_1=0.4$,$P_0=15$,$g=6\%$,计算该股票的必要收益率。

【解析】根据式(8-21),得:

$$k=(0.4/15)+0.06=0.087$$

即投资者从对该股票的投资中能获得8.7%的必要收益率。如果投资者所要求的收益率大于8.7%,则不应对则该股票进行投资;而如果投资者所要求的收益率小于8.7%,则该股票是值得投资的。

案 例

可口可乐公司普通股价值两种不同估计的比较

可口可乐公司普通股在1999年支付了每股64美分的年现金股息,每股净收益为98美分当年公司的年权益资本成本 k 为20.7%,在前10年的基础上,其现金股息的年增长率 g 为19.7%。利用股利贴现模型可以算出可口可乐公司1999年的每股价值为:

$$P_0=\frac{d_1}{k-g}=\frac{0.64}{0.207-0.197}=\frac{0.64}{0.01}=64(\text{美元})$$

1999年,可口可乐公司将收益中的65.3%用作现金股息的支付,即 $d_1/EPS_1=64/98=0.653$。依据这些数据,就可算出可口可乐公司股票的价值是其1999年每股收益的65.3倍。

$$\frac{P}{EPS_1}=\frac{d_1/EPS_1}{k-g}=\frac{0.653}{0.207-0.197}=65.3(\text{倍})$$

将可口可乐公司公司65.3倍的市盈率乘以1999年0.98美元的每股收益,就得到了基本面分析师对公司1999年每股股价63.99美元的估计:

$$0.98\times65.3=63.99(\text{美元})$$

基本面分析师对每股63.99美元的估计与股利贴现模型计算出的64美元的估计十分近似。如果两者差异很大的话,证券分析师就应该寻找产生这种差异的原因。事实上,1999年,可口可乐公司普通股的市场价格的确是在47.31美元的最低值和70.88美元的最高值之间波动。

二、定价理论与市盈率

将式(8-11)中的 V_0 用 P(股票的内在价值,我们将其当作股票应有的价格)来代替,两边同时除以股票的预期每股收益,就可得到下式:

$$\frac{P}{EPS_1}=\frac{d_1/EPS_1}{k-g} \tag{8-22}$$

从式(8-22)可以看出,股票市盈率 P/EPS_1 有三个主要的决定因素:①风险调整后的贴现率 k,它大于股票的平均增值率;②增长率 g;③现金股息支付比率(d_1/EPS_1)。

对(8-22)进行整理可得:

$$\frac{P}{EPS_1}=\frac{d_1/EPS_1}{k-g}=\frac{1-b}{k-ROE\times b} \tag{8-23}$$

本章小结

1.影响国际资产价格的宏观经济因素包括经济周期、经济指标、通货膨胀、利率、汇率等;政治因素包括战争、政权、国际政治形势、法律制度等;经济政策包括财政政策和货币政策;微观因素包括公司所属行业、公司经营状况、公司竞争能力、市场供求、市场操纵等。

2.债券的价格是由其未来现金流入量的现值决定的。债券价格的决定公式为:

$$p = \sum_{t=1}^{n} \frac{I}{(1+r)^t} + \frac{B}{(1+r)^n}$$

3.零息债券在其存续期内不支付利息,投资者收益的获取是通过购买价格和到期面值的差额来实现的。零息债券的定价公式为:

$$p = \frac{B}{(1+r)^n}$$

4.溢价发行的债券,债券价格随着到期日的临近而不断下降;折价发行的债券,债券价格随着到期日的临近而不断上升;平价发行的债券,由于债券的票面利率等于市场贴现率,债券价格始终保持不变;当债券逼近到期日时,债券价格趋近于债券的票面价值。债券价格的变化速度随着到期日的接近而逐渐减慢直至趋近于零。

5.所谓股利贴现模型,即将股利收入资本化以确定普通股价值。其一般形式是:$V = \sum_{t=1}^{\infty} \frac{D_t}{(1+k)^t}$;在股息零增长状态下,股利贴现估价公式为:$V = \sum_{t=1}^{\infty} \frac{D_0}{(1+k)^t}$;如果假设每期股利按一个不变的增长比率 g 增长,即得到不变增长条件下的股利贴现模型:$V_0 = \frac{D_0(1+g)}{k-g} = \frac{D_1}{k-g}$;如果假设在一定时期($T$ 期)内股息没有固定的增长率,而 T 期后再遵循一个不变的增长率,即得到多元增长条件下的估值模型:

$$V = \sum_{t=1}^{T} \frac{D_t}{(1+k)^t} + \frac{D_{T+1}}{(k-g)(1+k)^T}$$

复习思考题

1.影响国际资产价格的主要因素有哪些?

2.固定收益证券发行后,其价值将随时间发生怎样的变化?

3.某公司发行票面金额为100 000元,票面利率为8%,期限为5年的债券。该债券每年1月1日和7月1日各付息一次,到期归还本金。当时的市场利率为10%,计算该债券的价值。若市价为93 000元,判断是否可买入?

4.一种债券的息票率为8%,到期收益率为6%。如果一年后该债券的到期收益率保持不变,则其价格将升高、降低还是不变?

5.在股票定价的实际操作中,股利贴现模型是否存在局限性,表现在哪些变量上?

第九章

全球资产组合的构建与管理

本章要点

在经济全球化背景下，全球资产在世界范围内进行重新组合与配置，很大程度上提高了资产的配置效率，研究全球资产组合的理论依据，不但有助于我们更加深刻地认识现象背后的本质，更有助于我们依据全球资产组合理论在全球范围内进行资产管理。本章我们将从介绍经典的投资组合理论入手，过渡到对于国际资产配置问题的讨论。第一节主要介绍如何通过马克维茨资产组合理论求解一般情况下的最优完全资产组合，继而探讨该理论应用于国际资产配置过程时需要考虑的问题。第二节将深入介绍国际债券、股票投资以及国际债券组合、股票组合投资的相关问题，全面分析完成这些国际资产配置所要考虑的因素。

第一节 全球资产配置理论

一、经典投资组合理论

投资学的一个基本指导理念就是风险与收益的最优匹配。对一个理性的投资者而言,所谓风险与收益的最优匹配,就是在一定风险下追求更高的收益,或是在一定收益下追求更低的风险。对风险与收益的量化以及对投资组合效用的分析,是构建资产组合时首先要解决的一个基础问题。此外,在构建一个投资组合时,投资者所面临的主要问题是:第一,构建组合的原则是什么?第二,选择哪些资产或证券构成这一组合?第三,总投资额如何在这些资产或证券中分配?资产组合理论即要解决或部分解决这些问题。

(一)资产组合的收益和风险衡量

构建一个投资组合的基础性问题,即是要对该组合的收益和风险做到心中有数,即对组合的收益和风险进行测量。对组合资产的投资决策,不仅要考虑单个资产的收益和风险,而且要考虑资产组合作为一个整体的收益和风险。

资产组合的预期收益 $E(r_p)$ 是资产组合中所有资产预期收益 $E(r_i)$ 的加权平均,其计算公式为:

$$E(r_p) = \sum_{i=1}^{n} x_i E(r_i) \qquad (9-1)$$

式中,权数 x 为各资产投资占总投资的比率;$i = 1,2,\cdots,n$;$x_1 + x_2 + \cdots + x_n = 1$。

$E(r_i)$ 的计算公式为:

$$E(r_i) = \sum_{i=1}^{n} h_i r_i \qquad (9-2)$$

式中,r_i为第 i 个资产的收益预期;h_i为第 i 个资产的预期收益可能发生的概率。

与资产组合收益的计算不同,资产组合的方差不是组合中各资产方差的简单加权平均,而是资产组合的收益与其预期收益偏离数平方的期望值,即:

$$\sigma_p^2 = E[r_p - E(r_p)]^2 \qquad (9-3)$$

式中,r_p为资产组合的收益率。

如果是由 n 个资产构成的组合,从这 n 个资产的角度看,该组合方差计算公式的另一种形式为:

$$\sigma_p^2 = \sum_{i=1}^{n} x_i^2 \sigma_i^2 + \sum_{i=1}^{n} \sum_{j=1}^{n} x_i x_j \mathrm{Cov}(x_i, x_j) \quad (i \neq j) \qquad (9-4)$$

式中,$\mathrm{Cov}(x_i,x_j)$ 为资产 i 与资产 j 之间的协方差(所谓协方差,即两个或更多的随机变量之间的相互依赖关系)。

设 x_1,x_2 为两个随机变量,其均值分别为$\bar{x}_1$ 和$\bar{x}_2$,则两个变量之间的协方差被定义为:

$$\mathrm{Cov}(x_1,x_2) = E[(x_1 - \bar{x}_1)(x_2 - \bar{x}_2)] \qquad (9-5)$$

经过简单推导,我们可以得到式(9-5)的一个替代公式:

$$\mathrm{Cov}(x_1,x_2) = E(x_1x_2) - \bar{x}_1\bar{x}_2 \quad (9-6)$$

在投资组合中,通常我们以 σ_{12} 表示两个资产之间的协方差。

协方差告诉我们的信息是:如果 $\sigma_{12}=0$,则两种资产为不相关的随机变量;如果 $\sigma_{12}>0$,则两个随机变量正相关;如果 $\sigma_{12}<0$,则两个随机变量负相关。

思考一个更为简单的例子,如果由两个资产构成一个资产组合,则该组合的方差可表述为:

$$\rho_p^2 = x_1^2\sigma_1^2 + x_2^2\sigma_2^2 + 2x_1x_2\rho_{12}\sigma_1\sigma_2 \quad (9-7)$$

式中,ρ_{12} 为资产1与资产2的相关系数。其计算公式为:

$$\rho_{12} = \frac{\sigma_{12}}{\sigma_1\sigma_2} \quad (9-8)$$

我们来进一步考察风险的类型,投资组合所面对的风险可分为系统性风险和非系统性风险两类。由于系统性风险是通过宏观经济因素变化所导致的,因此它无法通过投资组合予以消除。对于某证券所面临的系统性风险的衡量,可以利用该证券的收益率与市场收益率之间的 β 系数。

某证券 i 的 β 系数 β_i 是指该证券的收益率和市场收益率的协方差 σ_{im} 除以市场收益率的方差 σ_m^2,即:

$$\beta_i = \sigma_{im}/\sigma_m^2 \quad (9-9)$$

对一个证券组合的 β 系数 β_p,它等于该组合中各证券的 β 系数的加权平均,权数为各种证券的市值占该组合总市值的比重 X_i,即:

$$\beta_p = \sum_{i=1}^{n} X_i\beta_i \quad (9-10)$$

β 值带给我们的信息是:对某证券或证券组合而言,如果其 $\beta=1$,则该证券或证券组合的系统性风险与市场总体水平一致;如果其 $\beta>1$,则该证券或证券组合的风险大于市场总体水平;如果其 $\beta<1$,则表明其系统性风险小于市场总体水平;如果其 $\beta=0$,则该证券或组合无系统性风险①。

(二)利用马科维茨资产组合理论构建最优资产组合

假设某资产组合由两种风险资产构成,其中一种是专门投资于长期债券的债券基金 D,另一种是专门投资于股权证券的股票基金 E。它们的基本数据如表9-1所示,这些参数可以从真实的基金历史数据中计算得出。

表9-1 债券基金与股票基金样本的相关数据

	债券	股票
期望收益 $E(r)$	8%	13%

① 这里我们需要注意的是,β 值等于、大于还是小于市场风险,本身无好坏之分,要依据投资策略而判断。这里因为,理论上承担的风险越高,则可能获得的收益越高;另外,不同投资者(或机构)对风险的偏好(目标)不一样,若投资策略是追求风险价值,则其组合的 β 值应大于1,换言之,对于该类投资者,$\beta<1$ 或 $\beta=1$ 即可能是无效组合。

续表

	债券	股票
标准差 σ	12%	20%
协方差 $Cov(r_D, r_E)$	0.007 2	
相关系数 ρ_{DE}	0.3	

现在我们即研究通过在该组合中加入无风险资产,来构造一个完全的资产组合。

1.风险资产组合的构建

我们按照不同比例来搭配以上债券基金和股票基金,不同搭配比例对收益的影响在表9-2中列出。当债券的投资比例从0增加到1(即股权投资比例(W_E)从1减少到0)时,资产组合的期望收益率从13%(股票的期望收益率)下降到8%(债券的期望收益率)。

表9-2 不同资产权重对组合收益与风险的影响

w_D	w_E	$E(r_p)$ (%)	给定相关性下的资产组合的标准差(%)			
			$\rho=-1$	$\rho=0$	$\rho=0.3$	$\rho=1$
0.00	1.00	13.00	20.00	20.00	20.00	20.00
0.10	0.90	12.50	16.80	18.04	18.40	19.20
0.20	0.80	12.00	13.60	16.18	16.88	18.40
0.30	0.70	11.50	10.40	14.46	15.47	17.60
0.40	0.60	11.00	7.20	12.92	14.20	16.80
0.50	0.50	10.50	4.00	11.66	13.11	16.00
0.60	0.40	10.00	0.80	10.76	12.26	15.20
0.70	0.30	9.50	2.40	10.32	11.70	14.40
0.80	0.20	9.00	5.60	10.40	11.45	13.60
0.90	0.10	8.50	8.80	10.98	11.56	12.80
1.00	0.00	8.00	12.00	12.00	12.00	12.00

最小方差的组合			
相关系数	$\rho=-1$	$\rho=0$	$\rho=0.3$
w_D	0.625 0	0.735 3	0.820 0
w_E	0.375 0	0.264 7	0.180 0
$E(r_p)$(%)	9.875 0	9.323 5	8.900 0
σ_p(%)	0.000 0	10.289 9	11.447 3

这里我们要提到表9-2中忽略的一种情况,当$w_D>1$,$w_E<0$时,表明资产组合的策略是作股票基金的空头,即卖空股票基金,并把得到的资金投入到债券基金。这将降

低资产组合的期望收益率。例如,当 $w_D = 2, w_E = -1$ 时,资产组合的期望收益率下降为 $2 \times 8\% + (-1) \times 13\% = 3\%$,此时资产组合中债券的价值是账面价值的两倍,而这个极端的头寸是通过作全部股票的空头来实现的。当 $w_D < 0, w_E > 1$ 时,情况恰好相反,投资者作债券基金的空头,把所得资金用于购买更多的股票基金。

除了影响组合预期收益,改变投资比例还会影响资产组合的标准差。表 9 - 2 给出了在不同相关系数情形下,投资比例变化对组合标准差的影响,这里标准差的计算是依据式(9 - 8) 进行的。

在 $\rho = 0.3$ 的情况下,根据表 9 - 2 给出的参数值,通过解最小值问题可以得出该种情况下最小方差资产组合的搭配方式,即债券基金和股票基金的投资比例①:

$$w_{\min}(D) = 0.82$$

$$w_{\min}(E) = 1 - 0.82 = 0.18$$

同样根据表 9 - 2 中数据,可以得到这个最小方差资产组合的标准差为:

$$\sigma_{\min} = [(0.82^2 \times 12\%^2) + (0.18^2 \times 20\%^2) + (2 \times 0.3 \times 0.82 \times 12\% \times 0.18 \times 20\%)]^{½}$$
$$= 11.45\%$$

2. 无风险资产的加入

现在我们在风险资产组合中加入无风险资产,即投资于年收益率为 5% 的无风险的国库券,那么整个情况的调整如图 9 - 1 所示。

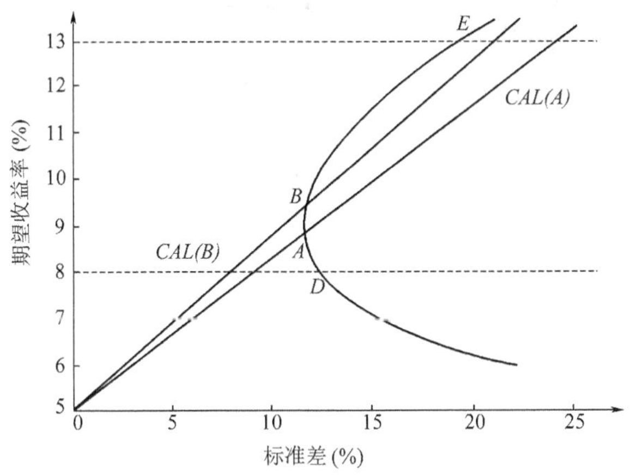

图 9 - 1 机会集合与两条可行的资本配置线

图 9 - 1 中的曲线显示了股票基金与债券基金按不同比例组合后所可能形成的"收益 - 标准差"组合,也就是机会集合。A, B 两点分别代表两种可能的收益标准差组合,并且 A 点为上文中提到的最小方差组合。图中两条可能的资本配置线 $CAL(A)$ 和 $CAL(B)$ 从无风险利率($r_f = 5\%$) 分别连到 A 点和 B 点。也就是说,资本配置线 $CAL(A)$ 通过最小方差的资产组合 A,即由 82% 的债券与 18% 的股票组成的资产组合。根据以

① 解题中运用了微积分求最小值的技巧。先根据式(9 - 7) 写出资产组合的方差:用$(1 - w_D)$ 来替代 w_E,求出公式对于 w_D 的系数,令组合方差等于 0,得 $w_{\min}(D) = \dfrac{\sigma_E^2 - \mathrm{Cov}(r_D, r_E)}{\sigma_D^2 + \sigma_E^2 - 2\mathrm{Cov}(r_D, r_E)}$。再检验其二阶导数非负,确认得到的方差不仅为极小值,而且为最小值。另一种方法是使用计算机电子表格,求得准确解。

下数据:资产组合 A 的期望收益为8.9%,标准差为11.45%(见表9-2中底部),国库券利率为5%,我们可以得到资本配置线 $CAL(A)$ 的斜率[①]:

$$S_A = \frac{E(r_A) - r_f}{\sigma_A} = \frac{8.9 - 5}{11.45} = 0.34$$

现在考虑用资产组合 B 替代资产组合 A,并假设资产组合 B 中有70%为债券,30%为股票,则它的期望收益率为9.5%(风险溢价为4.5%),标准差为11.7%。因此,通过资产组合 B 的资本配置线的酬报与波动性比率,即资产配置线 $CAL(B)$ 的斜率为:

$$S_B = \frac{9.5 - 5}{11.7} = 0.38$$

通过观察,SB 比通过最小方差组合 A 的资本配置线 $CAL(A)$ 的斜率要大,即 $CAL(B)$ 代表的酬报与波动性的比率更高,在相同标准差水平上,$CAL(B)$ 的收益情况普遍好于 $CAL(A)$,从这种意义上来讲,对于投资者来说,$CAL(B)$ 的效用高于 $CAL(A)$。

让我们试想更为一般的情况,假使资本配置线以纵轴上点 $r_f = 5\%$ 为轴进行转动,最终使它到达与机会集合相切的位置,此时其斜率与投资机会集合斜率相等,从图9-2可以直观地看出,这将是转动着的资本配置线所可能达到的最高的且可行的斜率。因此,相切的资产组合 P 就是加入无风险资产(国库券)情况下的"最优风险资产组合",此时的资本配置线也被称为"最优资本配置线"。从图9-2中,我们可以得到资产组合 P 的期望收益与标准差为:

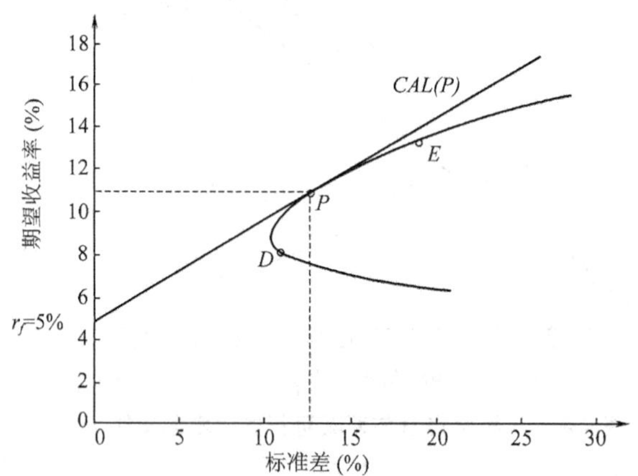

图9-2 最优资本配置线与最优风险资产组合

$$E(r_p) = 11\%$$
$$\sigma_p = 14.2\%$$

3.最优风险资产组合的建立

下面我们用数学语言来表述上面的图形推导。我们的目的是找出权重 w_D 和 w_E,以使资本配置线 CAL 的斜率最大(即要使酬报与波动性比率最高),目标函数就是斜率,即 S_p:

① 该斜率也称为酬报与波动性比率(reward - to - variability ratio)。

$$S_p = \frac{E(r_p) - r_f}{\sigma_p} \tag{9-11}$$

对于包含上述债券基金、股票基金两种风险资产的资产组合 P，它的期望收益和标准差为：

$$E(r_p) = w_D E(r_D) + w_E E(r_E) = 8w_D + 13w_E \text{①} \tag{9-12}$$

$$\sigma_p = [w_D^2\sigma_D^2 + w_E^2\sigma_E^2 + 2w_D w_E \text{Cov}(r_D, r_E)]^{\frac{1}{2}} \tag{9-13}$$

$$= (144w_D^2 + 400w_E^2 + 2 \times 72w_D w_E)^{\frac{1}{2}}$$

当我们要得知目标函数 S_p 的最大值时，必须满足一个限制条件，即权重和等于 1：$w_D + w_E = 1$，这样我们要解如式(9－14)所述的最大化问题：

$$\underset{w_i}{\text{Max}} S_p = \frac{E(r_p) - r_f}{\sigma_p} \tag{9-14}$$

因为 $\sum W_i = 1$，所以这是一个标准微积分问题。

在有两种风险资产的条件下，最优风险资产组合(Optimal Risky Portfolio)P 的权重解可表示为：

$$w_D = \frac{[E(r_D) - r_f]\sigma_E^2 - [E(r_E) - r_f]\text{Cov}(r_D, r_E)}{[E(r_D) - r_f]\sigma_E^2 + [E(r_E) - r_f]\sigma_D^2 - [E(r_D) - r_f + E(r_E) - r_f]\text{Cov}(r_D, r_E)} \tag{9-15}$$

$$w_E = 1 - w_D \tag{9-16}$$

把已有数据代入，得到的解为：

$$w_D = [(8-5) \times 400 - (13-5) \times 72] \div [(8-5) \times 400 + (13-5) \times 144 - (8-5+13-5) \times 72]$$

$$= 0.40$$

$$w_E = 1 - 0.40 = 0.60$$

这一最优风险资产组合的期望收益与标准差分别为：

$$E(r_p) = 0.4 \times 8\% + 0.6 \times 13\% = 11\%$$

$$\sigma_p = (0.4^2 \times 144 + 0.6^2 \times 400 + 2 \times 0.4 \times 0.6 \times 72)^{\frac{1}{2}} = 14.2\%$$

通过该最优资产组合的资本配置线的斜率为：

$$S_p = (11 - 5)/14.2 = 0.42$$

这个斜率也是资产组合 P 的酬报与波动性比率。这个斜率大于任一可行的其他资本配置线的斜率，因此，这时的资本配置线就是上文中提到的"最优资本配置线"。

4.最优完全资产组合的建立

我们已经构造了一个最优风险资产组合 P，现在我们引入投资者的无差异曲线②来代表投资者的偏好，并探讨投资者将怎样在存在最有风险资产组合 P 及无风险资产的条件下构造自己的组合。此时资产配置的过程如图 9-3 所示。

如图 9-3 所示，只有当无差异曲线与最优资本配置线相切于 C 点时，投资者才能获得最高的、可行的效用，即无差异曲线达到了所能到达的最高位置。如果无差异曲线

---

① 两种风险资产的求解过程如下：从式(9－1)取代 $E(r_p)$，从式(9－5)取代 σ_p，用 $1-w_D$ 代替 w_D，用 w_D 对 S_p 求导，令导数为零，解 w_D。

② 无差异曲线属投资学中基本概念，这里篇幅所限不再赘述，如有需要读者请参考相关投资学教材。

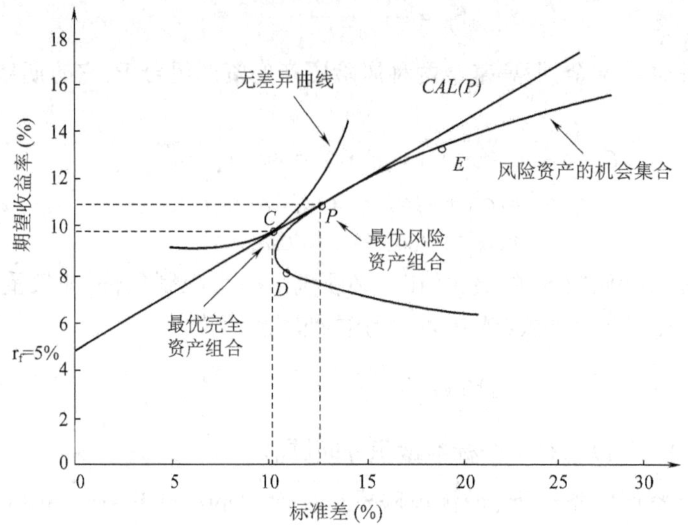

图 9-3 最优完全资产组合的决定

再向上移动,则与最优资本配置线无交集,属于不可能实现的无差异曲线;而如果无差异曲线再向下移动,则目前的无差异曲线位置将高于移动后的位置,实现的投资者效用高于移动后的情况,因而移动后的情况不可取。C 即为最优完全资产组合。

通过联立无差异曲线和最优资本配置线的方程,并规划求解极值问题①,可以得到切点 C 的数学解。在无差异曲线的函数中,最为重要的一个参数就是投资者的风险厌恶程度 A,该数值越大,代表投资者越倾向于规避风险。假设这里的投资者的风险厌恶相关系数为 $A=4$,则他在资产组合 P 中的投资头寸为②:

$$y=\frac{E(r_p)r_f}{0.01\times A\sigma_p^2}=\frac{11-5}{0.01\times4\times14.2^2}=0.743\ 9 \tag{9-17}$$

即这个投资者将74.39%的财产投资于资产组合 P,25.61%的资产投资于国库券,资产组合 P 中包括40%的债券,因此债券所占的比例为 $W_D=0.4\times0.743\ 9=0.297\ 6$,即29.76%。同样,投资于股票的权重为 $W_E=0.6\times0.743\ 9=0.446\ 3$,即44.63%。如图9-4所示。

一旦我们做到这一点,一般化为多种风险资产也是可行的。现在我们简要小结一下完成一个完整的资产组合的步骤:

(1)确定所有各类证券的回报特征(如期望收益、方差、斜方差等)。

(2)构造最优风险资产组合:一是计算最优风险资产组合 P[式(9-15)及式(9-16)];二是确定权重,计算资产组合 P 的资产构成。

(3)把基金配置在最优风险资产组合和无风险资产上:一是计算资产组合 P(最优风险资产组合)和国库券(无风险资产)的权重[式(9-17)];二是计算出完整的资产组合中投资于每一种资产和国库券上的投资份额。

---

① 计算过程在这里略去,如有需要请参考相关投资学书目。

② 正如前面提及的,分母上的0.01是一个测度尺度因素,我们测度收益用的是百分比,而不是小数。如果我们要小数而不是百分比(例如0.07而不是7%),我们在分母中就不用0.01。注意,转为用小数将可以使分子和分母简化。

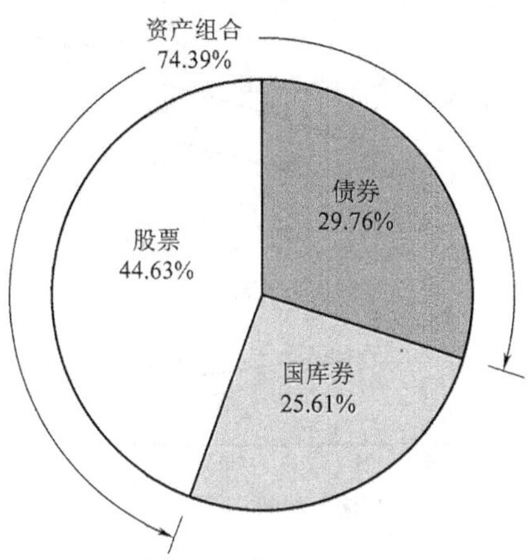

图 9-4　最优完全资产组合的比例

(三)资产配置与证券选择

正如我们所看到的,证券选择的理论与资产配置的理论是一样的,二者都是要构造一个有效率边界,沿这一边界选择一个特定的资产组合。最优证券资产组合过程的决定与最优资产类别组合的分析是一样的,那么我们为什么要区分资产配置与证券选择呢?这里有三个方面的原因。首先,这是对储蓄有更大的需要与能力(为了接受大学教育、娱乐、退休后更长久的生存、保健等)的结果,这促进了更复杂的投资管理的迅猛增长。其次,金融市场的扩大和金融工具的增加已经使复杂的投资超出业余投资者的能力。最后,大规模投资管理的收益丰厚。最终的结果是一个有竞争力的投资公司将与行业一起成长,组织的效率是一个重要因素。

一个大型的投资公司将可能对国内与国际市场上种类广泛的不同资产进行投资,每一种投资都需要有专门的专家。因此,每个资产类别的资产组合的管理需要分权,不可能在某一水平上同时优化整个机构的风险资产组合,尽管在理论上说是可行的。

因此,在实践中,每一资产类别资产组合的证券选择的优化都是独立的,同时最高管理层不断地更新机构的资产配置,调整每一资产类别在资产组合中的投资预算。当这种频繁的改变是对不断的预测活动的回应时,这类重新配置被称为市场时机(Market Timing)。分两步构造资产组合与一步构造资产组合相比较有一个缺点,这就是不能考查这个资产类别中的单个证券与另一资产类别中的证券的协方差,只有本类别资产组合中的协方差矩阵可以运用。但是,这种做法损失很小,原因在于每一资产组合的分散化深度和在资产配置水平上额外的分散化层次。

二、资产组合理论在全球资产配置中的应用

(一)可行集和有效边界的获得

假设有来自美国、英国、日本、澳大利亚等多国的代表性股票作为可供选择的投资标的,我们需要以这些证券为工具,按照前文的资产组合模型来构建一个最优全球资产组合,则第一步就是根据这些股票得到可行集和有效边界。如图 9-5 所示。

如图 9-5 所示,各国代表性股票的期望收益和标准差情况以“▲”在图中标出,则

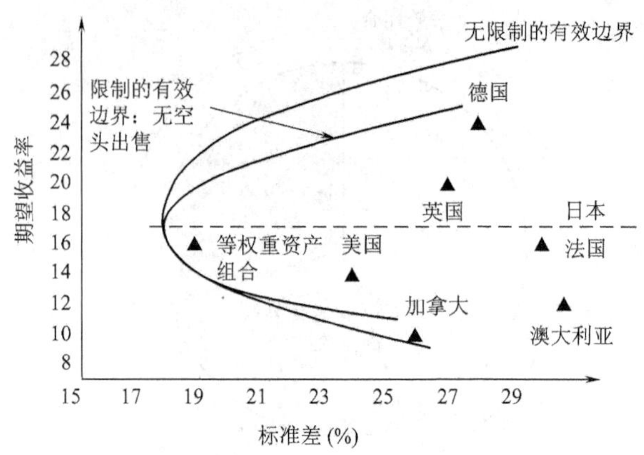

图 9-5　可行集和有效边界

这些证券进行两两组合、多项组合、再组合过程后，将得到一片以一条凸向纵轴的 U 形曲线为边界[①]、向右扩散的区域，这片区域即为所有这些代表性股票经任意组合后形成的可行集。

观察图 9-5 中最左边那条凸向纵轴的 U 形曲线边界，其上任意一点比可行集内同一预期收益水平上的所有其他点的标准差小，即相同的收益水平下只承担较小的风险，所以该曲线上的点比可行集内其他点更为“有效”。进一步，在这条 U 形曲线上，其上半部（图中虚线将 U 形曲线划分为上下两部分）所有点的预期收益均大于下半部曲线上相同标准差水平的点，说明相同风险水平下，上半部曲线上的点能够有更高的收益，因此，上半部曲线相对下半部曲线更为“有效”。综上，U 形曲线上半部是最为“有效”的，因此它就是各国代表性股票所产生的“有效边界”。

（二）资本配置线与最优风险资产组合

我们已经得到了有效边界，下面将进行构建完全资产组合的第二步，即引入无风险资产。图 9-6 给出了有效边界和三条从有效率集中选择的资产组合的资本配置线。和前面一样，我们通过选择不同的资产组合得到资本配置线，直至我们得出资产组合 P，这是一条从 F 点到有效边界的切线。资产组合 P 有最大化的酬报与波动性比率，这也正是点 F 到有效边界连线的斜率，我们的基金经理要寻找的正是这一点。资产组合 P 就是客户所需要的最优风险资产组合。

值得注意的是，资产组合经理将给所有客户提供相同的风险资产组合 P，而不顾他们的风险厌恶程度[②]。不同的风险厌恶程度可通过在资本配置线上选择不同的点来实现。这样，不同客户的选择体现在风险厌恶者将在无风险资产中多投资，而少投资于最优风险资产组合。但是，所有客户都使用资产组合 P 作为最优风险投资工具。这一结果被称为资产分割（Separation Property），它告诉我们资产组合选择问题可分为两项相互独立的工作。第一项工作是决定最优风险资产组合，这是完全技术性的。提供经理

① 如图 9-5 所示，根据是否有卖出空头的限制，可以得到两条边界的 U 形曲线，我们可以其中任意一条为对象展开下面的阐述。

② 如果客户要求加入特别的限制，如股息 T，他将得到另一最优资产组合。加上任何的限制，都会导致不同的、比无限制条件资产组合吸引力小的资产组合。

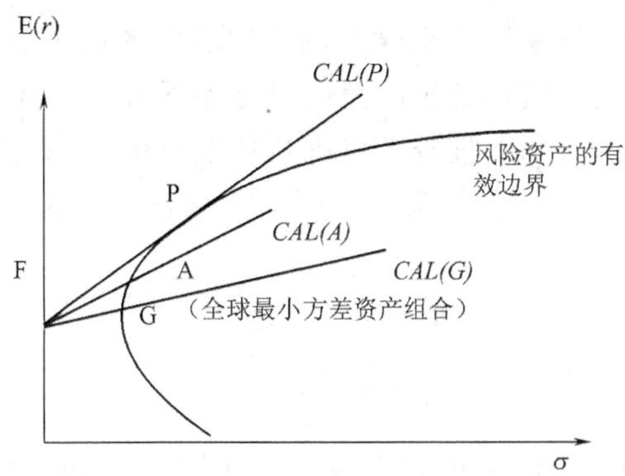

图 9-6 有效集合中不同组合的资本配置线

所需的输入清单，所有的客户得到同样的风险资产组合，而不考虑他们的风险厌恶程度。第二项工作是根据个人的偏好，决定资本在国库券和风险资产组合中的分配，这时客户是决策者。

关键的一点是投资经理们提供给所有客户相同的风险资产组合，这使得专业管理更具效率和低成本。一个管理公司可以为任意多的客户提供服务，而边际管理成本非常小。

（三）最优完全资产组合

在图 9-6 中得到最优资本配置线 $CAL(P)$ 以及最优风险资产组合 P 之后，我们要做的就是引入被考察投资者的无差异曲线，与最优资本配置线相切，得到全球资产配置下的最优完全资产组合，并进一步推导计算出该组合中无风险资产和最优风险资产所占比例，以及最终各国代表性股票所占比例。需要注意的是，不同国别的投资者由于其文化、经济背景不同，其无差异曲线可能会很不相同，因而其各自无差异曲线在同一条资本配置线上的切点位置可能差异很大，即投资者最优完全资产组合的国际化差异很大。但正如有关资产分割的论述，这些差异仅限于各国投资者在无风险资产与最优风险资产组合 P 之间的比例搭配，各国投资者的最优风险资产组合 P 的构成则完全相同。

三、投资组合理论在全球资产配置中的发展

现在越来越多的投资者把资金投到外国股票和债券上进行国际性的组合投资，国际证券组合投资问题也成为研究和讨论的热点。每个人的收入会分配到消费、实物投资和金融投资上。我们假设在金融投资决策之前已经做出消费和实物投资的决策，因而不对金融投资决策产生影响。那么，金融资产投资的问题就成了如何最大化投资组合的收益，也就是最大化未来消费的问题了。

投资学理论中的组合理论和资本市场理论告诉我们如何在不同的金融资产之间进行配置是最优的。当证券投资从国内扩展到国际的时候，我们要对这些理论作相应的修正。要重新确认作为定价基准的市场组合，还要把外国证券投资的汇率风险考虑进来。正如下面的分析将会谈到的那样，分析国际组合投资收益时还要考虑到居民消费

品中一部分是进口产品的影响。

我们所熟悉的在发达国家国内金融市场应用的资本资产定价模型(CAPM),它描述了市场达到均衡状态时的资产定价。我们设定如下假设条件:投资者都是风险规避者;投资者遵循均值—方差原则;投资者仅进行单期决策;投资者可以按无风险利率借贷;所有的投资者都有相同的预期;买卖资产时不存在税收和交易成本。这样可以推导出:

$$R_p = R_f + \beta_p \times (R_m - R_f) \tag{9-18}$$

$$\beta_p = \frac{\mathrm{Cov}(R_m, R_p)}{\sigma_m^2} \tag{9-19}$$

公式表明:资产或资产组合 P 的收益由无风险收益和风险补偿共同组成。$\mathrm{Cov}(R_m, R_p)$ 是资产组合 P 与市场组合 M 的协方差;σ_M^2是市场组合的风险(也就是系统风险),β_p可以衡量资产组合的系统风险。$\beta_p \times (R_m - R_f)$ 是资产组合 P 因承担系统风险所得到的回报(也就是风险补偿)。

随着投资的对象从国内扩大到全球市场以及获得信息的成本下降,资本市场的一体化程度加深,证券价格也从由分割的市场决定转为由一体化的金融市场决定。在一体化的市场,理论上,最优分散化的组合含有全球所有的证券,而每只证券的系统性风险由其对最优组合的风险的贡献所决定。

全球角度下的资本资产定价模型修正为国际资本资产定价模型(ICAPM):

$$E(R_i) - R_f + \beta_i^w RP^w + \sum_{k=1}^{n} \gamma_{ik} RP_k \tag{9-20}$$

式中,RP^w是全球市场组合 i 的风险升水,RP_k是组合中的资产对应的各种货币 k 的风险升水;R_f是无风险利率。

这里假设投资者的投资决策取决于转化为本币的投资风险和收益。全球投资下,投资风险的来源不仅仅是市场组合,而且还有汇率风险。因此,投资者持有本国无风险证券和全球市场组合的同时,需要对汇率风险进行套期保值。

不过,国际资本资产定价模型的应用有一些前提假设。由于国际证券组合投资存在障碍,所以证券组合的均值—方差有效性不能自动成立。首先,由于存在偏离购买力平价的汇率风险,因此没有单一的真正的无风险利率;其次,很难定义全球市场证券,分析国内市场时,可以用价值加权的组合作为基准,但分析全球条件下的市场证券时,金融市场仍然有某种程度的分割,投资者的风险偏好也不同,而且预期风险和收益会随时间而改变。实证表明,根据各市场的市场价值构造的全球组合不是均值—方差有效的。

第二节　全球资产组合构建中的相关问题

一、债券组合投资

相对于国内债券组合管理,国际债券组合管理将面临更多的问题。不同的时限,市场所在地的市场结构、结算和托管方式、货币管理手段等都使债券经理进行组合配置的决策过程更加复杂。一般的债券投资组合过程为:确定投资目标;制定和实施组合策略;监控组合;调整组合。跨国界债券投资的复杂之处在于增加了投资过程各步骤所面临的挑战。

(一)投资目标和政策说明

投资者之所以进行投资的全球分散化,主要出于两个原因:一是降低组合风险,二是使收益增加。由于外国资产之间具有较低的相关性,投资者可以相应降低投资风险;同时,由于外国资产的低相关性,不同的资产市场运行相对独立,因此在一国市场较低迷时,另一国市场可能正在经历高收益过程,因此组合可以获得比单独投资一国市场更高的收益。在投资全球债券市场时,投资者必须制定合适的收益率目标和风险承受度。

1.收益率

收益率一般以基准组合收益率附加一定点数来表示,比如,某项投资的收益率是除去管理费后的基准收益率加上 100 个基点。

2.投资政策报告

投资政策报告应该保持一定的灵活性,这样可以允许组合经理能够有足够的空间在保持组合分散性的同时进行积极的组合管理。投资政策报告应该包括投资的国家、最低的信用等级以及衍生产品的应用。

组合业绩度量的时间区间也是一个重要因素,短时间的投资将会减少分散化的程度,而长期投资则可能享受到充分分散化的好处。

3.基准组合的说明

基准组合一般有下面几种选择:全球、国际(除美国)、货币对冲、G7 国家、期限限制、发展中国家等,或者可以采用定制的指数组合作为基准组合。

最常用的债券基准组合是 JP.Morgan 全球政府债券指数、Salomon Smith Barney 世界政府债券指数和 Lehman 欧洲综合指数。这些指数提供了收益率目标和组合风险的度量。

4.汇率风险

面对国际债券投资的汇率风险,组合经理可以采取消极的或者积极的货币管理方法。采用积极的货币管理方法的投资者认为,他们能够从对汇率变动的正确预期中得到更高的收益。另外一些投资者不相信能够预测汇率变动,因此常常将货币对冲或者非货币对冲投资组合作为投资政策报告中的重要部分。大部分基于美元投资的货币对冲的学术研究表明:部分对冲基准组合能提供比完全对冲和完全不对冲的基准组合更高的风险调整收益。在 2001—2012 年间,国际债券收益率变动与汇率变动之间存在着显著关系,美元、欧元以及日元的汇率变动对于国际债券的收益率波动影响尤为显著。对冲组合的收益率下降,但是波动性也同时下降。通过比较 Sharpe 比率,可以知道非对冲的组合尽管收益率高,但是经过风险调整后的收益率(Sharp 比率)要比对冲的组合低。

投资指导中一般包括对债券和货币风险的限制。一般通过限制包含汇率风险债券相对于基准组合的权重来控制汇率风险。

5.债券市场

从地域上,国际债券市场一般分为四大部分:美元市场(美国、加拿大、澳大利亚和新西兰);欧洲市场;日本市场;新兴市场。欧洲市场又分为两部分:欧元区和非欧元区。对于债券市场的区域划分非常有用,每个区域中都有一个能够影响其他市场价格变动的基准市场。

6.信用风险

信用风险限制包括对主要评级机构提供的最小加权平均信用的关注,以及对于那些低信用和非投资等级的债券的投资比例限制。除了违约风险以外,那些低等级债券的低流动性给一些频繁进出市场的国际债券组合经理带来了另一种信用风险。由于缺乏流动性,欧洲债券的信用风险比美国和新兴市场债券要高。但是另一方面,欧元区给国际债券市场提供了更大范围的信用,使得欧洲债券市场出现快速增长。

(二)债券投资组合的应用

将投资策略转换为组合配置需要建立评估期望收益率和组合风险的框架。下面我们来重新审视收益率,并将其分为三部分,即债券超额收益率、货币超额收益率和短期无风险利率。

1.收益率组成

我们用记号 H 表示本国货币,L 表示当地货币。用本国货币表示的无对冲的国际债券组合的期望总收益依赖于三个因素:每个国家债券在整个组合中的权重;用当地货币表示的每个国家债券市场的期望收益率;本国货币和当地货币的汇率的预期百分比变动。

用数学表示无对冲组合的总收益率为:

$$\text{总收益率}=W_1\times(r_i+e_{H,1})+W_2\times(r_2+e_{H,2})+\cdots+W_N\times(r_N+e_{H,N}) \tag{9-21}$$

式中:N 为组合中国家的数目;W_i为国家 i 的债券在组合中所占的权重;r_i 为国家 i 用当地货币表示的债券期望收益率;$e_{H,i}$为本国货币相对于国家 i 货币的汇率百分比变动,称为货币收益率。

2.货币对冲决策

投资者采用外汇远期合约(Currency Forward Contract)来规避汇率的风险。远期合约是根据买卖双方的特殊需求由买卖双方自行签订的合约。远期合约使资产的买卖双方能够消除未来资产交易的不确定性。它还可以被用来对冲汇率风险。大多数外汇远期合约的期限小于 2 年,长时间的远期合约的买卖价差很高。

如果能够采用远期汇率合约进行对冲,那么组合的总收益率可以表示为:

$$\text{总收益率}=W_1\times(r_1+f_{H,1})+W_2\times(r_2+f_{H,2})+\cdots+W_N\times(r_N+f_{H,N}) \tag{9-22}$$

式中,$f_{H,N}$代表本国货币与货币 N 之间的远期溢价或者折价。

这样,投资经理就能够通过远期合约确定货币收益率。那么,组合经理如何决定是否进行对冲呢?进行对冲的决策取决于下面两点:第一,如果预期货币收益率要高于远期溢价或者折价,组合经理会选择不用远期合约进行对冲;第二,如果预期货币收益率要低于远期溢价或者折价,组合经理会选择用远期合约进行对冲。

如果不用对冲的国家为 i,则其对应的收益率为:

$$R_{H,i}=r_i+e_{H,i} \tag{9-23}$$

将远期汇率折价或者溢价与利率的关系式代入,得到进行对冲的国家 i 的收益率为:

$$HR_{H,i}=r_i+c_H-c_i \tag{9-24}$$

式中，c_H，c_i 分别为本国和 i 国的短期利率，根据利率抛补平价理论[①]，$c_H-c_i=f_{H,i}$。

另外两种对冲策略为交叉对冲（Cross Hedging）和代理对冲（Proxy Hedging）。

交叉对冲不是减少外国货币头寸，而是将 i 国货币换成 j 国货币。例如，假设一个美国投资者有一个不想持有的 i 国的货币头寸，不是采用货币 i 与美元的远期合约来降低汇率风险，而是选择将货币 i 和货币 j 进行互换。

组合经理为什么需要进行交叉对冲呢？如果预期本国货币将会走软，组合经理显然不想对冲 i 货币，但是如果同时他又预期货币 j 会比货币 i 表现得要好，此时他就需要进行交叉对冲了。

当存在交叉对冲时，货币 i 的收益率可以写为：

$$CR_{H,i}=r_i+f_{j,i}+e_{H,j} \tag{9-25}$$

式中，$f_{j,i}$ 为货币 j 和货币 i 之间的远期溢价或者折价。

我们又知道 $f_{j,i}=c_j-c_i$，所以上式又可以写成：

$$CR_{H,i}=(r_i-c_i)+(c_j+e_{H,j}) \tag{9-26}$$

式（9-26）中各项含义分别为：国家 i 的债券收益率和短期利率的差（r_i-c_i）；国家 j 的短期利率（c_j）；本国货币和国家 j 之间的货币收益率（$e_{H,j}$）。

代理对冲是保持货币 i 头寸不变，通过卖空货币 j 和远期合约形成对冲。为什么要进行这样的代理对冲呢？思考这样一种情况，假设两种货币 i 和 j 之间高度相关，而且国家 j 的对冲成本比国家 i 的对冲成本低，此时采用这种代理对冲策略将有利可图。代理对冲也可以看作是认为本国货币坚挺，而货币 j 比货币 i 更为疲软。当存在代理对冲时，国家 i 的收益率可以写为：

$$\text{国家 } i \text{ 的代理对冲预期收益率}=PR_{H,i}=r_i+e_{H,i}+f_{H,j}-e_{H,j}$$

式中，$e_{H,i}$，$e_{H,j}$ 分别表示本国货币相对于国家 i，j 货币的汇率百分比变动及货币收益率；$f_{H,i}$ 为本国货币和货币 i 之间的远期溢价或者折价。由于有 $f_{H,i}=c_H-c_i$，所以上式也可以写成：

$$PR_{H,i}=(r_i-c_i)+(c_i+e_{H,i})+[(c_H-c_j)-e_{H,j}] \tag{9-27}$$

式（9-27）中各项分别可以解释为：国家 i 的债券收益率和短期收益率的差；经过国家 i 相对本国的货币收益率调整的国家 i 的短期利率；经过国家 j 的空头调整的本国和国家 j 的短期利率之差。

当我们用短期利率的差来代替远期收益率时，从对冲收益率的方程中可以得到三种对冲的收益率的差别完全在于短期利率和货币头寸。我们把无对冲的国家 i 的期望收益率写成：

$$R_{H,i}=(r_i-c_i)+(c_i+e_{H,i}) \tag{9-28}$$

式（9-28）中各项的含义分别为：国家 i 的债券收益率和短期利率的差；经过货币收益率调整的国家 i 的短期利率。

这些方程表示了短期利率差距是如何整合到货币对冲决策中的，这意味着：首先，短期利率差应该对货币决策有作用；其次，债券收益率应该用当地短期收益率来调整。

---

① 关于利率抛补平价理论，本书中已在汇率决定理论部分介绍过。

将公式$f_{H,i}=c_H-c_i$代入，可以得到国家 i 的无对冲期望收益率：

$$R_{H,i}=c_H+(r_i-c_i)+(e_{H,i}-f_{H,i}) \tag{9-29}$$

国家 i 的对冲期望收益率：

$$HR_{H,i}=c_H+(r_i-c_i) \tag{9-30}$$

国家 i 的交叉对冲期望收益率：

$$CR_{H,i}=c_H+(r_i-c_i)+(e_{H,i}-f_{H,j}) \tag{9-31}$$

国家 i 的代理对冲期望收益率：

$$PR_{H,i}=c_H+(r_i-c_i)+[(e_{H,i}-e_{H,j})-f_{j,i}] \tag{9-32}$$

这样我们可以看到每种策略的收益率分为三部分：第一，本国货币的短期收益率 CH；第二，国家 i 的债券收益率超过短期收益率的部分 r_i-c_i；第三，超额货币收益率（无对冲、交叉对冲或者代理对冲）。

综上所述，在无对冲、交叉对冲、代理对冲三种情况下，对应的式（9-29）、式（9-31）、式（9-32）三式中的前面两项都是一样的，第三项为货币收益率超过远期溢价或折价的收益率，成为进行货币对冲决策的基础。可以看到，债券决策的核心是选择能提供最好的期望收益率的市场，债券的选择和货币配置决策是独立的。从某种意义上讲，对冲期望收益率是其他三种收益率的基础。这样，需要对第三项的超额货币收益率进行评估，看它是否能够给对冲期望收益率带来或者减少价值。这种分析收益率的方法实际上把债券和货币收益率看作是合成期货或者远期头寸。

3.远期利率和平衡分析法（Forward Rates and Breakeven Analysis）

我们知道，有不同的方法来进行国际债券市场的相对价值分析。在将这些策略转换成市场配置时，需要与市场定价进行比较。一种方法是将经济因素的判断转化为对债券和汇率水平的预测；另一种方法是观测远期利率市场以得到隐含在其中的市场条件，然后与经济判断相比较。

债券和货币的平衡利率使得两种投资能取得相同的总收益水平。我们可以计算出一段特定时间的平衡利率，然后与市场进行比较。如果两个市场的收益率差别很大，则意味着投资时间越长，平衡利率越大。

远期利率可以用来识别战略性认识与市场价格之间的不同是否能够提供投资机会。正如我们所看到的，远期利率代表一种平衡利率，是包含在市场中的。根据债券战略配置原则：若某个市场的债券期望收益率高于短期利率，那么投资者将会增加对该市场的投资。

远期汇率则代表对冲和无对冲货币收益率之间的平衡利率。当远期汇率溢价折价等于货币收益率时，货币超额收益率等于零。由于远期汇率由短期利率之间的差距决定，所以可以根据存款利率（特别是欧洲存款利率）来计算。

平衡分析提供了一种用来估计市场之间的相对价值的工具。因为基准债券的价格受到利息和基准组合变化的影响，许多国际固定收益证券交易者和组合经理发现在每个市场中保持利率关系要比保持价格关系更为容易。当收益率水平发生移动时，市场间恒定的价差也许会引起不同期限债券收益率的变动，基准债券的利息也会改变市场的利率敏感度之间的差距。下面我们举例来说明平衡分析的应用。

案 例

假定A国和B国的价差为467个基点,假设B国投资者买入了A国基准国债,每季度能够得到额外的收益117个基点。这种额外的收益可能会由于小于117个基点的价差扩大而失去。价差扩大有下面两种途径:B国收益率下降,使得B国国债价格上升;或者A国收益率上升,使得A国国债价格下降。

当然,这两种情况可能同时发生。为了量化价差扩大对投资高收益市场的负面影响,我们采用平衡分析方法。

要注意的是:平衡分析不是总收益分析,它仅仅用在用当地货币表示的债券收益率上,而忽略汇率的变动。平衡分析对比较共用同一种货币的债券市场有效,例如欧元区。然而,当利用平衡分析法时必须要考虑货币。上面额外的117个基点收益率可能会由于A国货币一个季度贬值超过117个基点而失去。下面我们用对冲收益率来进行平衡分析的计算。

我们假定B国债券的久期为9,表示利率变动100个基点,价格的百分比变化为9%。50个基点的变化,价格的百分比变化为4.5%。写成公式为:

$$价格变化=9\times收益率变化$$

假设w为价差的扩大,那么上面的公式可以写成:

$$价格变化=9\times w$$

我们让价格变动1.17%,那么价差的扩大为:

$$w=1.17\%\div 9=0.13\%$$

如果B国的收益率下降13个基点,那么购买A国国债的额外收益将全部失去。因此,为了消除3个月收益率的117个基点收益,利率仅仅需要变动13个基点。

我们称消除额外收益率的价差变化为平衡价差移动(Breakeven Spread Movement)。平衡价差移动必须和一定的时间区间联系起来,而且要采用两个国家修正久期高的那个数值。用最高的修正久期可以得到抵消高收益投资的最小的价差变动。

上述平衡价差移动完全忽略了汇率变动对收益率的影响,而且还忽略了反映在远期溢价或者折价中的货币贬值和升值。如果我们用前面讨论过的方法来度量债券市场收益率,即用当地收益率减去现金收益率的方法,那么基于对冲的平衡价差移动可能会大不一样。我们可以简单地将远期外汇折价和溢价加到平衡价差移动上,以得到对冲后的结果。B国3个月的利率为0.25%,A国的为6.125%。这样可以得到远期汇率折价率为:

$$f_{¥,\$}\approx c_{¥}-c_{\$}=(0.25\%-6.125\%)\div 4=-1.47\%$$

假设利率没有变化,对冲期望收益率为名义价差1.17%加上远期折价-1.47%,等于-0.3%。这样,可以计算出平衡价差移动为30个基点。结果是,B国投资者要么相信至少30个基点的价差移动,要么相信A国货币相对B国货币贬值的幅度小于隐含远期利率,从而使交易有吸引力。

同样,我们可以用另一种方法来计算B国货币投资者的3个月期对冲期望收益率,然后与10年期债券在相同期限进行比较。首先我们必须调整A国国债收益率为每年

付息的收益率,得到6.42%。假设利率没有变化,可以得到对冲期望收益率为:

$$[r_{\$}-c_{\$}+c_{¥}]\div 4=(6.42\%-6.13\%+0.25\%)\div 4=0.14\%$$

B国债券的期望收益率为1.74%/4=0.44%。这样价差移动为-0.3%,与我们的第一个结果相同。

二、股权组合投资

现代资产组合理论关注的一个重要方面就是分散化的优点,除了传统的证券如股票债券以及一些非传统的投资工具如期货期权等,投资者在进行分散化时还应考虑持有外国证券,这一部分我们主要讨论持有外国股票。

(一)投资国际股票的收益与风险

1.国际股权组合投资的收益

国际股权组合投资有如下收益:可以分享外国市场增长的成果,投资者为消费篮子套期保值,分散化效应,获得市场分割的超额收益。

(1)分享外国市场增长的成果。一国经济的高增长通常伴随资本市场的高成长,实际经济增长率高的国家通常其国内股票的平均收益率也高,因此能够吸引外国投资者。投资者通过购买高经济增长国家资本市场的证券,分享高增长的成果,尤其是东欧、拉美、亚洲和非洲的新兴市场。根据世界银行统计,尽管新兴市场是中低收入国家或地区,但经济增长速度快,如墨西哥、土耳其、韩国和中国台湾地区。这些国家或地区的金融资产价格由于经济扩张而上涨快,投资者持有的证券几年之内就能翻几番。一些发达国家如日本、丹麦也有投资机会,它们不仅增长率高,而且政治上更稳定。

(2)对消费篮子套期保值。投资者同时也是一个消费者,所以投资收益与消费行为相关。传统的模型假设商品是同质的(本质上是一个商品),即意味着商品在国内和国外是完全替代的。而这个假设是不完全成立的,因此偏离购买力平价和一价定律的现象就会发生。未来的消费会由于未预期的通胀而减少,而通胀又可能是由汇率变动、国内外需求和供给冲击导致的。因此,消费者/投资者面对的风险类型直接与他们的消费类型和投资头寸有关,也受金融资产、实物商品和服务市场结构的影响。

如果假设典型的消费者/投资者至少消费一部分外国商品,那么他就能够从国际证券组合投资中获益,因为他能通过持有外国资产为外国消费篮子的汇率风险套期保值。有如下四种情况:

第一,如果消费者/投资者消费本国商品而且不投资国际组合,那么他会面对本国未预期的通胀变动的风险,但不受外国通胀或汇率变动的影响。

第二,如果消费者/投资者投资国际组合但仅消费本国商品,那么他将面对本国通胀的风险,而财富将面临汇率的风险。购买力平价成立时,汇率的风险直接转化为通胀风险。

第三,如果消费者/投资者消费一些进口商品但不投资国际组合,那么他将面对本国通胀、外国通胀和汇率风险。但是如果在投资期间购买力平价成立,那么根据国际费雪效应,外国通胀和汇率变动加起来等于本国通胀,因此消费者/投资者只面对本国通胀风险。

第四,如果消费者/投资者在组合中有外国资产,同时消费外国商品,那么他将面临本国通胀、外国通胀和汇率风险,因为消费模式中包括一些进口商品,而汇率风险能通过适当的外国投资来套期保值。

因此,消费方面的汇率风险起到刺激国际证券组合投资的作用。但如果购买力平价成立,那么汇率风险等同于通胀风险,因此没有激励消费者/投资者进行国际证券组合投资。如果消费者/投资者持有的外国证券在组合中的比例与他消费的进口商品占总消费品的比例相同,那么他就可以用国际组合为消费品的汇率风险套期保值。因此,不论购买力平价是否成立,都可以避免汇率风险。

(3)组合分散化。理论上,组合分散化的收益表现为投资到不同国家、不同产业和不同类型的证券所获得的好处。在组合的预期收益一定的情况下,组合风险的决定因素是组合中证券的相关性,相关性越低,组合风险越低。风险规避的投资者会进行分散化投资,选择低相关性的证券。显然外国证券与本国证券之间的相关性低于本国证券相互之间的相关性。本国证券的收益一部分会受到本国事件的影响,比如货币政策导致的利率变动,但外国证券的收益不受本国事件的影响。不过过去 20 年来,工业化国家或地区的货币政策以及其他经济政策相互联系密切,最典型的是欧洲国家中欧元引入后的情况。结果在不同国家股票市场分散化的好处下降,而分散投资到不同类型的资产(股票、债券等)和不同产业的分散化的好处在增加。

另外,还可以通过国际投资进行产业分散化。不同国家市场上的产业组成不同,比如瑞士市场上银行的比重高于其他市场。由于产业之间不是完全相关的,因此投资到不同国家的市场可以因组合中含有不同产业而获得分散化的好处。产业分散化也可以解释为什么一些产业比较具有波动性。

分散化与多种因素有关。地理接壤国家的股票市场的联系强于不接壤国家的股票市场的联系。比如,德国、荷兰、瑞士和法国的股票,由于这些国家经济相互依赖而有较高的相关性。一个国家的经济和政治的独立性越强,其股票市场与其他市场的共变程度越小,因为国内因素的影响超过全球因素的影响。

国际分散化早期,市场由于在交易所和资本管制下是相互分割的,其他国家经济的实际增长率与本国不同步。随着工业化国家经济之间相关程度的上升,以及资本和商品流动障碍的逐步消除,国际组合分散化的潜在好处不如早期那么大。由于不同国家经济联系越来越紧密,证券市场也越来越趋于同向变动,因此本国和外国证券的相关性不断增加,导致分散化的好处下降。

实证结果显示,不同国家资本市场之间的"低相关"很少是由于产业分散化导致的。相反,几乎所有的国际分散化效应都可以用收益变动的国家特定成分,如一国的货币政策来解释。不过,国际股票市场之间的协方差不是很稳定。对国际投资者而言,当全球因素而不是国内因素占主导时,全球因素影响所有市场,所以市场之间的相关性会比较高。比如,全球交易中,交易时间的延长、通信工具的改进、短期的溢出效应和金融传染都会使市场之间的相关性提高。但总的来说,国际市场之间的相关性仍很低,足以提供分散化的好处。新兴市场的收益率方差较高,但是对组合来说,关键是一个证券的风险对总组合风险的贡献。因此,新兴市场证券也是组合的一部分,因为它们与发达市场的相关性相对较低。发达国家市场与世界指数的变动很紧密,如美国市场与世界指数的相关系数为0.83;新兴股票市场整体上与发达国家市场联系不紧密,平均相关系数为0.38。

(4)市场分割带来的好处。如果投资者跨境投资遇到一些难以克服的障碍,比如法律对国际投资的限制、税收等,那么不同国家的市场就存在分割。在完全的资本市场,所有证券的收益落在证券市场线上,而市场分割导致风险收益权衡不同,并使得度量不同资本市场上的证券风险时使用不同的市场组合作为基准。由于消费模式的不同,投资者对外国证券的需求受到了限制,而使投资者自然偏向本国市场,从而进一步加重了市场组合的分割性。当市场是分割的时,国际证券组合投资受到限制,最优的组合(在期望收益一定的情况下风险最小)不包括所有的国际证券。前面所述分散化投资的好处是源于非系统性风险的降低;但在分割的市场投资的好处则不同,投资者获得的收益与非系统性风险的分散无关。

证券市场线反映的是证券的系统性风险与预期收益的线性关系,如图9-7所示。

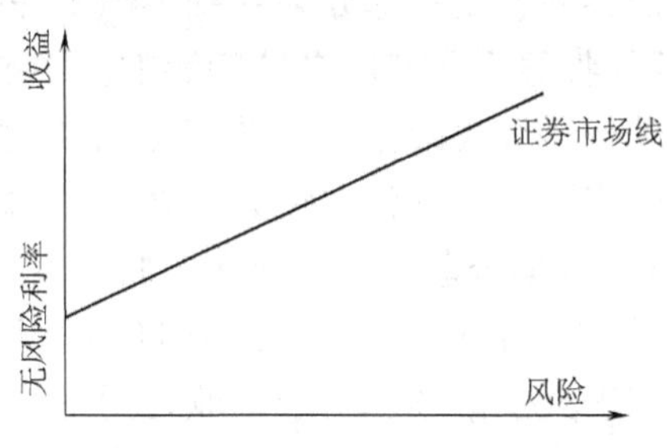

图9-7 证券市场线

美国学者的一项研究分析了在美国交易和在美国以外市场交易的股票的收益与风险的关系。研究显示,两组股票存在共同的线性定价关系,显示市场是一体化的。不过,这项研究通过检验19家美国国际基金的Sharp比率(收益/风险),发现这些基金的比率大部分超过作为基准的美国标准普尔500指数,但该指标没有超过全球市场组合基准(MSCI全球指数)。

另一项研究则拒绝一体化市场的假设,它用基于历史的均值—方差模型和完全的市场一体化构造国际投资者的组合。传统模型(均值—方差资本定价模型)假设了投资者对未来资本收益的预期是一致的,因此才能够计算总的资本需求。但是,该研究指出国际投资者对真实收益的估计不同,所以不可能在国际均值—方差资本定价模型中保留同质期望的假设。一些研究显示短期的欧洲货币市场是一体化的,工业化国家的货币市场有某种程度的分割。对于长期市场,最近几年它们的同步增长可作为一体化程度提高的证据。

案 例

汇率变化会导致国内投资者的收益率和未做套期保值的外国投资者的收益率之间产生较大差额。

假设有一英国投资者和一日本投资者,两人都购买了一家日本公司的股票,该股票

仅在日本交易。期初股票的日元价格为 P_0,期末为 P_1,国内收益率 r_d 为:

$$r_d=\frac{P_1-P_0}{P_0} \tag{9-33}$$

如果 $P_0=10$,$P_1=12$,那么 $r_d=20\%$。

对日本投资者来说,r_d是股票的收益率,但对英国投资者则不是。假定期初汇率 X_0 为 1 日元相当于 0.5 美元,英国投资者的成本为 X_0P_0,上例中相当于 5 美元。再假设期末汇率 X_1 变为 0.55 美元/日元,那么英国投资者所持股票价值 X_1P_1 在例中为 6.6 美元。则外国收益率 r_f为:

$$r_f=\frac{X_1P_1-X_0P_0}{X_0P_0} \tag{9-34}$$

此例中英国投资者投资该日本股票的收益率为 32%。

实际上,从英国人的角度来说,他进行了两项投资:①投资于日本股票;②投资于日元这种货币。因此,英国人的总收益率可分解为股票收益率和日元收益率两部分。假设一英国人期初买进了日元,期末再卖出,则投资于日元的收益率 r_c应是:

$$r_c=\frac{X_1-X_0}{X_0} \tag{9-35}$$

此例中的 $r_c=10\%$。

从式(9-33)、(9-34)和(9-35)中,我们发现

$$1+r_f=(1+r_d)(1+r_c) \tag{9-36}$$

上式也可以写成:

$$r_f=r_d+r_c+r_d\times r_c \tag{9-37}$$

在此例中,由式(9-37)可以计算出 $r_f=[0.2+0.1+(0.2\times0.1)]=32\%$。

式(9-37)中最后一项即 $r_d\times r_c$通常比前两项小得多,这是因为它是前两项之积,而前两项均小于 1.0。因此式(9-37)还可以近似写作:

$$r_f\approx r_d+r_c \tag{9-38}$$

可见,外国证券收益率可以分解为两个部分,即证券收益率 r_d和外汇收益率 r_c。在本例中,r_f的精确值为 32%,用近似公式计算出的 r_f为 30%。于是近似值有 2%的误差,误差相对较小。

2. 国际股票组合投资的风险

投资于外国股票比投资于本国股票涉及更多的风险。投资者希望将来从外国股票中获得现金收入,但是,这些现金流是以外国货币计值的,如果不能兑换成本国货币则用处不大。在这个过程中存在多种风险,下面我们具体探讨。

(1)汇率风险。汇率风险又称外汇风险,是指经济主体在持有或运用外汇的经济活动中,因汇率变动而蒙受损失的可能性。外汇风险可分为 3 类:交易风险、折算风险、经济风险。交易风险,是指在运用外币进行计价收付的交易中,经济主体因外汇汇率的变动而蒙受损失的可能性。折算风险,又称会计风险,是指经济主体在对资产负债表的会计处理中,将功能货币转换成记账货币时,因汇率变动而导致账面损失的可能性。功

能货币是指经济主体在经营活动中流转使用的各种货币。记账货币是指在编制综合财务报表时使用的报告货币,通常是本国货币。经济风险,又称经营风险,是指意料之外的汇率变动通过影响企业的生产销售数量、价格和成本,引起企业未来一定期间收益或现金流量减少的一种潜在损失。

(2)政治风险。政治风险主要是指外国政府的更迭或外国的政变可能引发政治动乱,而政治动乱可能意味着:新政府可能没收外国人的投资;政府可能拒付债务;政府可能不与债权人商议,擅自重定债务偿还的时间表;政府可能利用外汇管制,不允许外国投资者收回资金;政府可能实施对外国投资者不利的税收和费用政策;政府可能强制非居民投资者将投资的部分所有权转移给当地居民或当地政府;国内的敌对势力可能破坏外国投资者拥有的财产。

(3)国家流动性风险。市场的流动性风险是指为了迅速出售资产必须支付的价格折扣或销售佣金。发达国家的金融市场比较成熟,流动性较好,而新兴的金融市场经常缺乏流动性,表现在:交易之间有明显的时间间隔,且交易量小;市场上充斥着经验不足和资金不足的做市商;在所在国法律体系下,无法以合理成本有效地执行合约;不能迅速对证券交易进行结算;可能无法获得国际现金流。

(4)国际信息风险。信息搜集应该先于并伴随着每一笔投资发生。国外投资的信息比国内投资更难获得,因为存在语言差异、货币差异、衡量体系的不同、政治体质的差异、国际邮件比国内邮件花费更长时间、地理上的不熟悉、各国不同的财务报告方法以及"局外人"在获取信息时遇到的困难等。考虑这些是非常有用的,因为信息非常有价值。

仍承前面例子,考虑一个英国投资者和一个日本投资者都投资于日本公司的股票。国内方差 σ_a^2是日本投资者面临的风险。相应地,国外方差 σ_f^2是英国投资者面临的风险,国外方差由三项组成:

$$\sigma_f^2=\sigma_a^2+\sigma_c^2+2\rho_{dc}\sigma_a\sigma_c$$

式中,σ_c^2是英国投资者将日元收益兑换成英镑时面临的风险;ρ_{dc}是日本股票收益率与日元收益率之间的相关系数。

上式表明,在外汇上投资和在证券上投资的两个收益率之间的相关系数越小,国外方差也越小。

在这里我们有必要探讨一下不同国家之间的相关系数,国家之间的相关性是改善国际资本市场上的投资机会的一个关键因素。有研究得出国家之间相关性的4个结论[①]:①随着时间变化,国家之间的相关性是不稳定的;②随着世界金融市场一体化的程度加深,国家之间的相关性有上升的趋势;③标准差也有些不稳定;④当金融市场的波动加大时,国家之间的相关性有暂时性的上升。

(二)股权投资组合的应用

1.国际分散化的一个途径——国际共同基金

投资国际共同基金是国际组合投资最简单和有效的方式,尤其是对个人投资者而言。投资国际共同基金解决了单个投资者的许多问题,包括难以获得外国公司和证券

① Bruno H.Solnik,Cyril Boucrelle,以及 Yann Le Fur,SBL,分析了4个国家3年的数据,得出相关性的结论。

信息、进入市场,以及所有有关外国证券交易的问题。这些工作都由基金管理人完成,而且基金通过聚集资金可以得到规模经济的好处。当然,投资者也要为基金的这些服务和组合的管理支付费用,如前端费用。

在美国金融市场中就有很多全球分散化的产品。具体细分如下:

(1)全球基金。此类基金是同时投资于国外和国内证券的共同基金(如美国的骏利世界基金和目标为A的全球累积增长基金)。

(2)国际基金或国外基金。此类基金主要投资于外国证券(如先锋国家股票指数基金)。其又可细分为以下几种:

- 区域性国外基金,只投资于特定区域的外国证券,它们的名称通常说明了它们感兴趣的领域(保值欧洲基金和新定价亚洲基金)。
- 国际风格基金,投资于具有某些独特性质的外国证券(保值新兴市场基金,Templeton 发展中市场基金或先锋国际价值基金)。
- 国外指数基金,只投资于与国际股票市场指数挂钩的资产组合(欧洲的先锋国际股票指数基金)。

(3)国家基金。此类基金将投资限制在单个国家,通常在基金的名称里就有所体现(Templeton 俄罗斯基金、日本基金、保值加拿大基金或韩国基金)。一些国家基金是共同基金,但是多数是美国法律所定义的封闭式投资公司。

目前基金业正蓬勃发展,各种基金层出不穷,投资者要区分不同类型的基金。首先要区分的是基金的注册和管辖地:在岸还是离岸。离岸基金的所在地通常为税收天堂,对投资者的保护很少,仅靠基金管理公司的信誉。但投资者可以匿名,而且基金管理人有更多的自由追求投资收益。几乎所有的对冲基金都是离岸基金。

其次要区分是开放式基金还是封闭式基金,二者的区别在于前者不限制基金份额的数量,也就是说,投资基金不受二级市场基金份额的限制。因此,投资于基金的资本会不断变化。封闭式基金通常用于流动性不太强的市场,封闭结构使得基金管理人避免投资人申购和赎回时必须相应买入和卖出股票的问题。但是,封闭式结构会使基金价格偏离净资产价值,也就是出现基金溢价或是折价。尽管基金价格与净资产价值之间的关系看起来是随机的,但是那些专门投资到严格限制外国投资者的市场(比如市场流动性差、信息收集的成本高,或其他对进入市场的限制)的基金出现溢价是有理由的,因为如果基金投资成为投资者绕过这些障碍的方式,那么可以预期基金将会升水。

最后,基金可以用销售方式来区分,也就是基金有没有销售费用。通常,基金的销售费用约为5%。在美国市场,无费用基金的比例迅速扩大。但考虑到投资者在购买基金时需要帮助,因此他们愿意支付费用,对于国际基金尤其是这样。不过不少投资者认为市场是有效的,因此会购买低费率的全球指数基金,但是这些指数基金一般不在流动性低的新兴市场投资。

新兴市场比较适合主动管理的基金,因为这些市场的效率相对较低,有经验和信息的管理人有机会从中得到超额收益。同时,这些市场的流动性约束适合封闭式基金结构,因此可以使基金经理避免申购和赎回所引起的流动性变化的压力。在新兴市场投资的基金会遇到如何科学构造新兴市场指数的问题,这些市场上多数的公司仍然或者是由创办企业的家族股东控制,或者是公司和金融机构之间交叉持股,或者是由政府或其组织控股,因此难以确定指数中股票的权重,这也导致不同指数连接型基金的业绩差异很大。

2.跨国公司是提供国际分散化投资的途径

跨国经营的企业可在公司的层次上提供国际分散化。有人可能会认为投资于跨国公司股票能较好地代替向外国公司股票的投资。表 9-3 列出了世界上最大的一些跨国公司,这就向我们提出这样一个问题:投资于一家跨国公司是否是一种降低风险的国际分散投资的捷径?

研究人员对全世界的跨国公司进行研究,发现跨国公司股票收益率的波动性很大程度上依赖于跨国公司国内股票市场的波动性。对 9 个国家的研究结果显示,这些国家跨国公司股票收益率的 69%~93%的波动来自跨国公司所在国家的股票市场指数同时期的波动。这意味着尽管可口可乐全球总销售量中只有 21%发生在美国(公司总部所在地),但美国股票市场环境对可口可乐的股票价格仍然有主导性的影响。

表 9-3　全球排名前列的跨国公司

排名 2013 年 4 月	公　　司	国家	市值(亿美元)
1	苹果(Apple)	美国	4 166
2	埃克森美孚(Exxon Mobil)	美国	4 004
3	谷歌(Google)	美国	2 684
4	中国石油(Petro China)	中国	2 612
5	美国伯克希尔哈撒韦公司(Berkshire Hathaway)	美国	2 528
6	通用电气(General Electric)	美国	2 437
7	沃尔玛(Wal-Mart Stores)	美国	2 425
8	国际商用机器公司(IBM)	美国	2 395
9	中国工商银行(ICBC)	中国	2 373
10	微软(Microsoft)	美国	2 348
11	雀巢(Nestle)	瑞士	2 335
12	雪佛龙(Chevron)	美国	2 325

3.一个国际分散化的工具——存托凭证

存托凭证是投资者购买外国股票,投资全球分散化的一个途径。存托凭证有两种:美国存托凭证和全球存托凭证。

美国存托凭证(ADR)是证明拥有外国公司股份的一种票据。当一个总部不在美国的公司要使其普通股在美国国内交易时,交易的证券就可以选择 ADR。ADR 由 JP 摩根公司于 1927 年发明,目的是消除外汇在国际投资上的复杂性,并且银行作为 ADR 的存托人可以获得收入。ADR 的经纪人佣金率通常等于国内交易的佣金率。ADR 的佣金一般少于小型投资者直接投资于外国证券所需支付的佣金。另外,在美国,ADR

的交易在3天内结清,而一些外国证券的交易可能要花几个星期才能结清。

我们通过一个例子来说明ADR的优点。一个美国投资者购买ADR,JP摩根的子公司在银行金库里保存了100股丰田的普通股。银行将领取丰田公司派发的日元红利,然后将日元兑换成美元支付给美国投资者。ADR投资者从每股证券的现金红利中拿出1美分或2美分作为小额度费用支付给银行。ADR的费用比直接获得日元现金红利的投资者将小额日元兑换成美元时需要支付的外汇佣金少。每季度银行获得这些费用以及其他保管费用,这使得国际银行有动力设立一些子公司来发行ADR。

而全球存托凭证(GDR)是按照ADR的模式最先在1993年发行。它是代表所有权利益的特殊凭证,将投资者的外汇交易减少到最小。多数GDR和ADR不一样,它们不以美元标价,可以在美国、欧洲、亚洲或其他任何国家发行,也可以以任何货币标价。世界上所有公开交易的外国公司证券中,只有小部分对应着ADR和GDR。因此,投资者不应将自己限制在这些方便的凭证上,而应考虑投资国际共同基金。但是,不管是ADR,GDR还是国际共同基金,都不能消除外汇风险,它们只是替投资者做外汇交易。

案　例

高风险市场环境下的国际股票投资——以2014年初为例[①]

我们通过以下的内容来体会如何通过观察、收集、分析市场信息,来得到适当的投资决策。

一、背景分析:2013年世界宏观经济状况回顾

1.全球经济增长速度放缓。2013年全球GDP增速2.3%,又在平均趋势4%之下。但是值得肯定的是,全球经济环境在持续好转,主要原因是私人部门的财务杠杆率增加,公共部门财政拖累减轻。经历了2013年一季度经济下滑后,由发达国家带动的全球经济增长再次开始加速。从PMI来看,由2013年一季度2.4%涨至3.5%。

2.各大央行宽松货币政策促使全球股市集体上扬。2013年主要中央银行维持宽松货币政策,利率接近零水平,欧洲央行继续大幅降息,美国继续购买国债和抵押债券。年初,日本银行开始QE,规模超过联储QE3,导致真实收益下降,日元疲软。欧洲央行和英国央行也在不同程度上实施前瞻指引,使欧元区维持零利率。在全球流动性宽松的情况下,全球股市集体上扬。2013年全球股市回报率整体上涨23%,为近三年最高涨幅。但是,全球股市呈现分化趋势,新兴市场股市以美元计在2013年处于下降态势,自2010年年末开始累计比发达国家股市回报率低50%强。

3.2013年欧元区危机并未彻底解决。2013年,欧元区危机的确没有彻底解决,意大利大选的不确定性和塞浦路斯破产问题,提醒欧洲仍将面临政治和经济动荡。2013年夏末,葡萄牙联合政府也遭遇结构调整困难。但总体来说,市场担忧是短期的,担忧或被市场消化。2010—2012年希腊、西班牙、意大利危机后,2013年欧元区金融机构整合改善,财政政策创新,尤其是OMT,使欧元区迎来重大改观。

---

① 资料来源:第一财经. http://www.yicai.com/news/2013/12/3273258.html;以及作者整理。

4.2013 新兴市场增长疲软。到 2013 年底,新兴市场增长约为 5.2%,低于 2012 年的 5.4%。主要新兴市场经济体,包括俄罗斯、墨西哥和印度,增长减速,中国保持温和加速。2013 年年初随着发达市场经济疲软,新兴市场也表现不佳,尤其是对于中国信贷风险的担忧,拖累了主要新兴市场经济体的发展。2013 年下半年,发达市场延缓财政紧缩以持续经济复苏,使得新兴市场困难加重。新兴市场积累的内外部不平衡加剧,联储开始退出 QE 则将进一步加重新兴市场压力。

二、国际股票投资策略:充分识别风险,稳健与灵活并重

通过过去一年全球宏观状况的回顾,可以分析出,未来的市场风险主要源于以下几个方面:一是美联储推出 QE,导致全球流动性收紧,利率上行,股市将应声下挫;美国财政悬崖及欧元区债务危机的隐忧导致市场情绪下滑;三是受发达经济体需求疲软的影响,新兴经济体出口难以提振,另外中国改革的不确定性,都将增加新兴市场的风险。这种情况下进行全球股票投资,风险的预判与防控显得额外重要。此外,可通过观察市场上的风险趋避指标,例如多空指标(Bull/Bear)、买权/卖权(Call/Put)与市场宽度(Market Breadth),同时关注宏观基本面及政策的取向,灵活调整投资策略,要做到稳健与灵活并重。

本章小结

1.投资学的一个基本指导理念即是风险与收益的最优匹配。对一个理性的投资者而言,所谓风险与收益的最优匹配,即是在一定风险下追求更高的收益,或是在一定收益下追求更低的风险。对风险与收益的量化以及对投资组合效用的分析,是构建资产组合时首先要解决的一个基础问题。

2.不同的风险厌恶程度可通过在资本配置线上选择不同的点来实现。这样,不同客户的选择体现在风险厌恶者在无风险资产中多投资,而少投资于最优风险资产组合。但是,所有客户都使用资产组合 P 作为最优风险投资工具。这一结果被称为资产分割,它告诉我们资产组合选择问题可分为两项相互独立的工作。

3.随着投资的对象从国内扩大到全球市场以及获得信息的成本下降,资本市场的一体化程度加深,证券价格也从由分割的市场决定转为由一体化的金融市场所决定。在一体化的市场,理论上,最优分散化的组合含有全球所有的证券,而每只证券的系统性风险由其对最优组合的风险的贡献所决定。全球角度下的资本资产定价模型修正为国际资本资产定价模型。

4.相对于国内债券组合管理,国际债券组合管理将面临更多的问题。不同的时限、当地的市场结构、结算和托管、货币管理等都使债券经理进行组合配置的决策更加复杂。一般的投资组合过程为:确定投资目标,制定和实施组合策略,监控组合,调整组合。

复习思考题

1.简述全球资产配置理论的主要内容。

2.简述资产配置与证券选择的主要内容。

3.结合实际,谈谈可供我国境内投资者选择的国际资产组合。

4.简述远期利率和平衡分析法的主要内容。

第 四 篇

我国与国际金融市场

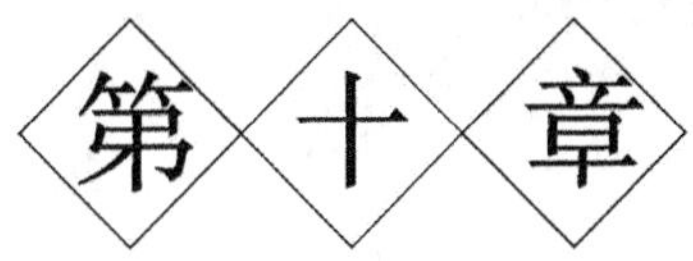

第十章

中国金融市场的开放

本章要点

目前，国外的很多银行、券商、保险公司和投资银行等金融企业都已经在中国设立了分支机构。这些都意味着我国金融市场的开放程度在不断提高，完全融入国际金融的大市场将是未来我国金融市场发展的必由之路。那么，我国金融市场开放要经历哪几个阶段？对我国国内经济和经济政策等的影响是什么？为了应对不断提高的开放程度，我们应该做好哪些准备？本章即对这些论题进行介绍和探讨。

第一节　货币市场的开放

一、我国汇率制度的演变

人民币汇率制度改革是我国金融体系改革的重要组成部分,也是我国发展完善社会主义市场经济不可或缺的配套措施。回顾人民币汇率制度50多年来的演变,对于我们更好地认清人民币汇率市场化改革的方向,推进人民币汇率制度改革具有重大意义。

新中国成立以来,人民币汇率机制经历了曲折的发展演变过程,我国的外汇体制改革也经历了一个由高度集中的计划管理模式转变为在外汇留成和外汇上缴体制基础上的计划与市场结合的管理模式,进而再转变为建立在结售汇制上的以供求关系为基础,以市场调节为主导的管理模式。

(一)新中国成立到改革开放前的人民币汇率制度

改革开放前的人民币汇率安排大致可以划分为两个阶段,国民经济恢复时期的管理浮动和钉住美元再到钉住一篮子货币。

1.管理浮动制阶段(1949—1952年)

人民币诞生初期,计划经济体制尚未建立,人民政府宣布人民币不以黄金为基础,在实际操作中实行的是管理浮动制。人民币对美元的汇率根据人民币对美元的出口商品比价、进口商品比价和华侨日用生活费比价三者加权平均来确定。这段时期人民币汇率确定的依据是物价,其作用实际上是调节对外贸易,照顾侨汇收入。

2.从钉住美元到钉住一篮子货币

随着社会主义改造的完成,计划经济体制的建立,汇率已失去调节进出口贸易的作用,为了有利于内部核算和编制计划,人民币汇率坚持稳定的方针。1955年3月,新币代替旧币,直到1971年11月,人民币汇率在近16年时间里基本保持为1美元=2.461 8人民币。国际上布雷顿森林体系处于鼎盛时期,主要西方国家货币之间的汇率大体稳定,人民币对西方主要国家的货币也相应稳定。布雷顿森林体系崩溃后,人民币汇率的确定是选择我国在对外经贸往来中经常使用的若干种货币,按其重要程度和政策上的需要等确定权重,根据这些货币在国际上的升降幅度,加权计算出人民币汇率,实质上是钉住了一篮子货币。这种钉住一篮子货币的汇率安排,操作简便,在很大程度上能够抵御或减少国际汇率波动对我国货币的影响,从而保持了人民币汇率的相对稳定,有利于外贸企业的成本核算,利润预测及降低汇兑风险。从1973年到1979年,人民币货币篮子的权重,只有为数不多的几次调整。

在计划经济体制下,人民币只是起一种辅助性的计算单位的作用。它的变动,对我国外贸进出口的名义利润有较大影响,但由于外汇当局的调节,人民币汇率的变动对外贸部门的实际利润并不起多大作用。

(二)改革开放后的汇率制度

改革开放后,人民币汇率制度为更好地适应经济的发展,经历了计划内部双轨制、钉住美元的汇率制度和单一的有管理的浮动汇率制三个阶段。

1.计划内部的双轨制(1979—1993 年)

1979 年起我国实行外贸体制改革。为促进外贸的发展,实行贸易内部结算价和官方汇率并存的双重汇率制。一种是使用非贸易外汇收支的对外公布的汇率(1 美元等于 1.5 人民币,官方汇率),实际是按一篮子货币加权平均计算的;另一种使用外汇收支结算的贸易内部结算价(1 美元等于 2.8 人民币,内部结算汇率),实际上是按全国平均换汇成本加上一定利润算出的。因此,本阶段我国人民币汇率事实上实行的是计划内部的双轨制。内部结算价旨在纠正人民币汇率被高估的问题,发挥了汇率作为价格杠杆刺激贸易出口的作用,是当时改革开放后人民币汇率机制反映人民币汇率市场化的一种进步。

2.钉住美元的管理浮动汇率制(1985—1993 年)

在人民币实行双轨制的同时,人民币汇率制度改革一直在进行。1985 年 1 月 1 日起,我国取消内部结算价,恢复单一汇率,人民币汇率进入"官方汇率与外汇调剂市场汇率"并存的时期。1986 年,我国实行钉住美元的管理浮动汇率制。国际货币基金组织将这种管理浮动的汇率归属于较高弹性的汇率。此后,人民币汇率经过了几次大幅度下调,到 1992 年 3 月,人民币汇率已下调至 1 美元=5.74 元人民币。这一时期,外汇调剂市场汇率主要由供求决定,但整个市场处于国家管理之中,必要时国家可采取行政手段对市场汇率进行干预。

3.单一的有管理的浮动汇率制(1994—2005 年)

1994 年 1 月 1 日起,人民币实现官方汇率与外汇调剂市场汇率并轨。并轨后的汇率向市场汇率靠拢,逐渐形成了以市场供求为基础的,单一的有管理的浮动汇率制。1996 年 11 月,中国人民银行行长戴相龙宣布中国自 12 月 1 日起实行人民币经常项目下的可自由兑换。亚洲金融危机后,鉴于国内外政治经济形势的变化,人民币汇率制成了实际上的"钉住美元汇率制",事实证明这种汇率安排是合理有效的。至此,人民币汇率明确了进一步走向市场化,使十几年来的人民币汇率改革得到进一步深化,并取得了重大突破。

4.有管理的浮动汇率制度(2005 年至 2015 年 8 月)

自 2005 年 7 月 21 日起,我国开始实行以市场供求为基础、参考一篮子货币进行调节、有管理的浮动汇率制度。本次汇率制度改革的主要内容包括三个方面:

一是汇率调控的方式。实行以市场供求为基础、参考一篮子货币进行调节、有管理的浮动汇率制度。人民币汇率不再盯住单一美元,而是参照一篮子货币、根据市场供求关系来进行浮动。这里的"一篮子货币",是指按照我国对外经济发展的实际情况,选择若干种主要货币,赋予相应的权重,组成一个货币篮子。同时,根据国内外经济金融形势,以市场供求为基础,参考一篮子货币计算人民币多边汇率指数的变化,对人民币汇率进行管理和调节,维护人民币汇率在合理均衡水平上的基本稳定。篮子内的货币构成,将综合考虑在我国对外贸易、外债、外商直接投资等外经贸活动占较大比重的主要国家、地区及其货币。参考一篮子货币表明外币之间的汇率变化会影响人民币汇率,但参考一篮子货币不等于盯住一篮子货币,它还需要将市场供求关系作为另一重要依据,据此形成有管理的浮动汇率。这将有利于增加汇率弹性,抑制单边投机,维护多边汇率。

二是中间价的确定和日浮动区间。中国人民银行于每个工作日闭市后公布当日银行间外汇市场美元等交易货币对人民币汇率的收盘价,作为下一个工作日该货币对人民币交易的中间价格。每日银行间外汇市场美元对人民币的交易价仍在人民银行公布的美元交易中间价上下0.3%的幅度内浮动,非美元货币对人民币的交易价在人民银行公布的该货币交易中间价3%的幅度内浮动率稳定。

三是起始汇率的调整。2005年7月21日19时,美元对人民币交易价格调整为1美元兑8.11元人民币,作为次日银行间外汇市场上外汇指定银行之间交易的中间价,外汇指定银行可自此时起调整对客户的挂牌汇价。这是一次性地小幅升值2%,并不是指人民币汇率第一步调整2%,事后还会有进一步的调整。因为人民币汇率制度改革重在人民币汇率形成机制的改革,而非人民币汇率水平在数量上的增减。这一调整幅度主要是根据我国贸易顺差程度和结构调整的需要来确定的,同时也考虑了国内企业进行结构调整的适应能力。

5.有管理的浮动汇率制度向清洁浮动汇率制度过渡(2015年8月至今)

2015年8月11日,中国人民银行宣布实施人民币汇率形成机制改革,主要内容包括:调整中间价形成机制,由做市商在每日银行间外汇市场开盘前参考前一天银行间外汇市场收盘汇率,综合考虑外汇供求以及国际主要汇率变化向中国外汇交易中心提供中间价报价。另外,当日收盘价允许在当日中间价上下2%的幅度内浮动。此前,由央行在每个交易日上午发布人民币汇率中间价的"指导价格"。此次改革有助于减少行政干预,提高汇率弹性,使受到严格管制的人民币对市场做出更灵敏的反应。该政策出台后,外汇市场反应剧烈,人民币大幅贬值。经过三天的试验后,央行放弃了原定的汇率改革目标,而把改革尝试转变为对人民币汇率的一次性调整。

2016年初,央行推出了"收盘汇率+一篮子货币汇率变化"的新人民币兑美元汇率中间价形成机制,在"811汇改"期间提出的"参考前日收盘价决定当日中间价"的基础上,引入了维持篮子货币汇率稳定的因素。当日中间价前日收盘价与24小时货币篮子稳定理论中间价共同决定。商业银行参考的货币篮子主要是CFETS(中国外汇交易中心)指数,该指数包括了13种主要货币对人民币的汇率。

2015年8月以来的汇率形成机制改革,核心是将中间价的主导权交还给了市场,逐步向清洁浮动汇率制度过渡。

2019年8月5日,受单边主义和贸易保护主义措施及对中国加征关税预期等影响,人民币对美元汇率在市场力量推动下发生贬值,突破7。中国人民银行综合施策,加强预期引导,外汇市场运行有序,外汇供需基本自主平衡,人民币汇率实现了预期稳定下的有序调整,被市场称为"不叫改革的改革"。

回顾新中国成立以来尤其是改革开放以来的人民币汇率制度的演变发展历程,有很多经验教训值得我们总结和吸取。首先,一国的汇率制度不可能永远不变,各个时期的人民币汇率的安排都是随着各个时期经济发展的需要而演变的;其次,人民币汇率制度改革走了一条"钉住单一美元—钉住一篮子货币—双重汇率制—钉住单一美元—有管理的浮动汇率制度—逐步向清洁浮动汇率制度过渡"之路,但是,逐步扩大汇率的灵活性和汇率的市场化是这条演变之路的实质。人民币汇率形成机制经受住了多轮冲击和考验，汇率弹性增强，较好发挥了宏观经济和国际收支自动稳定器的作用。在中美经贸摩擦不断、新冠肺炎疫情暴发并在全球蔓延、世界经济衰退、国际金融市场动荡等多轮重大冲击考验中，人民币汇率均能迅速调整，并在较短时间内恢复均衡，有效发挥了对冲冲击的作用。因此，未来的人民币汇率改革也必然朝着市场化方向发展。

阅读拓展

SDR“黄金时代”人民币国际化的发展思路

1969 年特别提款权(SDR)建立，弥补了以美元为中心主导的布雷顿森林体系造成的国际体系运转混乱等问题，有利于货币在国际间的顺畅流通。之后，经历了无数次的调整、修改，SDR 趋于稳定与成熟。2016 年 10 月 1 日，国际货币基金组织(IMF)宣布人民币正式纳入 SDR 国际货币篮子。同时，人民币与美元、欧元、英镑、日元一同跻身世界重要储备货币行列，成为仅次于美元和欧元的第三大权重货币。这是中国作为一个新兴经济体大国被国际社会所认可，其经济发展融入全球金融体系的重要历史性时刻。

人民币加入 SDR 国际货币篮子后，国际化发展具有稳定金融市场、推进经济增长的作用，有利于我国进一步加深境外投资建设，以及经贸合作，增强人民币国际影响力，提高国际地位与话语权。蒙代尔曾说过，要想完全地实现国际化，需要保持经济自由、货币稳定以及贸易不断。自此，我国迎来了 SDR“黄金时代”。

此外，当前的国际形势以及国际金融市场都在“有意”“无意”地影响人民币国际化进程，可以从四方面观察。

第一，强势美元周期。所谓强势美元周期，是指美元的汇率不断上浮，一直保持在高位运转；反之则为弱势美元周期。2014 年开始，美联署进行加息，缩表预期提升，再加上欧洲债务风波的推动，美元汇率不断走高且持续强势，美国经济呈现繁荣景象。截至 2018 年底，美元名义值增长到 24.86%。进而新兴经济市场受到美元强势的影响，引发新兴经济市场货币危机，其中最为严重的是造成委内瑞拉、伊朗的汇市崩盘，交易关闭。对于人民币的影响则是阻断了人民币汇率一直以来的增长状态，贬值、升值、再贬值的大幅度汇率波动在反复持续。随着高利率融资成本的提高，2019 年美联署停止加息和缩表，强势美元周期有所暂缓。

第二，中美贸易摩擦。2017 年特朗普政府上台，在美国的强势霸权主义思维之下，对我国进行了诸多不实批判，并不断提高关税，对我国的经济发展进行打压，对华政策目的明确。然而，我国顺应经济全球化发展规律，秉持和平发展原则，尊重国际市场秩序，不愿同美国展开两败俱伤的经济斗争。另外，我国作为世界第二大经济体，对外贸易广泛且丰富，并且拥有 13 多亿人口的消费市场，内需的贡献与科学技术的进步减少了对于出口经济的过度依赖，再加上人民币国际化积累了一定成绩，在已有的经济基础之上加强了金融防范。与此同时，我国经济总量和产业发展紧随美国之后，令美国因为中国经济快速发展而感到紧迫。

第三,人民币加入SDR国际体系。在加入SDR时,SDR体系变革逐渐成熟;在加入SDR体系之后,中国的经济增长对SDR国际金融市场提供更多支持。一方面,SDR稳定性更强了。在SDR体系中,中国是唯一的发展中国家,与其他发达国家相比,经济的发展周期有所不同,在经济危机来临时,可以均衡其他成员国货币汇率波动、货币贬值等影响。同时,凸显SDR作为补充货币储备的现实价值,使人民币更具有代表性。另一方面,国际货币稳定性更强了。众所周知,美元是全球第一国际储备货币,美国的经济发展速度渐渐变缓,但国际市场对发展的诉求在递增,市场需要新鲜活力,尤其是新兴经济国家经济的快速发展是市场极其需要的。当其他国际储备货币减少或由贸易逆差导致无法清算债务时,人民币起到补充货币的作用,可以解决国际储备货币遭遇危机储备不足的问题。

第四,人民币的国际货币职能。由于中国经济的快速增长和国际贸易的需要,人民币在国际市场逐渐被接受和认可,其经济价值不断提升,货币职能在国际金融市场中越来越凸显。2016年,中国银行推出《人民币国际化白皮书——正式加入SDR货币篮子的人民币》,对人民币国际化进行了全球性的深度调查,调查范围涉及42个国家和地区的3 500多个企业。结果显示,国际社会对人民币越来越有信心,绝大多数企业都能够接受人民币在境外交易中加大使用比例,其中自贸区、"一带一路"建设的国家和地区、全球500强企业对人民币更信赖,愿意在全球市场流动紧张之时用人民币作为替代性货币。

(资料来源:肖凯聪:"SDR'黄金时代'人民币国际化的发展思路",《宏观经济管理》,2019(8):80-85.)

二、人民币离岸中心的发展与前景

(一)人民币离岸业务的现状

目前,人民币还没有完全自由兑换,还不是像美元、日元那样的国际货币,但是中国已经加入了世界贸易组织,按照中国的入世承诺,中国将逐步放开国内金融市场,人民币的汇率将逐渐浮动,最终走向国际化。但国内外的市场势差在相当长的时间内还会存在,所以人民币离岸市场的设立是大势所趋。人民币离岸中心能否发展起来,主要是看我国现实的市场状况是否能够满足发展人民币离岸中心的需求和是否具备条件。从这个角度看,人民币离岸中心的形成有着很强的现实性。

首先,一种货币走向国际化离不开离岸货币市场的支持。从国际金融的发展来看,美元作为最早的国际货币,正是随着欧洲美元离岸市场的发展而发展的。美国银行随着海外业务的扩展而逐步走向国际化,并形成了在相当长的时间里美元独霸国际货币市场的局面。美国政府也由于美元的国际化,获得了巨大的利益。随后的日元也遵循了同样的发展路径,通过离岸货币中心的建立,推动本国货币逐步走向国际化,成为当今最为重要的国际货币之一,在世界经济的发展中发挥着举足轻重的作用,也大大地推动了本国经济的发展。

其次,边贸以其独有的形式推动人民币离岸中心的形成。据调查,在中国的边贸中,人民币已经成为相当有影响力的货币,边贸活动的活跃无疑会累积相当比重的人民币。在中国与亚洲各国的贸易中,目前的计价货币主要是美元,这一方面有历史的因素,另一方面也可能是商品最终需要出口到美国市场。但随着中国经济的发展,在中国与亚洲各国的贸易中,会有更大比重的商品是亚洲各国出口到中国市场的,因此,对于这部分商品贸易用人民币计价,进而导致人民币的资金需求是必然的趋势。近年来人民币币值稳定且呈上升状态,汇率风险小,加上一些边贸地区外汇储备短缺,外币结算困难,它们开始以人民币计价及结算与我国的双边贸易。2020 年 6 月,据全球银行间金融通讯协会(SWIFT)的统计,在基于金额统计的全球支付货币排名中,人民币升至第五位,占比为 1.76%。在贸易和旅游快速发展的推动下,人民币在周边地区已享有“第二美元”的称号,成为主要的边贸结算货币。在柬埔寨,政府公开鼓励国民大量使用人民币;在蒙古,流通现钞总量的 60%为人民币;在俄罗斯、越南、缅甸及中国台湾地区,人民币都可作为贸易的支付手段。目前,人民币在韩国、新加坡、泰国、马来西亚等地都在一定程度上被接受。毫无疑问,随着中国整体经济实力的增长、对外贸易和旅游业的发展,人民币越来越“国际化”,流出的数量将越来越大。而在人民币仍不能完全自由兑换、资本流动仍受控制的情况下,散落在亚洲各地区的人民币难以循正常途径回流内地。这样,散落在正轨金融体系之外的大量人民币必然产生人民币的需求业务,将自然而然形成一定的人民币离岸业务。

最后,中国香港地区作为人民币离岸市场的首选地,既有市场的需要也有其自身的优越条件。

同其他开始推行离岸人民币业务的国家相比,香港具备两个不可替代的优势:首先,香港有先行优势,是首个离岸人民币中心,在 2004 年就已经开始发展人民币个人业务,2009 年发展到可以用人民币作贸易结算,因此,香港的人民币流动性较其他国家更高。其次,香港有天然的地理优势,既为内地进军海外的窗口,也是对外投资过程中的重要中介平台。据全球银行间金融通讯协会(SWIFT)的统计,2019 年香港稳占全球人民币支付交易七成以上,显示了香港作为内地投资窗口的平台优势。在推进人民币国际化的过程中,香港发挥的功能亦不可小视。统计数据显示,2019 年香港的人民币存款已经达到 6 580 亿元人民币,而同期的贸易结算金额达到 5.38 万亿元;香港的离岸人民币外汇交易每日成交额超过 1 076 亿美元等值;拥有全球最大点心债市场,2019 年金额达到 1 686 亿元。如此大规模的人民币在港流通,迫切需要有正规的人民币回流机制,以保证人民币流通的正常秩序。而现在的香港本地银行仅能办理个人人民币业务,业务范围也只限于满足两地居民个人往来和小额旅游的需要,无法满足日益增长的市场需求。因此,将香港的人民币业务迅速延展到存贷款、结算、投资顾问和风险管理等金融服务,是使香港逐渐成为人民币离岸市场的必然选择。

(二)建立人民币离岸市场的前景展望

1.设立人民币离岸中心的风险性

离岸货币市场是一个自由度很高的金融市场。按照国际惯例,在该市场上的交易既不受利率管制和存款准备金的约束,同时还享受免税待遇。如果不对其加以约束,不仅会对本国金融政策及金融秩序产生不利的影响,而且还会出现严重的逃税现象。因此,在设立人民币离岸中心的过程中其风险也是不容小视的。具体有以下几个方面的风险:

首先,可能对央行的货币政策形成冲击,降低货币政策的效力。离岸市场的膨胀使得货币发行国的利率和汇率决定机制复杂化,由原来的在岸市场单一决定转为在岸市场和离岸市场共同决定,货币政策的执行将遇到挑战。离岸货币本质上行使的是世界货币的职能,其利率和汇率水平必然受世界经济影响。截至 2019 年,中国经济规模在世界经济总规模中的比重大约为 16%,财政收入连续 13 年稳居世界第一。2012 年中国经济总量已跃居世界第二,其中经济增长多为出口贡献,因此世界经济波动对于离岸人民币利率和汇率的影响力非常大。如果中国经济周期与世界经济周期不同步,中国货币政策效力就会被世界经济波动所冲减,严重的情况下还会干扰人民币利率和汇率的决定。国际市场上的投机者可能利用中国香港地区对人民币的汇率制度进行攻击。

其次,会加大人民币资本账户下管理的难度。在资本账户尚未完全开放的情况下,人民币离岸市场的出现,会刺激以人民币为工具的短期资本流动。一方面,离岸市场和在岸市场间的资金循环转换会挑战监管。另一方面,国际热钱可以在离岸市场上狙击人民币,货币投机者可能会在中国香港地区人民币离岸市场上积累人民币头寸,进而在相关市场冲击人民币汇率,使监管当局在国内所实施的资本账户管制作用失效。在我国自主决定开放人民币资本账户的情况下,人民币离岸中心的建立会对我国的这一自主权形成挑战。

最后,可能成为洗钱渠道。人民币离岸市场的建立,有可能使非法的现金交易在海外进入离岸货币中心的银行系统合法化。相比在岸市场,监管当局进行监管的难度加大了。

2.建立人民币离岸中心的积极作用

人民币离岸中心的建立必然会对我国整个金融及外汇市场产生前所未有的巨大冲击,但存在风险的同时必然会给我国金融业的发展带来机遇。

首先,有助于货币管理当局对人民币境外流通规模的控制。现在流通在外的人民币都是在非银行系统内进行流通,我国货币管理当局不可能准确掌握人民币在境外的流通规模,无法进行有效的监管。如果香港地区成为第一个人民币离岸中心,首先就可以将在港流通、处于半地下状态的人民币纳入商业银行体系,进而进行有效的宏观调控。

其次,对于人民币利率市场化和金融市场的发展具有参考价值。中国金融市场的发展需要一个在市场化基础上形成的利率指标体系,人民币资本项目下的开放,也可以为将来内地逐渐放松资本管制后进行的外汇市场调节提供参照。目前中国内地的外汇市场并不发达,也缺乏回避外汇风险的金融工具,没有外汇市场的各种指标作为参考,中央银行外汇政策的调整必然缺乏充分的市场依据,人民币离岸市场的发展则可以提供有益的决策参照。

再次,有助于推动人民币的国际化进程,深化中国与亚太地区经济的合作。人民币离岸市场的建立必然会增强人民币的国际影响。2013 年 9 月 29 日,上海自贸区正式建成,一部分实现了亚洲区域性自由贸易区架构,在自由贸易区的框架下,区内各国的经济联系会趋于紧密。如果人民币具有足够的国际化程度,那么,原来区内各国作为以美元计价的、向发达国家争夺出口市场的竞争对手,可以转化为以人民币计价的、向中国市场出口的经济伙伴。

最后,有助于巩固香港国际金融中心的地位。由于受到亚洲金融危机的冲击,中国香港金融中心的国际化色彩在褪色,外汇交易中心的地位也在下滑。目前香港地区除了港元业务外,还有美元、欧元、英镑等多种外币业务。如果再增加人民币业务,对于巩固香港国际金融中心地位无疑会加重砝码,也能够带动香港整体经济的发展,振兴正处于复苏转型期的香港经济。

中国的金融市场要逐步开放、人民币要走向国际化,人民币离岸市场的建立就显得越发重要。当然,这会给我国金融业和监管当局带来巨大的冲击。从 2012 年起,人民币国际化已经进入了一个新的阶段,重心从扩大香港人民币市场转向推动人民币走向海外,人民币的海外之旅将会带动所有离岸中心人民币流动性增加。我国香港地区是目前最发达的离岸人民币市场,鉴于前文所分析的香港的优势,预计香港地区将发展成为全球最大的离岸人民币市场。除此之外,在新加坡和英国伦敦建立人民币离岸市场满足了东南亚和欧洲的部分金融业务需求,便于相关国家与我国直接进行国际贸易和投资。我国人民币离岸市场的发展要抓住优势,将外汇市场不断做大,同时保证发展中的稳定性和可持续性,在政策上给予支持,增加人民币流动性。

三、银行业的开放

银行业对外开放是中国改革开放基本国策的有机组成部分,是中国经济日益融入世界经济的客观要求,是推进中国银行业改革和提高整体竞争力的重要力量。1980 年以来,中国银行业对外开放经历了从局部地区到全国范围、从外币业务到本币业务、从外国居民到本国居民的发展历程,在循序渐进中稳步推进。中国在加入 WTO 时,在银行服务业上做了相当大的开放承诺:中国承诺逐步取消对外资银行外币业务、人民币业务、营业许可等方面的限制。例如,逐步取消外资银行经营人民币业务的地域限制,入世后 5 年内取消所有地域限制;入世后 5 年内允许外资银行向所有中国客户提供服务;入世后 5 年内取消所有现存的对外资银行所有权、经营和设立形式,包括对分支机构和许可证发放进行限制的非审慎性措施。总体来说,中国银行业的开放可分为外资银行的进入、境外战略投资者的引入及国有银行的跨国经营和跨国并购三个方面。下面我们将分别介绍。

(一)外资银行的进入

鼓励外资银行在华设立分行或代理机构是中国银行业对外开放的一个主要方面,其经历了四个阶段。

第一阶段为 1980—1993 年。在这一阶段,中国银行业对外开放的总体战略是:通过外资银行的进入引进外汇资金和改善对外资企业的金融服务,创造更好的投资环境。1980 年,日本输出入银行在北京设立代表处;1981 年,南洋商业银行在深圳设立分行,成为改革开放以来外资银行在中国设立的第一家营业性机构。在不断适应经济金融发展需要、稳步推进银行业对外开放方针的指导下,中国银行业扩大了对外开放地域,逐步从经济特区扩展到沿海城市和中心城市。经过 13 年的发展,截至 1993 年底,外资银行在中国 13 个城市设立了 76 家营业性机构,经营对外资企业和外国居民的外汇业务,资产总额达到 89 亿美元。

第二阶段为 1994—2001 年。在这一阶段,中国经济体制改革取得突破性进展,加快了建立社会主义市场经济体制的步伐,对外贸易全面发展,外商投资显著增加,对外开放的总体格局基本形成。为进一步提高对外开放水平和改善投资环境,中国实施了相关政策,完善涉外经济法规,保持了外商来华投资的良好势头。外资银行业务随着外资企业在中国的迅速成长以及中资企业国际业务的发展而快速发展,外资银行在华经营逐步进入法制化、规范化的发展轨道。亚洲金融危机爆发后,外资银行在亚洲地区的发展趋于谨慎。为促进外资银行在华发展,中国适时采取了一系列政策措施,批准深圳为继上海之后第二个允许外资银行经营人民币业务的试点城市;允许外资银行加入全国银行间同业拆借市场,解决其人民币业务资金来源问题;放宽外资银行经营人民币业务的地域限制,允许上海市外资银行将人民币业务扩展到江苏和浙江,允许深圳市外资银行将人民币业务扩展到广东、广西和湖南。在外汇贷款规模逐年收缩的同时,上述措施促进了外资银行人民币业务的发展。

第三阶段为2002—2007年。在这一阶段,中国银行业对外开放发生了巨大变化。中国于2001年12月11日加入世界贸易组织。在五年过渡期内,中国认真履行承诺,有序推进银行业对外开放,进一步鼓励外资银行的进入。稳定的开放预期和适时的政策调整,推动了外资银行加速发展。中国加入世界贸易组织五年后,在华外资银行营业性机构从190家增加到312家,剔除机构合并等因素净增加122家。在这一过渡阶段的开放措施主要包括:履行加入世界贸易组织的承诺,自加入世界贸易组织之日起,向外资银行开放对所有客户的外汇业务,逐步将外资银行经营人民币业务的地域从加入时的上海、深圳、天津、大连四个城市扩大到全国所有地区,逐步将外资银行人民币业务客户对象从外资企业和外国人逐步扩大到中国企业和中国居民;同时,逐步放松对外资银行在华经营的限制,取消外资银行人民币负债不得超过外汇负债50%的比例,放宽对外资银行在境内吸收外汇存款的比例限制,取消对外资银行在华经营的非审慎性限制,在承诺基础上逐步给予外资银行国民待遇。

第四阶段是2007年至今。自2007年开始,外资银行全面入华,真正实现了“国民待遇”。外资银行不断加紧拓展中国市场,特别是最近5年,随着外资银行完成本地法人注册,业务范围稳步扩大,市场参与度不断提升。目前,虽然外资银行的资产规模仅占整个中国银行业的2%左右,但在其本地化5年间,外资银行整体规模实现了翻番,同时,业务范围较之前有了很大的扩展,尤其是在零售业务领域,外资银行对于本地金融市场的参与度获得了明显提升。

2018年4月,中国政府在博鳌论坛中提出进一步开放的政策。2019年,国务院公布了修改《中华人民共和国外资保险公司管理条例》和《中华人民共和国外资银行管理条例》的法律法规,放宽外资准入标准,废止了部分银行准入规章并扩大了外资银行在华开展的业务范围。

根据银监会2014年年报,截至2014年底,15个国家和地区的银行在华设立了38家外商独资银行(下设分行296家)、2家合资银行(下设分行3家)和1家外商独资财务公司;26个国家和地区的66家外国银行,在华设立了97家分行。外资银行在我国27个省份的69个城市设立了机构,形成具有一定覆盖面和市场深度的总行、分行、支行服务网络,营业网点达1 000家。其中约17.2%的机构网点位于东北和中西部地区,对提升当地金融覆盖面和金融服务均等化水平发挥了积极作用。截至2017年底,在华外资银行资产总额32 438亿元,同比增长10.8%;负债合计42 483亿元,同比增长

5.6%；不良贷款率 0.70% ；各项存款合计 17 175 亿元，同比增长 6.0%；流动性比例 66.80%，实现税后利润 146.6 亿元。

比机构数量和资产规模持续增长影响更大的是，外资银行对我国金融业的参与度日益提高。根据银监会数据，截至 2014 年底，35 家外资法人银行、62 家外国银行分行获准经营人民币业务；31 家外资法人银行、28 家外国银行分行获准从事金融衍生产品交易业务；6 家外资法人银行获准发行人民币金融债；4 家外资法人银行获准发行信用卡；3 家外资法人银行获准开办信贷资产证券化项目。在业务范围不断拓展的同时，外资银行以越来越接近境外"原貌"的外资优势体系进入中国。

（二）境外战略投资者的引入

通过股份制改造，逐步形成良好的公司治理结构，以适应国际国内金融市场的激烈竞争是国有商业银行多年来改革的主要目标之一。2003 年 8 月，在中国银行监督管理委员会（后文简称银监会）首次召开的在华外资银行负责人会议上，银监会主席刘明康表示将鼓励外资银行作为战略投资者或股权投资者参股中资银行。2003 年 12 月 8 日，银监会又出台了《境外金融机构投资入股中资金融机构管理办法》，这在很大程度上加强了境外投资者和国内商业银行的信心。各大商业银行纷纷着手引进外资的工作，2013 年前外资参股我国银行业的状况如表 10-1 所示。其中，2006 年前外资倾向于持股中资银行中的国有银行以及股份制银行，但之后外资开始逐渐撤出这类中资行，一方面是因为外资机构自身财务因素与转型，另一方面是这些外资机构意识到中国银行业未来的增长空间存在不确定性，对于这类早已实现预期收益的投资来说，转移投资目标是不错的选择。2006 年之后，外资行逐渐将目光转移至各类城市商业银行，希望通过参股城商行这类规模较小的银行，来了解当地的市场和当地的银行业务，使自己在中国可以得到更好的发展。

表 10-1　2020 年境外投资者参股我国银行业情况

证券简称	陆股通			
	陆股通机构数	持股市值（亿元）	占总市值比例（%）	Top1 持有机构
平安银行	60	327.055 9	9.447 0	摩根大通银行
宁波银行	41	64.622 4	3.108 7	渣打银行（香港）有限公司
江阴银行	18	1.117 6	1.248 9	摩根大通银行
郑州银行	20	0.793 4	0.331 9	摩根大通银行
青岛银行	17	0.282 5	0.127 1	摩根大通银行
苏州银行	16	0.392 7	0.154 8	高盛（亚洲）证券有限公司
浦发银行	51	45.347 0	1.638 3	香港上海汇丰银行有限公司
华夏银行	36	14.192 5	1.473 4	香港上海汇丰银行有限公司
民生银行	53	37.346 2	1.634 1	香港上海汇丰银行有限公司
招商银行	70	444.388 7	4.095 0	渣打银行（香港）有限公司

续表

证券简称	陆股通			
	陆股通机构数	持股市值(亿元)	占总市值比例(%)	Top1持有机构
江苏银行	31	18.248 5	2.599 8	香港上海汇丰银行有限公司
杭州银行	33	12.914 3	1.642 3	渣打银行(香港)有限公司
西安银行	17	0.500 1	0.211 9	香港上海汇丰银行有限公司
南京银行	40	13.232 3	1.622 5	香港上海汇丰银行有限公司
常熟银行	24	6.653 3	3.487 7	香港上海汇丰银行有限公司
兴业银行	58	100.328 4	2.684 5	香港上海汇丰银行有限公司
北京银行	46	19.205 0	1.892 4	香港上海汇丰银行有限公司
上海银行	39	24.374 8	2.158 2	香港上海汇丰银行有限公司
农业银行	71	44.088 2	0.392 4	香港上海汇丰银行有限公司
交通银行	57	29.127 1	0.852 6	香港上海汇丰银行有限公司
工商银行	75	53.696 9	0.302 5	香港上海汇丰银行有限公司
长沙银行	17	1.485 7	0.480 9	摩根大通银行
邮储银行	27	7.007 7	0.169 3	香港上海汇丰银行有限公司
光大银行	41	25.708 4	1.166 2	香港上海汇丰银行有限公司
成都银行	27	7.027 8	1.870 7	香港上海汇丰银行有限公司
紫金银行	21	0.555 5	0.373 7	CITIGROUPINC
浙商银行	25	1.747 3	0.201 8	UBSSECURITIES(HK)LTD
建设银行	66	32.288 3	0.201 8	香港上海汇丰银行有限公司
中国银行	74	24.610 3	0.259 6	香港上海汇丰银行有限公司
中信银行	35	6.136 5	0.243 5	香港上海汇丰银行有限公司

境外战略投资者的引入对我国银行业有着很多积极的作用:第一,可以增加资本金。长期以来,我国很多银行存在资本金不足的问题,大多数银行资本充足率低于8%的要求。除少数上市银行外,大多数国内银行只能通过增资扩股的方式增加资本金。另外,国内证券市场持续低迷,即使是上市银行,想通过增发来筹集资金也十分困难。因此,吸引外资入股是短期内弥补资本金不足的一种很好的方式。第二,可以引进先进的管理经验。引入境外战略投资者,可以吸取先进管理经验和技术,特别是在产品开发、定价、风险管理等事关核心竞争力的领域中获得战略投资者的帮助,提高银行的经营管理水平。第三,可以改善公司治理。外资参股我国的银行机构之后,通常会在董事会中拥有席位,为了战略投资者的利益,外资董事会努力对公司的战略决策施加影响,防止政府对金融机构的行政干预,杜绝关联交易,提高信贷质量,从而促进我国银行业公司治理的完善和健全。

但是,我国银行业在引进境外战略投资者的过程中也存在一些值得重视的问题:第一,境外战略投资者身份尚不明确。国内商业银行引入外资,初衷都是要引入合格的战略投资者,但很多的境外投资者仅仅达到了银监会对战略投资者的最低标准,从治理行为来看,对其业务经营没有实质性影响。另外,有的境外投资者在国有商业银行上市获利后即抛出持有股份,也与我国银行业引入外资的初衷相悖。第二,境外战略投资者的投资模式与国内商业银行的自身需求不尽相同。大多数国内的商业银行在股权优化、技术革新、风险化解方面都有迫切的需求,而有的银行引入的境外投资者刚刚涉足中国银行业,观望情绪比较浓厚,在与国内银行合作方面尚处于探索阶段,这些境外投资者并没有带来先进的管理体制和技术,因此,其投资模式与国内商业银行自身需求不尽相同。第三,因外部体制和政策的限制,境外投资者未能发挥应有的积极作用。由于政府职能的转变还有一个过程,政府干预银行经营的情况依然存在。另外,一些国内银行股份关系复杂,内外资股东权益平衡困难,商业银行的自主决策受到制约,这也制约着国际投资者发挥其管理和控制风险的应有作用,使得境外投资者带来的先进管理和控制风险的技术、方式方法在很大程度上并没有被充分吸收应用。第四,国际文化差异、国情差异及中外公司治理文化上的差异,影响着决策的一致性。第五,语言沟通等方面的障碍,使得外籍高管的能力难以发挥。

(三)国有银行的跨国经营和跨国并购

1.国有银行的跨国经营

自中国银行1979年在香港设立第一家分行开始,30多年来,我国商业银行跨国经营业务取得了可喜的发展。截至2016年底,16家中资银行业金融机构已在海外设立1 050家分支机构,覆盖亚洲、欧洲、美洲、非洲和大洋洲的49个国家和地区。

20多年来,我国银行业的国际化经营可分为三个发展阶段:第一阶段是改革开放初期,主要是引进外资、吸收外汇存款、发放外汇贷款、办理国际结算等业务;第二阶段是大幅度提高外币资产的比重,并通过开展国际金融合作,在国际金融市场上通过筹资、融资、参与国际银团贷款等活动和小规模设立境外机构等方式,使金融服务领域向境外延伸;第三阶段是跨国银行阶段,主要标志是建立了遍及全球的分支机构、营销网络和客户群体。由于历史的原因,目前我国除中国银行、中国工商银行、中国建设银行、中国农业银行和交通银行等大型银行已进入第三阶段,可以称为跨国银行外,其他几家均尚处于第一阶段至第二阶段之间,其国际化程度与发达国家的跨国银行相差甚远。

2.国有银行的跨国并购

跨国并购是我国银行业实施“走出去”战略的另外一种主要方式。跨国并购是指跨国银行通过收购债权、控股、直接出资、收购股票等多种手段取得被收购银行所有权,并使被收购银行丧失或变更法人资格的法律行为。在金融全球化迅猛发展的今天,跨国并购已经成为国际大银行进行全球扩张和增强核心竞争力的战略手段。银行通过跨国并购可以构筑多方面的优势,如进入和占领新的市场、扩大业务领域、增强竞争实力、提高盈利能力等。

从2006年至今,在中国经济最核心的金融领域,中资商业银行海外扩张案例不断涌现,兼并收购、设立分支机构此起彼伏,前有建设银行兼并美银亚洲,后有工商银行收购南非标准银行,更有交通银行布点欧洲,以及民生银行、招商银行突破美国。2000—

2018年中资银行跨国并购事件如表10-2所示。

表10-2 中资银行并购事件

时间	主要事件
2000年	中国工商银行收购原香港友联银行53.24%股权,易名为工银亚洲
2001年	中国银行收购印度尼西亚中央亚细亚银行51%股权
2002年	中信国际金融并购原香港华人银行,2009年在集团内调整为中信银行控股
2002年	中国建设银行收购香港建新银行剩余30%股权,从而实现全资持股
2004年	工银亚洲并购原香港华比富通银行
2006年	中国建设银行并购原美银亚洲,易名为建银亚洲
2006年	中国银行以9.65亿美元收购原新加坡飞机租赁公司
2007年	中国工商银行收购原印尼Halim银行90%股权
2007年	中国工商银行收购原澳门诚兴银行79.93%股权
2007年	中国工商银行收购南非标准银行20%股权,成为第一大股东
2007年	国家开发银行申购巴克莱银行新发普通股,持股比例占流通总股本的3.1%
2008年	民生银行认购原美国联合银行定向增发的新股,持股比例4.9%。此后又注入3 000万美元,使持股比例上升到9.9%
2008年	招商银行并购原香港永隆银行
2008年	中国银行(英国)有限公司收购瑞士和瑞达基金管理公司30%股份
2009年	中国工商银行收购原东亚银行加拿大机构70%股权
2009年	建银亚洲并购美国国际信贷(香港)有限公司
2010年	中国工商银行收购原富通证券下属证券清算部门,成立工银金融
2010年	中国工商银行收购原泰国ACL银行97.24%股权
2011年	中国工商银行收购原标准银行阿根廷机构80%股权
2012年	中国工商银行收购原东亚银行美国机构80%股权
2014年	中国建设银行收购巴西BIC银行72%股权
2015年	中国交通银行收购巴西BBM银行80%股权
2015年	中国建设银行收购英国金属交易公司Metdist75%股权
2015年	中国工商银行收购标准银行公众有限公司60%股权
2015年	中国工商银行收购土耳其Tekstil银行92.82%股权
2016年	中国建设银行收购印尼Windu银行60%股权
2017年	厦门国际银行收购香港集友银行64.31%股权
2018年	中信银行收购哈萨克斯坦阿尔金银行50.1%股份

中国银行收购新加坡飞机租赁公司,是一桩典型的以业务多元化为导向的控股权收购,是该行开拓非银行金融业务、扩大非利息收入的重要举措。中国银行对飞机租赁公司

的收购灵感可以说是来自战略合作伙伴苏格兰皇家银行(RBS),后者在飞机租赁行业有着丰富的经验,自20世纪80年代起就开始为中国几乎所有的航空公司提供租赁担保。

而中国建设银行收购美银亚洲、工商银行收购印尼哈林姆银行及澳门诚兴银行等控股型收购案例,目的是获得被收购方的经营牌照及机构网络。建设银行在收购美银亚洲之后,即着手开始中国香港地区机构的业务整合,整合之后建设银行在香港地区形成了以香港分行主营批发银行业务、以建设银行亚洲主营零售及中小企业业务的地区经营格局。通过此次整合,中国建设银行在港零售业务网络得到统一管理和进一步加强,建设银行亚洲在港分行数增加到18家,此外,在澳门地区还设有3家分行。

工商银行收购南非标准银行以及民生银行收购美国联合银行,均以不高的股份比例获取被收购方的第一大股东地位,一方面快速突破南非、美国市场的准入障碍,在业务发展及经营网络上发挥战略协同效应;另一方面也为未来增资扩股并进一步取得彻底的控制地位埋下伏笔。工商银行通过此项收购不仅获得了为中非贸易投资提供金融服务的机会,还将触角延展至非洲,进一步完善了其全球化的布局。除此之外,工商银行与南非标准银行还计划成立一个数额超过10亿美元的全球资源基金,专门用于对矿业、天然气等资源行业的投资。而民生银行入股美国联合银行控股公司,则让久久徘徊在美国市场之外不得而入的中资银行找到了进入这个市场的捷径。通过此项并购,民生银行有望共享美国联合银行在美国的66处分支机构。

国家开发银行(以下简称国开行)投资巴克莱银行、中银香港收购东亚银行,则属于以参股国际金融机构实现财务投资的模式。2007年8月,巴克莱银行为收购荷兰银行而引入国开行进行股权投资,双方签署股份认购及战略合作协议,国开行先期认购约3%的股权并派出董事,如果收购荷兰银行成功,国开行则能增持巴克莱银行股份至5%以上。虽然之后巴克莱银行兵败荷银收购战,但双方仍继续推进全面合作:巴克莱银行向国开行转让管理经验和技术,提供人员培训;国开行则支持巴克莱银行的全球发展战略,支持其打造成多样化、全方位的全球领先银行。此后不久,国开行还与巴克莱银行在大宗商品领域结盟,共同向中国企业提供能源、贱金属和排放领域的风险管理服务。在此之后,中国银行旗下子公司中银香港发布公告称,为合理分散集团的投资组合,将以39.5亿港元的代价,购入东亚银行约4.94%的股权。

阅读拓展

中国金融市场开放的历史进程和发展路径

一、中国金融市场开放的历史进程及特征

1978年迎来中国共产党的十一届三中全会,由此中国拉开了改革开放的大幕。从"摸着石头过河"的渐进式改革到"以经济建设为中心",中国经济社会发生了天翻地覆的变化。在金融领域,从无到有、从以银行为主体到整个金融体系的构建与完善,中国金融在几十年的时间里走完了发达国家金融百年走过的历程。

(一)缓慢的金融市场恢复阶段(1978—1984年)

1978年,第五届全国人民代表大会决定,中国人民银行总行从财政部分离出来,执

行独立功能,标志着现代中国金融体系建设的开始。1979 年 2 月,为了扶植农村经济,恢复了中国农业银行;1979 年 3 月,在中国人民银行从事外汇业务的中国银行从总行中独立;1983 年,中国建设银行重建;1984 年,中国工商银行从中国人民银行独立出来。这一系列事件为中国金融市场的构建奠定了基础。时至今日,我国商业银行体系依然是承接当时的架构。此外,地区金融机构也纷纷成立。1980 年,第一家城市信用社在河北省挂牌成立,随后,城市信用社在全国各个地区出现并迅速普及。伴随着城市非公经济的发展,中国城市信用社在鼎盛时期达到了几千家。在金融市场开放方面,1979 年日本输出入银行在北京设立代表处,成为中国金融市场对外开放的开始。1981 年外资金融机构开始在中国市场开展业务,在深圳、厦门等经济特区设立营业性机构试点,中国开始了全面的金融业再发展。在对外开放方针的推动作用下,中国经济需要更大的发展空间,金融市场亟待进一步深化。为了满足时代要求,中国银行业对外开放的领域不再局限于经济特区,逐渐延伸到中心城市和沿海城市。

(二)坚实的金融市场形成阶段(1984—1994 年)

经济改革的深入与经济建设的进一步发展,对金融市场建设提出了更高的要求。大规模的经济建设和发展,要求具备强大实力的商业银行和完善的中央银行体系。在经历了前期的积累之后,1984 年 1 月 1 日,中国人民银行被赋予国家中央银行的全部职能,而之前人民银行从事的商业银行业务全部划分给已经成立的商业银行和正在恢复的中国工商银行。这项改革的实施,不仅标志着以商业银行为主体的金融市场的基本建立,同时也意味着中国现代金融体系雏形的形成。这一时期,随着乡镇企业的发展,尤其是"苏南模式"的成功,中国农村信用社遍地开花,数量惊人,最多的时候达到 5 万多家。1986 年,中国出现了第一家以股份制形式创建的商业银行——交通银行。1987 年,第一家依托企业发起的中信实业银行成立;同年,以地方金融机构和企业共同出资的商业银行——深圳发展银行开始营业。这些银行的成立标志着我国多层次银行体系的形成。1990 年 8 月,中共中央、国务院批准上海浦东率先成为获准引入营业性外资金融机构的经济特区。此后,大量外资金融进军上海金融市场。与此同时,中国证券市场开始起步。1990 年 12 月,第一家证券交易所上海证券交易所正式成立,拓宽了国内企业的直接融资渠道,中国证券市场的发展开始了一个崭新的篇章。1991 年,中国证券交易所推出了人民币特种股票,以人民币标明面值,以外币认购和进行买卖,以此吸引外资投资,标志着中国证券业进入对外开放。1993 年 6 月,首家国企以 H 股形式在香港上市,为中国境内企业提供了直接融资的渠道,继而揭开了香港证券市场大规模为内地企业筹集资金的序幕。1992 年 10 月,党的十四大首次正式确定了建立社会主义市场经济的经济体制改革目标,中国进入了全新的对外开放阶段。

(三)快速的金融市场完善阶段(1994—2001 年)

1994 年,国务院集中出台了一系列金融改革措施,对中央银行体系、金融宏观调控体系、金融组织体系、金融市场体系和外汇管理体系进行了全面改革,进一步加快了内地金融业的开放。同年,正式建立了有管理的浮动汇率制度。国家开发银行、国家进出口银行和国家农业发展银行三大政策性银行成立,政策性银行体系基本框架建立。此外,国有专业银行明确了按照商业银行的规范进行改革的要求。此后,国家陆陆续续颁布了一系列规范中国金融机构行为和金融活动的基本法规,中国的金融发展开始进入法治轨道,金融监管进入了一个法制化、规范化的新的历史时期。1996年,外资金融机构在上海浦东试点进行人民币业务,同时不少外资保险公司进入中国境内。1998年之后,由于受到亚洲金融危机的影响,一些外资金融机构在中国的布局计划被打乱,业务发展的脚步明显放缓,甚至退出中国市场。然而,由于亚洲金融危机的实质是国际外汇投机,外汇储备丰富的国家遭受到的经济打击不大,因而中国更加重视外资流入和扩大出口,积极引进外资银行以增加外汇储备。这一阶段的金融改革开放,加强了银行证券法制化,促进了新兴金融业蓬勃发展,使金融体系各系统职能更加清晰完善,分工更加明确。

(四)金融市场的进一步开放(2001年后)

2001年12月,中国正式加入世界贸易组织(WTO),更大程度地参与国际金融竞争与合作,我国金融业的改革步伐明显加快。与此同时,中国金融市场的开放发生了巨大变化,金融市场迎来了新一轮金融改革的动力。为了维持国内金融体系的安全,中国推行逐步开放的模式。随着金融市场对外开放的不断扩大,外资金融机构在中国境内业务发展迅速,对中国的经济发展起着巨大的作用。2006年12月,中国金融市场全面对外开放。中国进入WTO以来,中国金融业的对外开放不断纵深发展,并且坚持"引进来"和"走出去"相结合的原则,避免对外开放的单向性发展。随着外资金融机构在中国金融市场中的地位和作用不断增强,国内金融机构积极响应国家开放政策,参与到国内国际金融市场,为经济发展发挥作用,未来中国金融市场的国际影响力和竞争力将越来越强。

二、中国金融市场开放的成效与基本经验

金融开放政策给中国经济发展带来了巨大的推动作用,但是也存在不少缺陷,甚至会影响到中国金融环境的安全性。首先,单一的开放并不利于金融市场化发展,关注且重视金融市场开放的对等性,真正实现金融市场的双向开放,可以极大程度地改善服务效率。境内外市场规则、制度方面的差异也会影响我国金融市场的对外开放程度。其次,我国先实行对外开放再进行对内开放,造成了一定程度的不对等开放。金融机构在对外开放方面的进展相对有限,滞后于企业走出去,甚至出现了一定程度的倒退。最后,我国金融业对外开放程度与我国的大国地位和国际影响力严重不匹配。为此,应积极激发市场创新活力,进一步改善金融机构治理结构和监管环境。

(一)重视综合国力发展,完善金融生态环境

良好的金融开放既需要适度的经济增长、良好的宏观经济条件的支持,也需要有一定程度的、安全的金融制度环境。在推进金融开放进程中,应充分关注我国综合国力水平发展,并通过持续推进的金融市场开放吸引大量的国外资金,不断提高并达到与我国的实力相匹配的金融业对外开放程度,以此建立合理的金融结构,提升我国金融机构的抗风险性和稳健力,实现有效规避金融风险、提升金融环境安全性的目的。20世纪90年代亚洲金融危机爆发时,我国果断引入外部战略投资者,积极吸引外资,使我国在危机中受到的损害大大降低,我国金融市场的竞争力和稳健性通过金融开放的手段得以提升。同时,为了协调发展国内外两个市场,加速国内经济的发展尤为重要,只有不断提高我国综合国力,我国的金融市场在面对金融危机时才能抵御冲击,减少损失。改革开放40多年来,我国一直较为重视金融生态环境建设,力求以金融生态环境的改善助力金融体制改革。在维护金融稳定方面,我国金融风险监测、评估和预警不断加强。此外,在基础设施建设方面,金融市场建设成就显著,金融服务水平有所提高。

(二)推进金融开放创新,释放市场经济活力

为了充分激发释放市场经济的活力,金融开放与金融创新发展紧密结合,推进了金融市场的产品创新,极大优化了我国的金融市场结构,从而增强了中国金融市场的能级。目前,我国在各个方面的金融创新开放获得了显著成效,例如国家准许合格的境外投资者参与银行间债券市场,并且规定境外机构与境内机构的入市标准统一化、无差别,额度不受限;此外,进一步提高了离岸市场的规模,大大拓展了离岸市场的地域面积,同时有序推进了可兑换的人民币资本项目。2018 年上半年,我国在金融对外开放制度创新工作过程中,致力于打造跨境金融品牌,助力推动金融业服务实体经济发展,实现了有效防控金融风险的成效。随着金融领域的进一步扩大开放,我国还存在很大的境外扩展空间。例如,在金融市场基础设施建设方面,上海清算所、跨境银行间支付清算系统刚刚成立,境外参与者不足,需要进一步推进金融市场开放引入境外投资。我国将积极引导金融创新开放,实现真正的金融创新,而不再局限于模式创新,从而为迎接即将到来的金融全面开放做好准备。

(三)健全金融市场体系,加强金融监管管理

一个成熟健全的金融市场体系,既需要涵盖各种类型的金融性质的市场,还需要开放国内国外金融市场,促进资本自由流动,充分配置有限资源以实现最优化。为了使国内金融市场符合金融开放的要求,我国建立了证券市场、外汇市场等市场经济需要的金融市场,建立健全了国际金融市场,同时促使了金融企业产权和公司治理结构改革向纵深推进,推动了金融体系制度建设,增强了我国在国际事务中的话语权。同时随着经济、金融一体化迅速发展,落后的金融市场基础设施和配套监管不能适应大宗交易清算的要求,使得金融市场上的信息不对称现象比比皆是,最终将会导致危机的产生,因此需要加强现代化的金融基础设施建设。另一方面,在开放的条件下,国家金融市场的脆弱性增大,因此,充分有效的金融监管受到越来越多的关注,完善的监管制度是实行金融开放的保证。有效监管避免了金融机构盲目追求高收益而进行高风险业务,促进了市场行为的规范化,保证了整个金融体系的安全运行,大大降低了金融危机的可能性。金融市场应加强监管金融机构的市场准入,重视金融机构的安全性、合法性等方面的监督管理,同时建立一个防范金融风险扩散的安全网,以保障金融市场的平衡运行。

(资料来源:何英,刘义圣.中国金融市场开放的历史进程和发展路径[J].亚太经济.2018(06):112-119.)

第二节　资本市场的开放

一、我国资本市场开放的步骤与方式

(一)B 股市场的开放

1.B 股市场开放之初

2001 年是 B 股市场发生历史性转折的一年,在国家放开对 B 股市场的投资限制

后,B 股的投资者队伍急剧增大,手持外币的国内投资者纷纷拥入 B 股市场,导致短期内的股票供求失衡,这是造成 2001 年 B 股市场出现井喷式上扬的主要内在原因。沪市 B 股从启动的七八十点最高曾上升至 241 点,涨幅近 200%。

自 2001 年 2 月 28 日 B 股复盘以来,截至当年 5 月 16 日,深证 B 股最大上涨幅度为 210%,上证 B 股最大上涨幅度为 156%,它们的简单算术平均数高达 183%,创造了持续涨升的奇观。

从 2001 年 5 月底开始,B 股市场先后出现 3 次幅度较大的调整。5 月 22 日轻骑 B 股收盘为 0.833 美元,成为第一只 B 股价格超越 A 股(收盘 6.79 元)的股票;东信 B 股盘中最高也曾达到 2.015 美元,虽说收盘未能超过 2 美元,但也触到了“天价”;5 月 24 日海航 B 股以 1.112 美元(折合人民币 9.19 元)收盘,较其 A 股海南航空的 8.95 元高出了 0.24 元。实际上,B 股市场经过 2 月 19 日以来的大幅上涨,已有多只股票的 A,B 股价格非常接近了。而后经过 3 个多月的运行,经过暴涨后的 B 股在当年的 6 月 1 日出现了调整,沪市综指在 6 月 14 日创出新高后也步入调整期。

当时有调查表明,2001 年超过半数的 A 股股民有投资 B 股的意向。而其之所以看好 B 股,在于 A 股、B 股之间存在着巨大的价格差。B 股市场在经过一轮暴涨之后,整体市盈率已达 40 余倍的水平,投资价值已大大被稀释,当然随着市场的活跃,成交急剧放大,其投机机会也大大增加了。

2.B 股市场开放的意义

B 股市场实行对内开放,这对我国金融和经济具有重大而深远的影响。

辩证地说,B 股市场对内开放是中国金融市场的进一步对外开放。由于 B 股市场是一个全球投资者都可参与的国际化市场,对内开放后,境内自然人的外汇由原本在中资银行间的市场流动,变成了在中资银行与 B 股市场之间的流动,因此,B 股市场的对内开放其实质是中国金融市场的进一步对外开放。

B 股市场对内开放将有利于激活外国投资者的投资热情。目前,B 股市场对内开放,使境内投资者合法参与 B 股市场,为未来 A,B 股市场并轨在心理上、制度上和管理上创造条件,积累经验。A,B 股并轨之际必然是中国证券市场大规模开放之时。

B 股市场因对内开放而活跃,将唤醒外国投资者重新关注并参与该市场。由于种种原因,B 股市场长期低迷,对内开放后,A,B 股的差价,供求关系的失衡,A,B 股的市盈率差异等将导致 B 股走向全面和长期的活跃。在西方经济增长放缓、股市偏淡的同时,中国经济在加入 WTO 的背景下保持高速稳定的增长。中国 B 股市场蕴含着很大的机遇,外国投资者没有理由不参与不断发展和活跃的 B 股市场。

面向全世界投资者的 B 股市场的对内开放,表明了中国管理层的决心和信心。B 股市场对内开放之后,居民(目前主要为自然人)的外汇可以购买 B 股,尽管其资金不能直接汇往国外,但因为外国投资者的外汇可自由进出 B 股市场,因此不能排除其在一定时候获利丰厚而退出市场的可能性,因此,居民的外汇资金可能间接流出。在这种情况下,管理者敢于对境内投资者开放 B 股市场,就已充分考虑到上述可能性,这反映了管理层开放证券市场的决心和信心。对国际社会来说,这是中国政府发出的十分积极的重要信号,它不仅吸引外国投资者参与 B 股市场,而且会使外资进一步看好中国经济和资本市场,扩大与中国的贸易和投资往来。

（二）我国企业境外融资

境外融资是指国内企业通过境外上市、借款，直接吸收外商投资或外商兼并的融资活动。随着我国对外开放步伐不断加快及经济保持持续高速增长，国内企业“走出去”（境外融资）的欲望日益强烈，而国外企业“冲进来”（投资获利）的冲动也与日俱增。如果把国内企业作为资金的需求方，国外企业作为资金的供给方，供求双方的旺盛需求，将使得境外融资在未来相当长时期内成为我国经济发展中的一道“亮丽”风景。

1.融资模式

西方发达国家的企业融资模式有两种：一种是以英美国家为代表的以直接融资为主的模式；另一种是以日德为代表的以间接融资为主的模式。随着经济全球化的发展，资产证券化已成为全球的趋势，传统的通过商业银行贷款的融资方式逐步让位于通过各种证券融资的方式，在国际融资总额中约有 80%是通过各种有价证券实现的。根据世界银行提供的数据，一般而言，随着人均收入水平的提高，一国以证券方式进行的国际融资占其净资本流入的比重呈逐步上升的趋势。我国国有大型企业通过证券方式进行海外融资的主要模式有以下几种：

（1）首次公开发行上市（Initial Public Offering，IPO）。这种模式是指国内企业直接以自己的名义在海外发行股票并在海外交易所挂牌上市。它为国外投资者了解国内企业形象提供了平台，即能够以挂牌交易为契机，通过大量的新闻媒体把国内企业报道出去。但首次公开发行上市涉及两个国家的政治、经济、文化等因素，因此存在一些困难。

（2）买壳上市。这种模式是指一些企业以买进或交换股票的手段收购另一家已在海外证券市场挂牌上市公司的部分或全部股权，然后通过注入母公司资产的方式，实现母公司到海外上市的目的。买壳上市可以避开繁杂的上市审批程序，手续简便，在节省时间的同时达到实际上市的目的。

（3）造壳上市。这种模式是指利用海外未上市公司的名义在海外上市。海外未上市公司国内企业在产权方面和人事方面有着确定的紧密联系，并且海外未上市公司注册地一般在拟上市地有着类似的政治、经济、文化、法律等背景，以便取得上市地位。海外未上市公司取得上市地位后，国内企业可以通过壳公司进行融资。

（4）可转换债券上市。可转换债券（Convertible Bond）是公司发行的一种债券，它规定债券持有人在债券条款规定的未来某一时间内可以将这些债券转换成发行公司一定数量的普通股股票。可转换债券是一种信用债券，不需要用特定的抵押去支持它的发行。发行公司用其信誉担保支付其债务，并以契约的形式作为负债凭证。可转换债券海外融资具有许多有利条件：一是便于国内企业低成本地在海外债券市场筹措资金，既降低融资成本，又增加财务控制机会；二是具有股票的某些性质，为外国投资者投资我国证券市场提供了回避风险的方法，受到国外投资者的欢迎。

（5）存托凭证模式。存托凭证（Depository Receipt）是一种以证书形式发行的可转让证券，一般是由美国银行发行的，代表一个或多个存放于原发行国托管银行的非美国发行人股权份额的可转让证书。按其发行范围可分为：美国存托凭证（American Depository Receipts，ADR），向美国投资者发行；全球存托凭证（Global Depository Receipts，GDR），向全球投资者发行。ADR 类型又可分为非参与型 ADR 和参与型 ADR。参与型 ADR 又可分为第一级 ADR（OTC 交易）、第二级 ADR（挂牌上市）、第三级 ADR（公开发行)、RADR(144A 规则下私募)及 GDR(全球交易)。从美国投资者的立场看,投资者在取得外国公司发行股票时,要想股票在国内证券市场上流通,有种种不便。ADR 为美国投资者投资非美国公司股票提供了便利。

2.大型国有企业海外融资的意义

随着我国经济日益与世界融合,全面参与国际竞争与合作已成为我国企业的必然选择。国有大型企业作为我国国民经济的中流砥柱,为了增强自己的国际竞争力,抓紧时间壮大发展自己显得至关重要。因此,走出国门在国际资本市场进行融资,获得发展所需的资金,对大型国有企业来说具有重要的现实意义。这具体表现在以下几个方面:

(1)实现以低成本在海外资本市场融资。根据西方金融理论,当资本市场有效运转时,对于从事投资的公司股东来说,项目的价值并不取决于用来为该项目融资的实际方法和策略,不同的融资方式不会带来融资成本的差异,不同来源的资金经调整后成本会保持一致。而由于国际资本市场并不是一个完善的资本市场,各国政府广泛、深入的经济干预促使统一的国际资本市场细分为众多的差异化市场,不同来源的资本成本并不只因风险不同而不同,某些来源的资本可以得到政府的补贴,而另一些则要缴纳税收,而且利用不同融资方式或筹资所筹措的资金所承担的税负也往往不相同。这就为国有大型企业实现全球融资成本最低化提供了契机。从目前到海外融资的国有大型企业的实际状况来看,这些企业通过低成本海外直接融资,提升了比较竞争优势,大大加强了企业可持续发展的能力,经济效益也得到很大改观。

(2)可以进一步完善公司法人治理结构和现代企业制度选择。海外融资对推动国有大型企业实现公司制改造,转换经营机制,提高经营管理水平等都将起到积极作用。我国企业在海外证券市场进行融资时,首先要求按照上市地法律法规组建股份有限公司。企业海外上市,吸引外资股东后,外资股东将会依照公司章程来保护他们的出资人权利,要求上市公司切实履行公司章程承诺的义务,及时、准确地进行信息披露,从而有效地防止"内部人控制"现象的发生,有利于提高公司经营管理效率。另外,企业通过海外上市,学习到国外公司的先进管理经验,对全面提高我国大型国有企业的素质,增强其在经济全球化环境中的国际竞争力将大有裨益。

(3)提高了国有大型企业的海外声誉,为企业的全面发展创造了有利的条件。经济全球化的市场经济带给我们更多的是竞争,我国国有企业面临的是在国内市场上的国际竞争。在这种情况下,我们必须找到一种适合市场经济的企业机制,使国有大型企业不是政府机关的附属物,而成为具有独立生存能力的法人,适应市场,培养竞争意识,增强竞争能力。国有大型企业的海外融资能够改善企业的资本结构、经营能力和经营环境,有利于国有大型企业跨国经营战略的实施,为企业竞争能力的提高创造条件。同时,海外融资既为国际资本市场了解国有大型企业提供了信息平台,也为国有大型企业走向国际资本市场创造了良好开端,有利于国有大型企业融入国际资本市场,提升国有大型企业在国际资本市场的形象。

(三)QFII 与 QDII

QFII(Qualified Foreign Institutional Investors),即"合格境外机构投资者"。QFII 制度是指允许经核准的合格境外机构投资者,在一定规定和限制下汇入一定额度的外汇资金,并转换为当地货币,通过严格监管的专门账户投资当地证券市场,其资本利得、股息等经审核后可转为外汇汇出的一种市场开放模式。因此,这是一种有限度地引进外资、开放资本市场的过渡性制度。但是自 2018 年 4 月份开始,中国人民银行宣布推出十一条扩大金融业对外开放的具体措施和实施时间表;2019 年 7 月 20 日,国务院金融稳定发展委员会办公室发布 11 条金融业对外开放措施。2019 年 9 月 10 日,国家外汇管理局取消合格境外投资者(QFII/RQFII)投资额度限制,进一步扩大金融市场对外开放。QDII(Qualified Domestic Institutional Investors),即"合格境内机构投资者"。QDII 制度是指在资本账户项目未完全开放 的情况下,允许国内投资者往海外资本市场进行投资,是在外汇管制下开放内地资 本市场的权宜之计。QDII 机制是在当前外汇管制格局不发生重大变化的情况下, 在外汇管制中所建立的特殊通道,可使国内居民投资海外市场的需求合法化,有效分流国内居民外汇储蓄,促进本国资本市场国际化。为了贯彻落实"十九大精神"和习近平总书记在博鳌亚洲论坛 2018 年年会上提出的扩大开放的要求。国家外汇管理局对于 QDII 额度的投放节奏和规模在不断扩大,进一步促进金融市场的双向开放,让金融更好地服务实体经济健康发展。

(四)科创板与注册制

科创板是 A 股市场的一次创新之举,也是 A 股第一次允许未盈利企业、特殊股权架构企业上市;科创板推出之前,A 股创业板上市存在很多门槛,如公司连续三年盈利而且三年盈利收入不得少于 500 万人民币。科创板对上市公司 IPO 的门槛更低,甚至亏损企业也能上市。这使原本不能在创业板上市的创新型企业,能够进入资本市场融资,并且让投资者能分享创新型企业发展的福利。科创板对于首次上市股票,前五个交易日不设涨跌幅限制,让新股交易更充分、新股定价更均衡;在退市制度方面,科创板不再设立退市整理期、暂停上市等程序,符合退市条件的上市公司可直接退市;科创板试点注册制改革,首次将 IPO 审核权交予证券交易所,充分发挥市场决定作用。科创板以机构投资者为主,散户可以通过科创板基金间接参与;科创板设置的投资门槛为 50 万,有效保护了中小投资者。科创板由国家主席习近平于 2018 年 11 月 5 日在首届中国国际进口博览会开幕式上宣布设立,是独立于现有主板市场的新设板块,并在该板块内进行注册制试点。2019 年 7 月 22 日,首批 25 只科创板新股正式上市交易。

证券发行注册制是指证券发行申请人依法将与证券发行有关的一切信息和资料公开, 制成法律文件,送交主管机构审查, 主管机构只负责审查发行申请人提供的信息和资料是否履行了信息披露义务的一种制度。其最重要的特征是:在注册制下证券发行审核机构只对注册文件进行形式审查, 不进行实质判断。

注册制上市要求更低,方便新兴企业上市。配套有退市机制,提高上市公司竞争程度,有助于优胜劣汰。2020 年 6 月 12 日,证监会发布了《创业板首次公开发行股票注册管理办法(试行)》、《创业板上市公司证券发行注册管理办法(试行)》、《创业板上市公司持续监管办法(试行)》和《证券发行上市保荐业务管理办法》,自公布之日起施行。与此同时,证监会、深交所、中国结算、证券业协会等发布了相关配套规则。2020 年 8 月 24 日,深圳证券交易所将组织创业板注册制首批企业上市。2020 年 10 月 31 日刘鹤主持国务院金融稳定发展委员会会议:全面实行股票发行注册制,建立常态化退市机制。"十四五"规划建议中指出,全面实行股票发行注册制,建立常态化退市机制,提高直接融资比重。

阅读拓展

可供我国境内投资者选择的国际资产组合——QDII

2007 年 6 月 18 日,中国证监会颁布的《合格境内机构投资者境外证券投资管理试行办法》规定,符合条件的境内基金管理公司和证券公司,经中国证监会批准,可在境内募集资金进行境外证券投资管理。这种经中国证监会批准可以在境内募集资金进行境外证券投资的机构称为合格境内机构投资者(Qualifed Domestic Institutional Investor,QDII)。QDII 是在我国人民币没有实现可自由兑换、资本项目尚未开放的情况下,有限度地允许境内投资者投资境外证券市场的一项过渡性的制度安排。目前,除了基金管理公司和证券公司外,商业银行等其他金融机构也可以发行代客境外理财产品,但我们这里主要涉及的是由基金管理公司发行的 QDII 产品,即 QDII 基金。QDII 基金可以人民币、美元或其他主要外汇货币为计价货币募集。

不同于只能投资于国内市场的公募基金,QDII 基金可以进行国际市场投资。通过 QDII 基金进行国际市场投资,不但为投资者提供了新的投资机会,而且由于国际证券市场常常与国内证券市场具有较低的相关性,也为投资者降低组合投资风险提供了新的途径。

QDII 可以为我国有序开放资本市场积累经验,将为培育内地机构投资者起到积极作用。特别是对香港资本市场,虽然从资金状况看,对市值已近 34 000 亿港元的香港市场而言,可能只是杯水车薪,据有关专家预测如果允许施行 QDII,先期进入香港市场的资金不会超过 50 亿美元。

但是,参与此类业务也有风险。主要表现为:

(1)国际市场投资会面临国内基金所没有的汇率风险。

(2)国际市场将会面临国别风险、新兴市场风险等特别投资风险。

(3)尽管进行国际市场投资有可能降低组合投资风险,但并不能排除市场风险。

(4)QDII 基金的流动性风险也需注意。由于 QDII 基金涉及跨境交易,基金申购、赎回的时间要长于国内其他基金。

2007 年 2 月 9 日,中国银行在其网站上贴出公告,称其首款 QDII 产品"中银美元增强型现金管理(R)",自 2007 年 1 月 12 日起,产品份额数已连续 20 个工作日低于 2 亿,达到了产品说明书中规定的产品终止条件,管理人宣布终止产品,从 2007 年 2 月 12 日起,不再接受申购申请,同时从 2007 年 2 月 14 日起不再接受赎回申请。没有赎回的投资者,将参与最后的清算。人民币升值加速,导致产品收益率太低,是中银美元增强型现金管理(R)被迫终止的根本原因。

与此同时,另一款类似基金随时可以申购赎回的 QDII 产品——招商银行的全球精选货币市场基金,自 2006 年 11 月 1 日投资运作以来,以美元为本金计算的平均年化收益率为 4.82%。即在截至 2 月 11 日的 103 天时间里,换算成美元后计算收益的话,投资者获得的收益大概在 1.36%左右,然而在此期间,美元兑人民币的汇率却由 7.878 5 下降为 2 月 11 日的 7.757 5,其间贬值幅度为 1.54%,将收益抵扣人民币升值带来的亏损后，投资者实际亏损幅度为0.18%。人民币随后一次又一次地突破了人们的心里底线，屡创新低。按照QDII的相关规定，以人民币投资QDII产品的投资者，其人民币必须兑换成美元来参与。也就是说即使QDII投资者还能享受境外的投资收益，但人民币的升值将把他们推向一个越来越尴尬的境地。由于到期之后，美元的投资本金和收益最终是要结汇成人民币的，所以最后获得的实际收益率将是扣除人民币升值的收益。

2010年3月22日，第二批QDII首发的国泰纳斯达克100指数基金正式发行，从主要投资于香港上市的国内企业到完全布局于全球知名高科技上市公司，从“主动投资”到指数化“被动投资”，试图重塑QDII的形象。截至2017年3月，我国QDII基金数目共计197只，管理的资产净值超过1 000亿元人民币。截至2017年3月，获批额度为899.93亿美元。

2013年1月14日举行的2013亚洲金融论坛上，时任证监会主席郭树清透露内地将在适合时间推广QDII2，同时B股转H股已形成机制，证监会成立了联合小组来负责此事。QDII2，即合格境内个人投资者的资格认定制度。QDII2参考QDII的规则施行，B转H方案没有QDII的框架，QDII2方案具体包括额度、交易方法，货币结算方法，投资者和投资对象等。QDII2在技术和系统上其实比较简单，主要是政策的落实和跟进。

十八届三中全会明确提出“加快实现人民币资本项目可兑换”。因此，推动资本市场双向开放，有序提高跨境资本和金融交易可兑换程度，建立健全宏观审慎管理框架下的外债和资本流动管理体系，加快实现人民币资本项目可兑换，将是下一阶段我国金融改革的重点。QDII作为人民币资本项目有序开放和推进人民币国际化的重要手段，其未来必然具有更大的发展空间。

2018年4月11日，为了贯彻落实党的十九大精神，落实习近平总书记在博鳌亚洲论坛2018年年会上提出的扩大开放的要求，国家外汇管理局遵循宏观审慎管理思路，针对不同类型机构的业务特征，综合考虑QDII机构管理资产规模、内控合规等因素，秉持公平公正、公开透明的原则，稳步推进QDII各项工作，更好地满足境内市场主体跨境资产配置需求。

二、资本市场开放的作用与影响

（一）与汇率制度改革的关系

1.开放经济下的三元悖论

三元悖论，又称“蒙代尔三角”或“克鲁格曼三角”，它是指对于一个国家而言，开放资本账户、保持固定汇率制、运用独立的货币政策这三个政策目标之间，只能同时选择其中的两个。如果选择资本管制和维持固定汇率，则货币政策是有效的；如果选择开放资本账户和维持固定汇率，则货币政策必然无效。这是因为在开放经济条件下，本国的市场利率水平不仅由国内可贷资金的供需决定，更受到国际资本追逐利差的套利（Arbitrage）行为的严重影响。当一国经济衰退，通过放松银根降低国内利率从而刺激投资时，会出现大量国内资本外流，从而减少国内资本供给，使国内利率趋近于国际市场利率，则国内宏观扩张的政策就无法实现。在浮动汇率制下，资本流出造成的汇率贬值会很快阻挡资本进一步流出和利率上升，从而维护银根放松政策的有效性。而在固定汇率制下,这一机制无从发挥。另外,当一国的固定汇率受到外部因素冲击而产生贬值(升值)压力时,央行为维持汇率必须在外汇市场上买入(抛出)本币,以稳定外汇市场,维持固定平价。这样国内的本币投放就不取决于宏观经济的需要,而是被动地取决于维持固定汇率的需要,控制货币基数的政策工具就显得低效甚至无效。三元悖论引起的问题也体现在政策目标与政策工具的矛盾上。根据丁伯根法则(Tinbergen's Rule),有 N 个政策目标就需要至少 N 个政策工具。发展中国家在实行资本项目开放的初期,公众行为、经济运行都会有大的变化,该国必然会经历一些内外冲击。这就要求政府有尽可能多的、有力的政策工具来减弱这些波动。当一国处于"克鲁格曼三难"的境地中时,其放弃的汇率政策和货币政策将直接削弱其达到国内均衡和国际均衡的能力,由此带来的损失是否能为维持固定汇率带来的好处所抵冲,是不得不考虑的问题。

2.中国资本市场开放对汇率制度改革的影响

对于中国经济而言,在人民币资本账户开放后将面对在"三元悖论"中如何取舍的问题。1994 年中国人民银行进行了外汇管理体制的改革,改革的目标是汇率统一、以结汇制取代留成制、以全国联网的统一的银行间外汇市场取代官价市场和分散隔离的调剂市场、以单一货币流通(人民币)取代多种货币流通和计价,以及以管理浮动汇率制取代官价固定、调剂价浮动的双重汇率制。为了促进经济的发展,国内一直呼吁我国加强汇率制度改革,提高汇率弹性。

然而,1994 年汇率并轨时,央行所设计和启动并且沿用至今的外汇市场,实际上是一个供求并不对称的市场,是一个充分外汇供给和部分外汇需求的市场。造成这一现象的关键是资本管制和强制外汇结售制度。在非对称的资本管制下,一方面,大量的外资流入境内,需要转换成人民币进行投资;另一方面,由于对资本流出的严格管制,使人民币兑换成外汇的市场需求远远小于前者。同时,外贸单位的贸易外汇所得在强制外汇结售制度下也必须卖给央行以兑换成人民币。如前所述,央行成为外汇的最大需求者和唯一做市商,必须同时承担轧平市场和干预汇市的双重责任。处在这样一个"过剩"的一边倒的市场中,央行被迫进行托市①。

因此,在资本市场没有开放的情况下讨论如何使汇率制度更富有弹性是没有意义的,央行不可能停止托市行为,否则将极大地影响外资引入乃至经济开放,而这样的代价是无论如何也承受不起的。而只有在资本账户开放、取消外汇兑换限制后,央行才能减少干预而不破坏市场的供求平衡,从而有力地促进我国汇率制度的改革,使外汇市场不至于陷入"有价无市"的尴尬境地。

(二)对金融稳定的影响

一方面,资本市场开放能改善金融市场效率。从股票市场来看,尽管发展中国家的资本市场在国民经济中的重要性不断增加,但是由于其本身效率的低下,因此对于投资的拉动一直停留在不显著的水平,这也是反对开放资本市场、认为开放只会助长投机而不利于经济稳定的理由之一。但是实证研究表明:开放后资本市场的代表性(上市公

① 托市,就是某国政府在股市连续下跌,或跌破某一指数点位时利用政策支持或投入一笔资金大量买进,使股市回暖。

司数)、规模性(市值/GDP)和流动性(年成交量/GDP)等指标都有所改善。从外汇市场来看,国际证券资本流入初期外汇市场的供给增加,不仅扩大了外汇市场的规模,而且由于证券资本流入一般都通过基金等方式进行,又受到国家关于资本停留的限制,因此在资本市场发展平稳的时候,一般不会出现大幅出逃的现象。当然,由于一部分国家实行了有管理的浮动汇率制,以及对于流入资本进行部分冲销,从而在制度上保证了外汇汇率的平稳。实证研究表明,外汇波动的幅度明显缩小,汇率的稳定性增强,表明外汇市场的效率提高了。

另一方面,资本市场开放能促进金融体系结构调整和风险降低。发展中国家的金融体系一般仍处在以直接融资为主的阶段,银行体系占据了金融资产的大部分。在金融压抑的环境下,私人企业或是缺乏直接的融资渠道,只能依赖内源融资,或是有融资途径但缺乏外在风险约束,从而加大了投资项目的风险和坏账的可能性,而原有资本市场上的投资者也缺乏足够的识别能力。国际证券投资和融资的引入则能够解决上述直接融资渠道和外在风险约束的问题。虽然发展中国家企业的直接融资常常需要面临高国家风险的局面,相对于国内的名义利率高出很多,但国际评级机制同时也成了国内金融体系甄别潜在投资对象的指示器,提高了间接投资的效率和成功率。

阅读拓展

上海国际金融中心与我国金融创新①

2013 年 7 月 3 日,国务院常务会议原则通过《中国(上海)自由贸易试验区总体方案》,上海自贸区的改革进入实施阶段,这也标志着上海国际贸易中心建设迈上了新的台阶。国务院总理李克强指出,设立上海自贸区将是本届政府拓展经济增长新空间,打造中国经济“升级版”的重要举措。

投资、贸易和金融的创新是上海自贸区的建设核心内容。在投资领域,扩大投资领域开放,扩大服务业开放,根据中国服务业发展需要以及实验区功能定位,探索建立负面清单管理模式、构筑对外投资服务促进体系。所谓投资管理的“新”体制,将具体体现在放宽对外资服务性企业的市场准入上。一些外资银行虽然在上海已有业务,但业务范围等还受到很多限制,而自贸区内将放开市场准入,最终实现国民待遇。自贸区会更多地引进海外的服务类企业,比如投资机构、投行、资产评估公司等,为全球投资提供服务的企业应放在优先引进的行列,出台政策鼓励,鼓励这类服务企业在自贸区开设分支机构。

在贸易领域,上海自由贸易区将实施“一线逐步彻底放开、二线安全高效管住、区内货物自由流动”的创新监管服务新模式,这是与目前上海综合保税区的主要区别。着力加快贸易领域发展方式转变,推动贸易转型升级,鼓励跨国公司建立亚洲地区总部,深化国际贸易结算中心试点,支持区内企业开展离岸业务,提升国际航运服

① 资料来源:华顿:“‘放开一线,管住二线’——上海自贸区解析”,《上海经济》,2013(8)。
施东辉,何勇:“设立国际金融交易平台　打造临港新片区开放新高地”,《第一财经日报》,2020-10-12(A11)。

务能级。

相对于建设一个“自由贸易港”，上海有着建设国际金融中心的条件与目标。2020年是上海国际金融中心基本建成之年。2020年上海金融从业人员已达47万，相比十年前翻了一番。上海目前也是已全球金融要素集聚度最高的城市之一，包括股票、债券、期货、货币、票据、外汇、黄金、保险、信托等各类全国性金融要素市场在这里齐聚，直接融资额超过12万亿元。上海的金融基础设施也十分完善。人民币跨境支付系统（CIPS）、科创板、上海保交所、上海票交所、原油期货交易平台、上海清算所等一大批金融基础设施相继设立，为金融产品安全、高效的交易提供了有力的支持。

上海自贸区新片区建设金融交易平台正逢其时。这既是逆全球化背景下中国积极主动开放的战略支点，也是资本市场领域开放不断推进的大形势下的应时之举。上海朝着建设国际金融中心的目标不断奋进，目前综合排名已居世界前列，但也有一些长期存在、急需突破的瓶颈性问题。比如，目前仍没有1家外国上市公司来沪上市，国际资源配置能力和影响力尚显不强。根据世界交易所联合会（WFE）的统计，2019年底，全球主要交易所上市的外国公司数为2 982家，外国公司数量占比为5.7%。要建成与我国经济实力以及人民币国际地位相适应的国际金融中心，急需突破“无海外公司来沪上市”等关键瓶颈难题。

随着上海国际金融中心的建成与完善，我国金融市场放开的步子会迈得更大，金融的内涵会更多。利率市场化、汇率自由兑换、金融业对外开放和离岸金融中心等被认为是上海自由贸易区先行先试的重中之重。从中远期目标看，自贸区将对海外资金投资国内资本市场的额度限制、参与者准入逐步放开，海外资金可以更大程度地投资到中国的资本市场，包括债市，乃至股市、期货市场。同时，对这些资本的撤出也将取消限制。具体做法是，建立比较完备的信息系统，监控金融机构的行为，但不实施管理，一般也不进行干预。在没有大的国际资本进出时完全由市场来决定其行为，但当出现大的金融动荡如金融危机时，人民银行可进行一定程度的干预。

本章小结

1.改革开放前的人民币汇率安排大致可以划分为两个阶段，国民经济恢复时期的管理浮动和钉住美元再到钉住一篮子货币。改革开放后，人民币汇率制度为更好地适应经济的发展，经历了计划内部双轨制、钉住美元的汇率制度和单一的有管理的浮动汇率制三个阶段。

2.从客观条件上看，中国香港地区具有成为离岸中心的自身优势：金融机构具有国际性，西方最知名的跨国银行和投资、保险、证券等大公司，绝大多数在香港地区设有分支机构；政治经济稳定，特别是港币汇价稳定；地理位置优越，香港地区所处的时区在时差上具有联系全球金融交易的便利条件；基础设施发达，能源供应非常充足，通信业发达；经济自由度高，在外资审批方面没有明确的标准要求和严格的审批程序，手续十分简便。

3.QFII（Qualified Foreign Institutional Investors），即“合格境外机构投资者”。QFII

制度是指允许经核准的合格境外机构投资者，在一定规定和限制下汇入一定额度的外汇资金，并转换为当地货币，通过严格监管的专门账户投资当地证券市场，其资本利得、股息等经审核后可转为外汇汇出的一种市场开放模式。

为了进一步扩大金融市场开放程度，2019 年 9 月 10 日，国家外汇管理局取消合格境外投资者（QFII/RQFII）投资额度限制。

复习思考题

1.我国金融市场的开放经历了哪几个阶段？

2.什么是人民币离岸业务？除了中国香港地区，你认为还有哪些城市或地区可以作为人民币离岸中心？

3.简述 QFII 和 QDII 的含义、区别和作用。

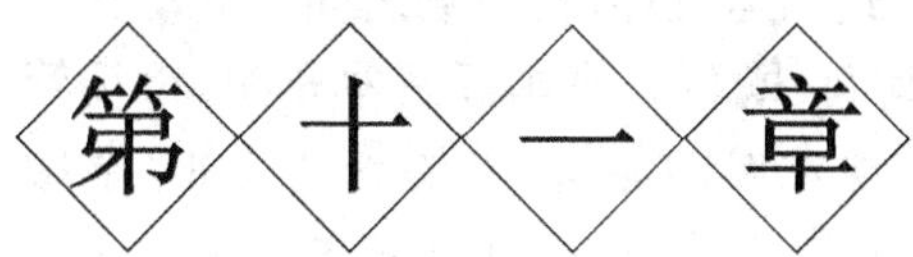

第十一章

中国金融市场与国际金融市场的联系与互动

本章要点

随着全球化程度的不断加深以及我国金融市场的日渐成熟,我国金融市场同国际金融市场的联系不断加强。本章主要探讨国内外金融市场的联系与互动这一问题。第一节关注国际金融市场背景下我国的货币及汇率政策,先后对我国参与国际金融市场的收益和风险、资本账户的开放、开放条件下我国货币政策的选择、我国汇率政策走向等问题展开探讨。第二节关注中国股票市场与国际股票市场的联动,首先介绍国内外股票市场相互影响的机制原理,在此基础上,介绍中国股市与全球股市联动性检验的一些成果和结论。

中国金融市场融入国际金融市场体系中的重要表现之一，就是与国际市场的联动性不断增强。以股票市场为例，20 世纪 80 年代以来，资本市场全球化的趋势越来越明显，从而大大改变了各国证券市场的运行方式和运行环境，市场之间的波动日益变得“同步化”。显而易见，中国股票市场融入其间，既可共享国际资本资源、市场管理资源、信息传播资源，寻求资本市场获得超常规发展的能量，又要受到诸如“金融风暴”“黑色星期一”的多米诺骨牌联动效应的冲击，这就要求中国资本市场在这一场智慧者的角逐中趋利避害，找到最大的发展机会。面对日趋激烈的国际资本市场竞争，中国股票市场走向国际化的方向和目标已经确定，只是一个时间早晚的问题。要进入强手如林的国际资本市场，必须要有足够的准备，确保在国际市场中发展壮大自己。

第一节　国际金融市场与我国货币及汇率政策

一、我国参与国际金融市场带来的收益和风险

积极参与国际金融市场，加强与国际金融市场的联系与互动，既会给我国带来收益，同时也会面临着诸多风险。

（一）参与国际金融市场带来的收益

1.享受经济全球化的巨大发展

首先，国际金融市场能在国际范围内把大量闲散资金聚集起来，从而满足国际经济贸易发展的需要，同时通过金融市场的职能作用，把“死钱”变为“活钱”，由此推动生产与资本的国际化。国际金融市场的形成与发展，又为跨国公司在国际进行资金储存与借贷、资本的频繁调动创造了条件，促进了跨国公司经营资本的循环与周转，由此推动经济全球化的巨大发展。而经济全球化，又给我国的经济发展带来了新的机遇。

2.畅通融资渠道，为我国经济发展提供资金

国际金融市场是世界各国资金的集散中心，我国可以充分利用这一国际性的“蓄水池”，获取发展经济所需的资金。可以说，某些国家或地区就是以在国际金融市场上借钱付利息的代价来推动经济发展的。例如，联邦德国和日本的兴起就依赖于欧洲货币市场；亚洲货币市场对亚太地区经济发展也起到了积极作用。

3.有利于调节各国的国际收支

国际金融市场的产生与发展，为国际收支逆差国提供了一条调节国际收支的渠道，即逆差国可到国际金融市场上举债或筹资，从而能更灵活地规划经济发展，也能在更大程度上缓和国际收支失衡的压力。

（二）与国际金融市场联动加强可能带来的风险

国际金融市场风险主要由国际金融投资者主观预期、投资交易成本、投资者的投机行为和一个国家本身的金融市场状况等因素引起，这些因素的变化内在地使国际金融

市场失去均衡，导致国际金融资本流动变化无常，如果国家对资本流出流入没有防范能力，就极易产生金融风险。

国际金融市场的活动一般由外汇交易商和金融投资者充当主体。无论是套期保值还是投机，都是以汇率和利率的预期为基础的。各交易商和投资者对未来汇率或利率的预期是一个博弈的过程，对汇率和利率预期的差异直接导致国际资本流动的大幅波动①。

国际金融投机主体经常以各种基金的合法身份出现，其资金具体表现为国际游资（Hot Money），其投机行为的主要目的是利用非正常的投机手段，获得正常投资收益以外的资本利益。当投机基金非常庞大，达到对特定的汇市形成和汇率趋势基本控制的程度时，投机行为就会给金融市场产生直接冲击，导致一国金融市场风险的产生。

国际金融投机行为的基本特征是，市场参与者在预测到经济政策或诸如汇率和利率等经济变量不能维持时，突然进行大幅度的资产重组。国际金融投机活动量对国际金融市场产生三个效应：第一，投机活动量的上升直接导致外汇需求规模和不稳定性的上升，金融动荡增加；第二，投机活动量的增加造成汇率没有稳定点或者基本走势不能独立于投机影响的状态；第三，金融机构在外汇交易活动中的投机行为大大增加。与传统银行业务获利性减少相联系，投机活动量的增加使金融机构的外汇业务重点越来越倾向于货币投机，随此重心的转移，外汇市场的任何波动更有可能引起投机性的买进和卖出，使金融市场的波动更加复杂化。

二、我国资本账户的开放

（一）我国资本账户管制现状

长期以来，人们对资本账户自由流动与资本管制对一个国家经济发展的作用问题一直争论不休。从理论上讲，资本流动是一个值得追求的目标，当资本为寻求最佳投资机会而在国际上自由流动时，它可以流向生产率最高的领域，使资源得到有效的配置，解决一国尤其是发展中国家面临的资本积累能力低和资金供应不足的问题。但是，资本流动也会将一些国家的金融部门和其他部门暴露在外部冲击之中，容易诱发金融危机。因此，对于一个国家来说，资本流动与资本管制的优劣必须结合实际的经济环境判断，不能简单地做出孰优孰劣的结论。

随着经济全球化进程的加快，加之国际上各种因素错综复杂地交织在一起，尽管资本管制与资本流动的优劣对经济发展程度不同的国家很难有定论，但是在过去 20 年的时间里及未来的一定时期内，资本账户逐渐放松管制与资本自由流动是个必然的趋势。在这种情况下，结合本国的实际情况，审时度势地放松资本账户管制就显得尤为重要。表11-1所示为我国资本项目管理概况。

我国自 20 世纪 70 年代末施行引进外资政策开始，资本账户实际上就已经处于逐

① 按现代经济学的观点，预期均衡是指合理预期和预测，即对所有现在可得的、与变量的未来发展趋势有关的信息所作出的预期和预测。只要市场参与者都能根据自己现在所能得到的、与变量的未来发展趋势有关的信息来进行预测，那么最终结果必然是与从市场角度得到的信息相一致，达到预期均衡。所以，只要投资者或投机商发现市场的实际情况与他们的合理预期有差异，他们就会改变其定价策略，利用市场差价获利。各投资者主观预期的差异可以内生地扩大或缩小资本流动的波动性。

渐放松管制的过程中。时至今日,我国的资本账户开放已经取得了很大的进展。2013年,十八届三中全会特别指出,金融方面的改革中,资本账户开放是重要任务之一。从表11-1可知,我国的资本账户管制对风险较大的子项目,如证券投资、短期借贷管制较严,资本流出的管制严于资本流入的管制。这也是大多数国家实施资本管制的原则。尽管我国在名义上对资本账户的子账户仍然保持着较为严格的管制,但在实践中,资本账户下大部分子项目已有相当程度的开放。按照国际货币基金组织划分的43个资本交易项目,目前我国有将近一半的资本项目交易已基本不受限制或较少受限制,有四成多交易项目受较多限制,受严格管制的项目仅有一成多。就吸引外商直接投资而言,我国的开放程度甚至高于一些发达国家。

表11-1 我国资本项目管理概况

项 目	管 理 现 状
直接投资	外商向内地投资基本无限制
贸易信贷	居民在境外银行获取贸易信贷须事先得到批准;对外提供及偿还贸易信贷没有管制
股本证券投资	居民在境外出售或发行股票须经过批准,未经批准,居民不得在境外买卖证券;外国投资者不可在内地发行股票,但可以从事A股、B股交易
债务证券投资	居民对外发债或购买债券须经过批准;开通债券通①,外国投资者进出中国债券市场将更加自由②,境外机构投资者投资境内银行间债券市场应办理登记③
衍生产品及其他金融工具	居民在海外买卖衍生产品及其他金融工具须经过批准
对外借贷款	外商企业可对外借款,但须经过批准;非居民对内地居民还贷无限制;经过批准后,内地金融机构可对外贷款,但内地企业不行
货币与存款	居民及非居民携带外币现钞出入境须经过审批,并有限额;存款流入无限制,流出须经过批准
其他	有管制

(二)进一步开放我国资本管制的必要性

目前,有必要进一步开放我国资本管制,体现在以下几方面。

1.资本管制的效率日益降低

第一,经常项目可兑换后,为实施资本账户管制,必须对经常项目和资本项目进行区分。然而,从国际收支角度看,国际收支的大部分交易同时具备经常项目和资本项目交易的特性,因此,客观上难以对经常项目和资本项目进行有效区分,使得部分资本项目混入经常项目逃避管制。我国银行业全方位开放以后,随着外资银行进入中国市场程度的加深,可以有更多的途径绕开资本管制,如通过本外币相互质押贷款渠道,通过外资银行往来联行渠道,通过咨询公司渠道以及通过背对背贷款渠道等,我国的资本项目事实上已基本无法守住。

① 参见《内地与香港债券市场互联互通合作管理暂行办法》,2017.6.12。

② 参见《境外机构投资者投资中国债券市场资金管理规定(征求意见稿)》,2020.9.23。

③ 参见《国家外汇管理局关于境外机构投资者投资银行间债券市场有关外汇管理问题的通知》。

第二,我国部分资本项目实际已经相当开放。正如上文所指出的,目前我国有将近一半的资本项目交易已基本不受限制或较少受限制,严格管制的项目仅有一成多。由于资本本身具有可替代性,对一种工具进行控制,对另外一种工具不进行控制,就会导致出现资本流向未受控制的工具,容易出现资本项目监管漏洞或真空,降低资本管制的有效性。

2.来自国际经济组织的压力

第一,GATS① 的规则约束迫使我国进一步开放资本账户。GATS 的使用范围相当广泛,适用于世贸组织成员方采取的任何影响服务贸易的措施。当一国某项资本管制措施被认为影响了服务贸易的跨国交流,就会被其他成员国认定为一种应该被拆除的"服务贸易壁垒"。GATS 对服务贸易的定义延伸到跨境移动的资本和劳务上。同时,GATS 在第十一条已对外汇资本流动和汇兑便利做出了进一步规定和要求,督促成员国重新审视并放松那些可能实质性阻碍外资金融机构有效进入市场的资本管制。目前,GATS 规则正日益向推进资本流动自由化的方向发展。

第二,IMF 积极推进资本账户的自由化。1995 年 10 月,IMF 的一份正式研究报告指出:"由于工业化国家早已完成了经常账户的可兑换,而且多数发展中国家也已接受了《IMF 组织协定》第八条款的内容,因此,IMF 今后将把各国的资本账户作为其主要的监管对象。"在 1997 年的世界银行和 IMF 第 50 届年会上,IMF 执行主席正式向与会各国提出了修改基金组织章程的设想,其主旨就是将资本账户自由化列入修改后的章程。

(三)我国进一步开放资本账户的条件

关于资本账户开放的前提条件学术界曾进行了广泛而深入的讨论,目前也没有停止。我们将资本账户开放的条件分为两类进行讨论,一类属于开放所必备的市场经济基础设施,包括汇率形成机制的市场化、合格的微观经济主体、健全的金融监管等;一类属于保证开放能够持续的条件,包括良好的经济增长情况、充足的外汇储备等。

1.我国进一步放开资本账户所具备的市场基础

(1)弹性逐渐增强的汇率制度。从理论上讲,在开放经济下,各国均面临"三元悖论",即在资本自由流动、货币政策独立性和汇率稳定三个目标之中只能"三者取其二"。也就是说,在资本自由流动的情况下,要想保持独立的货币政策,必须实施灵活的汇率制度。对中国这样一个大国来说,保持货币政策的独立性是非常必要的,这就要求我国在进一步开放资本账户之前必须实施富有弹性的汇率制度。2005 年 7 月 21 日,我国中央银行宣布实行汇率改革,一次性将人民币升值,使汇率更接近实际水平,同时放弃钉住美元的制度而转向参考一揽子货币的有管理的浮动汇率制度。在改革后的汇率制度下,我国的货币政策的独立性将增强,而且灵活的汇率及审慎的货币政策将大大减少在开放资本账户条件下货币危机和国际收支危机发生的可能性。因此,此次汇率制度不失时机的改革,对中国的资本账户进一步开放有巨大的推动作用。

(2)银行部门的不断完善和发展。合格的微观经济主体这一条件就我国来说主要是考察银行部门的竞争力。健康和富有竞争力的银行部门对一国的资本账户开放具有重要意义,对我国尤其如此。根据银保监会发布的《2019 年商业银行主要监管指标情况表(季度)》,截至 2019 年底,商业银行核心一级资本充足率为 10.92%,较年初上升

---

① 《服务贸易总协定》(General Agreement on Trade in Service, GATS)

0.35个百分点;一级资本充足率为 11.95%,较年初上升 0.55 个百分点;资本充足率为 14.64%,较年初上升 0.46 个百分点。商业银行不良贷款余额 2.41 万亿元,不良贷款率 1.86%。银行业金融机构资产总额 290.0 万亿元,比年初增加 21.8 万亿元,同比增长 8.14%,是同期 GDP 增幅的一倍多。商业银行实现税后利润 1.99 万亿元,同比增长 2.4%。中资银行的盈利能力在国际同业中亦相当亮眼。根据英国《银行家》杂志统计,在 2019 年的排行榜中,中资银行依旧保持着领先位置,产生的银行利润总额位居世界第一。中国工商银行、中国建设银行、中国银行、中国农业银行为全球银行前四强,一级资本分别为 3 380、2 870、2 430、2 300 亿美元。总的来看,我国商业银行业已走上良性发展的轨道,为我国资本账户的进一步开放打下了较好的基础。

(3)金融市场体系日趋合理和监管体系进一步完善。我国已建立起包括货币市场、债券市场、股票市场、外汇市场、黄金市场、保险市场等较为完备的金融市场体系。金融市场主体增加,产品和业务创新能力正逐步增强。货币市场基本市场化,货币市场利率完全由市场供求决定。为了适应汇率改革,外汇市场又推出了新的交易工具,有利于进一步增强市场化解风险的能力。更有意义的是,与资本项目密切相关的资本市场的改革也拉开了序幕,股市的全流通改革也许可以解开一直困扰我国资本市场发展的最大症结。随着各个金融市场发展和改革的深化,监管能力也在不断提高。在监管机构上我国已正式形成了银行、证券、保险分业监管的格局,在相关法律法规的完善上,我国近几年相继增补和修订了几部重要法规,并根据市场情形的变化及时制定了各种规章制度。这些都为我国进一步开放资本账户打下了坚实的基础。

从资本账户开放的国际经验来看,不少国家在资本账户开放之后都经历了一个重新管制的过程,即这些国家的资本账户开放都没能保持其持续性。从开放到重新管制的这种变化往往会对一国经济产生负面影响。因此,保证资本账户开放能够持续进行是资本账户开放过程中一个非常重要的条件。而这个条件可以从两方面考察,即良好的宏观经济环境和充足的外汇储备。

近年来中国经济步入“新常态”,增长虽有所放缓,但依然保持较高水平,2019 年国内生产总值增长 6.1%①,经济增速全球第一。2019 年,经常账户顺差仍处于合理水平,全年顺差 1 413 亿②美元,与 GDP 之比约为 1%。受国内外经济金融环境变化、人民币汇率双向波动等因素共同影响,近年来资本和金融项目顺差减小,但处在合理区间,国际收支情况良好。截至 2019 年末,我国外汇储备为 31 079.24 亿美元③,超过了英国 2019 年全年国内生产总值。

稳健的国际收支和充足的外汇储备为开放资本账户后抵御外来冲击提供了重要保障,使得中国资本账户开放的持续性得以保证。有关资本账户开放可持续性的分析,曲绍光在其《人民币资本账户可兑换的前提条件:基于国际收支结构可持续性的分析》一文中曾用计量经济学的方法对此进行过定量分析,其结论为:中国从宏观经济环境和外汇储备上来看,已经具备了开放资本账户的前提条件。

从以上分析可以看出,我国目前已初步具备了资本账户进一步开放的前提条件。

---

① 参见国家统计局 2019 年四季度和全年国内生产总值(GDP)初步核算结果。

② 参见国家外汇管理局-统计数据-中国国际收支平衡表。

③ 参见国家外汇管理局-统计数据-外汇储备。

尽管还存在一些不足和需要改善的地方，但是，资本账户项下的一些子项的进一步开放并不是要等到其“前提条件”完全具备的情况下才能进行，更多的情况是在前提条件具备到了一定程度后二者同时进行的，并在一定程度上可以互相促进。国际经验表明，资本账户的阶段性、有序性的开放可以促进某些前提条件的加速成熟。因此，我们应把握好当前的有利时机，进一步开放我国的资本账户。多年以来，我国一直采取“渐进式”的模式进行着资本账户的开放，并且取得了巨大的成效。但是，开放的模式并不是一成不变的，我们更应该从资本管制日益明显的低效性和国际资本账户自由化的总趋势中看到进一步开放资本账户的迫切性。结合我国当前的经济形势，政府应充分考虑适度加速资本账户的开放。当然，适度加速资本账户进一步开放并不等于盲目开放，我们依然需要以谨慎的态度有序地放开尚在管制中的资本账户子项。

在各国资本开放的历程中，有一些共性的经验教训值得总结。第一，资本项目开放应在国内宏观经济条件允许的基础上推进，并注重与宏观经济政策相协调。第二，随着资本管制放松，货币政策独立性和固定汇率之间的冲突不可避免。在保持货币政策独立性的前提下，浮动汇率制度是资本项目开放的必要条件。第三，资本账户开放应循序渐进，在开放顺序中，对中长期资本管制的放松应先于对短期资本管制的放松。

（四）我国进一步开放资本账户的大体步骤

我国进一步开放资本账户可分以下几个阶段：

第一阶段，根据国情将对外投资的限制降到最低。通过 QFII 制度和 QDII 制度，逐步实现企业和机构进行国际证券投资的自由化。在该交易类别里，可进一步按流入、流出、股权投资和债券投资制定先后顺序。

第二阶段，除了短期债务工具的出售外，取消其他证券投资流入的限制。无论是中国企业和机构到海外发行证券或上市，还是国外企业和机构在中国市场上发行证券，都需逐步取消对初级证券发行的限制。

第三阶段，在流入和流出两个方向上都取消对证券发行的限制；实现包括个人在内的居民证券投资自由化；逐步放宽金融机构的对外商业借款，最终取消所有限制。

第四阶段，放宽国内非金融企业的对外商业借款，取消所有剩下的限制，实现中国资本账户的完全开放。

当然，以上的开放顺序及开放程度仅仅是理论上的资本账户开放。在实际中，尚无一个国家真正实现了资本账户的完全开放①。因此。我国的资本账户进一步开放也不必以完全开放为目标，只要达到大部分或绝大部分开放即可。这样看来，加速我国资本账户进一步开放指日可待。

三、金融全球化背景下我国货币政策的选择

（一）“多目标性”让中国货币政策操作面临复杂与高难度

由于我国采取的是渐进式改革模式，经济长期处于转轨过程中，而宏观金融是经济改革与增长的基本背景，货币政策操作与经济多方面相关，因而长期具有多目标性。如

① 例如，美国是公认的资本账户自由化程度最高的国家之一，但是，按照国际货币基金组织的界定，美国仍存在一些限制条款。

果说美国货币政策操作是在通胀和经济增长之间把握天平式的平衡,美联储的货币政策操作在经验上体现了泰勒规则的两点兼顾,那么中国的货币政策更像是在梅花桩上的武术运动,尽管难以同时全面顾及,但是一定要把握多点的动态平衡。

2002年以来,货币政策至少包括币值稳定、经济增长、利率市场化、国有银行和农信社改革、银行间市场发展、汇率改革与外汇市场发展等多个目标。学术界对货币政策多目标的批评是顾此失彼、相互矛盾,实际操作中也确有棘手之处。尽管多目标性造成货币政策的不纯粹,政策操作经常会有平衡甚至妥协,但现实问题不得不应对,这也是中国货币政策的复杂与高难之处。

由于长期具有多目标性,货币政策在不同时段的主要目标和手段也难以完全一致,但是宏观金融以及货币信贷利率的基本稳定是其最基础的目标。例如,2004年的2.6万亿元新增信贷额就成为重要调控目标。2005年7月汇率机制改革之后,强化利率平价机制以稳定升值预期曾经一度成为货币政策的主要目标,放任了金融市场流动性过多。但是,在2006年宏观经济出现反弹现象后,货币信贷利率稳定的根本地位很快得以恢复。又如,2011年,面对持续高企的通胀,政府持续紧缩货币,通胀最终得到控制。但是,持续紧缩造成经济下行趋势显现,加之国际经济、金融环境的恶化,使得我们面对的主要矛盾发生了根本性转变,因而,2012年的货币政策面临转向。从经济形势看,2012年经济下行风险增加,稳健的货币政策实质为定向宽松的货币政策。一方面迫于巨大的保增长压力,另一方面则为货币条件改善的紧迫性。相比于2012年的稳增长,控通胀成为2013年央行货币政策的主要调控目标,与2012年的相对宽松相比,货币环境回归中性亦成为2013年货币调控的大方向。

当前货币政策目标方面的突出问题就是如何内外平衡,即市场流动性、货币市场利率与汇率贬值的协调问题。2015年汇率形成机制改革以来,人民币经历了四轮贬值,分别是2015年8月、2016年1月、2016年5~8月、2016年国庆后。触发因素包括对2014—2015年的人民币高估部分以渐进方式修正重估、美联储加息预期等。在克鲁格曼的货币政策独立、资金自由流动和固定汇率不可能三角中,如何进行取舍,重点要看中央银行的政策取向。2005年下半年汇率改革刚刚开始时,中央银行似乎是选择资金比较自由流动和汇率预期稳定的取向:大力放松资金流出的管制,鼓励资金流出但并未加强限制资金流入,同时强调利率平价,放任流动性过多,听任货币市场利率水平超低。但是到了2006年下半年,关于不可能三角的把握,侧重点似乎已经转移为货币政策独立和汇率稳定,外汇局在资金流入方面加强限制措施,并禁止中资金融机构参与海外NDF交易。而此前中央银行数次通过描述无本金交割远期外汇交易(NDF)市场上美元对人民币远期汇率贴水值的走低,来佐证人民币汇率升值预期趋稳趋降。这些变化体现了货币政策思路的动态调整。

关于货币政策目标的另一个突出问题是:货币政策调控是通过货币信贷或者利率的中介目标实施,还是直接实行通货膨胀目标制?如果设立中介目标,数量目标与价格目标如何协调?2000年以来,以货币供应量、信贷规模为主要中介目标的货币政策框架受到了学者的质疑,通货膨胀目标制被反复推荐。其实,中国货币政策目标更多的是实践问题。从目前看,货币信贷数量的调控在中国仍然是最有效的调控工具,以货币供应量、信贷为主的货币政策中介目标总体上还适用,但需要强调利率手段在调控中的作用,需要采用利率手段来弥补货币信贷数量调控方式所存在的诸多缺陷。

（二）货币政策的适应性地位体现了政策多目标的平衡和妥协

货币政策取向分为紧缩性、中性和适应性三种。货币对于经济增长的影响从长期来看是中性的,货币政策作为市场经济国家最重要的宏观经济政策,其取向多数时期也是中性的,既不刺激经济扩张,也不造成经济紧缩。

中国作为发展中转轨国家,现实中的宏观政策比发达国家的中性政策表现得要宽松,中国的货币政策在较多时间是适应性而不是中性的。改革开放以来,我国长期实行偏松的利率政策,实际利率长期处于较低水平,有时甚至为两位数的负利率。从国际上来看,美国商业银行优惠贷款的实际利率一般在 5%~6%,德国在 4%~6%,英国在 5%左右,而我国 30 多年来的平均实际贷款利率为 1.6%。我国以低价格资金投入支持了经济体制改革,促进了经济快速增长,但是低利率也造成我国资金配置效率低下,成为金融机构形成较多不良资产的原因之一。

中国的货币政策多数时期是适应性的而不是主导性的。1998—2001 年中国的通货紧缩问题,有金融监管强化下商业银行信贷趋严的原因,但是更主要的还是自身经济周期和东亚金融危机后外部环境恶化的结果。2004—2005 年,商业银行新增信贷总额与中央银行预测目标大体一致,经济内在需求和中央银行调控的因素大概各占了一半。2006 年的情况又与 2003 年有相似之处,商业银行在前 8 个月就完成了全年信贷增加 2.5 万亿的计划,对此中央银行一方面努力调控,另一方面也适应经济加速增长对信贷需求增加的趋势,在通胀形势平稳的情况下,没有生拉硬卡信贷投放。2016 年第四季度货币政策执行报告中,指出要“主动适应”经济发展新常态,保持货币政策的审慎和稳健;要增强调控的“针对性”和“有效性”,做好供给侧结构性改革中的总需求管理,为结构性改革“营造”中性适度的货币金融环境。

货币政策的适应性地位,体现了货币政策多目标背景下的平衡和妥协。首先,在中国经济政策中,增加就业、促进增长始终是第一位的,在保证通胀比较稳定的情况下,货币政策对此提供适应的支持。其次,无论政府部门、国际机构、专家学者,对转轨、新兴、国际化背景下的中国经济运行的认知能力都很有限,很多情况下对各项经济指标与其说是预测不如说是追认,货币政策综合预调、微调和适应性调控,体现了开明、务实的间接调控取向。还有,货币政策的适应性地位与其他金融改革是相协调的。例如,在可忍受的幅度内放松金融市场流动性,可以支持金融机构处置不良资产和改制,鼓励金融市场产品创新,支持汇率机制改革等,这些改革在中国加入 WTO 后也显得比较紧迫。

货币政策的适应性地位,也可能造成货币政策措施相对滞后,货币政策常常是被动纠偏操作而不是主动引导操作。为弥补这方面的不足,货币政策在舆论上、表态上一般是中性的而不是适应性的。2003 年以来,中央银行在舆论上一直对通货膨胀保持高度的甚至过度的警惕,关于 CPI 上涨幅度的预测值一直高于实际值,这种姿态一方面可以对货币政策的适应性状况有所调节,一方面也是中央银行树立抑制通胀威信的需要,至少在口头上要有足够的保守与稳健。

（三）货币政策难以担当解决其他政策问题的重任

2002 年以来中国经济的高速增长与世界经济良好景气一致。当前经济运行最大风险来自结构不平衡:一是国内经济的不平衡,投资比例偏高,消费比例偏低;二是全球经济的不平衡,中国等亚洲国家外贸顺差及美国逆差偏高,截至 2019 年,中国的贸易顺差、美国的贸易逆差分别占各自 GDP 的约 1%和 2.9%。

当前中国经济失衡的根本原因,是在近 5 年经济快速增长的同时,国家的税收、收入政策存在缺陷甚至扭曲,社会保障、劳动保障、环境保护制度相对越来越滞后于国际水平。中国投资、贸易顺差较高的背后是过高的储蓄率问题。近 10 年来,居民储蓄占 GDP 的比重由 20%下降到 18%,企业储蓄占比由 14.5%上升到 15.5%,政府储蓄占比由 5.5%上升到 9.5%。2008 年以来,财政收入年均增长 18%(这还不包括政府卖地的收入),企业利润年均增长 22%,而同时城镇居民收入年均增长12.57%、农村居民收入年均增长仅仅 10%左右。在个人收入增长远低于政府收入增长和企业利润增长的情况下,政府和企业都加大投资,近 5 年投资年均增长24.24%也就不足为奇。近 5 年来,居民的边际储蓄倾向保持在 29%左右,在收入增长相对偏缓的情况下,扩大消费的愿望就似"空中楼阁"了。

从国际比较来看,中国的个人名义税收负担处于中等水平,但是个人所能得到的政府社会保障非常缺乏,综合比较下来,中国的个人实际税收负担处于国际前列。税收政策的扭曲表现在多个方面。例如,我国出口额的 59%和贸易顺差的 56%以上来自外商投资企业,而外资企业所得税税率比内资企业低一半还多。2006 年 9 月出台的出口退税调整政策,虽然部分行业产品退税率下降,但综合来看,通过这样的出口退税调整难以抑制贸易顺差扩大。另外,中国在社会保障、劳动保障、环境保护制度及其实施方面非常薄弱,企业应计未计的保障保护成本很高,致使国民在经济快速增长时享受的福利却有限。同时,企业、政府积累较多收入增加固定资产投资加剧了失衡,并且降低了出口产品价格和增加了贸易顺差扩大的压力。中国经济最大的失衡,就是收入、税收政策扭曲和社保、劳保、环保制度滞后与产业加快国际化的不平衡、不协调,在宏观经济指标上表现为储蓄、投资、顺差的过大。

为促进投资、消费以及国际收支平衡,最需要调整的政策是收入、税收制度和社保、劳保、环保政策。货币政策主要是从总量上调整,无论是汇率还是利率,对结构的调整作用都有限。如果试图通过货币政策来解决结构优化问题,把制度上的和其他政策的问题压在汇率升值上,这将孕育更多的经济风险,很可能造成金融资产价格泡沫膨胀、资金配置效率低下、金融机构风险累积,如同在畸形的地基上建造畸形的房屋,在扭曲的制度体系上形成扭曲的价格体系。

(四)利率比汇率在宏观调控中更居于主导地位

中国的汇率改革,首先是要改变钉住美元的固定汇率制度。据 IMF 统计,GDP 总量在 5 000 亿美元以上的国家,基本没有实行固定汇率制的。近年来中国经济增长加快,对外贸易对世界贸易的促进作用明显。据统计,2012 年中国货物出口额占全球货物出口的 11.2%,居世界第一位;货物进口额占全球货物进口的 9.8%,居世界第二位,仅次于美国。与此同时,对外贸易占世界贸易 7%强,金融市场交易量成倍增长,需要建立相对灵活的机制,增强在国际贸易金融交易中的灵活性和定价权。2005 年 7 月以来的汇率机制改革,是在自由汇率与固定汇率的两角稳定之间寻找中间路径。从过去一年多的历程来看,新的人民币汇率机制实际上就是爬行浮动(升值)。在人民币汇率被世界关注和炒作的背景下,汇率机制的调整受到市场投机行为的巨大牵制。在单边升值预期的环境下，何时能够真正建立有效的浮动机制还较难确定。

人民币汇率机制改革前后，本外币利差问题成为关注点。中央银行也试图通过强调利率平价机制，扩大本外币利差，来抑制市场对于人民币升值的过高预期。这种做法国际上并不很普遍。2005年下半年，为稳定人民币升值预期，利差与汇率之间的关系被夸大了。在市场上，人民币升值预期强弱主要是与美元贬值程度、中国经济增长形势、外贸收支变化和市场传言信息相关。从2005年至2010年，经济竞争力因子、美元指数和国际政治压力是影响中长期汇率预期的主要因素，其中净对外资产和相对劳动生产率对汇率预期的方差贡献较大；财政货币政策因子和美元指数是影响短期汇率预期的主要因素，其中利率和美元指数的方差贡献较大。但从1999年至2005年间NDF所反映的升值预期强弱与我国债券市场利率走势关系来看，二者之间没有正相关关系①。

如前所述，2005年央行在不可能三角中，似乎选择了比较自由的资金流动和稳定汇率两点，并按照此思路着力，增强利率平价机制的作用。2005年底中央银行开始与商业银行进行货币互换，以回收流动性，2006年又扩大了外汇制定银行结售汇综合头寸权责发生制实行范围。通过这些交易方式和制度的设立，使商业银行在国内外汇市场上本外币远期交易汇率定价主要参照利率平价机制，但是这对于稳定人民币升值预期的作用仍然有限。而目前市场在各种因素炒作下，认为人民币汇率是严重低估的。当前稳定市场关于人民币升值预期的基础是，让市场接受即期汇率是基本均衡的现实和认识。汇率问题的核心，就是不要让人们把经济失衡归因于汇率。从这点看，明确和坚持表态比利率平价机制更有意义。

但是，通过压低本币利率来稳定汇率预期存在较大弊端：一是利率水平低会增加短期投机资本的机会成本，但同时也会助长投资过快和资产泡沫膨胀，吸引投机资本；二是如果市场接受了利率平价的故事，当宏观经济形势偏热时，中央银行就会在货币紧缩和加息上面临两难，2006年就遇到了该问题。对此，中央银行利用了目前银行间市场利率与存贷款利率分割的现状，试图分别调控，双轨定价。但经济投资活动参照的利率水平介于贷款利率与债券利率之间，利率双轨作用趋于弱化。

2004年中国经济的过热和2006年的反弹，以及经济结构不平衡，从宏观经济政策总体来看，需要综合改进收入、税收政策和社保、环保制度；从货币政策来看，需要进一步转向和坚持政策中性取向，货币信贷总量适度、利率水平中性是货币政策的基调，也是宏观调控的基础。不能让汇率问题对货币政策的基础产生实质性干扰。从大国经济金融平稳运行来看，是利率而不是汇率，更应在宏观调控中占据主导地位。

四、新形势下我国汇率政策选择与走向

我国现行的人民币汇率制度，名义上是以供求为基础的、有管理的浮动汇率制度，实际上是一种钉住单一美元的固定汇率制度。在此汇率制度下，中国货币政策不仅丧失了有效性，制约了利率市场化改革，而且增加了人民银行干预外汇市场的负担和成

① 钱利珍，陈睿，李晓峰："人民币升值预期的影响因素——基于我国汇改后月度数据的经验分析"，《投资研究》，2011(7)。

本。要发挥货币政策对实现内部均衡的积极作用,就应改革现行人民币汇率制度。

(一)有管理的浮动汇率制度存在的问题

目前,我国金融机构与客户之间的外汇交易,受到政府结售汇制度的严格管制。近年来这方面的管制有所放松,但金融机构和客户之间外汇交易的总体格局没有重大改变。中国目前的人民币汇率生成机制仍然由结售汇制度、银行外汇结算头寸限额和中央银行干预三位一体构成。在这种制度安排下,外汇银行、企业、居民不能凭自己的意愿持有外汇,人民币汇率的生成机制具有封闭性、管制定价、交易品种单一和波幅较小的特征。中国目前名义上的"有管理的浮动汇率制度",事实上是一种钉住单一美元的固定汇率制度。这种制度的政策效应有以下几点:

第一,在人民币钉住汇率制度下,由于人民银行货币政策的运用很大程度上受制于汇率的稳定,所以,中国现行钉住汇率制度下的货币政策不能对总需求和产出产生有效的影响。在当前人民币汇率存在升值预期的情况下,为维持人民币汇率稳定,人民银行将被迫不断干预外汇市场,这不仅丧失了货币政策的有效性,而且增加了人民银行干预外汇市场的负担和成本。

第二,目前人民币钉住汇率制度已严重影响了中国利率市场化改革。在人民币钉住汇率制度下,由于人民币汇率存在升值预期,加之人民币利率高于美元利率,必然会吸引外资大量流入境内兑换人民币,2011 年,我国外商直接投资达 1 160 亿美元,全球排名上升至第二位,并连续 19 年位居发展中国家首位就充分说明了这一问题。为维持钉住汇率,人民银行必须在外汇市场不断买进外币抛出本币,导致外汇占款日趋扩大,货币供应量过快增加。尽管人民银行不断在公开市场上进行对冲操作,但近年来人民银行干预汇市净投放的基础货币仍在迅速增加,这也是造成 2004 年初我国物价水平上涨较快的一个重要原因。在人民币汇率存在升值预期的情况下,中国实行人民币钉住汇率制度,使人民银行在维持钉住汇率和控制通货膨胀方面面临两难选择:一方面,维持人民币钉住汇率会使货币供应量增加,导致通货膨胀;另一方面,为控制通货膨胀紧缩货币政策,则会提高利率,增加投机资金无风险套利的机会,吸引"热钱"流入,从而加剧人民币升值预期,使人民币钉住汇率的维持更加困难。

根据非抛补的利率平价理论,在外国利率保持不变的情况下,本币预期汇率与本国利率成反方向变化。因此,在人民币汇率存在升值预期的情况下,为避免投机资金的进入,我国应降低存款利率,以减少投机资金无风险套利机会。但在人民币钉住汇率制度下,降低利率则会增强人们的通货膨胀预期,从而加快物价上涨。另外,在人民币钉住汇率制度下,由于存在人民币升值预期,也无法提高利率,因为提高利率会吸引国际上投机资金进入,从而进一步加快人民币升值预期,增加维持钉住汇率的难度。可见,目前人民币钉住汇率制度已严格限制了利率的波动,阻碍了中国利率市场化进程。

第三,增加了人民银行干预外汇市场的负担和成本。近几年,我国经常项目和资本项目出现了持续顺差,大大增加了中国外汇市场上外汇的供给。由于中国政府对企业和外汇指定银行都有着很大的约束,因此,在外汇过度供给不能被市场消化的情况下,人民银行为避免汇率波动,维持人民币钉住汇率制度,不得不直接入市在外汇市场上买入外汇,致使外汇储备迅速增加。

外汇储备快速增加对中国经济有着重要的影响。尽管巨额的外汇储备对我国经济有着许多正面的影响,但外汇储备并非越多越好,因为持有外汇储备是有成本的。毋庸讳言,在亚洲金融危机的时候,中国由于拥有丰足的外汇储备,使得人民币没有出现贬值。然而,中国作为一个发展中国家,从海外筹措资金时要被强加风险溢价,从而必须支付高昂的利息,但如果把外汇储备投向流动性高的"安全资产"——美国国债,则只能获得不足2%的收益率。这种利息上的"收益逆差"现象,意味中国外汇储备越多损失越多。这些资金原本应该用于具有更高收益率的国内投资,而非向美国融资,这不难发现中国持有巨额外汇储备的机会成本是很高的。另外,如果美元贬值,也会使中国人民银行承担巨大的汇率风险。

(二)对我国汇率走向的政策性建议

蒙代尔—弗莱明模型认为,在固定汇率制度、资本自由流动和独立货币政策之间存在三难选择,一国政府只能选择其二,不可兼得。据此,在资本自由流动条件下,一国政府要保持货币政策独立性,必须放弃固定汇率制度。在中国资本项目逐步开放的条件下,中国要保持货币政策的独立性,就应实行更有弹性的汇率制度。现行汇率制度下中国货币政策运用产生的诸多负面效应,说明人民币钉住汇率制度不具有可持续性,要发挥货币政策对实现内部均衡的积极作用,就应改革现行人民币汇率制度。

1.目前人民币钉住汇率制度已经具备了退出的条件

Klein 和 Marion(1994)的研究表明,大部分国家钉住某一货币的时间都很短,从1957—1990年,在拉美和加勒比国家的87项钉住案例中,钉住的平均时间只有10个月。因此,从钉住汇率制度中退出,实际上是相当频繁的事情。关于钉住汇率制度的退出条件和时机,1998年IMF发表的关于退出战略的研究报告认为:对大部分新兴经济体来说,较高的汇率弹性是有利的;当有大规模资本内流时,放弃钉住汇率制度,这时退出战略成功的可能性较大;在试图退出钉住汇率制度前,有关国家需改善和加强其财政政策和货币政策。2012年,我国跨境资金流动双向变动明显,"经常项目顺差、资本和金融项目逆差"的国际收支平衡新格局初步形成,外汇供求关系总体保持基本平衡。目前中国国际收支持续顺差,外汇储备雄厚,经济稳定增长,政府的政策公信力较高,已经具备了及早退出钉住汇率制度,实行人民币汇率目标区制度的条件。

2.中短期内不宜实行未公开干预边界的管理浮动汇率制度

从国际经验来看,汇率急剧变动和不稳定往往伴随着金融市场的不发达和微观经济主体的不完善,尤其是随着资本流动的增强,金融部门将面临更大的压力。当前我国不仅国有商业银行拥有巨额的不良资产,而且中国金融市场还不发达,金融避险工具还相当缺乏,金融监管也比较薄弱。另外,正处于改革过程中的国有企业也面临着很多困难,还没有建立起真正的现代企业制度,还缺乏防范汇率风险的意识。可见,目前中国尚未具备实施浮动汇率制度所需要的条件和环境,如果实行浮动汇率制度,可能会导致人民币汇率频繁波动,不仅无助于金融部门和金融市场的建设和发展,而且还将大大增加经济发展和社会稳定的成本。同时,目前我国也不宜实行未公开干预边界的管理浮动汇率制度。虽然与固定汇率制度相比,未公开干预边界的管理浮动汇率能及时反映市场供求和基本经济状况的变化,避免了现实汇率大幅偏离均衡汇率的可能性,从而可以及时消除投机套利的机会,可以避免外部投机资金的冲击,但是与固定汇率制度不同,在未公开干预边界的管理浮动汇率制度下,央行的干预汇率是不公开的,市场参与者与央行之间存在信息不对称,市场参与者不能对央行的干预汇率形成稳定的预期,这不仅使央行不能借助市场力量稳定汇率,而且还会加大汇率的波动幅度。例如,在市场上存在本币升值预期的情况下,央行意在将本币汇率维持在较低水平的干预,必然会使市场参与者增加对本币的购买,从而进一步加剧了本币升值的预期,最终可能会导致本币大幅升值。同样,在市场上存在本币贬值预期的情况下,央行意在将本币汇率维持在较高水平的干预,必然会使市场参与者增加对本币的抛售,从而进一步加剧了本币贬值的预期,最终可能会导致本币大幅贬值。可见,人民币钉住汇率制度退出后,中国不宜实行未公开干预边界的管理浮动汇率制度。

3.汇率目标区制度是人民币汇率制度的现实选择

在中国尚未实现资本自由流动的条件下,汇率目标区制度,即公开干预边界的管理浮动汇率制度,能够兼顾固定汇率制度与未公开干预边界的管理浮动汇率制度的优点,是中短期人民币汇率制度的现实选择。在汇率目标区制度的设计中,只要政府是一个强政府,市场参与者对汇率目标区和汇率干预边界完全有信心,市场参与者就会形成稳定的汇率预期。在汇率目标区制度下,人民币汇率有一定灵活性,不仅有助于增强经济主体的汇率风险意识,而且有助于推动金融机构开发金融衍生产品及其相关业务,从而会增强中国经济主体防范汇率风险的能力,为最终实行人民币浮动汇率制度创造条件。

4.长期应实行人民币完全浮动汇率制度

长期来看,应适时扩大人民币汇率目标区的浮动范围,并最终实行浮动汇率制度。蒙代尔—弗莱明模型认为,在资本流动性逐渐增强的条件下,要保持货币政策的独立性,就必须使汇率浮动更有弹性。据此,在中国资本项目逐步开放的条件下,随着中国金融监管能力的增强,微观经济主体和金融市场的不断完善,金融避险工具的开发及人们汇率风险意识的增强,人民币汇率目标区的浮动范围应进一步扩大。但从货币投机性冲击理论来看,任何规定了干预边界的汇率制度与固定汇率制度都是一样的,同样具备了货币冲击的条件。在中国实现了资本市场完全开放和资本自由流动后,政府对人民币汇率目标区的承诺会变得十分脆弱,继续实施人民币汇率目标区制度,经济受到外部投机冲击的可能性会加大。因此,从长期来看,人民币汇率制度最终应选择完全浮动的汇率制度。

第二节　中国股票市场与国际股票市场的联动

随着经济一体化的迅速发展,世界资金流动性加快的现象及世界经济逐渐趋同的现象越来越突出,而且这种现象已在各国的证券市场上有所表现,伴随着经济一体化,各国股票市场之间产生了紧密的联系。一国股票市场是否与世界主要股票市场具有一定关联性,也成为股票市场成熟程度的标志之一。

根据入世协议,中国金融业已经步入了全面对外开放的时代,在中国资本市场逐步开放的情况下,中国经济的强势增长和人民币升值的预期,使得越来越多的外资将目光从欧美股市转向中国股市。此外,中国政府也积极建立资本双向开放的格局,国内机构投资者逐渐走向国际资本市场进行投资，这些都加强了中国股市与国际股市的联动性。

QFII 和 QDII 就是金融业开放过程中的产物。随着 QFII 的准入家数逐步增加以及投资额度的逐步提高，其在中国股市发挥的作用也越来越大。合格境内机构投资者(QDII)也将逐步在全球资本市场配置其资产组合。因此可以预计，中国股市对国际资本市场的影响必将越来越大。2007 年 2 月 27 日沪指大幅下跌，引发全球股指下跌，这意味着中国股市开始影响全球，中国金融市场化程度大大提高。2018 年 6 月，A 股成功纳入明晟指数。2019 年 11 月起，科创板也被纳入该指数。2018 年 9 月，A 股被纳入富时罗素指数体系；2019 年 4 月，巴克莱债券指数将中国债券纳入其体系。中国金融资产在全球资产配置中愈发具有吸引力。同时，国际金融市场对中国股市的影响也越来越大，现在我们经常听到的"受美股大跌/大涨影响，中国沪深指数开盘涨/跌多少点"，就是一个充分的证明。

一、国内外股票市场相互影响机制

(一)中国股市与国际股市的相关性仍然较低

虽然中国股市和美国股市的联动性已经比过去有所增强，但是，到目前为止相关性仍然较低。统计显示，从 2002 年以来，截至 2008 年 8 月，道琼斯指数与标普 500 的累计回报率相关性达到了 0.98，上证指数与标普 500 累计回报率相关性为0.67，上证指数与道琼斯工业指数累计回报率的相关性为 0.76，均略低于 0.8 的显著相关；中美股市日回报序列的相关性也非常低，还是同样的样本空间，相关系数仅为 0.03。由此看来，中国股市和以美国为代表的海外股市尽管相关性在增强，但相关系数仍然较低。2007 年境内外迥异的股市走势某种程度上是很好的例证：2001—2005 年美股一路看涨，中国股市却是漫漫五年熊市；2007 年美欧股市疲软，中国股市却非理性地一路狂飙至 6 124 点历史高位；2015 年美股走势平稳，中国股市却出现"股灾"；2020 年美股连续熔断，中国股市仅有小幅波动。

这与经济体所处的不同发展阶段有关。仍处于快速发展阶段的中国经济，此前因为体量小，与成熟经济体之间的相关性也就有限。随着"一带一路"倡议和亚投行的运转，中国经济对世界其他经济的影响日益增强。股市是宏观经济的晴雨表，经济相关性小，股市亦然；近两年随着中国经济的快速成长，两者的相关性加大，股市的相关性也随之有所加大。但这种经济的相关性并不完全体现在股市上，由于 A 股市场是一个新兴市场，市场仍不完善，可使用的调节工具还很有限，因而一有风吹草动就可能造成轩然大波，而美国市场则相对成熟，股指期货、对冲基金等调节工具可在很大程度上避免暴涨暴跌的情况发生，由此形成两市的联动差异。

中国股市和全球股市虽然已经有一定的联系，但并不意味着中国股市已与全球股市亦步亦趋，这种联动还处于比较低的层次，不像发达经济体股市间常有的深层联系。这种情况，首先与金融领域的对外开放深度有关。目前，我国资本项目的管制还很严格，资本流动的规模还很有限，对市场均衡所起的作用也很有限。其次，中国宏观经济运行和全球经济并不完全一致。历史证明，中国经济发展运行速度远远超过了世界，而且这种差别还将在一个时期内继续存在。再次，A 股市场还是一个新兴市场，目前尚处于"新兴加转轨"的阶段，和成熟市场仍有非常大的差别。最后，从投资者心理来看，虽然目前中国股市和全球股市的关系已开始影响到投资者的心理,但是,到真正影响投资行为还有一个阶段。当前中国股市与全球股市联动性加强,更多体现出的是境内外资本流动性的变化,两者间是相关关系,而非因果关系。

（二）中国股市与国际股市的联动性在加强

在当前市场经济条件下,任何经济现象的出现,都是多重因素共同作用的结果。从这个角度来说,国内股市和全球股市的联动也概莫能外。

股市联动增强,首先源于中国经济更深地融入全球经济。随着我国金融市场开放程度的加深和国内外经济联系的紧密,中国和全球经济的运行周期相互影响日深,这在一定程度上会体现在上市公司的经营业绩上,全球经济的上行和下行都会影响国内上市公司的业绩,而上市公司的业绩又会影响国内股票市场的表现。2014 年以来,随着中国经济规模成长为世界第二,中国经济的世界影响力不断扩大,中国股市对美国股市的影响也在不断增强。

其次,资本市场的开放加强了中国和全球市场资本的相互流动。随着 QFII 和 QDII 的出现,境内外资本在境内外股市的流动成为可能。QFII 的出现及额度的扩大,使境外投资者的投资理念与资金一起进入中国股市,其既有的全球视野无疑会对国内投资者产生相应的影响,从而加强境内外市场联动。与此同时,一些资本在全球流动性过剩的大背景下,还通过一些灰色渠道突破既有的 QFII 额度限制进入中国股市,而这些资本根本就是全球资本市场流动性的一部分。

两地上市或多地上市公司的出现和增多,进一步加强了中国股市和全球股市的联动。香港金融市场作为国际金融市场的“知风鸟”,与纽约、伦敦、东京等发达股市联动关系极强。目前,香港回归已有二十余年了,香港与内地间的经济金融越来越一体化,特别是在股票市场,有 H 股板块、红筹股板块。国内的 A 股市场中对大盘有较大影响的是蓝筹股,而这些蓝筹股又多是在 A 股 H 股两地上市的。在此情况下,美股的变化就有可能通过香港市场迅速传导至国内 A 股市场。沪港通、深港通实施以来,大部分实证研究都支持 A 股和港股关联性显著增强的结论。沪伦通机制的建立,使中国股市的投资者结构更加多元化,进一步增强了境外投资者对中国股市的影响,加深了中国股市与全球股市的联动性。

近年来的次贷危机、欧债危机也成为 A 股和全球股市联动的催化剂。随着美国次贷危机、欧债危机蔓延,国内股票市场也发展到“杯弓蛇影”。2008 以来 A 股市场对美国股市的追跌现象,一个很重要的因素就是金融危机的传导。这主要源于弱市之下,任何利空都可能被市场放大。以次贷危机为例,美股跌一点儿,香港股市就会跌很多,其再通过两地同时上市的大盘蓝筹股传导到国内股市,由此形成境内外股市联动。而 2020 年疫情期间中国股市并未受美股熔断太大的影响,说明实体经济形势也是影响股市走向的重要因素。

金融市场自身的敏感性和投资者的心理因素,也会加强股市的联动性。金融市场、证券市场的一个显著特点就是比较敏感。炒股某种程度上就是炒上市公司的未来和预期,因此,投资者的心理因素非常重要。在此情况下,国际市场的情况会影响到国内市场的预期。中国股市与全球股市目前的关系,也会通过影响投资者的心理和投资行为,进而强化 A 股与国外股市的相关性。2020 年一季度中国股市与美国股市的差异就是个很好的例子，中国出色的疫情防控很大程度上抵消了美股熔断的影响，中国股市在此期间仅有小幅波动。

二、中国股市与全球股市联动的检验

长期以来，关于股票市场之间联动现象的研究，主要关注于发达国家股票市场之间的联动。从不同的研究视角来看，一部分文献考察多个股票市场的联动现象；另一部分考察两个股票市场的联动现象。其中，Kasa(1992)第一次运用多元谐整方法考察了世界上五个主要股票市场(美国、加拿大、英国、德国、日本)，发现美国股市变动对其他国家产生显著的影响。Tcm Engsted 和 Carsten Tanggaard(2004)研究发现，1918—1990 年间美国和英国股票市场回报高度正相关，而两个市场间的信息传递是其主要原因。Terence、Wong 和 Isabel(2007)研究了 1992—2003 年日本每天的开盘价(收盘价)和其他 G7 国家收盘价(开盘价)之间的关系，发现在全球股市上升期间，日本与其他国家间的关联度相对要强得多。这表明发达国家股市之间联动现象在不同时期，其程度也有所不同。

随着中国金融市场逐步开放，越来越多的研究开始关注中国的股票市场与世界发达国家的联系。不过研究的结果却大相径庭。一部分研究认为，中国股市与世界主要股票市场基本上不存在明显的联动现象。俞世典、陈守发、黄立化(2001)根据 1998—2000 年的数据，运用 Granger 因果检验和协整检验的方法，考察了道琼斯指数、恒生指数、纳斯达克指数、日经指数与上证指数，得出这四个世界主要股票市场对中国股市的影响甚微。王晓芳、卢小兵(2007)考察了 1986—2006 年间上证综指、道琼斯指数、金融时报指数、香港恒生指数后，发现中国股市和世界股市虽然存在一定的关联性，但这种关联性的检验结果并不显著。也有一部分研究认为中国股市与世界主要股票市场存在着逐渐明显的联动现象。母宇(2011)考察了 2006 年 6 月到 2010 年底中国股票市场与世界股票市场联动性的变动情况，并且将印度、巴西、俄罗斯这三个与中国经济发展各方面最相似的国家作为对比项。蒋彧(2019)对 2002—2017 年标普 500 指数收益率与沪深 300 指数收益率研究后发现，早期中国股市规模小且对外开放程度低，美国股市对中国股市影响不大，而 2016 年以来，中国股市的运行更容易受到国际市场的影响，美国股市对我国股市的影响力逐渐增强。

孟庆文(2011)用中国股票市场自成立以来 20 年的数据研究中国股票市场和远东地区性股票市场以及世界股票市场关联度的变动，同时通过对样本期分阶段分析比较两次金融危机(东南亚金融危机和次债危机)对股市关联度的影响，得出结论：中国股票市场自成立 20 年来，与世界以及远东地区股票市场的关联度处于逐渐上升的过程，但是这种上升并不是单向的趋势，中间可能会经历停滞甚至倒退。中国股市对两次金融危机反应都过度强烈，东南亚金融危机后，中国和远东地区股票市场关联度空前加强；次贷危机后，中国股市和世界股票市场关联度空前加强。但是危机过后，暂时大幅提高的关联度会逐渐恢复正常。蒋彧和裴平(2012)研究了 2007—2010 年中美股市之间的相关性，发现在国际金融危机的不同时期中，其相关性呈现阶段性变化，次贷危机全面爆发期间，两国股票市场相关性有所下降，危机后中国股市与世界股市进一步接轨，中美股票市场总体相关性又逐渐上升。

下面我们来说明如何对这一问题进行研究。

在研究一国股市交易对另一个国家股市的影响时,要对股票市场的收益率进行分解,分解目的在于考察收益率信息的传递过程。将日收盘—收盘收益分解成为两部分:收盘—开盘收益和开盘—收盘收益,这样就可以分别考察国内外市场波动对国内市场开盘价格和开盘之后的交易价格的影响。

我们首先计算第 t 日的股票指数昨日收盘到今日收盘日收益率。采用对数收益率的方法,该收益率等于第 t 日的收盘价除第 $t-1$ 日的收盘价后取自然对数,即:

$$R\_c\_c_t = \ln\left(C_t / C_{t-1}\right) \tag{11-1}$$

式中:$R\_c\_c_t$——第 t 日的股票指数昨日收盘到今日收盘日收益率;

C_t——第 t 日的股票指数收盘价。

股票指数的昨日收盘到今日收盘日收益率可以分解为两部分:一部分是昨日收盘到今日开盘日收益率,它等于第 t 日的开盘价除第 $t-1$ 日的收盘价后取自然对数,即:

$$R\_c\_o_t = \ln\left(O_t / C_{t-1}\right) \tag{11-2}$$

其中:$R\_c\_o_t$——第 t 日的股票指数昨日收盘到今日开盘日收益率;

O_t——第 t 日的开盘价。

另一部分是今日开盘到今日收盘收益率,它等于第 t 日的收盘价除第 t 日的开盘价后取自然对数,即:

$$R\_c\_o_t = \ln\left(C_t / O_t\right) \tag{11-3}$$

其中:$R\_c\_o_t$——第 t 日的今日开盘到今日收盘收益率。

在中美股市交易时间不重合的前提下研究中美股市的联动性,主要涉及两方面的内容:一是一个国家股票市场收盘价格的变化对另一个国家股票市场开盘价格的影响程度;二是一个国家股票市场收盘价格波动幅度对另一个国家股票市场收益的影响程度。前者讨论收益率的关联特征,后者讨论波动性的关联特征。其中,价格影响可以通过线性模型进行刻画,波动性的联动问题可以通过建立方差模型进行刻画。

(一)考察相关性

最粗略的考察两国股市联动性的方法是检验两国股市收益率的相关性。两国股市收益率相关性的计算公式如下:

$$\rho_{Ch,Am} = \frac{\mathrm{Cov}(R\_c\_c\_Ch_t, R\_c\_c\_Am_t)}{\sqrt{\mathrm{var}\left(R\_c\_c\_Ch_t\right) \times var\left(R\_c\_c\_Am_t\right)}} \tag{11-4}$$

式中:$\rho_{Ch,Am}$——中美股市收益率的相关系数;

$R\_c\_c\_Ch$——中国股市第 t 日的昨日收盘到今日收盘收益率;

$R\_c\_c\_Am_t$——美国股市第 t 日的昨日收盘到今日收盘收益率。

$\rho_{Ch,Am}$的值越大,说明两国股市的相关性越大,联动性越强;反之,则反是。

按照相同的方法,我们可以计算两个市场其他类型收益率之间的相关性。

(二)中国股市收盘影响美国股市开盘的传导模型

根据市场传染假说,中国股市收盘后,中国股市的今日开盘到今日收盘收益率,可能会影响到在随后开盘的美国股票市场。如果我们假设中国股市的今日开盘到今日收盘收益率对美国股市的昨日收盘到今日开盘收益率影响是一种线性关系,则可以建立如下的传导模型:

$$R\_c\_o\_Am_t = f(R\_o\_c\_Ch_t) = \alpha_1 + \beta_1 * R\_o\_c\_Ch_{t\_\varepsilon_{1t}} \quad (11-5)$$

式中：ε_{1t}服从独立同正态分布假设，均值为0，方差为σ^2。α_1，β_1为常数。

如果考虑收益率的序列相关、条件异方差等因素，则需要对模型进行相应计量上的修改。

阅读拓展

中国的资本开放

中国对资本项目自由化，采取了审慎但却积极的态度，即“统筹规划、循序渐进、先易后难、分步推进”的原则。资本管制主要采取基于行政审批与数量限制的直接管制方式。然而，不同的实体和资本账户所采取的管制程度有所不同。例如，对于外商投资企业和国内金融机构的管制较少，而对于国内企业，特别是非金融机构的管制则相对严厉。

一、跨境直接投资（FDI&ODI）

国际对外直接投资（FDI）是指一国企业和居民对另一国进行生产性投资，并由此获得对投资企业控制权的一种投资方式。国际对外直接投资包括对厂房、机械设备，交通工具、通讯、土地或土地使用权等各种有形资产的投资，以及对专利、商标、咨询服务等无形资产的投资。

金融危机以来，中国对外投资已经有了一定的进展。对外投资流量已达到全球流量的5.2%，位居全球第五，首次超过了日本、英国等传统对外投资大国。同时，中国2010年对外投资的累计投资存量达到3 172.1亿美元，位居全球第17位。

二、国际证券投资（FPI）

国际证券投资是指以在境外公开市场流通的股票、债券等有价证券为投资对象的投资行为，主要包括国际债券投资和股票投资两种。

为了避免短期资金流动，中国政府对于外商投资者投资国内股票市场一直审慎。2003年，中国开始允许合格境外投资者投资国内人民币计价的A股市场，从而有效地促进了长期资金流动。截至目前，累计共有142家获批QFII资格，批准额度224.4亿美元。

2006年开始，中国的对外投资整体上呈现稳步发展态势，但受全球金融危机的影响，其进程有所放缓。截至目前，中国总计批准了752亿元的实际对外证券投资额。QDII扩张为在岸资金提供更多选择。

2011年底，中国又推出了期待已久的“小QFII”计划，并授之以200亿元人民币（31.3亿美元）的初始配额，这将极大地促进离岸人民币向国内回流，加强离岸人民币的吸引力。此外，小QFII不占用现有QFII的额度，为境外资金回流开辟了另一条通道。

与此同时，内地将通过交易所交易基金推出港股组合ETF，港股组合ETF的推出可以促进中国内地投资者参与香港上市股票交易。

三、外国债务与借款——贸易与项目融资

我国在外国债务与借款方面控制得仍较为严格。当前，国内的外资企业可通过海外市场举债并不受任何限制；而境内机构则需要取得资格，并通过国家外汇管理局批准其借贷金额。此外，国内金融机构只能发行经有关当局事先批准，符合外汇负债/资产比例管理规定的对外贷款。国内非金融机构严格禁止提供任何外部贷款。

当前，中国政府鼓励贸易融资及项目融资试点计划，为在岸流动性流向海外提供渠道，支持从人民币受欢迎的贸易结算货币转向投资货币。另外，通过鼓励发展银行间债券市场以及发行境外人民币债券等方式，将有助于境外流动性返回到国内。

四、私人股权投资基金的跨境投资

私人股权投资基金是介于国际直接投资和国际证券投资之间的一种新的国际投资方式和渠道。近年来，私人股权投资基金的跨境投资发展迅速，引起越来越多投资者的重视。私人股权投资基金是于20世纪80年代在欧美发展起来的，其投资对象一般为非上市公司。2013年上半年，私人股权投资基金参与跨国并购的金额创半年度最高纪录，达到276.02亿美元，成为跨国并购资金中不可忽视的部分。

本章小结

1.我国自20世纪70年代末施行引进外资政策开始，资本账户实际上就已经处于逐渐放松管制的过程中。时至今日，我国的资本账户开放已经取得了很大的进展。我国的资本账户管制对风险较大的子项目，如证券投资、短期借贷等管制较严，对资本流出的管制严于对资本流入的管制。尽管我国在名义上对资本账户的子账户仍然保持着较为严格的管制，但在实践中，资本账户下大部分子项目已有相当程度的开放。

2.资本账户开放的条件分为两类：一类属于开放所必备的市场经济基础设施，包括汇率形成机制的市场化、合格的微观经济主体、健全的金融监管等；另一类属于保证开放能够持续的条件，包括良好的经济增长情况、充足的外汇储备等。我国资本账户进一步开放的可行性和必要性应该从这两方面进行考虑。

复习思考题

1.我国的资本账户开放经历了哪几个阶段？未来是否具备进一步开放的可行性？

2.未来我国的利率和汇率政策的走向是什么？

3.金融市场之间产生“联动”现象的作用机制和内在原理是什么？

参考文献

[1]Dornbusch,Rudiger. Open Economy Macroeconomics[M]. Basic Books,1980.

[2]Krugman,Paul and M. Obstfeld. International Economics-Theory and Policy[M]. Addison Wesley Longman,2002.

[3]M Obstfeld,Maurice and Kenneth Rogoff. Foundations of International Macroeconomics[M]. Oxford: the MIT Press,1990.

[4]M Obstfeld. Rational and self-fulfilling Balance-of-payments Crises[J]. The American Review. 1986,76(1).

[5]P Newman, M Milgate, J Eatwell. The New Palgrave Dictionary of Money and Finance[M]. New York: Macmillan Press Limited,1997.

[6]P Krugmanm. What Happened to Asia. Mimeo[M]. Cambridge,MA,MIT,1998.

[7]R Triffin. Gold and the Dollar Crisis[M]. New Haven: Yele University Press,1960.

[8]R A Mundell. International Economics[M]. New York: Macmillan Press Limited,1961.

[9]J. E. 米德．国际收支[M]．北京:北京经济学院出版社,1990.

[10]Joseph P. Daniels,David D. Vanhoose(范小云改编)．国际货币与金融经济学[M].北京:北京高等教育出版社,2005.

[11]巴曙松．国家外汇投资公司面临六大挑战[J]．洞见．2007(11).

[12]巴曙松．后危机时期国际经济金融结构与中国金融政策[M]．上海:上海财经大学出版社,2013.

[13]苑莹,王海英,庄新田．基于非线性相依的市场间金融传染度量——测度2015年中国股灾对重要经济体的传染效应[J]．系统工程理论与实践,2020,40(03):545-558.

[14]蒋彧．中国股市的国际影响力提高了吗?——基于中国与世界主要股市的实证检验[J]．东南大学学报(哲学社会科学版),2019,21(03):53-63,147.

[15]蒋彧,裴平．中国与美国股票市场动态相关性——基于2007~2010年样本的实证检验[J]．经济管理,2012,34(03):115-122.

[16]蒋彧．中国股市的国际影响力提高了吗?——基于中国与世界主要股市的实证检验[J]．东南大学学报(哲学社会科学版),2019,21(03):53-63,147.

[17]卢泽宇．我国资本市场开放进程及效应分析[J]．全国流通经济,2020(06):96-97.

[18]邓敏,蓝发钦．金融开放背景下国际资本流动的审慎管理——新兴市场经济体的经验[J]．金融改革,2012(2).

[19]国际货币基金组织．国际金融手册[M].5版．北京:中国金融出版社,1994.

[20]胡志岸,Guanya Chen. 证券投资技巧[M]．北京:清华大学出版社,2004.

[21]杰克·弗朗西斯,罗杰·伊博森．投资学全球视角[M]．高飞,胡坚,译．北

京:中国人民大学出版社,2006.

[22]华顿."放开一线,管住二线"——上海自贸区解析[J].上海经济,2013(8).

[23]黄泽民.尽快推出外汇期货[J],经济界,2013(3).

[24]霍晓冉.巴塞尔协议的历程演变梳理[J],财政金融,2011(12).

[25]克里斯蒂昂·比托.国际金融市场[M].北京:商务印书馆,1998.

[26]理查德·M.列维奇.国际金融市场价格与政策[M].北京:机械工业出版社,2003.

[27]联合国跨国中心报告,1990—1996年.

[28]李学峰,股票市场发展与企业投资支出[J].财经研究.2005(5).

[29]马君潞,陈平,范小云.国际金融学[M].北京:科学出版社,2005.

[30]马君潞,李学峰.投资学[M].北京:科学出版社,2007.

[31]马淑萍.日本对外投资及跨国公司发展现状及趋势[N].中国经济时报,2013-8-13.

[32]迈克尔·梅尔文.国际货币与金融[M].欧阳向军,俞志暖,译.北京:中国金融出版社,1992.

[33]钱利珍,陈睿,李晓峰.人民币升值预期的影响因素———基于我国汇改后月度数据的经验分析[J].投资研究,2011(7).

[34]钱荣,陈平,马君潞.国际金融[M].天津:南开大学出版社,2002.

[35]钱荣,马君潞.国际金融市场与制度创新[M].天津:南开大学出版社,1998.

[37]深圳证券交易所综合研究所.中国证券市场产品创新研究,2007.

[38]沈国兵.国际金融[M].北京:北京大学出版社,2008.

[39]石清华.基于最优货币区理论对欧洲货币联盟的分析[J].经济论坛,2013(1).

[40]孙海霞:欧元国际化:历程与启示[J].浙江金融,2011(11).

[41]王勇.中资银行海外并购效率研究[M].江西财经大学,2012.

[42]卫容之.香港:远东离岸中心的崛起之道[N].国际金融报,2013-03-04.

[43]薛萌萌,汤谷良.怡亚通公司运用远期外汇合约的案例分析[J].财务与会计,2011(10).

[44]约翰·赫尔.期权期货和其他衍生品[M].张陶伟,译.北京:华夏出版社,2000.

[45]于永臻,李明慧.美元、日元、欧元和英镑国际化历程即对人民币国际化的启示[J].经济研究参考,2013(54).

[46]滋维·博迪,亚历克斯·凯恩,艾伦·J.马库斯.投资学[M].朱宝宪,楼远,吴洪,译.北京:机械工业出版社,2007.

[47]张志前,喇绍华.欧债危机[M].社会科学文献出版社,2012.

[48]张伟.中国石化发行国际美元债券的实践与启示[J].石油化工管理干部学院学报,2013(2).

[49]中国证券业协会.证券市场基础知识[M].北京:中国财政经济出版社,2007.

[50]邹薇,杜阳.基于美元本位制视角的美国金融危机国际传染渠道研究[J].湖南科技大学学报,2013(3).